哲学・芸術・言語

真理と方法のための小論集

ハンス-ゲオルク・ガダマー〔著〕
斎藤博＋近藤重明＋玉井治〔訳〕

KLEINE SCHRIFTEN

未來社

KLEINE SCHRIFTEN
von
Hans-Georg Gadamer

哲学・芸術・言語

——真理と方法のための小論集——

目次

第一部　哲学、解釈学

一　哲学の根源性について……七
二　精神科学における真理……四七
三　真理とは何か……五六
四　人間と言語……七八
五　修辞学、解釈学、イデオロギー批判……九〇
六　哲学的倫理学の可能性について……一一七

第二部　解　釈

一　美学と解釈学……一四一
二　詩作と解釈……一五四
三　芸術と模倣……一六六
四　ヘルダーリンと未来的なもの……一八五

五　ゲーテと哲学……三〇四
六　ライナー・マリア・リルケの現存在解釈……二四九
七　形象と動作……二六七
八　形象の沈黙について……二八〇

第三部　観念と言語

一　プラトンの書かれざる弁証法……二九五
二　ニコラウス・クザーヌスと現代の哲学……三一一
三　ヘルダーと歴史的世界……三二四
四　ヘーゲルと歴史的精神……三七〇
五　現象学運動……三八七
六　生活世界の学……四四九
解　説……斎藤　博……四六九
訳者あとがき……四八三

第一部　哲学、解釈学

一　哲学の根源性について*

I　新しい教育に対する哲学の意義

教師養成にとって哲学が何を意味するかということは、哲学者たちのものである事柄によってのみ明らかにされうる。したがって、すべて哲学することにとって、またあらゆる可能な哲学的立場にとっても共通の事柄が話題とされねばならない。哲学者は、その使命からすれば、一時代の子たるわれわれすべての者が立脚すべき共通の地盤を見出す努力をせねばならない。彼は、既成の、欠かせぬ精神形態として聴衆に提示されるような世界観の勧説を仕事とするのではない。哲学者の永遠なる形姿は、ソクラテスのそれであり、われわれすべてにとっての真理を無知なる者としてとり出す人間という形姿である。これにおいてすでに語られているのは、生という現実の内にみずからの立場をもたぬ哲学者が何ごとかを語らねばならないなどと私は考えないということである。それどころか彼は哲学する者として、このような自分の立場と現実とをわれわれが決して充分には認識していないこと、またまだ自分の位置を知らないことをよく心得ているのである。そして自分が何者であり、どこに立っているかをまだ知らないでいるからこそ、われわれすべての未来にかかわりのあるものを語るべきだと考えることができるのである。私がこのような意味で哲学的世界像を語るのは、われわれすべてにとって真理なるもの、未来なるものを自分からとり出すことが哲学の恒なる課題だからである。哲学者は、将来わが国民の前に教育者として登場するはずのすべての人びとと共通の基盤を有しており、それは、われわれがみずからを了解している場合にのみ教育しうるということである。この課題にこそソクラテスの時代以来、哲学は献身しているのである。このような自己了解に貢献すること、それが昔から哲学の務めなのである。

しかし今日このような自己了解は、これまでになく困難にして切迫したものである。なぜなら、われわれの背後にあるもの、少なくとも職務上の負担として課せられていたものは、民族的世界観という幻影であったのだから。私はこれを幻影と呼ぶのであるが、そのことがすでに指示しているのは、このような基盤に拠っては、真の自己了解は不可能であったということ、またわれわれが現にそうであったものと提示すべきであったものとの間の軋轢の重圧のもとで苦悩してきたということである。そのことは、こうした世界観を基礎づけていた具体的な学問の、というよりもむしろ、えせ学問の形態を想い起こしさえすれば、さらに詳説するまでもない。民族的世界観を人種思想で基礎づけるということは、そうした妄想であった。このようなにせ学問の妄想が、また、無根拠で吟味されてなく、できもしないこうした基礎にもとづく政治的生活組織の建設が、いかにしてわが民族の今日置かれている如き深刻な道徳的、政治的破壊に寄与したかをわれわれは経験してきた。われわれはこのような民族的世界観が自己崇拝へと、権力の狂気へと変質するのを耐え忍んできたのである。私は今ではこう考えている。必要とされている自己了解は、われわれがこのような妄想の暴力を或る真理の歪曲と解することを学ぶときに、したがってまた、かつてはわれわれの上にあり、今や背後にあるまったく不可解なものの前に立ちどまることなく、そこで変質し、そんなにまで恐るべく顚倒されているものは何であるかをさらに把握しようと努力するときにのみ成就されうると。悪は善の顚倒であるというのは、西洋・キリスト教的形而上学の古くからの定義である。われわれの間での真の自己了解は、このような顚倒をも顚倒として洞察するときにのみ可能であると私は考える。そのときにこそわれわれは、実際に自分が立っており、単なる復興を警戒している場所に結びつくことができるであろう。しかしながら、民族的世界観が、その根底にあったものからこのように自己を了解せんがためには、それが或る真理の顚倒と解されねばならないということは、まず第一にその由来を明確にすることを学ばねばならないということである。

ところで、その由来は、われわれがそれを真に世界を形成する思想という次元で熟考するならば、近代の主体性の形而上学が諸世界観の断固たる自足的な相対主義へと尖鋭化したことにある。ここで世界観という近代的概念が、もともと複数であることを付言せねばなるまい。唯一の世界観があるのではなくて、前世紀前半に初めて成立したものとしての世界観という概念には、初めから諸世界観相互の戦いが含まれている。とはいえそれは諸世界観の相対的な権能認定ないしは相対主義のことである。可能な諸世界観を考え、自分の前に置いてみて、それらの間でやがて個人の秘密の深みから選択がなされるというような意味での一つの立場がありうるとは思わない。たとえば、当時マックス・ウェーバーは同時代の思想に従って事実と価値とを区別することで世界観の諸問題を学問的に処置することと、世界観を具体的に選択することとの関係を上のように考えていた。しかし、諸世界観に関する無前提の論などはありえない。事実という概念の疑わしさを指示することによって、無前提な学問的世界観という理想をも破壊したこと、それはこの数十年来のドイツ哲学の偉大な業績である。この哲学は、学問が価値的に無記な「客観性」へと禁欲的に自制したり、哲学から独立したりするのは自己偽瞞なることを証明してみせたのである。

世界観と呼ばれるこのような現象の由来を具体的に把握してみよう。その語自体がすでに指示してくれていることは、判断し、理解しながら世界を把握する形式が問題なのではなくて、一切の判断や知識に先行するもの、存在の包括的な全体を意味するかぎりにおいて、すでにわれわれの事物に対する視力を共に規定しているものが肝要だということである。このような世界観の数が多いということは、さしあたり歴史意識の経験と共にわれわれの内に侵透してきている。世界考察の仕方だけではなくて、世界を観たり根源的に経験する仕方にも変化がある。この語がわれわれになじみの複数の意味としては、それが芸術の歴史的変化に適用されるヘーゲルにおいて初めて見られるということは意味深い。事実、このような複数としての世界観という概念が、単数においては空虚なものとなり、もろもろの精神を侵略し、諸世界観の闘争という戦闘的な形に転用されるのは、ヘーゲル哲学の崩壊の時代なのである。

したがって、熟慮すべき課題は、世界観の概念と問題とのこうした由来の歴史をより精細に見透すことである。しかしこのことは、われわれが諸世界観のこうした諸現象を偉大な世界史的運動の究極の結果と解することを意味する。それは西洋の宿命的な思想史において、ギリシア時代からヘーゲルの時代に至るまでの偉大な世界解釈の統一性を形づくってきたものとして、観念論の運動である。このような観念論の本質と前提とは何か。その語のプラトン的根源を考えてみよう。イデアはプラトンにとっては真に現実的なものであって、われわれが現実と呼んでいるもの、感覚的な経験の近づきうるものの変化と移ろいやすさとに対立するものである。要するにイデアは、単に真なるものであるだけでなくて、本来的な存在者にして現実的なものでもあり、イデアを直観する精神が現実的精神なのである。換言すれば、観念論の基盤となる前提は、イデアが現実の自己制御の形式であって、本来的に真に存在する現実としては、自分自身に存在する資格を与えるものであること、また精神とはこのような自己実現の形式であるということである。ヘーゲルは、このような観念論的精神信仰の統一的脈絡における最後の偉大な人物である。しかし彼は同時に、西洋に共通な精神を統一する最後の人物でもある。ヘーゲル哲学の体系の崩壊とともに諸世界観の戦いが始まること、またヘーゲル体系の崩壊以来これら諸世界観の生支配が、観念論哲学のアカデミックな形式の存続に暗影を投げかけるということは、決して偶然ではなくて、内的に必然なことなのである。われわれが自分の状況を理解したいのなら、この内的必然性を把握することこそ肝要である。その状況はヘーゲル哲学を倒した批判に始まる。この批判の活発な精神は、経験科学の自己意識であった。これら経験科学は、自然のそれと同じく歴史的世界のそれも、自然と歴史とからなるヘーゲル弁証法の図式に抗して自己を主張する。しかし生の思想形成作業が、特にそれにおいてヘーゲル哲学を粉砕し完せた問題があって、それは具体的な実存の問題であった。

　われわれの実存が具体的に制約されていて、個別的であることからすれば、真の現実に対する理解の姿勢、イデアを見ること《ゼーエン》とは、いったい何であるか。この問題は哲学的には、とりわけ後期シェリングによって提起された。彼は、精神的に洞察される領域はいつでも単に可能的なものであると見てとった。すなわち、もろもろの可能性、観念、現実の相在《ゾーザイン》形態は思惟されうるにすぎず、これに対して事実や偶然、しかじかの形態をもつ諸形式からなる現存在は、決して理性そのものによっては造り出されえないことを看破したのである。観念論は、そのかぎりでは常に消極哲学にすぎず、積極哲学ではないであろう。ヘーゲルの理性信仰に対するこうした批判の精神的雰囲気に由来するのは、理性信仰に抗して具体的実存の問題を主張しようとする、後に画期的なものとなる二つの試みである。その一つはキェルケゴールが、理性的な世界精神の成就を託されているはずの実存在する思想家という問題を提起することによって、ヘーゲル弁証法に向けてなした批判である。このような実存在する思想家とは何者なのか、彼は自分自身を実現する理性というヘーゲル体系のどこにいるのか。そこでのキェルケゴールの前提は古いキリスト教的なものである。彼にとって神の前の単独者とは、ヘーゲル哲学が現実には無力なることを証示するためのモデルなのである。

いま一つのものは、はるかに強く歴史を支配しようとする批判であり、具体的実存という概念から思弁的思惟の覇権に向けてなされたもので、少壮ヘーゲル学派に由来する。

それはカール・マルクスによる批判を通して世界史的に作用するものとなった。われわれはすべてカール・マルクスが提供してくれた有名な定式を知っている。これによって彼はヘーゲルの一句をとりあげ、変容させた。すなわち、かつてヘーゲルは、哲学は頭で立って世界を思考しようとする試みであると語ったのであるが、マルクスはそれに対して哲学をふたたび脚で立たせることを、つまりわれわれの現存在の現実的な、歴史的・具体的基盤の上に立たせることを要求したのである。このような現存在の具体的・歴史的基盤に立脚しないもろもろの観念は、マルクスが定式化しているように、世界史の中ではたいていきまって嘲笑さるべきものなのである。したがって観念論の世界史的脈絡の究極的形態に対しては、まず論難という仕方でマルクスが、さらには、たとえばディルタイのような「市民的」思想家たちまでが、具体的歴史的実存という反対の立場をとるに至ったのである。一九世紀の歴史はこのような特色のあるその始まりから今日に至るまで、一対の線によって描かれるであろう。

一九世紀は観念論によって、いわば再形成されすぎている。一九世紀のアカデミックな哲学は世紀半ばからあともどりして、優勢で堅実な唯物論に対抗して、その観念論の教師、ことにカントを想い起こしたのである。この観念論は市民的教養の形態を容認していた。そのさいにこの観念論はすでに、プラトンからヘーゲルまでの観念論がわれわれの実存の具体的現実を規定するのに用いてきた偉大な自明性にくらべると、変容した形態を示しているといわねばならない。ここで行なわれたのは、理念の現実性の褪色、道徳的観念論への褪色であり、したがって一般的な語法で「観念論」と呼ばれるものへの、すなわち現実におけるすべての作業のはるかな諸目的を観念的なものの領域の中に見つけだすためには現実的なものを跳びこえねばならぬとする、かの確信への褪色なのである。新カント派、つまりカントを考え直すことは、一九世紀の文化意識のこのような自由主義的な形式を哲学的に表現したものであり、キリスト教的・市民的道徳性という形態を本質的に具えていた。

われわれの時代の内に至るまで遂行されてきたものは、いまや苦痛にみちた歴史であり、その中にこのような教養観念論の無力が証示されている。私はここでは、われわれの最も固有な諸経験、すなわち、市民的観念論の解体、市民的伝統や習俗という具体的な生の諸形式の解体に言及するだけでよい。それらの精神的な表現は、いわば極端な心理主義の内にあって、あらゆる規範的観点は心理的な了解に支配されている。邪道をさえ、理解不能なものをさえ了解することは、たしかにいつでも魅惑的である。「万事了解とは、万事断念なり」といわれる。そして実際にこうした了解の進行は諸価値の弱体化へ、市民的道徳主義の価値一覧表の空洞化へと導いたのである。観念論のこの空洞化は、やがてニーチェがニヒリズムと呼んだものや、つい先ごろ現実に体験されたものとの中にその最極端を見出した。観念論のこの空洞化は、われわれが自からナチスの時代に経験した、真なるものの顚倒の地盤となったのである。われわれの価値意識のあまりにも繊細化した弱さに対立して、強固な意志への呼びかけは、多くの者に対してデモーニッシュな暗示力を獲得した。万人の奉仕せねばならぬ唯一の理想は権力への意志であった。とはいえ、それは形からすればニーチェの活動形式、意欲自体を意欲することであって、意欲されているものの何たるかを知らず、意図されているものの知識には責任をもたないものであった。このような意欲を表現する過ぎさった時期の標語、それを行動主義という。行動主義者たることが価値そのものとされた

——たとえその行動の尽力すべきものが空疎に感じられたとしても。——まさに知性的な良心の不確実さこそが特殊な形の狂信をかり立てるのであり、それは自分自身の空疎さを前にして不安になり、みずからの内へ逃避する狂信なのである。このような空疎化した行動主義を支えたり、えせ科学で裏打ちしようとして、いかなる生物学的妄想が威を張ったかは知られている。哲学思想の領域で、市民階級の道徳的諸価値に対するニーチェの反響をよぶ攻撃は、観念論批判に変わり、それがことに第一次大戦の衝撃以後、ドイツ哲学を征服したのである。

二つの概念があって、これらからして観念論は哲学的に批判される。すなわち、生の概念と実存の概念とである。生哲学と実存哲学——ディルタイやヤスパースのような名前で代表される——とは、観念論批判を再開するアカデミックな諸形式であって、ヘーゲル体系崩壊におけるその批判の偉大な歴史的誕生の時点が上に特徴づけられたのである。両概念は、意識という概念の認識論的基礎づけの背後に立ち戻ることで、この批判を継承する。生の概念は事実上、精神という主体的意識自体を支え、変え、利用する意識以前のものによって、この意識を制限することを意味する。また実存の概念は、前世紀に形をえたものとしては、みずからを了解しようとするわれわれの現存在がその運命の中へと投げ出されていることを意味し、裸の外化されたものを意味するのであって、その前では理性には一切の保証が拒まれる。そしてこの外化されたものが以後、観念論的思惟の限界を印づける。精神の至高の権力、了解の力は実存の運命によって、つまりその具体的、歴史的な場所、個の生の歴史的な運動とこのような個の生を支えている巨大な社会的・歴史的運動とによって制限されている。しかしながら、この観念論批判の諸帰結は、われわれの現存在の堅固な基盤をゆるがす。この批判は、真理自体が歴史的であって、歴史的な精神の出来事、すなわち意識というこの時熟する現実の出来事の中で実現される、とする洞察において頂点に達する。

そこからして提起されるものは、われわれの間での真の自己理解が避けることのできない問題である。真理が歴史的に動揺するとは何を意味するのか。一つの真理というものの意味や、その真理の昔からの義務を負わせる理念はどこにあるのか。またこの真理を洞察しつつ成就するものとしての理性の規範と現実とはどこにあるのか。この問題が切迫したものなることを真に自覚するかどうかにすべてがかかっている。もちろんその問題は、曲解されてではあるが、前世紀に知られていた。言葉と話の無拘束な濫用だけでなくて、学問と真理探究の特権の誤用をも想い起こしてみよう。だが、それらを超え出て理性信仰の危機をも考えてみよう。この危機は、何世紀もの学問と、思想の伝統とによって導かれた人間の意志に、無分別な意志のロマン主義が取ってかわったときに現われ始めた。これはわれわれに提起されている問題の恐るべき曲解であり、その曲解が滅び去っても、問題としてのそれを避けることは許されない。真理とは何か、もしそれがわれわれの現存在の時間的・歴史的運動に依存しているとするなら。理性とは何か、もしそれが真理を承認し、拘束力のあるものとする力、自己を制御する至高の力でないとするなら。

ここではこうした真理問題の歴史的分析に立ち入ることはできない。私はギリシア人におけるこの概念の根源について語り、誤謬への問いが真理への問いとどのように結びついているか、また真理がそのさい、いかにして判断の真理となるか（プラトン）を示さねばなるまい。私はこのような問題についてのわれわれの思惟の第二の本質的な源泉として、近代という転回点を呼び戻さねばならぬであろう。デカルトの名に結びついているこの転回点においては、真理は確実性となり、真理認識の方法が真に認識されるものよりも重要となる――それも方法を保証する確実性のためにそうなるのであって、これが近代科学一般の理念を展開する決定的な原動力なのである。そして結局はデカルトの懐疑を反復し、凌駕しようと試みた過激な懐疑家ニーチェを、ニーチェのかの大胆さを想起せねばなるまい。ともあれ、そうした大胆さは、真理が生に対しては依存する位置にあるという真理の一核心を含んではいるのである。ニーチェはそれを彼らしい挑発的な仕方で定式化している。真理は、それなしては人間という生物が生きてゆけないような性質の誤謬であろうと。そしてツァラトゥストラの書の強大な影響力をもつもろもろの刻印において、ニーチェは精神の卑小な理性に対立する肉体の偉大な理性を語る。そうしたことは、たとえ大胆さと曲解とを含んでいようとも真理なのである。ひとたび認識されるならば、この上ない不安をひきおこす諸真理のうちの一つ、それは精神と理性とが依存的なものだということである。わが民族が政治的にはのりこえている諸経験、精神の欺瞞力についての衝撃的な諸経験を想い起こそう。現実を前にしての不安が分別ある人間の目をさえ、いかにくらませてきたかを。それは単なる政治的未熟さではなくて、この民族を養ってきた一切の幻想的希望の挫折から生じた欺瞞と自己欺瞞への意志の強大化なのであった。だが、たとえば死に瀕する者が、その批判理性の至高の力すべてからどんなに見すてられた感じをもつかという、個人の生における悲劇的な経験をも想い起こそう。死に向かう病人にとって快癒への希望が、いかにして彼の精神の一切の批判的な可能性をまったく水浸しにするかを見ることは深く物思わせるものである。それはあたかも生の炎の最後の燃焼が、真の支配・従属関係を冷たい光の中で目に見えるものとなしたかのようである。それらは真理と理性の本質にかかわる経験であって、自分にもそれを認める場合にのみ、誤用や曲解を阻止できる経験なのである。こうした事実を楯にとるのは、たしかにナチスの教義のえせ科学的生物学主義だけではない。かくしてすでに、この死に瀕する者という最後の例は、精神を明瞭に意識していることに対立して、いかに自然の知恵がここで自分を貫徹しているかを示している。近年、まったくと言っていいほど教育の意識から、またそもそもわれわれの精神文化の意識から排除されてしまった或る科学の巨大な全領域を想い起こそう。すなわち、それは、生と運命の形成にきわめて深く入りこんでいる無意識の衝迫と欝積とにかかわるあの精神分析学のことである。

何よりもまず原則的にこう考えてみよう。理性と真理との従属関係のこのような経験に直面して、理性と真理はどうなるのかと。私の考えるところでは、諸経験に直面して、真理や理性そのものの本質が、なお単に手段としか考えられてなくて、より高度の、無意識にして無責任な暴力に仕える道具としか考えられていないということは、重大な危機である。ところで、少数派テロリストの政治的暴力であれ、退化した本能的生活への隷従であれ、われわれの恐るべき強制収容所へと導いてきたものが何であったにしても、いかなる場合にも危機とは、そもそも理性がこうした理性なき諸力の一用具としか見られないということなのである。したがって、経験された、否定できない理性の隷従から生じる危機は、理性を他者の掌中にある用具と考えることであり、理性の意味を原則として道具へと転釈することなのである。しかしそれにもかかわらず理性は、その隷従性が容認されるとしても、また容認されるとき、なおその本義からすれば、優勢な利害関係とか、うむをいわせぬ直観への喜々とした奉仕に限られるものではない。理性とは人間の驚くべき卓越性である。われわれの最近の諸経験において進行する理性不信は、人間の生をいまなお脅やかす危機のうちでは最も強大なものなのである。このような理性不信は、理性が本質的な真理への洞察を与えるということに対しては目を閉ざす。この理性が自己制御するものでなく、みずからを時熟させえないばかりか、社会的・歴史的運命によって時熟させられるものであり、この運命の現実もまた、われわれの思想や価値というもろもろの伝承によって時熟させられるものであるということが正しいとしても、時熟させられ、隷従するものとしての理性が、それにもかかわらず、結局は現実の真にかわらぬものへの洞察たらんとするということは、相変らず真実なのである。

さらには、もちろんその先のことも見透されねばならない。理性は近代の開始とともに地歩を固めた機械的科学思想とただちに同義なのではない。機械論は存在の諸構造形式の一つ、すなわち人造の存在にすぎない。理性の洞察しうるものは、決してわれわれの構想したこのような壮大な世界だけではない。機械の理念を頂点とする自然や人間についての思考形式のみが理性の行為であると解されるならば、それは人間やその理性の本質を不幸にも過小評価することなのである。もちろん理性がみずから現実を制御するのではない。そのことは、マックス・シェーラーが示しているように、理性特有の本性にもとづいている。すなわち、理性と精神とは現実化する能力であって、事物をその本性において観る能力であり、しかも個人がそのつど獲得するもろもろの具体的現実経験に依存することさえしないで観る能力なのである。けれども理性は衝動によって、つまり、自然的かつ歴史的な諸契機のすべてを包括するわれわれの諸性向のまったく無意識的な力学によって、理性独自の自由にまで高められるのであり、理性ならぬものによって可能となるものである。だからこそ真理は歴史的な過程として現われる。だがそれにもかかわらず、理性が諸理念の能力であること、現実経験を統一的思想のもとに整理し、あるがままのものとして把握する能力であることは相変らず真理なのである。だからといって、たまたま人種的に制約されはしても、多様な理性があることにはならぬように、多様な真理があることにはならない。とはいえ、もちろん一真理や一理性はみずからを時熟させえない度合いに応じて、われわれの歴史的諸条件に依存している。ヘーゲルの『精神現象学』の解こうと企てた課題、衝動と精神との関係を新たな調停へ導くという課題が、前世紀の過激な理性批判にもとづいて復活を要求しているように思われる。

それゆえ私は、すべての者がいつもくり返し忘れ去る傾向にあるものを意識に呼びもどすことによって、自分の評論するところを或る究極的な点に集中させてみたい。利害に抗して考えることができ、衝動、欲求や関心の圧迫からわれわれを解放しえ、事物の法則にわれわれを屈服させうるということが、理性と精神の本質である。

われわれがそうしたことをなしうるのは、結局は、有史以前の名もなき何世代もの人々の生活が、われわれすべての者のためにすでにこの上なく大規模にかつ荒々しくなしとげてくれた強力な教育作業のおかげなのである。現実の真の姿に向かって絶えず突進するもの、それは根源的には衝動的構想力である。理性や認識が現われるところでは、それは思考し、認識しながら現実を経験しうるほどまでに冷静になっていることを意味する。このように冷静になる過程は、人間化の行程である。それは実際には前人間的発展段階への人間生活の一種の里帰りなのである。たとえわれわれの衝動的構想力と幻想希求というヴェールが、われわれの上にあまりにも目もこまやかに垂れかかっているために現実がそこでは消え去るとしてもである。信じられ、保証されるもの、為され、敢行されるものすべての、こうした恐るべき非現実性が身のまわりに横行するのをわれわれは見てきたのであり、耐え忍ばねばならなかったのである。

われわれにとってそこから生まれてくる真の教訓は、利害に抗して存在者を是認するこの能力、理性が再習得されねばならぬということであるのは明らかである。今日、東方の隣人のもとでしばしば引用される偉大にして無比なる言葉があり、それは学べ、学べ、学べ！　と言う。そこから語りかけているのは、現実への意志と勇気である。われわれにとっても似たようなことがあてはまる。すなわち、われわれは異端者呼ばわりされている理性の名誉を回復しなければならないのである。

哲学者がまずそのことを悟るべきであり、この精神的な自己教育の道を自覚的に歩まねばならない。私の考えでは、そこで語られているのは政治的な言葉でもあって、現実をふたたび是認し、ロマン主義のきまり文句のヴェールを突き破ること、そのことが初めてわれわれをして形式的にはすでに所有されているもの、真の民主主義を受容しうる者たらしめるであろう、という言葉なのである。ドイツが民主主義の本質に関して有する心像は、少なくとも理性や悟性の諸価値に関するわれわれの心像と同程度まで損われているということを熟慮しよう。

それらが少なくとも同程度まで損われているというのは，それらもまたあの一二年のあいだに初めて歪曲されたからではなくて，すでに久しきにわたって歪曲されてきていたからである。民主主義の本質は，もろもろの利益団体をたがいにくらべてみて，すべての団体に我慢のできる中道を見出すことにあるのではなくて，万人にとって社会的，政治的真理であるものが，民主主義という形式を通して探究されねばならぬというところにあること，これはドイツでは，今なお主張されねばならぬ真理として通用しうるであろう。民主主義国家における票決の意味は，より弱い団体がより強い団体に多数決で制されたり，排除されるということではない。もしそんな意味しかないとすれば，民主主義の原理は規制された暴力行使という原理にすぎまい。票決の真義は，むしろ万人に対して拘束力のある真理を見出すことにある。民主主義のこうした意味は，ドイツではまったく新たに学ばれることになろう。なぜなら，それは一九一八年以後においてもドイツでは気づかれておらず，つまりは公の政治意識に受け容れられていなかったからである。誰もがその政治的意向を主張しようと試みることは，たしかに民主主義にはふさわしい。けれどもそのさい決定的なのは，まさにそうすることによって彼が他者の見解による啓蒙に身を委ねるということである。多数決で否決され，敗れることは，つねに，国家の真の意志についてこうした啓蒙を受けることを意味する。そのことが今日すでに，しかもますますドイツ人によって学ばれなくなっているということは，われわれの将来を決定する問題であると思われる。そのために貢献するとき，われわれは真に哲学者として語り，万人に共通の言葉を語るのだということを私は確信する。なぜなら，哲学しながら真理の本質について認識されるものは，わが国の市民たるわれわれの常に学ばねばならぬことが，真の民主主義の本質を実現することであると教えてくれるからである。すなわち，われわれ自身の主観的には明白な確信に抗してさえ啓蒙されること、それは真に歴史的な真理を探究する道なのである。政治生活のこのような基礎的な前提が造り出されているのなら、われわれのもろもろの政治的可能性に固有の発展の道が歩まれているのである。

わが民族の未来の教師たちの関心をこの課題に向けさせること――歴史的・哲学的な自己理解の途上で――が、われわれにとって自分の行動の、わずかに開けている諸可能性のうちの一つだと思える。この目的に奉仕する哲学の指導は、みずからの精神史上の主要な諸決断を、わがものとすべき諸決断として、意識に高めることになるであろう。すなわち、ギリシアのロゴス論、近代的方法概念を、また近代観念論の栄光と無力とを。

これらの決断を意識的に引き受けるということは、わが民族教育の諸課題と同じく、一切の学問的教養の具体的前提を政治生活に役立てることなのである。

II　芸術と科学に対する哲学の関係

哲学について語るのは容易でない。とはいえこのことは、われわれが何者なるかを自覚すべきだとすれば、避けられないと思われる。ドイツでの数世紀来の哲学的思索に或る特別な故郷のあったことを教えてくれるのは、ライプニッツからヘーゲルにいたるまでに人類共通の財産となったものの偉大な豊かさだけではない。今日にいたるまでに現われているあらゆる身分のドイツ人の間に哲学的思索が普及している事実もまた、そう教えている。

にもかかわらず私は、そこからしてドイツ哲学の正当性に対する歴史的証明といったようなものが引き出されうると考えたりは決してしない。そう考えるためにはあまりにも多くのことが起こりすぎており、われわれが拠り所として世界の内に在るところの歴史像や歴史的自己意識が、あまりにも烈しく動揺しているからである。われわれの自己意識のこのような烈しい動揺こそは、ドイツ人における現実感覚と責任感との驚くべき欠如、われわれに禍をもたらしたこの欠如が、われわれ自身にみられる哲学癖の裏面ではなかったかと自問せざるをえなくさせたものなのである。多くの人はさらにきびしくこう言いたくなるだろう。このようなドイツ哲学は、社会において革命的、進歩的な機能を営む以前には、永らく精神という物神崇拝となっていたのであり、社会的現実の諸要求を前にして非合理主義に逃避していたのであると。事実、私が述べようとする芸術と科学とに対する哲学の関係についての論究は、哲学におけるこれら自己批判的な問題の開明に裨益するはずである。

かかわりのない読者を前にして、自分の事柄をいわば自己弁護の方向に導くということが、哲学者の規定となってはいないし、それが許されるとか許されないということでもない。「彼を軽侮する者たちのうちでも教養ある者たち」は哲学者の言うことをきくときには、いつでも彼の言うことを正しいと認めていた。なぜなら彼らは哲学者とともに考えずしては、軽侮もできないからである。哲学がおこなわれる場合にはいつでも、ソクラテスの対話の聴衆すべてが遭遇したこと、つまり自分自身のことが語られるということが繰り返される。哲学が問題になるとき、人には固有の「立場」をもつ権利があり、このような頑固さを世界観によって、あるいは科学を引証することで合法化する権利があるとすること、それは近代哲学の歴史の内で形成され、確立されて、今や明らかに慣習となっている。単にこのような慣習の先回りをするために、芸術と科学とに対する哲学の関係が何であって何でないかをいわば示唆しながら、哲学するという具体的な試みに或る一般的な予料を先立たせておきたい。

私が言いたいのは、哲学は諸学の内の一つではないし、最高の学問でもないということである。哲学は一芸術ではなく、概念による芸術でもない。しかし哲学が芸術や科学といかに区別され、またそれら両者といかに関係するかということは、それ自体、想起するに値する歴史的、具体的な出来事なのである。芸術に対する哲学の関係と科学に対する哲学の関係とは、いつも必ずしも一義的に同じものなのではない。それは決して思考だけの課題ではなくて、現実の生の諸傾向すべての課題なのである。

そこではじめに、今日の状況がどうであるかを特徴づけてみたい。西洋文化の特質を述べようとする場合、それが決定的に学問に規定され、支配されているとする主張においては、充分に意見の一致が見られる。また、学問に支配されているこのような文化の本質とは何かと問われるならば、同じくその答えも明々白々であって、それは西洋人の態度にある方法的なものである。この言葉が意味しているのは、学問とその営みとにおける方法的なもの、技術や産業への学問の応用という方法的なもの、われわれの社会生活を秩序づけるさいの方法的なもの、破壊における方法的なものである。計画し、作り、支配すること、それは西洋の学問によって刻印された人間性の真に基本的な態度であると思われる。

そうしたことを越え出て、このように刻印され、方向づけられた人間性の内なる芸術とは何かと自問してみても、その答えもやはり明々白々である。それは一種の補修なのであり、この生活の意志緊張を免除するさまざまな仕方であって、構想力がその中で造形しつつ運動しているこの無抵抗な媒体、芸術という美しい仮象においてわれわれに開かれるものなのである。そうすることによって芸術は——たとえばシラー以来語られてきたように——あまりにも多様に機械化されたわれわれの生活が分裂して行く中で脅やかされ、自己疎外に歪められている人間の全体性を再建する。そこからしてただちにわれわれは諸芸術領域における天才の自由な創作について語るのであるが、その理由は芸術家の造形作用のこのまさに独特の無抵抗な素材こそが、最高級のもの、すなわち人間の行為の自由を、真に実現させてくれると思えることにある。

近代文化のこうしたまったく一般的な特性描写は、この人間文化の内部で哲学はいかなる役割をはたすかという、そうした描写に続く次の一歩についても、われわれが苦もなく諒解し合うほどまでに共有されているものだと思う。まったく明らかなことだが、それは決して支配的な役割ではない。その役割は学問論、諸学の認識論的基礎づけ、あるいはそれらの諸方法の反省と呼ばれ、またそのようなものと認められている。しかもその役割が世界観学であって、どんな場合にも支配的な現実を後から基礎づけるものであり、近代的社会生活とそれによって形成される文化生活一般という現実の中に姿を現わすあらかじめ与えられているものに依存し、諸世界観の中に圧縮される社会生活の諸傾向に依存するものであることも知られている。かくしてその役割は、恐らく諸学によって獲得された経験を体系的に総括することであろう。したがってまた、恐らくわれわれの感覚、努力、作業のすべてを指導する諸世界観を自覚させることであろう。しかしこのような文化の基礎はいかなる場合にも学問であり、学問を補完したり、学問から生じてくる世界観にとってもそうなのである。

一般に信念として生きているこうした見解に対抗して、私は今やこう主張したい。実際には哲学は決して後からのものではなくて、何か先立つものであると。この命題の真なることは、近代科学がいかにして成立したかを熟慮しさえすれば、最も容易に明らかにされる。

この近代科学の凱旋行進を始めたのは一七世紀であることが知られており、哲学的に考えるさいには、世界や人間の理解における近代科学発展の基礎をなすのはいかなる諸前提であるかと自問するのが慣わしとされている。われわれは、これら諸前提が中世後期の唯名論の諸前提であることを語りもし、知ってもいる。すなわち真に現実的な存在者は具体的個別、個体であって、古代の伝統によって伝達された存在者のかの諸形相、もろもろのイデアは実際には主体の表象作用にすぎず、したがって主体自身の内で初めて与えられ、形成される所有物として働いているものだとする見解が、中世後期という特定の局面に浸透していたということ、これが近代科学にとってはまったく決定的なものになったということを知っている。だから真に現実的なものは具体的存在者なのであり、とりわけみずからの内でもろもろのイデアを形成する主体なのである。そのことは疑いもなく、近代科学が自分に指定された道を歩み始めうるための歴史的な前提である。この前提からして始めて、科学という近代的概念にとっての方法の意義が生じるのであり、現実を究明し、探究するさいにみずからの諸法則によって前進する可能性が生じるのである。

したがって、これら諸科学に進歩の余地を開いてやったのは哲学だったのであり、西洋の思惟の歴史における哲学的転換だったのだと主張できる。さらにはまた、一七世紀に始まるこうした諸科学の進歩は、同時にこれら科学を生み出してきた哲学を隠蔽する歴史であるとも主張できる。

近代科学の本質には、したがって隠された形而上学がある。しかしながらこの形而上学でさえも、中世後期の唯名論哲学の先駆にして根源たるギリシア哲学、最初期の諸始源からプラトンとアリストテレスにまで及ぶギリシア哲学に比べれば、後からのものなのである。次のような命題は古くから知られているものであって、私はそれを何か新しいものだと称したくはない。その命題というのは、われわれは存在者については真知を先立って獲得するのであって後からではないということ、またプラトン哲学の神話的な言葉で語られているように、われわれの真知たる知識はすべて想起と解されねばならないこと、あるいは、想起という語をギリシア人の造語「アナムネーシス」の内に生動しているもので置き換えるためには、それは「魂」からの呼出し・取出しの義に解されねばならないということ、このような主張を拘束力のあるものにしたのは、とりわけプラトンだとする命題である。したがって想起されるもの、その何たるかが多少なりとも知られているもの、それは実際にはわれわれが自分から取り出しかつ自分の前に置くものであり、取り出されて前に置かれるもの、これが真の存在者なのである。プラトンはそれをイデアと呼ぶ。われわれはそれに本質、本質的なものという表現をあてる。存在者が、その真の存在においては、前に置かれた見取図であること、またわれわれの思惟は、まさにこうして前に置かれた可視的なものの言表であり、形相のロゴスであるとすることは、疑いもなく決定的な哲学的転換なのである。存在者の秩序、コスモスとしての世界についてのまったく古代的、中世的表象は、われわれの前に置かれた諸理念のこのような秩序にもとづいている。世界は諸作用や力の混交ではなくて、本質的に秩序からなる総体であるということ、そのことはまさに、前に置かれた諸理念が関連し合って現実の真の構造を提示するということを意味している。それは哲学が西洋の科学と芸術の領域を開いてきた過程なのである。ここに存在者が露わにされている。ここでは、世界はまったく明確な仕方で考えられており、それと同時に、世界は——またその結果、世界は——やがてその具体的なもろもろの現実規定において、つまり人間の経験が開示するものの状態全体において獲得されうるであろう。ここでは疑いもなく哲学者の思惟は科学的経験の仕事に余地を残しながら先立っている。プラトンによって基礎づけられたギリシア形而上学やギリシアの学の創造を、一七世紀以来近代の思惟を支配している科学の概念と無媒介に同一視しようとするのは、もちろん誤まりであろう。みずからを思惟する主観性の諸表象としての「イデア」の追放は、とりわけデカルトによって遂行されたものであって、これが初めて近代科学や近代世界状況の性格を造りあげる。プラトンの「イデア」思想とその「イデア」に関係づけられる「魂」の発見とは、主体の主観性に対して近代がその思惟の一切のものの基礎としている原理的、認識・理論的にして方法的な優位をまだ決して与えてはいない。むしろプラトンの特徴とするのは、思惟の運動がまだまったく「イデア」の関係構造の中に、存在秩序を表現するこの構造の中に保留されているということである。認識は他の諸関係と並ぶ一つの存在・イデア関係であるにすぎない。

しかし、それにもかかわらず「イデア」へのプラトンの転換は、そこからして近代において——まさに「イデア」を主体化すること、主観の諸表象と解することによって——近代主義という特徴的な世界状況が展開されてくる基盤なのである。また芸術が世界状況の固有にして自立的かつ重要な表現として、さらには言い慣わされているように、世界観のすぐれた記録として、近代生活において獲得した意義をよく考えてみよう（世界観という概念は美術史家たちが、あるいはヘーゲルがその美学で、初めて特色のある仕方で用いるようになった）。ここで初めて完全に明らかになるのは、芸術がプラトンの余地を残す《ラウムゲーベンデ》思考経験によって規定されているということである。この経験によれば、肝要なのは空疎な、移ろいやすい現実と呼ばれているものに対立する本質だということである。芸術は——たとえきわめて現実的なものであるとしても——その観念性においては疑いもなくこのような本質表示の特殊なものなのである。したがって芸術は、たとえばショーペンハウアーが述べているように、プラトニズムの一形式なのである。

このように哲学があらかじめ余地を残しておく作用をしつづける意義とは何か、したがってまたこうした余地《ラウム》を開き、こうした自分を隠蔽する歴史を始めてしまった今や哲学とは何なのかと自問するとき、われわれはこう答えざるをえまい。人間の文化がどのように進行しようとも、ギリシア人という始源によって基礎づけられる度合いに応じて、このような思惟の根源性は作用し続けるのであり、かくして、この哲学する始源を常にますます隠蔽することと同時に、このような始源の再想起が絶えず試みられたのであって、根源的なものをふたたび根源的に考えようとする絶えざる努力があるのだと。そしてそれが哲学史なのである。哲学史はもちろん哲学的諸見解の歴史ととり違えられるべきものではなくて、哲学における哲学的なものの歴史なのであり、あるいはヘーゲルの表現で定式化するなら、思弁的なものの歴史なのである。哲学における独立した我流の諸見解は、哲学者たちにはまったくかかわりがない。哲学はその歴史的諸形態においても、同一なるものの再認識を通してしか語らない。それこそヘーゲルが哲学の、また哲学史の思弁的考察と呼ぶものであって、そうは呼ばない者、それどころかそれを一度も意識したことのない者でさえもなお、疎遠な思想の伝承する奇異な素材については、彼がその中で再認識しうるかぎりのものしか了解しないであろう。

一般的な予備考察は、このくらいにしておこう。それはわれわれを直接、次の問いの前に立たせる。今日、哲学とは何か、また哲学の科学と芸術とに対する関係は何か。それはせいぜいギリシア人が西洋文化を創立するために余地を残しながら営んできた、かの先立つものの二番煎じではないのか。またそれは先立つもののこうした二番煎じとしては、かならずしも後からのものではないのではなかろうか。ところで哲学がその根拠を、あるいは諸科学の根拠、人間の生活態度の根拠を後から思い出すさいに営むであろうものが、認識論的アプリオリズムと解されたり、経験論流に解されたりするなら、哲学はもはや、西洋の発展の始源においてそうであったのと同じ意味で余地を残すものでは決してない。

今や私は、このような確信が根拠のないものであることを具体的な哲学的問題に即して示してみたい。私の論究してみたい現象というのは、言語現象である。いったい言語とは何か。ここでは、ギリシア人の造り出した思惟が人間には避けられない思惟であること、また結局は言語が近代人の一般的な世界状況によって特徴づけられている機能と見解そのものの中へ必然的に侵入せねばならぬこと、つまり存在者を支配する道具たらねばならぬということの最も明確な証明が生じてくるように思われる。言語はその本性上、必然的にこのような存在解明をなすように思われるというのである。なぜなら、明らかに言語は実際にそのようにイデアともいうべきものとかかかわっているからである。なるほど、われわれはそれをイデアと呼びはしない。けれども、われわれの名ざすものが、まさにプラトンがイデアと呼んだものであることを容認するためにはちょっと考えてみればよい。われわれは、語には意味があると言っているのであり、しかも、そのさいに考えられているのはまったく疑いもなく、常に次のようなことである。すなわち語が意味を有するというのは、たとえば、持ち上げられた人差し指が一つの方向を示すことで何かを表示するという意味においてではなくて語が口にされる場合、事物について語られるのは、その語が意味を表示するからだということである。だが、そのことがすでに意味しているのは、われわれが語によって名づけうる多様な個物に対立するものがあること、一般的な共通の本質があるということである。

私が「机」という場合、まったく明白にしていかなる疑いも容れないことは――そして言語は、この意味においてイデア実在論を、中世の実在論を是認するのであるが――机についてのこの発言が、本当は手もとにある多くの机から共通なものを拾い集めることなのではなくて、机についてのこの発言で私の考えているものであって、それは明らかに、一般に指物師が机を作ることと直接関連している何ものかだということである。それは木材に対する指物師の労働を導く構想とまったく同じものであり、これが机という語のわれわれの理解をも規定する。

こうしてわれわれは、言語はプラトニズムと合致すると語りうる。言語はもろもろのイデアからなる組織である。なおその上に、言語はアリストテリズムと合致するとさえ思える。すなわち、われわれの語る言語、われわれと結合している民族系全体の語る言語は、アリストテレスの存在論、つまり実体とそのもろもろの偶有性とからなるアリストテレスの教説に、いわば身体では匹敵するとさえ思えるのであり、あるいはもう少し素朴でない表現をするなら、アリストテレスは、その形而上学の中に抜きだしているギリシア人の思考の、かの総括において結局は、彼の民族とインド・ゲルマン語族の中にいつもすでにあったものだけを明確な概念的意識にまで高めたのだとさえ思えるのである。われわれが根底にある或るもの、主語について一定の述語を述べるということ、またわれわれの言語構築は、人間のかの最初の哲学的自己意識よりはるか以前に、主語に述語を付属させるというこの基本構造を展開していたということ、このことは、ギリシア人がわれわれに指定した哲学のいわば先史形態以外の何ものであろうか。実体、持続するものがあること、またこの持続するものがもろもろの偶有性の中で、つまり実体に帰属する諸規定の中で、一にして同一なるものとして終始一貫するということ、それこそは、もろもろの実体によって述語規定を形成するかぎりでのわれわれインド・ゲルマン系諸言語の構造にあらかじめ内在しているものなのである。

さて、さらに一歩を進めよう！　われわれの話す言語もまた、それが理性自身の対象化の仕事を保証する点では、ギリシア人によって開かれたわれわれの哲学や思考の仕方を是認するのではあるまいか。理性、したがって存在者の了解は対象的なものに集中されているのではあるまいか。そのことは、実際にはわれわれの言語の本質にすでに含まれているのではないだろうか。いかなる種類のものであれ、あらゆる言語形式は対象化する判断の形式に改鋳されうるということ、またあらゆる願望、命令、疑問、叫び、その他あらゆる形式での意思表示は、その対象化する形式に改鋳されうるということ、このことは理性の最も固有にして、真に根本的な態度に属することではないだろうか。それらのかかわりにつねに言いうることは、私はこれこれのものを望むと言っているのだ、とか、これこれのことは疑問であると言っているのだ、とか、これに類した多くのことである。したがってアリストテレスがすでに主張したように、かの判断形式、或るものはかくかくであると語る、かの命題《アポパンシス》形式、言表形式には、事実上、理性の真に基本的な作業が内在しているのではないだろうか。そこに開けている道、それは戻ることができず、結局はわれわれ自身の近代的状況にまで貫通してきている道なのではあるまいか。すなわち、言語において実行され、理性によって成就され、ついにはわれわれの近代科学という、かの雄大にして非人間的な諸装置において、生けるものや人間にまでも手をつけることになる対象化の道なのではあるまいか。

このような推移からして、一言語という理想はいかに規定されるのか、と問われる場合、そこでもふたたび近代科学とその根本的な理論的諸原則とには、即座に答えを与える用意があるように思われる。一言語というその科学の理想は一義的な記号であって、さもなければ無である。最も理想的な言語とは、不確かな理解、誤解、韜晦等々に最小限の可能性しか与えないものである。数学的論理学はこのような帰結を考えぬいて、特殊な人工言語に至る。

さらに言語の本質がこのように根本的に規定されると、そこからして喜んでもろもろの譲歩がなされうる。言語の本質は恐らく諸対象を指示することに尽きるものではないということが容認されうるし、種々の言語において、話者の性情や意向、語られるものの状態とその諸条件などが表現されるということが容認されうる。しかし、それは言語の真に根本的な本質とは明らかにまったくかかわりのない付随的な機能である。

このことが首尾一貫した発展の線であるということは明白であろう。また、その線がギリシアに始まったものであることも、ギリシア人が「言語」に対しては、本来ロゴスという語のみを用いたということが想起されればなおさらに明らかにされえよう。すなわち、彼らにとって言語の本質と言語の意味するもの、つまり論証と話の対象とは同じだということ、また言語と呼ばれるものがギリシア人にとっては明らかに次のような二つの面で説明されるということが想起されるならばである。この両面というのは、言語によって語られたものや意味されたものの総体であるロゴスと、言語を生みだすのに用いられる口という道具、声門とである。

ところが、私にはそのように特徴づけられるものは、言語の真の本質ではないことが明らかであるように思える。それは言語の可能的な一面であり、引き立たせられ、根本的な世界状況へと展開された一面なのである。しかし、そのように特徴づけられるものが言語の真の本質ではないということは、言語をいわばその指示機能に沿って改善しようとする試みに看取される二、三の境界問題においてまず示すことができる。われわれは言語が、語がその意味を有すると語った。とりわけエドムント・フッサールの基礎的な諸論考が教えてくれたのは、語の意味が、もろもろの語においてわれわれを浮上させたり沈没させたりする、変転する直観の所有物と、いわばとり違えられてはならないということであり、したがってまた――一例を示せば――「文化」というような語は、それが自分の前で聞こえる瞬間に、われわれ各自の中にきわめて多様な直観像を呼びおこすであろうということなのである。恐らくは言語学者の或る者は何よりも農耕と繁栄とを、また別の者はコンサート・ホールか美術館を、第三の者は電光やモードを想い浮かべるであろう――にもかかわらず、文化という語ではまったく明らかに同じものが了解されている。文化という語が実際に意味しているものが考えられているわけである。したがって問題は、ここで文化の意味に移ろいやすい多様な表象が配属されうるということではない。ここには語と意味の間に明白な関係があるように見える。

しかし、例えば「ここには」といった語ではどうであろうか。それもやはり、きわめて一義的な語ではある。けれども、ちょっと考えてわかることは、「ここには」が何であるかを真に指示しえないかぎり、われわれのおちいる窮地である。「ここには」という語で考えられている意味は、恐らく「ここには」が何であるかがきわめて多様でありうるということを含んでいるであろう。「ここには」の語義には、かくしてきわめて多様なものを指示できる可能的地平といったようなものが含まれている。われわれはそれを論理学用語で偶因的表現、つまり使用される機会を通してみずからの意味がいわば初めてできあがるような表現と呼ぶ。私が今「ここには」と語るとき、われわれは皆一致している。このような機会を通して初めてその意味はできあがるのである。

ところで、以前から論理学者を刺激してきたこのような偶因的な意味といった例は、しかしながら、本当はもっと一般的な関係を指示しているように思える。あらゆる意味に妥当するのは、語が意味するものであるかぎり、どの意味も実際には常に一定の状況地平の内にあるということではないだろうか。あらゆる語義を特徴づけているのは、それらが一定の形成史を有するということではないだろうか。それも語源学者にして初めて悟らせうる形成史ではなくて、経験の獲得したものと語の使用との一種の沈澱ではないだろうか。したがって、あらゆる意味には、いわば一片の歴史のようなものがあるのではないか。すべての意味には、漠然とした地平のようなものがあるのではないか。またそれらの意味はいつでもすべてそれらの置かれている状況、連関と、それらが作り出す諸関係とによって初めて出来あがるのではあるまいか。

事実、われわれが初めに特徴づけたように、言語のプラトニズムは疑いもなく誇張である。プラトンによれば、それなくしては語り合いもできなかったであろう確たる諸観点は、それ自体、歴史的な次元で裏打ちされるべきものである。だが、アリストテレスもまた言語の本来的な現実、真の現実を前にして耐え抜こうとはしない。言語は判断において理論的完成を見るのであり、形而上学ないし存在論はすでに言語の文法の内にあった関係を、すなわち、実体と偶有性、主語と述語との関係を概念にまで高めるにすぎない、とする見解は、これまた、やはり言語の真の本質を通りすごす見解なのである。それはまったくプラトンの描いた本質圏内に留まっている。

私が詩人の言語で言語の真の現実性を際立たせようと試みるのは、非合理的なものの偏愛とか、不可知論への傾性とかではない。むしろこの企ては、言語の問題の根本的な意味をとりわけ哲学に対して明らかになしうる事実上の連関に拠るものなのである。二つの面からして、このような連関は解しうるものとなる。その一つは芸術、ことに詩歌がロマン主義の時代以来、哲学的意識に対してもつようになった新しい意義を熟考する場合である。カントの『判断力批判』研究のさいにゲーテを魅惑し、シェリングとヘーゲルの思弁的思考をつき動かした直観的悟性という理念は、美学の一切の問題提起を越え出る哲学的重要性を芸術に与えた。当時、哲学思想を動かしたように、その理念がわれわれの生活を解釈し、解明するための指導的な位置を初めて正当に獲得したのは、ヘーゲル哲学崩壊にさいして偉大な形而上学の体系が諸学や社会生活に対するその支配権を失なったときであった。すでにディルタイは正当にもこう言明していた。一九世紀の進行中に人間性という形而上学の根源的謎は、もはや哲学諸派によってではなくて、その世紀の偉大な詩人たちによって支配されるであろう、と。偉大な小説家たち、つまりバルザック、英国人、とりわけロシア人は、単に彼らの時代の真の哲学者であったにとどまらず、西洋形而上学の生ける遺産の真の所有者だったのであり、同じようなことはリルケや――まったく新しい関心では――ヘルダーリンのような詩人が、哲学的意識を働かせ――それ自体、すでに詩的なものの境域を思想の方向へと越え出ている詩作に従事しているかぎりでは、今日もなお見られるのである。しかしながら、とりわけ前世紀にドイツの哲学思想を肥沃なものにした二つの偉大な哲学的個別現象、ニーチェと（ドイツ化されてからの）キェルケゴールとは、ドイツにとって前代未聞の偉大な意味で「著作家」であっただけでなく、彼らの哲学自体のために詩的言表形式を選んだのである。ニーチェのツァラトストラ・詩は、キェルケゴールが実験的に演じるもろもろの役割と同じく、伝達の問題が哲学することの実存的問題なることを示す。

かくして言語という一般的問題は、「客観的精神」の問題領域に占めている特殊な位置から哲学思索の中心に移された。まさに哲学の存在形式が言語的なものたらざるをえないかぎりでは、このような中心的位置は実際、言語の問題にとっては比類なくかつ最初から似つかわしいものと思われる。そして、まさにそこからして、混同や偽装（詭弁）といった諸形式が、したがってまた哲学でもないものの頑固さが、いつでも哲学を装うのである。事実、ギリシア哲学の始源では、哲学的真理は誤謬に捉われている人間の「名目」や思いなしとは区別されている。ヘラクレイトスでは、言語の内に貯わえられている思いなしと真理との間にあるこうした誤った関係が、予言という特異な形にまで尖鋭化する。プラトンでは、あらゆる哲学的伝達のあいまいさについての意識は、方法としてはまったくみのり豊かなものとなり、プラトン弁証法の真理の根拠として今日に至るまで生きている。にもかかわらず、言語の哲学的問題はギリシア人においてさえ、「名目の正しさ」の問題、つまり言語の論理的な能力にまったく支配されているのである。

　このような支配的なギリシア・キリスト教的主知主義に対し、近代になって初めて言語の問題に対するいま一つの問題提起が主張された。それはヴィコ、ハマン、ヘルダーを越えてヴィルヘルム・フォン・フムボルトによる新しい言語哲学の基礎づけへと連なっている。フムボルトの言語理論が詩作の言語能力と形成エネルギーとを顧慮せずには展開されなかったということは、彼にとって神学的に動機づけられている言語の生起という古い問題が空虚なものとなり、人間精神の世界形成力にある言語の不変の根源への洞察に転じる場合には、たしかに何らの明証も要しなかった。したがってフムボルトにとって言語の問題は決して任意の熟慮すべき対象ではなくて、あらゆる話者が絶えず創りだしている、主観的なものと客観的なもの、精神と肉体との仲介のために、歴史的かつ自然的に自分を知ろうとする精神にとって或る新しい経験分野が開けるということなのである。しかしながら、もっぱらこのような新しい認識領域の基礎づけをめざしているフムボルトが観念論の問題地平を引きつぐからには、実際には彼は新しい言語理解を表現現象の理解として獲得するのであり、「論理的」言語観から自分をあまりにも遠く解き放つために、言語で理解する過程の中に、すなわち、現実態《エネルゲイア》の、我と汝との対抗の、了解と非了解との統一の中に言語の本質を見るのであり、ここからしてもろもろの語義に原則的な「動揺」を認めるのである。とはいえなおすべてそうした理解は、それが廃止し、否認するもの、つまり論理的記号組織からして記述されている。いかなる言語にも含まれている個人的あるいは民族的に特徴のある世界観は、どの言語も一切を表現しうるであろうし、したがって、それ自体理想的な記号組織であるはずだという、まさにこのことにもとづく。

詩人の言語への反省は、原則的に問題のこのような地平を越え出てゆく。ヘルダーリンの語るように、その言語は創造的反省の産物なのである。それの仕事は理解すること、つまり、語りかけられた者に自分で了解を遂行する気を起こさせることではなく「第三の完成」、すなわち成功した作品、創作、たることを達成する。詩人の言語では、あれこれのものが「思念され」、他者の共思念《ミットマイネン》に伝達されるのではない。詩人はむしろ「彼の活動圏内に」留まるのであり、語りかけている他のすべての者と同じく、自分をも引き留める「彼の創作の外へ」歩み出たりはしない。個人の根源的な感情と表現される世界との対立はもはやまったくない。「つまり、詩人が自分の根源的な感情の純粋な調子で、その内的かつ外的な生活全体に捉われていると感じ、自分の世界を見まわすさいに、彼にとってこの世界は新しいものであると同様未知のものなのである。彼の体験のすべて、彼の知識、直観、思想の総体、それらが彼の内や外に現われているものとしての芸術と自然とは、すべて彼にとってまるで初めて現前するかのようであり、まさにその故に理解も規定もされずに、純粋な素材と生の中に溶けこんでいる。そして彼がこの瞬間に何ものをも所与とは認めず、いかなる肯定的なものからも出発しないということは秀れて重要なことである。つまり、彼が以前に学んだことのある、見るがままの自然と芸術とは、彼にとって一つの言語が存在する以前には、すなわち、彼の世界の中で今は未知で名もないものが、彼の気分と比べられ、まさに調和すると感じられるそのことによって彼にとって既知の、名のあるものとなるより以前には語らないということは、秀れて重要なことである」。ヘルダーリンは詩的創造行為をそのように述べている〔Sämtliche Werke 1962, Bd. IV, S. 275〕。ここで語られているものは、明らかに単なる「詩精神の行動方式」以上のものである。――それは詩人の根源的な新しい言語の中に現われる存在自体の経験方式である。すべての肯定的なもの、したがって世界理解のすべての確固たる諸規定は解体していなければならないのであり、あらかじめ構想されたもろもろの意味や意味の諸関係は、すべて感情の「調子」を乱し、不快にさせるものとなるであろう。――それは振動空間の自己開示であって、その空間の中では詩の全体がリズムや音色や意味連関に適合する。ここでは言語の本質は、明らかにはるかに原則的に理解されており、しかも事柄ないしは事柄に関する諸見解を伝達するために利用できるものとしてのみ理解されているのではない。それは「表現」ではあるけれども、意味されているものにおいてともに表現される或るものとしてではなく、自分を抑制する「内的なもの」の表現とか、自分を言表するもろもろの個性の表現とかではまったくなく、存在そのものの表現であり、体験様式 modus experimendi なのである。このような表現を見出すことは、私の思っていることが正しく「現われでる」ということではなくて、私と世界との何であるかが立ち現われ、姿を見せるということなのである。それは、何かを摑もうとして道具をもち、操作するのと同じ仕方でわれわれが語る言語ではなく、またわれわれが自分を言い表わす言語ではなくて、われわれを言い表わす言語なのである。詩人なら誰でもそれがどういうことであるかを知っている。なぜなら、彼は自分の詩作を中間的な出来事として経験するからである。彼はまた、自分の秩序づけられた世界状況全体を解消し、自分をさらけ出すこととか、言語的なものや世界質料の流動状態から振動のように彼を震撼させるものを実現する摂理を期待することが、自分にとっていかにこの上なく危険な労苦を意味するかを知っている。

言語の根源性は、確定した語義のあらゆる法則とそれら法則の不安定な履行とに先立つ。とはいえ、詩作の本質にも語と意味とのこのような秩序づけがないのは当然だ、とでもいうかのように先立っているのではない。しかし言語固有の秘密、その本来の言表力やわれわれからの働きかけで経験されるその命名力を形成するものは、明らかに何か別のものである。語がそこでわれわれの前に提起するものは、もともと事物を命名するさいにこれらの語の関連によって示されるのではなくて、逆に語がこのように現われでることで、これまでどこにも見たことのない一つの世界が眼前に提示されるのである。

したがって、それこそは詩人の熟知している言語の根源性なのである。そしていまや歴史的にはすでに以前から知られていることがよりよく理解される。すなわち、詩人とは言語の根源的な力の支配者であって、先ほど言語の意味づける力の本質として特徴づけられたものは、彼によってこそ力を発揮するものなることが。どの語内にも生きている形成史、過去の地平は彼にとって、生起したものやあったものにわれわれを縛りつける共同負担の意味での重荷なのではない。言語は詩人によってふたたび露わにされ、みずからに対する全権を付与される。詩人はいわば存在に言語を支配させるのであり、彼が語りえ、語ってもよいものを言語に按配させる。詩人の経験はまさに、もろもろの「出来合いの」表象と言葉を拒むところに由来する——この経験は、われわれの生活の転換された言語世界の中に余地と開放性とを作り出して、詩人の言葉に根源的なもののための空所を設けるのであり、この空所が根源的なものを際立たせるのである。

ところで、私がここに言語という具体的な例で明らかにしようと試みたものは、哲学の本質全体をも同じように特徴づけていると思われる。言語が本来の真の本質からすれば、記号組織ではなくて、本当は存在や自己や世界に対する話者の関係を必ず含んでいるとするならば、また詩人の成就することはいつでも思いなされたものの単なる命名をはるかに越えるものであって、実際にはもろもろの新しい存在可能性を用意し、吟味することであるとするならば、その場合には詩作の本質の中に、哲学の本質を形成する何ものかの原型が見えてくるであろう。語られる言葉が使い古された硬貨となってすたれてしまいはしないことを、繰返し詩人に感謝するように、また、もはや一人の詩人ももたぬ言語が恐らくは必ず滅びなければならないように、同じことは科学や科学をつねに統轄している哲学の機能においてもありえよう。ここには実際に類比があり、恐らくは類比以上のものがある。言語の問題が目下の哲学思索の中心に位置し、われわれに詩人を指示するのは、哲学が言語表現を見出さねばならないからではなくて、詩人が言語の根源に、その恐るべき位置を占めているからである。詩人の経験は彼に言葉を認可したり、拒絶したりするところに成立するのであるが、これはこの種の経験としては唯一のものなのではない。そこで出会われるのは叙情的な言葉だけではなくて、あらゆる種類の詩なのである。言語芸術の創作者だけがこれを経験するのではなくて、あらゆる芸術の創作者が一般に経験する。彼らは皆「自然」と「芸術」とがいつもすでに語っている言語、色と形と音の言語を、人間の話し言葉とまったく同様にすっかり忘れ去らねばならない。それらを或る新しい、未知なものとして聞きとるためには。しかし同じことは哲学にもあてはまる。しかも今日、西洋哲学固有のものは、その真に根源的な行為におけるよりも、芸術という例において一層容易に認められるということ、このことは、その哲学独特の歴史的運命による。西洋哲学独自の概念言語は、はるか歴史の草創期からのものである。この言語は諸学とその進歩の過程の中につねに伝達されてきた慣習をもっている。しかもこの進歩する諸学そのものの意味には、その根源を忘却するということが含まれていたのである。

科学者たちの節操に属するものとしては、哲学しようとしないこと、みずからの問題の規則的な歩調に従うこと、また、自分の解く問題が彼を必然的に具体的に現われて来る新しい諸問題に向かわざるをえなくさせるということがある。

そのことはしかし、詩作や詩の言語に対する哲学の特殊な関係を設定する。なぜなら人間の言語の歴史もまた、ヴィコが初めて認識したように、その根源からは前進しつつ遠ざかることであり、語の根源的な形成力をますます弱めるもの、すなわち強まる知性化なのであるから。にもかかわらず詩人が為すのは、人間の言葉の根源的な形成力をつねに新たに露わにすることである。

かくして、日常の言語貨幣が不断にすたれていく場合においても詩人が根源的な言葉の支配者であるように、今や哲学者と哲学とは学と生の営みにおいて、根源的なものの統轄者という同じ機能を有する。科学者を特徴づけるもの、それはまったく科学によって刻印されているわれわれの世界状況をも基礎づけている。科学研究者には彼の問題が、かつて採られた問題の方向にもとづいて生長してくるように、われわれの生の状況もまた、目下の具体的な課題つまり状況克服が、そのつど必然的に新しい諸課題の中へと、新しく始まる諸状況の征服へと、さらに駆り立てるということで規定されている。われわれの行動的にして自発的な態度全体はこのような不変の連関にかかわっており、この連関の中では、一が他に結合し、抵抗はつぎつぎに克服されるために生じてくる。それは決して懐疑ではなく、存在者に対する人間のこうした態度は、まるで駆り立てられてでもいるかのようである。その態度は、この意欲する者が同時にまた、このような世界状況全体にそもそも初めて余地と諸可能性とを与えたものを顧みようとはしないということからしか生じえない。

科学や、科学にもとづくわれわれの方法的時代の生の実践は、それにもかかわらず、ひとりでにそこにあるのではない。それどころか、そこに作用している生産力、研究者や発明家の、技術者や組織者の生産力が、また社会生活へと向けられた政治家の生産力さえもが、一様にひとりでにそこにあるわけではなく、またひとりでに効力を発揮するわけでもない。すべてそれらは「新しいもの」を形成するものであるかぎり、たんに最も身近なことをなし続けるだけのものではありえない――「場当たり政策」は真の政治家の政策ではない。諸科学を単に「営むこと」は、たとえそれがきわめて多くの知識の拡張をもたらすとしても、真の研究者を満足させはしない。むしろそれらはすべて哲学の能力の最たるものに、すなわち、あらゆるものを根源的かつ新たに見る、あのまなざしに与っているのである。

したがってわれわれの考察の成果は、科学が哲学にとっては満足のゆくものではないとすることではない。また、判断は言語の真の本質ではなかろうと主張する場合の哲学が、不可知論や非合理主義の中へ逃避しているということを意味するのでもない。さらに、あたかも哲学のみがわれわれの文化をその前進してきた道の元の所へ連れ戻すことができる、とするような一種の文化批判をここでめざしているのでもない。これは誤解であろう。けれどもいずれにせよ私が信じているのは、根源的なもののこのような支配者たる哲学だけが、われわれ人間存在のこのような内的発展をその固有の法則に敏感なものとさせておけるのだということであり、このような哲学的衝動がもはや働いていない場合には、科学の努力も結局ははてしなく愚劣なものを知りかつ実践しようと試みる営みとならざるをえまい、ということである。

もちろん哲学の本質のこのような規定は、哲学が、基準となる包括的な世界像に応じて時代の要求を満たすことに没頭するのではないことを意味する。一切の世界像と世界観とに抗して、哲学はむしろ自明のものを疑問に付し、時代の諸要請を乗りこえるというその根源的な機能を護る。諸科学の認識を統括する一時代の世界像、その世界像が展開する世界観は、その時代の社会生活の全事態を反映しており、それ自体が後者にとって役立つ手段という意味を有する。世界観は、当面の事態を弁護ないし攻撃し、そこから歴史的影響力を獲得することで、一つの状況を克服する。こうして「諸世界観」は歴史的認識にとっては際立った現象なのである――まさにそれらが現代の表出する生の状況を定式化するがゆえに。哲学思想のあらゆる既存の形態もまた、このような歴史的認識に対して姿を現わす——それもすぐれた諸形態を。というのもそれらはヘーゲルの語ったように最も内的な世界史なのだから。かくして、最大の学問的権利と最大の学問的成果とを伴なって、哲学もまた次のようにして歴史的に考察されうる。すなわち、時代状況や社会生活構造として、また或る時期ないしはその時期の支配的社会の心理的諸前提として、何が哲学で表現されているかを後から問うという仕方で。それらなしには実際の歴史、西洋文化の歴史的連関を歴史的に解明したり、了解したりはできないが、そうしたからといって哲学をすることにはならないことも悟るべきである。哲学は、その文化的機能と呼びうるものや、どの哲学にもかならず一定の文化的機能を与えるようなものを当てにして考察される。しかし、絵を描くことと描かれた絵を歴史的かつ社会的に解釈することとは別であるのと同じく、哲学することもまた、もろもろの哲学思想形成の社会的機能を研究することとは原則的に異なる。根源的な諸問題にむかって独自の努力をしているときの哲学、まさにそこにおいて、人はみずからこのような行為によって哲学を隠蔽してしまう。すべてそうしたものは哲学ではない。哲学はその固有の動因からすれば、かの開示しかつ余地を与える根源性としてのみ働くのであり、学と、学にもとづく世界観一般のあらゆる力との営みは、この根源性によって初めてみずからを実現する余地を獲得するのである。そのかぎりにおいて、この解明しつつ熟慮する試みを次のような言葉で閉じることは許されよう。哲学が根源的なもののこのような管理人であるとき、そのときにこそ哲学は、哲学の哲学たるゆえんのものとなる——だがその場合、それはまた、その本質の内的必然性により、未来の哲学でもある。

補遺

一　哲学の根源性について

一　ギリシア人の基礎づけた形而上学とインド・ゲルマン系諸言語の文法との間の関連は、ニーチェが言語のプラトニズムを破壊的に批判したさい、すでに気づいていたものである。しかしこれまでのところ、インド・ゲルマン系諸言語が、西洋哲学と世界に対する西洋人の位置とに対して有する記録や判例としての価値への体系的熟考が欠如している。古さと証明能力とでは、それらが一切の他の有史以前の伝承をはるかに凌駕するということは疑いを容れない。もし未開人の思惟のアニミズム的な傾向が、名詞の構造を展開してきた根源的なものだと見られるならば、いずれにせよ、まったく問題を見誤ることになる。なぜなら、まさにそれにもかかわらず他の非インド・ゲルマン系諸言語が、言語構造上インド・ゲルマン系諸言語とは、その点で異なるということが問題だからである——その思考のもろもろの作品が西洋のものとは異なっているように。

われわれの文法的基本概念はギリシアの学に由来するものであり、そのかぎりにおいてギリシアの形而上学がそれらの概念よりも根源的であることを混乱させてはならない。決定的なのは、われわれの諸言語の言語構造が、その文法にこうした学問的定着を許容したという、まさにこのことなのである。「アニミズム」という概念で「未開人の思惟」を記述することさえもが、後からの西洋的に制約された解釈を示すものだという、同様の嫌疑をこうむるであろう。

二　詩人が秀れた意味で言語の番人にして管理人であるということは、「永遠の」真理たることを要求するものではなくて、もろもろの近代語の状態や、それら言語の形なき抽象性や決まり文句にむかう明白な傾向に対応することを要求するにすぎない。言語の根源的な形成力がまだ弱まっていない時代や民族にとって、たとえばローマ時代初期の古いラテン語にとっては、事情は異なる。ここには雄弁家がおり、すべて演説する者の根底には根源的言語精神の共同管理人がいる。

王と詩人を、その語るところが民族の共同体によびかけ、自分自身に目覚めを与えるものとして、並置するとき、ヘシオドスは或る深い真理を言い表わしている。論理的に意のままに操られた文法が生きた言葉に実際上どこまで適合するかは、もちろんあらゆる時代にとって問題であり続ける。ハンス・リップスは、その『解釈学的論理学のための諸論究』の中でヴィルヘルム・フムボルトの意図を極端化しながら、この問題を効果的に追究している。にもかかわらず、生きた言葉もまた詩人の護る根源的存在経験を開示するよりもむしろ曖昧にするということは、依然として正しい（この数年間に現われたマルチン・ハイデガーの業績から筆者が利益を獲ようと試みてきたことを識者は見落とされはすまい）。

三　ショーペンハウアーの型どったプラトン流美学は、一切の芸術様式を包括するに足る普遍的なものではあっても、それで充分だと主張してはならない。これは、フッサール現象学のプラトン流意味理論がそのように言えないのと同じことである。天才概念において最高潮に達するカントの『判断力批判』は、その点についてさらに深く注意している――もちろん芸術哲学のテーマ設定全体を同じように疑わしく主観化することによってではあるけれども。筆者の「カントの美学の基礎づけと芸術の意味について」（リヒアルト・ハマン記念論文集、一九三九年）参照。

四　哲学と詩とのあいだの指示されたような緊密な関係が、哲学的にして詩的な行為における無意識的なものの意味へ逆戻りさせられれば、その事態が進展を見るかどうかといえば、私には疑わしく思える。事実上、まさに問題なのは創作の哲学ではなくて、詩人と同じく思想家が創作において経験したもの、「提起する」に価するものなのである。詩人の根源性は（芸術家一般のそれと同じく）、根源的に思索しようとするたえまない試みとまったく同様、明らかに曖昧なものである。いつでも危険は、詩人として、弁舌家として語るものが、すでに使用されたものだけをさらに使い古すところにあり、さらにはまったく疑いもなく、思想家が語るときでさえそうなることにある。

五　指示された問題の次元は、観念論とか唯物論の認識理論の対立にはまったくかかわりがない。詩人の言語では、現実は「模写され」はしないし、観念論的に「産出され」もしない。諸現象への通路をことごとく塞ぐ理論によってそれら現象を測定するかわりに、跡づけることが重要なのである。それとも、これらの理論の根底にある「現実性」というような概念は、みずからの根底にある形而上学を黙秘することが、まさにその進歩法則であるとみなされる近代科学をぬきにしても、考えられるものであろうか。科学の無欠なることを引き合いに出して哲学的形而上学の諸要請を拒否する者は——ここではもちろん概略が指示されたにすぎない——自分が異論を唱えている当のものを裏書きするのである。論理学では、それは不当推理 ignoratio elenchi と呼ばれる。

＊　二つの講演は、第三帝国終焉後、残念ながら早々と終局に到った統一ドイツ意識の局面に属する。著者は当時ライプチヒ大学長であり、そこでの国家管理の諸傾向に抗して、哲学の自律的な認識要求を護ろうとしていた。そのことは表題も語ろうとしていることであり、この表題は、うわべは一九四七年に公けにされたライプチヒ大学長就任演説「学の根源性について」を模している。これらの講演は、一九四八年クロノス出版社から刊行され、次のような前文がつけられていた。

「ここに併せられた二つの講演は、時間をかけて書きもの机にむかって生みだされたものではなくて、多くの別種の仕事を要求されている著者に、それぞれの動機から求められたものである。講演がなされたときと同様、いまやそれらがノートにもとづいて公表されるのも、あまりにも即席的であるとすれば、それは、哲学の問題が公けにされる場合にみられる関心の示す多様な要求による。

両講演のうち最初のものは、まず一九四五年九月二二日にライプチヒの教師たちを前にしてなされ、さらに一九四六年六月に、ベルリン哲学・教育学専門家会議で繰り返された。いま一つの講演は、一九四七年四月二二日に、ベルリンで〈民主主義ドイツ革新文化連合〉分科会に対してなされた。附加された補遺は、ベルリンの講演に続く討議で現われた諸観点に関連したものである」。

二　精神科学における真理*

精神科学が、その研究の仕方に対する正しい理解をより多くの公衆のもとで見出すことは容易ではない。それにおいて真理であるもの、そこに帰結するものを明らかにすることは難かしい。ともあれこのことは、はっきり見てとれるものを対象とするような精神科学の諸領域では、もっと容易であろう。経済学者が今日、公共福祉に対する自分の研究の意義を語らねばならぬ場合、彼は或る一般的な理解を確信しているであろう。芸術学者が何か美しいものをわれわれの前に提示する場合でも同じであろう。たとえそれがきわめて古い時代の発掘物であるとしても。なぜなら、そのようにきわめて古いものでさえ、なお特異な一般的関心を喚び起こすからである。これに対し哲学者に似つかわしいのは、明白な、あるいはだれをでも納得させるような結果のかわりに、もろもろの精神科学研究に際して思索するものに生じてくる疑わしいものや熟考を要するものを話題にすることである。

I

近代的な学の概念は一七世紀の自然科学の発展によって造り出された。われわれは増大する自然支配をこの科学に負っている。したがってまた、人間と社会とに関する科学にも、それらが人間的・歴史的世界を同じように支配してくれるよう期待している。ともかく、科学のおかげで自然支配が増大するようになって以来、精神科学に一層期待されているのは、文化の不快感を減らすよりも、むしろ増やすことなのである。自然科学の諸方法は、知るに値するものすべてを把握するのではないし、最も知るに値するもの、すなわち、自然と人間の手段のすべての支配が奉仕しなければならない究極目的をさえ把握するものではない。精神科学とそれに含まれる哲学とに期待されるのは、種類と階級とを異にする認識である。したがって科学的諸方法の使用がすべての学に提示する共通のものについて語るかわりに、まず精神科学をきわめて意味のある、重大なものとしている比類のないものについて語る方がわかりやすい。

1　いったい精神科学における真に学問的なものとは何か。そもそも研究という概念は直ちに精神科学に適用されうるであろうか。というのも、その概念において考えられているもの、つまり新しいもの、まだ認識されたことのないものを探し出すこと、またこれらの新しい真理に至る確実で誰でもが後から規制できる道、そうしたものはすべて、ここではようやく二次的に現われるものと思えるからである。精神科学的認識の実り豊かさは、研究という組織立った精神よりも、芸術家の直覚の方に類縁のものと思われる。たしかにどの研究領域においても、すべて天才的な営為には同じことを言うことができよう。けれども自然研究という組織立った仕事においては、繰返し新しい洞察が生長してくるのであり、そのかぎりでは、学問自体が方法操作にはまりこんでいるのである。

ところで、方法操作は明らかに精神科学研究にも属している。それは通俗科学的文芸と比べれば、やはり一種の再検証可能性という点で秀れてはいる——とはいえ、すべてそうしたことは、素材から引き出されるもろもろの帰結よりも、素材にかかわるものである。ここでは学問が、その方法論によって真理を確保できるということにはならない。ここでは往々にして素人の非学問的作品の中にさえ、それよりもはるかに方法的な資料分析に含まれている以上の真理がありうる。事実この百年間における精神科学の発展は、なるほど自然科学という模範をいつも眼前にしてはいたけれども、その最も強くて本質的な衝動は、これら経験科学の壮大なパトスに因るものではなくて、ロマン主義とドイツ観念論の精神に由来していたということが明らかにされうる。それらの中には、啓蒙主義と科学における方法との諸限界に関する知識が生きているのである。

2　けれども、精神科学をわれわれにとってかくも意義あらしめるもの、すなわち人間の心の真理要求は、この科学によって本当に満たされるのであろうか。精神科学は歴史という広い領域を研究し、理解しながら貫通することによって、みずからの過去の全体をめぐる人間の精神的地平を実際に拡大するのではあるが、現代の真理追求の努力は、そのようなことでは、ただに満たされないばかりでなく、それ自体がいわばいかがわしいものとなる。精神科学が自分の内に養成する歴史的な意味は、変化する諸尺度への慣れを伴なっており、この慣れが自分の尺度を使うさいに不確実さへと導くものなのである。すでにニーチェは第二の「反時代的考察」において、生に対する歴史の利だけでなく、害をも心得ていた。いたるところに歴史的制約を見る歴史主義は歴史研究の実用的な意味を破壊してきた。その洗練された了解技術は、生の倫理的現実を成り立たせる絶対的な評価をなす力を弱める。歴史主義の認識論的に尖鋭化したものが相対主義であり、帰結するところがニヒリズムなのである。

現代を動かす歴史的にして社会的な諸力によって一切の認識が制約されているのを洞察することは、しかしながら、単にわれわれの認識信仰を理論的に弱めるだけではなくて、その時代の意志の諸力に対してわれわれの認識が事実上、武装解除することをも意味している。精神科学はこれらの傾向によって、その諸力に奉仕させられるのであり、社会的、政治的、宗教的に、あるいは何であれ、この科学のもろもろの認識が意味する権力価値という点では過小評価されるのである。かくして精神科学は権力が精神に及ぼす圧力を増大させる。精神科学はどんな種類のテロに対しても、自然科学とは比較にならぬほどはるかに襲われやすい。というのも精神科学においては、自然科学におけるような、真正にして正当なるものと故意に歪められたものや偽りのものとを区別する尺度がまったくないからである。精神科学をあらゆる研究のエトスに結びつけている究極的な倫理的共通性は、このようにして危険にさらされる。

精神科学の真理につきまとうこのような疑念を、そのいかがわしさの全体を考慮する者は、自然研究者と自然科学によってその表象界に分類された素人とから成る集まりの中では、何よりもまず疑わしくない一人の証人を喜んで引合いに出すことになろう。すなわち、偉大な物理学者ヘルマン・ヘルムホルツは、かつてほぼ百年前に自然科学と精神科学との差異を語っているのである。そのさい彼は、公正さと先見の明のある卓越性とで精神科学の特質を考慮したのであるが、それらは今日なお顧慮に値する。なるほど彼もまた精神科学の仕事の仕方を自然科学の諸方法で測定し、それによって記述したのであるからには、もろもろの帰結に到達しようとして精神科学の用いる予感にみちた短絡が彼の論理的欲求を満たしえなかったであろうことはわかりきっている。けれども、彼はこれが実際に精神科学の真理に到達する仕方であること、したがってまた、これらの短絡を封じこめるためには、さらに別種の人間的諸条件を用いる必要があることを見てとった。記憶、想像、調子、音楽的感受性や世界経験に属するものすべては、自然科学の必要とする装置とは明らかに種類を異にする。とはいえ、それに劣らず一種の器具類ではあって、ただ、それが調達できるものではなくて、人間の歴史という偉大な伝承の中に入りこむことによって身につくものだという条件がついている。それゆえ、ここで重要なのは、汝の悟性に仕える勇気を持て、という啓蒙主義の古い標語だけではなくて――まさにそれと対立するもの、権威もまた重要なのである。

ともあれ、この言葉の意味しているものが的確に考えられねばならない。権威とは盲従を要求し、思考を禁じるような権力の優位ではない。権威の真の本質は、むしろ他者の内に卓越せる洞察、自分の判断を凌駕する洞察を前提することが非理性的なことではなく、それどころか理性自身の命ずるところでありうるということにもとづいている。権威に従うというのは、他者が――したがってまた伝承と過去とから聞こえてくる他者の声が――何ものかを当人自身よりもよく見ることができるということを洞察することなのである。若い初心者として精神科学に道を求めたことのある人なら誰でもそのことを経験から知っている。私自身初心者として、自分が精通していると思いこんでいた或る学問的な問題において、経験を積んだ学者とどんな風に論争したかを想い起こすのである。そのとき私は突然彼から自分の知らない事柄について教えられて、激怒し、こうたずねた。あなたは、どこからそれを聞いたのですか。彼はこう答えた。あなたが私と同じくらいの歳になれば、そのことを知るようになるでしょう。

それは正しい答えであった。だが自然科学の教師とか学生なら、いったい誰がそのようなものを答えとみなすだろうか。われわれはたいてい、初心者のあれこれの文献学的ないしは歴史的推測が、なぜ「不可能」なのかを述べるべきでないことを心得ている。それは事象との倦むことのない交渉を通して獲得されはしても、学ばれたり、論証されたりはできない調子《タクト》の問題なのである。にもかかわらず、このような教育上の状況においては、経験のある教師が正しくて初心者が間違っているということは、ほぼ例外なく確実なのである。これらの個別的な真理条件と明らかに関連しているのは、その研究について真の成果と空疎な僭越とを区別させてくれる絶対に信のおける尺度がまったくないということ、それどころか、自分の語るものが、意図している真理を実際になお含んでいるかどうかをわれわれ自身しばしば疑うということである。

II

伝承に傾聴し、伝承の内にあること、それは明らかに精神科学の中で見出すに値する真理の道である。われわれが歴史家として到達するすべての伝承批判でさえも結局は、われわれの立脚する真の伝承に自分を結びつけるという目的に奉仕する。制約とは、したがって歴史的認識を妨げるものではなくて、真理自体の一契機なのである。この制約は、恣意的にそれに身を任せたくない場合にさえ、ともに考えられていなければならない。認識者の立場から切り離された真理という幻想を破壊することが、まさにここでは「科学的」と認められねばならない。それこそがわれわれの有限性の印なのであり、これを忘れずにいることだけが妄想に対して身を守らせてくれる。したがって、歴史的方法の客観性への素朴な信仰はこうした妄想なのであった。とはいえ、それにとって代わるのは無気力な相対主義ではない。われわれ自身が現にそうであるもの、過去から聞きとれるもの、それは決して任意のものでもなければ、恣意的なものでもない。

歴史的に認識されるもの、それはつまるところ、われわれ自身なのである。精神科学的認識には、いつでも自己における自己認識といったところがある。自己認識ほど欺瞞が安易で身近なものはどこにもない。けれども、その認識が成功する場合、人間の存在に対してかくまで多くを意味してくれるものもまた他にはない。したがって、精神科学において重要なのは、われわれがすでに自分を知っているように、歴史的伝承から自分自身を聞きとることだけではなくて、それとは別に、自分を越え出させてくれるもの、その伝承からの衝撃を経験することもまた重要なのである。それゆえにここでわれわれを真に推進するに役立ってくれるのは、期待を単純に満たしてくれる衝撃のない研究ではなく、それどころか——われわれ自身に抗してでも——どこで新しい衝撃が与えられるかを認識することこそ肝要なのである。

ところで、これら二つの懸念を反省してみると、われわれの研究にとって直接実際の役に立つ諸結果も含まれている。精神科学を推進しようとする者が事象から援助を得られる場合は稀にしかないであろう。ここでは、人間の営みの尺度がほとんど制御されえないところに反省を閉じこめる不確実さのすべてをもった人間のみが援助をうけることができる。そして刺激のない研究はわれわれを真に推進するものではないということが、決して解決できない課題の前にわれわれを立たせる。それは管理というきわめて自由な形式でさえもとても満たしえない課題であり、われわれが自分自身の道を眼前にしているがゆえに、自分では見ることのない新しくて実り豊かなものを認識するという課題なのである。

III

しかしながら、われわれがいろいろ熟考してみて帰結するのは、大衆時代における精神科学の位置が、ことにそれほどまで心もとないのはなぜかということである。徹底的に組織化された社会においては、どの利益団体も、その経済的かつ社会的な権力の程度に応じて役割を果たす。その団体は、学問研究をさえ、その成果が自分自身の権力にどこまで利ないしは害をなすかに応じて評価する。そのかぎりでは、どの研究もみずからの自由に心を配らねばならない。そして自分の認識が支配的な権益にとって不利な場合、それをやり抜くことがいかに困難なことでありうるかを知っているのは、まさに自然研究者なのである。経済と社会との利害の圧力が学問にのしかかってくる。

けれども精神科学においては、こうした圧力はいわば内から襲って来る。この科学自体がこれら諸権力の利益に照応するものを真とみなす危険の内にある。その仕事には不確実さという契機がつきまとうがゆえに、精神科学にとっては他者の同意がとくに重要である。どこでも同じだが、もしこの他者なるものが「権威」だとすれば、それは専門家ということになろう。しかし、彼らの研究は万人の個別的な関心にとって信頼のおけるものであるがゆえに、世間の判断との一致、つまり自分の研究がそこに見出す共鳴は研究者の無意識的意図の中では往々にしてすでに考慮に入れられていたのである。だからこそ、たとえば政治史の記述には、愛国的関心が特に居合わせることになる。同一の歴史的事件が、国籍を異にするこの上なく真面目な研究者たちの間でさえ、どんなにまで違ったものになるかは周知のことである。このことは効果を狙うことから生じるのではなくて、立場を押し出す内面的な所属から生じる。しかし、公の活動に都合のよい立場に立とうと試みて、この種のものは何と容易に転向することであろうか。

今や認識されねばならぬのは、たとえ人間の弱さに面して生じるものだとしても、そうしたことが付随的な変種ではないということ、それどころか、この一般的な弱さから権力・支配力行使の組織を展開してきたことこそが、われわれの時代の徴標だということである。情報業務の技術的手段を手中にしている者は、公表されてもよいものを決定するだけでなく——公表を制御することによって、同時に世論を操る可能性をその目的とする。われわれが判断を形成するさいには、啓蒙主義にもとづく自己査定に見合う以上にはるかに依存的であるからこそ、このような権力手段には、この上なくデモーニッシュな強さがある。というのも自分が依存していることを容認せず、自由でもないのに自由だと信じる者は、自分自身の枷の見張りをしているのだから。テロでさえも、テロを蒙る者自身がテロを行なうということにもとづいている。理性自体が買収されうるということ、それは人間が今世紀に経験したもののうち最も宿命的なものである。

そのことをとくにみずから経験する精神科学には、しかしながら、この経験によって権力の誘惑やその理性買収から身を守るという特有の可能性がある。なぜなら、精神科学の自己認識は、自分がこれまでに与えていないものをさらに他の科学に期待する道を自分に対して閉ざすのであるから。完全な啓蒙主義という理想はみずからの誤りなることを証明する。まさにこのことによって精神科学はその特殊な任務を、すなわち、学問研究をなす場合に自分の有限性と歴史的制約とを常に銘記して啓蒙主義の自己神化に抵抗するという任務を達成する。精神科学は自分の及ぼす影響から生じてくる責任を免れえない。近代世界の操られた公表による一切の世論操作に抗して、精神科学は家庭や学校を越え出て、成長する人類に直接影響を及ぼす。それらは、真理を含んでいる場合には消すことのできない自由の痕跡を残すのである。

結論としては、すでにプラトンの伝えている或る洞察が想い起こされよう。飲食物が身体の養分であるように、ロゴス、言葉を本質とするもろもろの学問を彼は魂の養分と呼ぶ。「ですから、買物をするときには、悪い品物を売りつけられないよう、同じくらい疑い深くなくてはなりません。それどころか知識を買う場合には、食物を買う場合よりもはるかに大きな危険さえあるのです。なぜなら、商人から買った飲食物なら人はそれぞれの容器で家へ持ち込めるし、それらを飲み食いして摂取する前に家に置いて、専門家を呼んできて、何を飲食してよいか、悪いか、またどれくらい、いつ、そうすればよいかを相談できるからです。したがって、この買物では危険も大したことはありません。ところが知識は個々の容器で持ち運びできないばかりか、その代価を払いこんでしまえば、直接、魂そのものに受け容れ、またそのように教えこまれて立ち去らざるをえないのです。――害になろうと、益になろうと。」〔『プロタゴラス』313～314 参照〕

このような言葉でプラトンのソクラテスは、考えもなしに当時称讃されていた或る知恵の教師の授業に身を委ねようとする一人の若者に警告する。彼はロゴス、言葉を本質とする知識につきまとっていて、詭弁と真の哲学との間にある曖昧な立場を見ている。しかし彼はここでの正しい判定にふさわしい特殊な意味をも認識している。

この認識は精神科学における真理への問いにも応用されよう。精神科学が学問全体の中でも或る特殊なものであるのは、その表向きの、あるいは実際上の認識もまたひとりでに人間的教養や教育へと移りゆくかぎりにおいて、あらゆる人間的事象を直接に規定することによってである。その科学に含まれる真偽を区別する手段は、またもやそれ自身の使用するもの、すなわちロゴス、言葉以外にはない。とはいえこの手段においてこそ、人間の到達しうる最高の真理は、その所を得ることができる。精神科学のいかがわしさを形成しているのは、実際にはその本来の長所なのであり、ロゴス、すなわち言葉《レーデン》「のみ」を話す《レーデン》ことなのである。

＊　この講演は一九五三年ブレーメンでのドイツ研究協会例会でなされ、一九五四年二月 *Deutsche Universitätszeitung* IX, Heft 1, に印刷された。

三　真理とは何か*

直接に歴史的状況の意味から理解すると、ピラトゥスの「真理とは何か」(ヨハネ伝一八・三八)という問いは、中立の問題を内包している。当時のパレスチナ国内法の状況の中で総督ポンティウス・ピラトゥスによって語られる言葉のように、その問いが意味するのは、イエスのような人によって真理なりと主張されるものは、一般に国家とは何のかかわりもないということである。そのさい、国家権力が状況に抗して受けいれる自由にして寛容な立場にはきわめて注目すべきものがある。これに似たものを古代の、あるいはまた自由主義の時代に至るまでの近代の国家世界の中に探し求めてみても無駄であろう。そもそも、そのような寛容の姿勢を可能にしたものは、ユダヤの「王」とローマ総督との間を揺れ動く国家権力の特殊な国内法の状況である。恐らく寛容の政治的局面はいつでも似たようなものであろう。とすれば、寛容の理念の提起する政治的課題とは、まさに国家権力の同じような均衡状態を惹起することにある。

近代国家は学の自由を原則的に承認するがゆえに、もはやそこにはこうした問題はない、と考えるなら、それは幻想であろう。なぜなら、その自由を引き合いに出すことは、いつでも危険な抽象にとどまるからである。この自由は、研究者が研究室の静けさの外へ出て、また無資格者が入りこむのを防いでくれる実験室の外へ出て自分の知識を公衆に伝えるやいなや、彼をその政治責任から解放してくれなくなる。真理という理念がきわめて無条件的かつ一義的に研究者の生活を支配するにしても、彼が語るさいの率直さは非常に制限された曖昧なものなのである。彼は自分の言葉が何を惹き起こすかを知り、責任をもたねばならない。とはいえ、このような連関のデモーニッシュな裏面は、彼がこのような影響を顧慮して、実際には国家の公式見解や権力の諸利益が自分に命じるものを語るように、それどころか、それをみずから真理であると思いこむように誘惑されるということである。ここには見解表明の限界と思惟そのものの不自由さとの内的な連関がある。われわれはピラトゥスの提起した意味での「真理とは何か」という問いが、今日なおわれわれの生活を規定しているということを隠そうとは思わない。

しかし、われわれの聞きなれているピラトゥスのこの言葉の調子には、いま一つのものがあって、それはたとえばニーチェが、そもそも新約聖書の中ではこれこそ価値のある唯一の言葉だ、と語ったときに聞きとっていた調子である〔『アンチクリスト』46参照〕。それによれば、ピラトゥスの言葉から語りかけているのは「熱狂者」に対する疑い深い毛嫌いなのである。ニーチェがそれを引用したのは偶然ではない。彼の時代のキリスト教に対する彼自身の批判もまた、熱狂者に対する心理学者の批判なのだから。

ニーチェはこのような懐疑を学に対する懐疑にまで尖鋭化した。事実、学が熱狂者と共有していることは、それが常に証明を要求しかつ与えるがゆえに、熱狂者と同様、不寛容だということである。自分の語るところが真でなければならないということを証明しようとする者ほど不寛容な者はいない。ニーチェによれば、学が不寛容なのは、それが一般に弱さの徴候、生の末期的産物、アレキサンドリア精神であり、いまだ「証明という野蛮」もまったくなくて、高貴な自己確信が証明なしに指示し語る世界の中へ、弁証法の案出者ソクラテスのもたらした、かのデカダンスの遺産なるがゆえである。

真理の主張に対するこのような心理的懐疑は、もちろん学自体にはかかわりがない。その点では誰もニーチェに従う者はいないだろう。しかし実際には学自体への懐疑もあるのであって、それはわれわれにとって第三の層として、「真理とは何か」という言葉の背後に見えてくる。学はみずから要求しているように、本当に最終審であって、真理の唯一の担い手なのだろうか。

われわれは学のおかげで数多くの先入見から解放され、多くの迷妄をさましてもらっている。学が繰り返す真理要求は、吟味されていない先入見を疑問に付すこと、またそのようにして、これまでに認識されたものをよりよく認識することにある。しかし同時に、学の方式が存在するものすべてに伝播すればするほど、学の諸前提の立場からなされる真理への問いが、その充分な範囲にまで及びうるものかどうかは、われわれにとってますます疑わしくなってきている。われわれは心配になって、こう自問する。答えを知らねばならぬにもかかわらず、それが禁じられるようなきわめて多くの問いがあるということは、どこまでが学の方式そのものの責任なのか。とはいえ学がそれらの問いを禁じるのは、それらの信用を失なわせること、すなわち無意味だと説くことによってである。なぜなら学にとっては、それに固有の真理探究と真理吟味との諸方法を満足させるもののみが意味を有するからである。学の真理要求に対するこのような不快感は、何よりもまず宗教、哲学、そして世界観において生じる。これらの例は、決定的な生の問題に直面しての学の専門化の限界と方法的研究の限界とを強調せんがために、懐疑家が学に対して引き合いに出すものである。

このようにピラトゥスの問いの三つの層を手始めに経めぐってみて明らかになるのは、真理と学との内的な関係が問題になる最後の層、それがわれわれに最も重要なものを提示するということである。であれば、真理は学一般ときわめて優先的に結合しているという事実を認めることが何よりも肝要である。

学と真理

西洋文明の特質を、あるいはまたその眺望のきく統一を形成しているのが学であることは、誰にも明らかである。けれども、その関連を把握しようとすれば、この西洋の学の諸根源へ、すなわちそのギリシアの起源へ戻らねばならない。ギリシアの学、これはそれ以前に知られていたもの、知識として保持されてきたすべてのものに対立する新しいものである。ギリシア人がこの学を形成したとき、彼らは西洋をオリエントと区別し、西洋自身の道に戻した。それは未知のもの、稀なもの、驚くべきものを知り、認識し、研究しようとする独自の衝迫であったと同じく、世間が噂し、真理と称しているもの、学を創造するよう彼らに指示したものに対する独自の懐疑でもあった。ホメロスの一場面は有益な例とみなされえよう。何者かと問われてテレマコスは、こう答える。私の母はペネロペだ。しかし父が何者であるかは、決して誰も正確に知ることはできない。世間の人びとは、オデュッセウスだろうといっている、と〔『オデュッセイア』第一歌、二一四行以下、第十五歌、二六六行以下を参照〕。このような極端なまでの懐疑は、自分の直接的な認識渇望や真理欲求を学にまで形成し通すというギリシア人特有の天賦の才を明示している。

このような訳で、われわれの世代においてハイデガーが真理にあたるギリシア語の意味に立ち戻ったとき、或る決定的な認識が伝達されたのである。真理《アレテイア》が本来、隠されていない《ウンフェアボルゲンハイト》ことを意味するというのは、決してハイデガーが始めて認識したことではない。とはいえハイデガーは、まるで掠奪するようにして真理がそこからかち取られねばならぬもの、それが事物の隠されていること《フェアボルゲンハイト》と隠していること《フェアホーレンハイト》とであるというのは、存在思考にとって何を意味するのか、ということをわれわれに教えてくれた。隠されていることと隠していること——両者は相関している。事物はみずから自分を隠されている状態に保つ。「自然は、隠れることを好む」とヘラクレイトスは語っていたはずである。だが、同じく人間の言行にも隠していることは属している。というのも、人間の言葉《レーデ》はすべて真なるものをつぎつぎと与えるものではなくて、仮象や欺瞞、偽装をも知っているからである。したがって真の存在と真の言葉との間には根源的な関連がある。存在者の隠されていないことは、言表の隠していないことにおいて話題になる。

このような関連を言葉が最も純粋に実現する方式は、教えることである。そのさい、明らかにされねばならぬのは次のことである。すなわち、言葉が教える、ということは、われわれにとって言葉の経験としては確かに唯一にして最初のものではないけれども、それはギリシアの哲学者たちが初めて考えたものと同じ言葉の経験であって、学をその一切の可能性と共に呼びよせた経験だということである。言葉、ロゴスは当然のことながら、しばしば理性とも訳されるが、それは言葉の中でまっさきに保護され、隠されているものが、理解可能なものとしての事物自身であるということが、ギリシア人には即座にわかることであったかぎりにおいてである。言葉の特殊な方式で表わされ、伝達されるのは事物自体の理性である。このような言葉の方式は言表ないし判断と呼ばれる。それにあたるギリシア語の表現は命題《アポパンシス》であり、のちの論理学がそれに代えて判断という概念を形成したのである。判断は他のあらゆる言葉の方式と異なり、真であろうとしかせず、もっぱらあるがままの存在者を明らかにしようと競うことで規定される。命令があり、嘆願、呪咀があり、また問いというまったく謎めいた現象があって、これについてはさらにいくらか語ることになるだろうけれども、要するに言葉には無数の形式があって、それらすべてにも真理存在の如きものが含まれている。とはいえ、それらすべてが存在者をあるがままに示すことをもっぱら己れの使命としているのではない。

　真理をすべて言葉で表示させる経験とは、いったい何だろうか。真理とは隠されていないことである。隠されていないものを目の前にあらしめること、明らかにすること、それが言葉の意味である。人は目の前に置くのであるが、自分の目の前にあるものがそのまま他者に伝達されるという仕方で、目の前にありもする。だからアリストテレスはこう語る。事柄においても一緒にあるものを一緒にあらしめるとき、その判断は真である、また事柄において一緒にないものを言葉においては一緒にあらしめるとき、その判断は偽である、と〔たとえば、『形而上学』1011b25, 1027b22 参照〕。したがって言葉の真理とは、言葉が事柄に適合していること、すなわち言葉によって目の前にあらしめることが、目の前にある事柄に適合していることであると定義される。真理とは、存在ト思惟トヲ同ジモノト見ルコト adæquatio intellectus ad rem〔パルメニデス、断片三と八を参照〕という、論理学で厚く信頼されている真理の定義はここに由来する。その場合、問題なく自明のものとして前提されているのは、言葉、つまり言葉で言い表わされる理性《インテレクツス》が、次のような事柄に適合する可能性をもつということである。すなわち、目の前にあるものだけが理性の語るものの中で話題になること、したがってまた言葉が実際には、事物をあるがままに示すということに。言葉の真理には別の諸可能性もあることを顧慮して、右のことは哲学では命題の真理と呼ばれる。真理の場所は判断なのである。

　それは一面的な主張であるかも知れず、アリストテレスは決してそれに対する誤解されようのない証人ではない。けれども、この主張はギリシア人のロゴス説から展開されてきたものであり、この説が学という近代的概念へと発展する基礎になっているものなのである。ギリシア人の創った学は、何よりもまず、われわれの学概念に対応するものとはまったく異なる現われ方をする。数学が本来の学であって、歴史はもちろん、自然科学もそうではない。というのも数学の対象が純粋に合理的な存在だからであり、或る完結した演繹的な連関において表現できるからこそ、数学は万学の模範なのである。これに対して近代科学は、自分にとって数学が模範であるのは、その諸対象の存在によってではなく、最も完全な認識方式としてである、ということを特徴とする。学の近代的な形態は、ギリシア的、キリスト教的西洋のもろもろの知識形態との決定的な断絶をなしとげる。今日支配的なのは方法の思想である。近代的な意味での方法は、しかしながら、さまざまな学においてこの上なく多様でありうるにもかかわらず、統一的なものである。方法という概念で規定されている認識の理念の本質は、認識の道があまりにも意識的に歩測されるために、いつでもその道を後から歩めるということにある。方法《メトドス》とは後を追う道をいう。人が歩んだ通り、繰返し後から歩みうること、それは方法的であって、学の方式を特徴づけている。しかし、まさにそのことによって、一般に真理要求と共に生じうるものの制限が必然的に先取りされる。再吟味できること——たとえどんな形においてであれ——が真理（veritas）を初めて形成するのなら、そのときには、認識を測定する尺度はもはや認識の真理性ではなくて、確実性である。だからこそデカルトが確実性の規則を古典的に定式化して以来、近代の学の真のエトスとして妥当するのは、確実性の理念を満たすものだけが真理の諸条件を満たすものと認められるということなのである。

近代の学のこのような本質がわれわれの生活全体を規定する。知識を再吟味可能なものに制限するという検証の理念は、後からなすことで実現されるからである。かくして計画と技術との世界全体が近代の学の進歩法則から生じる。われわれの文明と、その技術化がわれわれに押しつける苦難という問題は、たとえば、認識と実際の応用との間に正当な中間審が欠けていることにあるのではない。学の認識方式自体が、まさにこのような審級を不可能にするようなものなのである。それ自体が技術なのである。

ところで近代初頭に学という概念が経験した変化において真に熟慮すべきことは、このような変化の内には、それにもかかわらず、ギリシア的な存在思考という、基礎をなす沈澱物が保存されているということである。近代物理学は古代形而上学を前提している。遠くに由来する西洋の思索のこうした刻印を認識したということが、現代の歴史的自己意識に対するハイデガーの真の意義を形成する。なぜなら、この認識は西洋文明史の不可避性を確認することによって、中世のものであれ、ヘレニズム・フマニスムスのものであれ、古い理念をロマン主義流に復興しようと試みる方途をすべて遮断するからである。ヘーゲルによって作られた歴史哲学や哲学史の図式もまた、今ではもう充分なものではない。というのもヘーゲルによれば、ギリシア哲学とは、精神の自己意識の中にみずからの近代的な完成をみたものを思弁的に予習することでしかないのだから。思弁的観念論とその思弁的学の要求とは、結局それ自体、無力な復興たるにとどまる。学とは――いかに非難されようとも――われわれの文明のアルファにしてオメガなのである。

学の彼岸にある真理

ここで意味されているのは、この言葉の中に一つの問題を見ることによって、あたかもいま初めて哲学が始まったとでもいうようなことではない。むしろここにあるのは、われわれの文明意識全体というあまりにもあからさまな悩みの種であり、そのために近代の学は、まるで自分の影につきまとわれるかのように、「学派」批判につきまとわれることになる。哲学的にはこう問われる。諸学で主題とされている知識の背後へ遡及することは、どのような意味で、またいかにしてできるのか。実際の生活経験では、われわれのうち誰もがこのような遡及を絶えず行なうということは、何ら強調する要のないことである。たとえ証明できなくても、自分が真理とみなしているものを他者は悟ってくれるだろう、と期待することはいつでもできる。それどころか他者に悟らせようとするとき、証明という道がいつでも正しい道とみなされるとは限るまい。言表が論理形式上拘束されている客観化可能性のもつ限界は、われわれすべてによって時おり踏み越えられる。われわれはつねに言語、詩人の言語さえもが供給してくれる客観化不能なもののためにある伝達形式の内に生きている。

それにもかかわらず学は、客観的認識によって主観的経験を克服し、また概念の一義性によって多義の象徴的表現を克服せよと要求する。しかし問題は、判断と言表の真理自体との本質に含まれる客観化可能性の限界が学そのものの内部にあるかどうかである。

この問題に対する答は決して自明ではない。現代哲学の中には、その意義からすれば決して過小評価すべきでない非常に大きな運動があり、その運動にとってはこの答が確定していて、次のように考えられている。すなわち、あらゆる哲学の秘密のすべてと唯一の課題とは、言表を正確なものにし、意味されているものを実際に一義的に言い表わせるようにすることにある、と。哲学は或る記号体系を造りださねばならない。この体系はもろもろの自然言語の多義的な隠喩に左右されることなく、また近代の諸文化民族一般の多言語性や、その結果として出てくる絶えまない曖昧さや誤解にも左右されねばかりか、数学の明確さや精密さを獲得するであろう。数学的論理学はここでは、これまで科学が哲学に委ねてきたあらゆる問題を解決する道であるとみなされる。唯名論の故国から出て全世界に波及するこのような風潮は、一八世紀の諸理念の復活を意味している。哲学としてのそれは、明らかに内在する論理学的難点に悩まされている。それは次第に、みずからこのことを洞察し始めている。契約によるもろもろの記号体系は、これらの契約に含まれている体系そのものによっては決して導入されえないということ、したがってまた、人為的言語をどんなに設定してみても、それは語られている別の言語をすでに前提しているということが証明される。ここに所をえているのは、メタ言語という論理的問題である。けれどもその背後にはさらに別のものがある。というのは、われわれが語り、その中で生活している言語には秀れた地位があるということである。それは同時に、後から来るあらゆる論理分析に対して内容的に先立つという地位でもある。しかもこの地位がそうしたものであるのは、単に諸言表の総計としてではない。なぜなら真理を語ろうとする言表は、論理分析の諸条件とはまったく別の諸条件をも満たさねばならないのだから。隠されていないことに対する言表の要求は、目の前にあるものを目の前にあらしめることのみを本質とするものではない。目の前にあるものが、言表においても目の前に置かれるというだけでは充分ではない。というのも、すべてのものが言葉で目の前に置けるように目の前にあるのかどうか、また目の前に置けるものを目の前に置くだけでは、それにもかかわらず存在し経験されるものを何とか認めてみようとすることにならないのではないかが問題だからである。

この問題については、精神科学がきわめて雄弁な証言をしてくれると思う。そこにもまた、近代科学の方法概念に従属させられうる多くのものがある。誰もが可能なものの限界内にある一切の認識の検証可能性を理想とみなさねばならない。とはいえ、このような理想はきわめて稀にしか達成されないこと、またこの理想をこの上なく精確に達成しようと努力する当の研究者が、われわれに語るべき真に重要な事柄をたいていはもっていないということも認めざるをえない。したがって精神科学には、同じ方式で自然科学において考えることのできないものがあるということ、つまり研究者は他の研究者の書物から学ぶよりも多くのことを時には素人の書物から学ぶこともありうるということになる。これは、もちろん例外的な場合に限られる。けれども、そのようなことがあるということは、諸言表の検証可能性では測れない真理認識と言表可能性との関係が、ここに展開されていることを示している。われわれは精神科学によって、そのことをきわめてよく理解しているから、一定のタイプの学問的諸研究に対しては理由のある不信感を抱懐する。それらの研究は、自分の用いている方法を随所に、とりわけ下方、つまり註釈であまりにもはっきり示している。そこでは実際に何か新しいものが問われているのだろうか。本当に何かが認識されているのだろうか。それとも認識のために用いられる方法だけがあまりにもみごとに模倣され、その上べの諸形式があまりにもそっくりなために、こういう風に学問的研究といった印象が生じるのであろうか。われわれは逆に、精神科学の最も偉大にしてみのり豊かな業績は、検証可能性という理想にはるかに先立っているということを容認せねばならない。そのことは、しかし哲学的には意義のあることとなろう。というのもその見解は、独創的でない研究者は一種の、人を欺こうとする意図からして学識者であるようなふりをし、逆に創造力豊かな研究者は革命的な抗議をなして、これまで学で通用してきたものをすべて取り除かねばならない、などと考えるものではまったくないからである。むしろここでは適切な関係があらわにされているのであり、それによれば、学を可能にするものが、同時に学的認識のみのり豊かさを妨げることもあるのである。ここで問題なのは真理と非真理との原理的な関係である。

この関係が、目の前にあるそのようなものを単に目の前にあらしめることで現われるというのは、なるほどその通りである。つまりあるがままのものを開示するのではある。けれども、同時にいつでもそれは、さらに一般に意味のあるものとして問われ、前進する認識の中で開示されうるものを指示するのである。そのさい可能的な真理をも放棄せずしては、つねにその認識の中でのみ前進することはできない。その場合問題なのは、われわれに確定できるのはいつでも自分の知識の有限な範囲だけだというような量的な関係では決してない。その関係はむしろ、真理が認識されるさいには、いつでも同時に真理が隠蔽され忘却されるというにとどまらず、真理が問われる場合、みずからの解釈学的状況の諸制約に捕われざるをえないということなのである。だが、そのことは、われわれが知らぬ間に先入見に制約されるがゆえに、多くの真なるものを決して認識しえないということを意味している。学問的研究の実践においても「流行」の如きものがあるのだ。

流行がいかに途方もない権力や強制力を示すかは知られている。「流行」という言葉は、いまや学問では恐ろしいほどきこえが悪い。というのも、流行しか要求しないものを凌駕すること、明らかにこれこそわれわれの要求なのだから。しかし問題は、学問にも流行はあるということが事柄の本質に含まれているのではないかという、まさにこのことにある。われわれの真理認識の方式は、次のようなことを伴わざるをえないのではあるまいか。すなわち前方への一歩一歩は起点とされた諸前提からはるかに遠ざかって、それら前提を自明なるものという闇の中に逆戻りさせることであり、まさにそうすることで、こうした前提から抜け出し、新しい諸前提を試すと同時に真に新しい認識を獲得することを限りなく困難にする、ということを。こうして生活だけではなく学問にも、いわば官僚化の如きものがある。われわれはこう問う。そうしたことは、学問の本質に含まれているのか、それとも学問の一種の文化病にすぎぬものであって、たとえば行政組織や保険制度という巨大な枠組に驚嘆するときに、われわれが他の諸領域においても、それに似た症候を認めるようなものなのであろうか、と。恐らくそれは、実際にはギリシア人が初めて考えたような真理自体の本質に含まれているのであり、したがってまた、ギリシアの学が最初に作り出したわれわれの認識の諸可能性の本質にも含まれているのであろう。上に見られたように、近代の学は「ロゴス」、言表、判断といった諸概念の中で支配しているギリシアの学の諸前提を尖鋭化したにすぎない。われわれの世代にドイツでフッサールとハイデガーによって規定された哲学研究は、言表が論理的なものを越え出るための真理条件とは何かという彼らの問いで、その点を明らかにしようと試みた。私は絶対的に真なる言表はまったくありえない、と原則的にはいえると思う。

次のテーゼは、弁証法による理性のヘーゲル的な自己構成の出発点として、周知のものである。「命題の形式は、思弁的真理を言い表わすには適していない。」なぜなら、真理とは全体なのだから〔たとえば『エンチクロペディー』第一部、三十参照〕。それにもかかわらず言表と命題とに対するヘーゲルのこのような批判は、それ自体なお全体を言表しつくすという理想、すなわち、絶対知において知られる弁証法的過程の全体に関連している。それはギリシアの沈澱物をふたたび徹底的に渫《さら》い出すという理想なのである。ヘーゲルにおいてではなく、ヘーゲルに抗して自分の権利を主張する歴史的経験の諸学を顧慮することにおいて初めて、言表の論理学が自分に対して措定したもろもろの限界が真に規定される。このようにして、歴史的世界の経験にささげられたディルタイの諸研究もまた、結局はハイデガーの新たな尽力の中で重要な役割を果したのである。

答えとしての真理

言表の真理を把握しようとする場合、それが提示する内容のみを理解できるような言表はない。いかなる言表も動機づけられている。どの言表にも、それが言い表わしていない諸前提がある。これらの前提を共に考える者のみが、言表の真理を実際に考量できる。ところで私は、すべての言表のこうした動機づけの究極的な論理形式は問いであると主張したい。プラトンの対話やギリシア論理学の弁証法的根源もやはり歴史的に証言しているように、論理学で優位を保つのは判断ではなくて問いである。しかし言表に対する問いの優位が意味しているのは、その言表が本質的な答えだということである。或る種の答えを示さぬような問いは決してない。したがって、何らかの言表の了解というものは、その言表が答えている問いを理解することから独自の尺度を獲得するものでないかぎり、決して存在しない。そのことは、語られてみるとまるで自明のことであって、誰にとっても自分の生活経験からして知られていることであるかのように聞こえる。誰かが訳の解らない主張をするとき、彼がどうしてそう主張するに至るのか、彼の言表が一つの答えとなっている当の問い、彼がみずから提起した問いとはいかなるものかを明らかにする試みがなされる。そしてそれが真なるべき言表であるなら、その言表の答えようとしている問題をみずから問う試みをしなければならない。或る言表が実際に答えている当の問いを見つけることは、もちろん必ずしも容易ではない。その理由は何よりもまず、問いもやはり、われわれが好き勝手にその身になって考えることのできるような単なる最初のものでは決してないことにある。いかなる問いもそれ自身が答えなのだから。それこそ、いまわれわれの巻きこまれている弁証法である。どの問いも動機づけられている。その意味もまた決してその中では完全には見出せない。問いの根源性がわれわれの学問文化の中で阻害されるかぎりにおいて、この文化を脅かすアレキサンドリア主義という問題を私が上に示唆したのだとすれば、ここにはその問題の根がある。学において最初に研究者を形成する決定的なもの、それは問いをたしかめることである。しかし問いをたしかめることとは、均らされた諸先入観という閉鎖的で不透明な層として、われわれの思想と認識の全体を支配しているものを掘り起こしうることをいう。このように新しい問いがたしかめられ、新しい答えが可能となるように掘り起こしうること、それが研究者を形成する。いかなる言表も、それが問いの状況に由来するというところに、みずからの意味の地平を有する。

私がこのような関連で「状況」という概念を使うとき、その意味するところは、学問的な問いや言表が状況という概念に照準を合わせられているはるかに一般的な諸関係の特殊ケースにすぎないということである。状況と真理との関連は、すでにアメリカの実用主義に編みこまれていた。そこでは、状況克服が真理の本来の標識と解される。認識のみのり豊かさは、それが問題のある状況を除去することで実証される。私は、問題がここで辿っている実用主義的な転換で充分だとは思わない。このことは、状況克服のみを肝要とするがために、実用主義がすべてのいわゆる哲学的、形而上学的諸問題を単純に無視するということからしてすでに明らかである。前進のためには伝統という独断的な無用の長物をすべて捨て去ることが重要だというのだ――これは短絡だと思う。私の述べた問いの優位は決して実用主義的なものではない。同じく、真なる答えも行動の結果という尺度に束縛されてはいない。とはいえ、実用主義は、言表の意味に対して問いの置かれているような形式的な関係はさらに越え出られねばならぬ、とする点では正しいといえる。問いという人間の間での現象が充分に具体的な形で見出されるのは、学を形成する問いと答えとの理論的な関係から離れ去り、人間が呼ばれ、問われて、みずからを問題にするような特殊な諸状況を思い起こす場合である。そこで明らかになるのは、言表の本質自体が拡張されるということである。言表が常に答えであって問いを指示するというだけでなく、答え自体と同様、問いにはそれらに共通する言表という性格上、或る解釈学的機能がある。それらは共に呼びかけなのである。そのことは、社会的な共同世界からくる何ものかもまた、たえず言表の内容に影響を及ぼすというだけのことであってはならない。なるほど、その通りではある。けれども重要なのはそのことではなくて、言表が真理を含むのは、そもそもそれが呼びかけであるかぎりにおいてにすぎない、ということなのである。というのも、或る言表の真理を形づくっている状況の地平は、その言表が何らかの言及をなす当のものを共に含んでいるからである。

近代の実存哲学はこのような帰結をまったく意識的に引き出してきた。私はヤスパースの交わりの哲学を想い起こすのであるが、その要点は、学の説得力が人間生活の本来の問題である有限性、歴史性、責め、死――要するにいわゆる「限界状況」――の及ぶところを極限とする、ということにある。ここでは交わりとは、もはや説得的な証明によって認識を伝達することではなくて、実存と実存との一種の交流《コムメルキウム》である。話者はみずから話しかけられており、我として汝に答えるのであるが、それは彼が自分の汝にとってはみずから一個の汝だからである。もちろん、匿名の、普遍的にして説得力のある学の真理という概念に対して実存の真理という反対概念を造り出すだけでは不充分だと思う。ヤスパースが厳しく教えこむ可能的実存と真理とのこうした結合の背後には、恐らくより一般的な哲学的問題が潜んでいるのであろう。

ここにおいて、真理の本質へのハイデガーの問いが、主体性の問題領域を初めて真に踏み越えたのである。彼の思惟は、「道具」に発し「仕事」を越えて「事物」に至るその道を踏破したのであり、科学の問いを、また歴史的な諸学の問いをさえ、はるか後方に置去りにする道を踏破したのである。現存在が己れを知り、学としては歴史的に振舞うところでさえも、存在の歴史性が支配しているということ、これを忘れぬことが時間なのである。かつてロマン主義と歴史学派においてシュライエルマッヒェルからディルタイに至るまでに展開された歴史的な諸学の解釈学は、もしそれがハイデガーに追随して主体性という問題提起の外へ移されるならば、まったく新しい課題となるであろう。ここで予備研究をしてくれた唯一の人、それはハンス・リップスである。彼の解釈学的論理学は、なるほど決して有効な解釈学を提供してはくれない。けれども言語がみずからの論理的平均化に対して負う義務を圧倒的にきわ立たせるのである。

歴史と真理

上述の如く、いかなる言表にも状況の地平と呼びかけの機能とがあるということは、したがって、一切の言表の有限性と歴史性がわれわれの存在の原則的な有限性や歴史性に遡及するという、さらに先にある帰結のための基礎であるにすぎない。或る言表が眼前の事態を単にありありと描き出すことより以上のものだということは、何よりもまず、その言表が歴史的実存全体に属しており、その実存の中に現にありうるすべてのものと同時代的であることを意味する。伝承されてきた諸命題を了解したい場合、われわれは歴史的に熟慮するのであり、これらの命題はどこで、いかに語られたのか、それを真に動機づけている背景とは何か、したがってまた、その真の意味とは何か、ということがこの熟慮から生じてくるはずである。ゆえに或る命題そのものを如実に想いうかべてみたい場合には、その命題の歴史的地平をも共に現在化せねばならない。とはいえ、それでもなおわれわれの現になしていることを記述するためには明らかに不充分である。なぜなら、伝承に対するわれわれの態度は、歴史的再構成を通じて伝承の意味を探究することで、その伝承を了解しようとするだけでは満たされないのだから。これは文献学者のなすことであろう。けれども、その文献学者でさえ、彼の真になすものがこれ以上のものであることを恐らく容認するであろう。古代が古典的でないとしたら、つまり一切の言葉、思考、詩作にとって模範でないとすれば、その場合にはいかなる古典文献学も存在しないであろう。とはいえ、われわれに開示される他者の、つまり異国あるいは遠国の魅惑が内に働いているということは、他のあらゆる文献学についても一般に認められている。本来の文献学は歴史であるにとどまらず、歴史自体もまた実際には哲学ノ精神 ratio philosophandi であるがゆえに、真理認識のための道でもある。歴史研究を営む者は、彼自身が歴史を経験するということによって常に規定されている。現にあるものがわれわれを規定するからこそ、歴史はくり返し新たに書かれるのである。歴史で肝要なのは過去の単なる再構成、同時代化だけではない。それどころか、了解の真の謎や問題は、そのように同時代化されたものが、真理たるべきものとしては、いつでもすでにわれわれと同時代的であったということなのである。過去の意味の単なる再構成と思えたものが、真なるものとして直接われわれに語りかけてくるものと融合する。歴史意識を自覚するさいに行なわれねばならぬ最も重要な調整作用の一つと私のみなしているものは、この意識において同時代性がきわめて弁証法的な問題であることが判明する、ということである。歴史的な認識は決して単なる現在化ではない。とはいえ、了解もまた或る意味組織の単なる再構成、無意識的制作の意識的解釈なのではない。了解し合うということは、むしろ或るものにおいて自分を了解することなのである。これに照応して、過去を了解するというのは、過去がわれわれにとって有効であると指示してくれるものに傾聴することである。言表に対する問いの優位が解釈学に示唆するのは、人の了解するいかなる問いも、その人自身が問うものだということである。現在の地平を過去の地平に融合させるのは歴史的精神科学の仕事である。しかし、その場合この科学がなすのは、われわれが現に在ることにおいて、いつもすでになしていることであるにすぎない。

私が同時代性という概念を用いたのは、キェルケゴールが勧めてくれたこの概念の或る用法を可能にするためであった。彼はキリスト教の予言の真理を「同時代性」で特徴づけた人であった。彼にとってキリスト者本来の課題は、過去の隔たりが同時代性において解消されるという仕方で提起される。キェルケゴールにおいて、もろもろの神学的根拠からして逆説という形で定式化されたものは、しかしながら事実上、伝承と過去とに対するわれわれのあらゆる関係に妥当する。私は、言語とは過去の地平と現在の地平との間で絶えまない綜合を営むものだと思う。われわれが了解し合うのは話し合うことによってであり、そのさい話はいつも互いにかみ合わないのではあるが、それでも結局は言葉を使って、言葉で語られた事柄を眼前に生みだし合う。ということは、言語には固有の歴史性がある、ということである。われわれのうち誰もが自分自身の言語をもつ。互いに生活を分かち合う二人には彼らの言語がある。そもそも万人共通の言語という問題はなくて、あるのはただ誰もが異なる言語を有するにもかかわらず、個人、民族、さらには時代の境界を越えて了解がなされうる、という奇蹟だけである。この奇蹟は、言及される事物もまた語られることで共通のものとして現われるということと明らかに切り離せないものである。或る事実の何たるかは、それが語られるときに初めて判明する。真理とともに思いうかべられるもの、すなわち事物の明らかさ、隠されてないことには、したがって固有の時間性や歴史性がある。われわれが真理のためのあらゆる努力をなすうちに驚きながらも承認するのは、呼びかけや応答なしに、したがってまたかちとられた同意という共通性なくしては、真理を語れないということである。しかし言語と会話の本質で最も驚くべきことは、次のことである。すなわち、私が他者と或るものについて語るとき、私自身もまた自分の考えているものに束縛されてはおらず、またわれわれのうち誰も真理全体を自分の考えの内に包括してはいないにもかかわらず、両者ともに真理全体を自分の個々の考えの内に包括しうる、ということなのである。われわれの歴史的実存にふさわしい解釈学は、われわれを越え出て演じられる言語と会話とのこうした意味連関の展開を課題とすることになろう。

三　真理とは何か*

＊　フランクフルト大学福音派学生組合に招かれ、一九五五年アルノルトシャインでなされた講演の再刷。Zeitwende (Die neue Furche). 28. Jg., April 1957. で初刊。

四　人間と言語*

アリストテレスの提起した人間の本質の古典的定義があって、それによれば、人間とはロゴスを有する生物である。西洋の伝統においてこの定義は、人間とは理性的動物 *animal rationale*〔『デ・アニマ』III 434a7〕、理性的生物、つまり思惟という能力によって他の動物と区別されるものである、という形で規範化された。かくしてギリシア語のロゴスは理性ないしは思惟と翻訳された。しかし実際にはこの語はまた主として言語をも意味する。アリストテレスはかつて人間と動物との違いを次のように説明した。すなわち、動物は快感を刺激するものを知らせ合って、それを追求し、また苦痛を与えるものを知らせ合って、それを避けることで互いに了解し合う可能性を有する、と。自然は、動物においてはそこまでしか進んでいない。さらにそこを越え出て、人間にのみロゴスが与えられているが〔『動物発生論』786b21 参照〕、それは何が利であり、害であるかを、したがってまた何が正であり、不正であるかを明らかにし合うためなのである。これは意味深い文章である。利害となるものとは、それ自体が望ましいのではなくて、或る別のもの、つまり、まだまったく与えられてなくて、それを作り出すために役立ってくれるようなもののために望ましいものなのである。ここではしたがって、そのつど現前するものを凌駕していること、未来のものに対する感受性が人間の長所であると強調される。と同時にアリストテレスはこう付言する。そのさい正と不正とに対する感受性も与えられる——だが、すべてそうしたことは、人間がロゴスを有する唯一のものだからである、と。人間は、思惟しうるし、語りうる。語りうる、というのは、現前しないものをみずから語ることによって明らかにすることができ、その結果、他者もまたそれを自分の前に見るようにするということである。こうして人間は自分の語る一切を、それどころかもっと多くを伝達できる。というのも、そのように自分を伝達できるということで、一般に人間のもとでのみ共通なものが考えられるからである。この共通のものとは共通の概念であり、とりわけ殺人や殺害のない人間の共同生活を社会生活、政治制度という形で、また分業的に組織された経済生活という形で可能にするものなのである。すべてそうしたことは、人間とは言語を有する生物である、という簡素な言表に含まれている。

このような、きわめて明白にして説得的な確認は、昔から言語という現象に人間の本質についての思惟における秀れた地位を保証してきたと考えられよう。動物の言語、話をわかりやすくするため動物の流儀をそう呼ぶとして、この言語は、その中で対象界が表象され伝達される人間の言語とはまったく異なる、とすることほど納得のゆくことがあろうか。そして実際に人間の言語は、動物の身ぶり表現のように固定していないで、変化する記号を通してそうするのであり、しかも多様な言語があるという意味でだけではなく、同一の言語において同じ表現が多様なものを、また多様な表現が同一のものを指示できるという意味でそうなのである。

それにもかかわらず実際には、言語の本質が西洋の哲学的思惟の中心に据えられたことは一度もない。旧約聖書の創造物語によれば、神が最初の人間にその自由裁量で一切の存在者に命名させることで、彼に世界支配権を委ねたということは、実際いつでも目に立つ示唆ではあった。またバベルの塔の話もやはり人間生活にとっての言語の基本的な意味を証言している。にもかかわらず、キリスト教的西洋の宗教的伝承こそが言語についての思考を或る仕方で麻痺させたのであり、その結果ようやく啓蒙時代になって言語の起源への問いが新たに提起されたのである。この問いがもはや創造の記録によっては答えられないで、人間の本性の内に求められるようになったということは、前方への強力な一歩を意味した。なぜなら、言語の自然性は人間の言語なき先行状態への、したがってまた言語一般の起源への問題提起を排除する、といういま一歩がもはや避けられなかったからである。ヘルダーとヴィルヘルム・フォン・フムボルトとは、言語の根源的な人間性が人間の根源的な言語性なることを見抜き、人間的世界像にとってのこの現象の根本的な意義を苦心して明らかにした。人間の言語構造の多様性は、公生活から退いた元文部大臣ヴィルヘルム・フォン・フムボルトと、老後の著作によって近代言語学の創始者となったワイゼン・フォン・テーゲルとの研究領域であった。

それでもなお、ヴィルヘルム・フォン・フムボルトによる言語哲学や言語学の基礎づけは、まだ決してアリストテレスの洞察の真の再興を意味してはいなかった。ここで諸民族の言語が研究対象とされたとき、それによって、民族や時代の多様性とそれらの基礎をなす人間共通の本質とを新しくかつ見込みのある仕方で説明できそうな認識の道が明らかに歩まれ始めたのである。しかしここで人間と言語への問いの地平を限定したものは、人間に一能力を単に賦与することと、この能力の構造の諸法則性――言語の文法、構文法、語彙と呼ばれる――の解明とであった。言語という鏡の中で諸民族の世界像が、それどころか、彼らの文化の構成が詳細にわたって習得されえよう。――私は、たとえば栽培植物と家畜についてのヴィクトル・ヘーンの大規模な諸研究に負うインド・ゲルマン系諸民族の文化状況解明を想いうかべる。言語学は他の前史同様、人間精神の前史なのである。にもかかわらず、このような仕方では、言語の諸現象は人間の本質とその歴史における展開とがそこで研究される秀れた表現領域という意味しかもたない。ともあれ、この仕方では、哲学的思惟の中心となる諸局面にまで侵入することはできなかった。なぜなら近代的思惟全体の背景には、なお常に自己意識としての意識というデカルト的特徴があったからである。あらゆる確実性のこのような不動の基盤、私がみずからそれであることを心得ている一切の事実のうち最も確実なもの、それが近代の思惟においては、一般に学的認識の要求を満たしうるすべてのものに対する尺度となった。言語の学的探究も結局は同一の基盤にもとづいていた。言語形成力を自己確認の一形式としているのは、主観の自発性であった。言語の内に位置づけられる世界像が、このような原則からして、いかにみのり豊かなものとして指示されえようとも。――言語が人間の思惟に課する謎は、それだけに一般には視野に入って来なかったのである。というのも、言語の本質にはまったく底なしの無意識そのものが属しているからである。そのかぎりでは、言語という概念が後から造られることになるのは偶然ではない。ロゴスという語は思惟と言語だけではなくて、概念と法則をも意味する。言語という概念を造りだすことは言語意識を前提している。けれども、このことは、まず第一に或る反省活動の結果なのである。その活動において、思惟する者は反省して無意識な言語行使から抜け出し、自分自身に対して距離を置くことになる。しかし言語の真の謎は、われわれが実際にはそうしたことを充分にはなしえないというところにある。むしろ言語についての思惟はすべて、いつでもすでに言語に追いつかれている。われわれは一つの言語でしか考えることができない。そしてこのようにわれわれの思惟が一つの言語にまさに住みついていること、これこそ思惟に対して言語の提起する深い謎なのである。

言語は意識を世界に媒介する一手段ではない。それは記号や道具――両者ももちろん人間の本質的な特徴に属する――と並んで第三の手段を意味するのではない。言語はそもそも決して用具や道具ではない。なぜなら道具の本質に属することは、それが意のままに使用されること、手にとられ、用が終わればば手離されるということなのだから。このことは、われわれが一言語のありあわせの言葉を口にし、使用後は自分が意のままにしている一般的な語彙の中へ逆戻りさせるということと同じではない。このような類比の誤まりである理由は、われわれが自分を決して世界に対置される意識とは感じていないこと、また、いわば無言語状態の中で意思疎通の道具を摑もうとしたりしないことにある。むしろわれわれは自分自身と世界とに関する知識においては、いつでもすでに自分の言語に掌握されている。われわれは生長して世界に、人間に、ついには自分自身に通暁するのであるが、それは語ることを学ぶことによってである。語ることを学ぶというのは、すでに手もとにある道具を使って親密な既知の世界を言い表わすよう手引きされることをいうのではなくて、世界そのものに対する親密さや認識と、そのわれわれとの出会い方との獲得を意味する。

謎に満ち、深く覆われた過程！　子供が言葉を、最初の言葉を話すことを考えるとは何という妄想であることか。子供を一切の人間の音声から遠ざけ、遮断して生長させておき、次いでその子の一種の分節された最初の片言からして、現存する人間の言語に創造の原言語たる特権を容認しようと意図して、人類の原言語を発見しようとするとは、何という狂気であったことか。これらの考えが妄想じみているのは、われわれが実際には自分の住んでいる言語世界に包括されている存在であるのに、この存在をそうした考えが何らかの人為的な仕方で中断しようとすることによる。実際われわれはいつでもすでに世界の内に住んでいると同じく言語の内にも住んでいる。いかにして人は語ることを学ぶかという過程の最も広範な記述は、これまたアリストテレスに見出される。アリストテレスの述べようとするのは、明らかに決して言語学習ではなくて、思惟、すなわち一般的概念の習得である。諸現象が逃れ去り、変転する諸印象の絶えまなく流れ去る中で、そもそも持続などということはいかにして成立するのか。さしあたり確実なのは、保持能力、したがって記憶であり、これは或るものを同一のものとして再認させてくれるものであって、最初の偉大な抽象作業である。すみやかに変移する諸現象の流れからここかしこに或る共通のものが見つけだされて、経験と呼ばれる、徐々に堆積される再認識から経験の統一性が成立してくる。ところで、この統一性から生じてくるのは、そのように一般的なものを知るという仕方で経験されたものの明確な規定である。アリストテレスはそこでこう問う。一般的なものについてのこのような知識は、本来いかにして成立するのか。ともあれ、次から次へと通りすぎてゆくうちに、突如一定の個別において、すなわちふたたびそこに現われ、同一のものと再認識されるものにおいて一般的なものの知識が獲得される、ということでないのは明らかである。とはいえ、一般的なものを提示してみせる秘密にみちた力によって他のあらゆる個別に擢んでているものが、この一個別そのものなのではない。それはむしろ他のすべての個別と同じものであろう。それでもなお一般的なものの知識が、いずれかの時に成立したというのは確かにその通りである。それはどこで始まるのか。アリストテレスはそのために或る理想的な光景を提供する。潰走中の軍隊はいかにして停止するのか。その軍隊の立直りはどこに始まるのか。ともあれ、第一の者が立ちどまるか、第二ないし第三の者が立ちどまることによってでないのは明らかである。もちろん、その軍隊の立ちどまるのは、一定数の逃亡中の兵士が逃げるのをやめたときだとはいえず、最後の者が逃げるのをやめたときだともいえない。なぜなら、彼とともに軍隊が立ちどまり始めるのではなくて、その軍隊はもうずっと前から停止し始めていたのだから。では、その停止はどのように始まるのか、いかに伝播するのか、結局いかにして、いつ、その軍隊は立ち直るのか、すなわち統一的な命令に従うのか。このことを意図的に処理したり、計画的に支配したり、確定的に認識したりする者はいないだろう。とはいえ、これは疑いもなく起きたことなのである。一般的なものの知識についてもまったく同じである。また言語に歩み入ることにおいてもまったく同じである。もともと同じことなのだから。

自分のあらゆる思考や認識において、われわれはいつでもすでに言語による世界解釈のために先入見に囚われているのであり、この世界解釈の中へと成長して行くことが世界の中で成長することなのである。その限りでは、言語こそわれわれの有限性の真の軌跡なのである。言語はいつもすでにわれわれを超えている。個人の意識は彼の存在を測定しうる尺度ではない。それどころか、自分の語る言語を実際に内在させているような個別的意識など、そもそもありはしない。では、言語はどのように現存するのか。ともかく、個別的意識なしにでないのは明らかだ。とはいえ、いずれもそれ自体では個別的意識である多くのものの単なる集合においてでもない。

しかし誰でも個人として語る場合、その語ることを真に意識してはいない。自分の語る言語をみずから意識している、というのは例外的な状況である。たとえば、何ごとかを語ろうとしている者の口に或る言葉がのぼってきても、それが人には奇異に、あるいは喜劇的に思えるものであることにふと気づいてこう自問する。「本当にそんなことが言えるのか。」その場合われわれの語る言語が一瞬意識されるのは、それがあなた方の言語には無用のものだからである。では、あなた方の言語とは何か。私は、ここでは三通りに区別できると思う。

第一のものは、語ることに属している本質的な自己忘却である。その固有の構造、文法、構文法など、したがって言語学の主題とするすべてのものは、生きた話ではまったく意識されていない。であればこそ、近代の学校が文法と構文法とを、ラテン語のような死語にかえて母国語で教えざるをえないということは、自然なものの奇妙な倒錯に属する。誰からも要求されている真に巨大な抽象化の仕事、それは母国語として自分の意のままになる言語の文法を明確に悟らせてくれるべきものである。実用の言語では、言語自体はそのつどそこで語られるものの背後にまったく消滅する。われわれがそうしたことをすべて体験してきたのは、外国語の学習においてであって、そこにはきわめて快い経験がある。というのは教科書や語学教程で用いられる例文のことである。例文の使命は一定の言語現象を抽象的に意識させることにある。言語の文法や構文法の学習が提示する抽象化の使命に対する信仰告白がなされる以前には、例文とは、カエサルとカールおじさんについて何ごとかを言い表わす、高尚な無意味から成る文章であった。こうした例文を越えでて、非常に多くの興味ある外国情報を流入させる方向をとる新しい傾向は、好ましくない副作用をもっている。この副作用は、語られるものの内容そのものに興味が惹きつけれる度合いにまったく照応して、例文としての機能を曖昧にしてしまう。言語はいきいきと用いられるほど、ますます意識されなくなる。こうして言語の自己忘却から帰結するのは、言語本来の存在が、言語で語られるものにあるということである。この語られるものというのは、われわれの生活している共通世界を形成するものであり、死せるものであれ、生けるものであれ、もろもろの外国語文芸から届けられる伝承という巨大な連鎖全体もまたこの世界に帰属するのである。

言語という存在の第二の本質的特徴は、その無私性だと思われる。他には理解する者のない言語を語る者は語ってはいない。語るというのは誰かに語ることである。言葉は適切な言葉であろうとする。というのはしかしながら、その語が意図された事柄を私自身に提示することだけでなく、私の語りかけている他者にありありと示すことをも意味する。

その限りでは、語ることは私という領域にではなくて、われわれという領域に属する。かくしてフェルディナンド・エブナーは、かつて彼の重要な著書『言葉と精神的実在』に正当にも「プネウマ学的断片集」という副題を付したのである。というのも、言語の精神的実在性は我と汝とを統一するプネウマの、精神の実在性なのだから。語ることの現実性は、つとに気付かれていたように対話にある。しかしどの対話においても善き精神か悪しき精神が、頑な停滞した精神かあるいは、我と汝との間で伝達し、流れるように交換し合う精神が支配している。

どの対話の遂行形式も、私が他のところで（『真理と方法』第三部）示したように、遊戯の概念で記述される。もちろん、そのためには遊戯の本質を遊戯者の意識から見るという思考習慣から解放されていることが要求される。とりわけシラーによって通俗化されたこのような遊戯者という人間の規定は、遊戯の真の構造をその主観的現象からのみ把える。ところが遊戯は、実際には遊戯者たちないしは遊戯者を包括する運動過程なのである。したがって、波の戯れとか、遊んでいる蚊とか、四肢の自由な躍動などといわれる場合、それは決して単なる隠喩ではない。むしろ遊戯する意識にとっては遊戯の魅力さえもが、みずから固有の動態を展開する運動連関の中で自分自身をこのように恍惚状態にさせることにこそもとづいている。遊戯というものは、個々の遊戯者がまったく真剣に遊戯している場合、すなわち、遊戯が自分にとって真剣な事柄ではないような単なる遊戯者として控え目にはもはやしていられない場合に進行する。これができない人は遊べない人間と呼ばれる。ところで私の考えでは、遊戯の基本的な気分がその精神――軽やかで自由な、成功を喜ぶ精神――で満たされていること、また遊戯者を満たすこと、それは、言語が躍動している対話の気分と構造的に関連している。人が連れ立って対話に加わり、さらにその対話によっていわばもっと遠くへ運び去られるように、そこで決定的なのは、もはや控え目にしようとしたり、うちとけたりしようとする個々人の意志ではなくて、対話でとりあげられる事柄の法則であり、弁説と抗弁がたがいに誘い出し合って、結局は協力し合っているのである。こうして対話がうまく行く場合には、よく言われるように、人はやがてそれに満たされるのである。弁説と抗弁との遊戯は、プラトンがまことにうるわしくも思惟と呼んだもの、魂と自己自身との内なる対話でさらに演じ続けられる。

これと関連する第三のものは、私が言語の普遍性と呼びたいものである。それは語りえぬものという別の領域と並び立つ、語りうるものという閉鎖的な領域では決してなく、一切を包括するものである。考えることが何かを意味する限りでは、何ものであれ原則的には語られることを留保するものはない。それは理性の普遍性であり、語る能力はこれによって倦むことなく歩む。こうして、いかなる対話も内的な無限性を有し、決して終ることがない。充分に語られたと思われる場合なり、もはや語るべきもののない場合に対話は中断される。しかし、すべてこうした中断は対話再開と内的に関連している。

　このことが往々にして苦痛に満ちた仕方で経験されるのは、或る言表が強要されるような場合である。その場合、答えねばならぬ重要な問いは――たとえば、裁判官の前での尋問ないし証言といった極端な例を考えてみよう――意見を述べ、対話しようとする、語ること《シュプレッヘン》の精神に抗して建てられた障壁のようなものである（「私が話しているのだ」とか「私の問いに答えなさい！」）。一切の語られたものは、その真理を単にみずからの内に有するのではなくて、後方に、また前方に向かって語られてないものを指示する。どの言表も動機づけられている。すなわち、語られうるものすべてに対しては、「なぜ君はそんなことを言うのか」という有意味な問いをなすことができる。そして、この語られていないものが語られたものとともに理解されているときに、初めて言表は理解できるものなのである。そのことは特に問いにおいて知られる。動機づけられているとは思われない問いは、どんな答えも見出せない。というのも、問いの動機づけの歴史は何よりもまず、答えを入手し、受けとることのできる範囲を開示するからである。このようにして実際には、答えと同様、問いにおいても、みずからの領域内に言葉と答えとを容れているのは無限の対話である。すべて語られたものはこのような領域内にある。

　そのことは、誰しも経験するものにおいて明らかにされうる。私の言おうとするのは、外国語の翻訳をすることや翻訳を読むことである。翻訳者が眼前にしているのは言語によるテキスト、すなわち、口頭ないしは文書で語られたものであって、これを彼は自国語に翻訳せねばならない。彼はそこにあるものに束縛されている。とはいえ、彼はみずからふたたび語り手にならずしては、語られたものを外国語の素材から自国語の素材へと単純に変えることはできない。ということは、しかしながら、外国語で語られたものに対応する言表の無限の範囲を自分の内に獲得せねばならぬということである。それがいかに困難であるかは誰もが知っている。翻訳が、どんなに外国語で語られたものを、いわば平板なものに貶めるかを知らぬ者はない。その語られたものが平板になるがために、翻訳の語義と文章形式とは原典を模写する結果に終る。けれども、翻訳にはいわば何らの領域もない。それに欠けているのは、根源的に、つまり原典で語られたものをその意味領域内に構築する、かの第三の局面である。これはあらゆる翻訳の免れえぬ制約である。いかなる翻訳も原典にとってかわることはできない。とはいえ、あの平板なものへと投影された原典の言表は、翻訳では、いまやいわばより容易に理解されるものとなっているにちがいない、なぜなら、原典では聞きとれる背景にあるもの、行間にあるものの多くは、ともに移し変えることのできないものだから、と考えられるなら――また、その場合、こうして単純な意味へ還元することは、理解を容易にするにちがいない、と考えられるなら、それは欺かれているのである。どんな翻訳も、原典ほどには理解しやすくはない。原典とはまさに語られたものが含みもつ多くの意味であり――しかも意味は常に方向をもつものであって――、これは言表の根源性においてのみ言葉になり、一切の口真似や受売りでは脱落するものなのである。だとすれば、翻訳者の使命とは語られたものを模写することではなくて、語るべきものを自分自身の語る方向へと翻訳するためには、語られたものの方向、その意味に焦点を定めることでなければならない。

このことは、異なる母国語をもつ人間を通訳が中継ぎして、口頭の対話を可能にするような翻訳で最も明らかになる。或る者の語った言葉と命題が、別の者の言語に含まれるものを単に繰り返すにすぎない通訳は、その対話を親しめない、不可解なものにしてしまう。彼が再現せねばならぬのは、その真正の原文で語られたものではなくて、他者が多くの語られざるものを残して語ろうとしたもの、語ったものなのである。彼の模写の限界もまた、対話が可能となる領域、すなわち、そこでのみあらゆる意思疎通に帰属する内的な無限性が可能となる領域を獲得せねばならない。

こうして言語は、それだけが充填する領域、人間の相互存在の領域、了解の、つまり人間生活にとって呼吸される空気と同じくらい欠かせない、常に新たに成長する意思疎通の領域においてのみ見られるなら、人間存在の真の中心なのである。人間は、アリストテレスの語ったように、真に言語を有する存在者《ウェーゼン》である。なぜなら、人間的なものすべてをしてわれわれに語らしめておくべきであろうから。

* *Orbis Scriptus. Dimitrij Tschizewskij zum 70. Geburtstag.* Herausgegeben von Dietrich Gerhardt, Viktor Weintraub und Hans-Jürgen zum Winkel. München 1966, Wilhelm Fink Verlag, München, S. 237—243. に初刊。

五　修辞学、解釈学、イデオロギー批判*

——『真理と方法』に対する批判《メタクリーティッシュ》に導かれた研究——

哲学的解釈学の課題は、その全射程に渉って解釈学的な次元を開拓し、その根本的な意味をわれわれの全体的な世界理解に妥当せしめるということにあるが、このことのために、人間同士の通心《コミュニケイション》、社会的な世論操作、また各個人の社会内での経験、例えば彼が社会についてなした経験、また宗教や法律、芸術や哲学で構築された伝統、革命的な意識の解放を目指す反省的エネルギーといった世界理解のあらゆる形式において、個々の研究者にそれぞれ自分の出発点とする限られた経験や経験分野のあることが閉め出されることはない。私自身の試みは、ディルタイが精神諸科学の理論をテーマにし、それをしかし同時にはるかに広大な新しい基盤の上に打ち立てたというかぎりで、ドイツ・ロマン主義の遺産を哲学的に継承するディルタイの衣鉢を受け継いだものである。つまり芸術の経験は、精神諸科学の歴史学的な疎外に対して、芸術に固有な同時代性を堂々と要求することによって応答しているのである。したがってあらゆる学問の深奥へ問いかえすと同時に、逆にあらゆる学問を先取りする真理に照準を合わせるためには、人間のあらゆる世界経験の本質的な言語性にそって歩みを始めなければならなかった。つまり世界経験を完遂する仕方はたえず自己を改新する同時代性である。それにもかかわらずあらわれる象《かたち》は人間の世界態度の普遍的な言語性を分析するときも、特に前面に押し出されるということは起こりえなかったことである。このことは解釈学的問題の学問史的な由来に沿ったものである。この問題は定着、持続、時間の隔りによってよそよそしくなってしまった書き残された伝承から発火したのであった。このようにして翻訳の多層的な問題を人間の世界態度の言語性のモデルにまで高めると同時に翻訳の構造にもとづいて、どのようにして外的なものが自分のものになるか、という一般的な問題を発展させることが解明されたのである。

それにもかかわらず「原典《テクスト》としての存在」(1)は解釈学的な次元を汲みつくすものではない。――「原典」が狭い意味をこえて「神が自己の手で書いた」その原典そのもの、つまり、自然ノ書 liber naturae を意味し、したがってテキストが物理学から社会学や人間学にまたがるあらゆる学問を包括しているというのでなければだが。しかしそのときでさえも、言語が人間の態度において意味している多様なものは、翻訳のモデルをもってしては決して理解されない。こうした巨大な「書物」を読むにあたって、理解することと理解しうることを――そしておそらく悟性さえも――構成する緊張と弛緩はたしかに実証しうるものとなろうし、その限りで解釈学的な問題の普遍性を疑うことはできないのである。これは二次的な問題ではない。解釈学はロマン主義的な精神科学の単なる補助的原理ではない。

また人間の言語性という普遍的現象は、他の諸次元でも展開されるのである。かくして解釈学的なテーマは、人間の世界経験という言語性を規定する別の連関領域にも及ぶのである。その多くは『真理と方法』において充分に言及されている。そのようにそこでは影響史的な意識が人間の言語観念の自覚的な解明として、その歴史のいくつかの局面で現われてきたのであった。それはしかし、ヨハネス・ローマンがときに彼の著書『哲学と言語学』(2)で、また『グノーモン Gnomon』(3)での私自身の試論の検討の中で示したように、まったく別の諸次元に及んでいるのである。ローマンは「言葉の概念をヨーロッパの思索のうちに刻印すること」を要求するのである。これについては私が言語史の巨大な基準にそって過去に遡ると同時に未来に向かって素描したことである。過去に遡るということでは、彼は「ある考えられた形式のもとに与えられた対象を現実的に〈包摂する〉知の乗物としての〈概念〉の由来を」(714) 追跡することによって、その最も明白な表現がコプラの中に見出される概念の文法的形式を古代インド・ゲルマン語の「語幹を-活用させる」型に認める。――この仕方でヨーロッパ世界に最も独自な創造としての理論の可能性が導出されるのである――。未来に向かうという点では、彼はふたたび言語形式の展開に即してヨーロッパの思想史を、つまり近代的な意味で世界の自由利用としての学問を可能にしているヨーロッパの思想史を、語幹を-活用させるものから単語を-活用させる言語-タイプへ移行することによって解釈するのである。

別の意味で本質的に解釈学的なものに先在し、言語的な解釈技術のネガに対するポジとまったく同じようなものを提示している真に普遍的な言語性は、さらに修辞学の存在を証言する。私が私の著書で留意しておいた修辞学と解釈学の結びつきは、クラウス・ドックホルンがゲッティンゲンの学会報告[4]に寄稿した豊富な補足、補正が示している通り、多方面に拡大されるものである。言語性はしかし、結局人間存在の社会性に深く織り込まれているので、解釈学的な設問の権利とその限界からみてどうしても社会科学の理論家の手をわずらわすことになる。そのようなわけでユルゲン・ハバマス[5]は社会諸科学の理論に哲学的解釈学をも関係させ、それを社会科学の認識関心から評価したのである。

修辞学、解釈学そして社会学の相互に滲透しあう普遍性をそれぞれの独自性においてテーマとすること、またこうした普遍性の異種の正当性を明示することが要求されているように思える。このことは、それらすべてにとって——ごく明白には最初の二つ、修辞学と解釈学に——実践との連関によって相互に規定されたそれらの学問的要求の或る種の曖昧性が帰せられただけに、ますます重要なのである。

というのは修辞学が話し形式や説得手段の単なる理論でなくして、自己の自然的能力から実践的熟達にまで発展するものであることは、その過程がなんら理論的に反省されなくとも、明白なことだからである。同じように了解術は——たとえその手段や道程がどのようなものであっても——明らかに意識性に直接依存するものではない。了解術は意識性によってその規則に従うのである。ここでもまた自然的な或る能力、誰もがもっているこの能力は、われわれがあらゆる他のものを凌駕する一つの腕前におきかえられるのである。そして、理論はたかだか何故かという理由を語ることができるだけである。両方の場合に、理論と、理論が抽象されてしまったもの、われわれが実践と呼ぶところのものとの間の補足性に関係が成立する。その際、その一つは最初期のギリシア哲学に認められるものであり、他の一つは後期の強い伝統の束縛と、また消え失せようとするものを保持し、明るい意識性に拾いあげようとする苦労との一連のゆるみである。

修辞学の最初の歴史を書いたのはアリストテレスである。われわれの手には単なる断片があるのみである。何はさておき修辞学の理論は、アリストテレスがはじめプラトンの計画していた構想を実行するという形で形成されたものである。同時代の弁論の教師たちが提起したうわべの要求の背後に、プラトンは哲学者のみがつまり弁論家のみが解くことのできる真の課題を発見していたのである。すなわち人を効果的に納得させずにはおかない演説をきわめて上手にこなして、常にふさわしい議論が、それを特に受け入れやすい精神の持主に提供されるということである。これは理論的に納得できる課題提起である。それにもかかわらずこれは次のような二つのプラトン的な前提を含んでいるのである。つまり第一に、修辞的な議論の「蓋然的な」ニセものを確実に発見することのできるものだけが、真理すなわちイデアを知るものであるという前提、そして第二にそのような者は、彼が働きかけるべき精神の知によって同じように充分にわきまえていなければならないという前提である。アリストテレスの修辞学は先ずはじめは後者のテーマを彫琢することである。その彫琢によって、プラトンが『パイドロス』の中で要求した弁論と精神とを適合させる理論が、弁論術の人間学的な基礎づけという形で完成されるのである。

修辞学の理論は、ある対立の、つまりわれわれが詭弁法《ソフイステイク》の呼名から想像する新しい弁論術と教養理念が、陶酔と驚嘆を引きおこしながら侵入してきたときに表面に出た対立の、永い間に用意された成果であった。当時無気味な新しい腕前として、すべてのものを逆立ちさせることを教えた、このシシリー島生れの弁論術は、身分上は縛られているが、しかし簡単にそのかされやすい若者を通して活気にあふれたアテネに流入したのであった。いまやこうした大きな権力具現者（ゴルギアスはそれを弁論術と呼んでいるように）を新しい紀律のもとに従えることが必要となった。プロタゴラスからイソクラテスにいたるまでは、単に話すことを教えるだけでなく、政治的な大成に結びついた正しい市民意識を形成することも教師の資格であった。しかしプラトンが創立した原則によってはじめて、あらゆるものを動揺させる新しい弁論の術に、――アリストファネスがわれわれの前に一目瞭然みごとに描いているが――その限界と正統な位置が与えられたのであった。このことはプラトン・アカデミーの哲学的な弁証法だけでなく論理学や修辞学にかんするアリストテレスの基礎づけをも確証しているのである。

了解の歴史は少なからず古く、栄誉に値するものである。もし解釈学が真の了解術の確認されるところではどこでも認められなければならないとするならば、『イリヤス』の知将ネストールとはいわなくとも、オデュセウスに遡って始めなければならないであろう。詭弁法の新しい教養運動は実際、有名な詩人の言葉の解釈をうながし、そしてそれを教育的な範例として芸術的に鮮かに描写したということを引合いに出すことができよう。そしてさらにグンダートとともに、それに対してソクラテス的な解釈学を対置することができよう。(6) それにもかかわらず了解の理論というものはまだまだそのようなものではない。遠隔にあるものが近くへ引きよせられ、違和性が克服され、過去と現在の間に架橋がなされなければならないということが一般に解釈学的問題の抬頭の特徴を示しているように見えるのである。その限りでその時期は、新しき時代がまさに古き時代を放棄したことに気づいた近代のことであった。そのうちのあるものはすでに宗教改革期の聖書理解や聖書ノミニヨッテ sola scriptura というその原理の神学的な要求の中に存したのであるが、しかしその本来的な展開は啓蒙主義とロマン主義から歴史学的な意識が芽ばえて、あらゆる伝承に対する関係の破綻が成立した時である。こうした展開が「文字に固定された生命の表出」を解釈するという課題に定位したということは、たとえシュライエルマッヒェルの場合の解釈学の理論的な彫琢が、対話という口頭による交流の場面で起こる了解を含んでいたとしても、いずれにせよ解釈学的な理論のこうした歴史に連関していたのである。反対に修辞学は弁論の作用力の直接性に照準を合わせていた、しかもそれがたとえ芸術的な文字表現の途を同時に歩んだとしても、またその結果文体と様式の理論を発展させたとしても、解釈学の本来的な完成はなお読むことではなくて、話すことによって可能なのである。朗読された演説という仲介的位置は勿論すでに弁論の術を文字として固定しうる芸術手法の上に基礎づけ、そしてそれを始源的状況から分離する傾向を示している。ここでさらに詩学との交互作用が現われて来るのである。詩学の場合の言葉の対象はまったく芸術であるために、口頭表現から文書表現への変換もまたその逆の変換もなんら損失なしに行なわれるのである。

しかし弁論術自体は、その作用力の直接性に拘束されるのである。感情の興奮が説得の最大の手段としてキケロやクインティリアヌスからイギリス一八世紀の政治的な修辞学にいたる、こういった広範囲において妥当していたことは、クラウス・ドックホルンの該博な学識によって明らかにされたところである。ところで話し手の根本的な課題である感情の刺激は、もちろん解釈学的な努力の対象となる文字表現では、ただ弱々しい働きしかないのであって、まさにこうした違いこそ重要なのである。つまり話し手は聞き手を感動させるのである。話し手のあげる論拠の歯切れのよさは聞き手をゆり動かす。批判的な思慮は歯切れのよい話の説得力に従うこともできないしそうすべきでもない。逆に書かれたものを読み解釈するという仕事は、書く人、彼の気分、また彼の意図や表現されてない心の動きからはひどく遠くかけ離れているために、原典の意味の理解は独立な産出という性格をもったものであり、そうした性格からみてこの産出は、その聞き手の態度よりも話し手の話術にさらに近いものである。かくして解釈術の理論的な手段は、私が若干の点で示したように、またドックホルンが広範な論拠から導いているように、広く修辞学から借りてきたものであると解されるべきである。

了解に対する理論的な思慮も、太古の伝統からみて、蓋然的なもの、すなわち真実ラシイコト εἰκός (verisimile) を、さらにまた共同の理性が納得するものを、学問の明証性と確実性の要求から護るという真理要求の唯一の弁護士である修辞学にくみする以外に、いったい何にくみすべきであったか。証明することができなくとも、説得したり納得したりすることは、明らかに弁論の術や説得の術の目標であり尺度であると同じく、了解し解釈することの目標であり基準である――そして人を納得させるに足る確信と一般に支配的な見解のこうした総領域は、いかにその進歩が大幅なものであっても、いわば学問の進歩によって徐々に狭められるようなものではなく、むしろ研究のあらゆる新しい認識へと拡がっていき、独自に認識を要求しそれに順応して行くのである。修辞学の普遍性は無制限なものである。それによってはじめて学問は生の社会的な原動力になる。われわれの現存在をはっきりと目で見えるような形に再構成している近代の物理学に関して、われわれが物理学だけから知ったものとは何か。専門家たちの仲間から外に目を向けて語るとき、彼らの説明はすべて（そしておそらく彼らが一つの聖別された専門家たちのいつもきわめて小さな仲間うちに自分を閉じこめないかぎり、という条件をつけるべきであろう）、それがもつ修辞的な要素のおかげでその成果を生むことができるのである。方法と確実性についての偉大な情熱的代弁者であるデカルト自身、彼のすべての書物において、修辞学の手段をすばらしいやり方で駆使している作家である。これについてはとりわけアンリ・グイエ(7)が指摘したところであった。社会生活の内部で修辞学のはたしている基本的な機能については何の疑いもありえない。実践的となるべきすべての学問が、修辞学の機能に依存しているのである。他方解釈学の機能は少なからず普遍的なものである。というのはもともとそれが集めてきた、伝承された原典の難解さや誤解のしやすさは、経験という慣れた期待秩序のどこにも納まらない「atopon」、稀なるものとして、人間が世界を指向する全場面で遭遇する特殊でしかないからである。そして認識の進歩によって不思議ナコト mirabilia は、それが理解されると直ちにその訝しさを失なうように、伝承のあらゆる上手な習得も、一つの新しい独自な親密さに溶解して行くのである。そうした親密さによってその伝承はわれわれのものとなり、またわれわれがその伝承となるのである。二つのものは一つに合流して、一つの、歴史と現在を抱えこんだ独自なしかも共同の世界へ、つまり人間相互の話合いのうちにその言語的な分節化を受容する世界へ流れこむのである。了解の側からもしたがって人間の言語の普遍性は、自己の内に限界をもたない要素として、あらゆるもの、つまり単に言語を通して伝承された文化だけでなく、端的にすべてのものを支えている要素として示されるのである。何故ならばすべてのものは、われわれが相互に活動する場である了解へ連れもどされるからである。プラトンは正当にも、次の点から出発することができたのである。つまりものごとを話の鏡に照らして考察する者こそ、事柄をその完全でしかも省略のない真理として知ることになるという点から出発したのである。プラトンがあらゆる認識は再認識としてはじめて認識そのものであると教えるとき、これも一つの深く正しい意味を含むのである。「最初の」認識は最初の言葉と同じように可能ではない。その結果がまだまったく見透せないようにみえる、最新の認識といえども、認識が自己を認識へ引きわたして、相互主観的な理解の媒体になったときに、はじめて本来の認識になったと言えるのである。

このようにして人間の言語の修辞学的解釈学的な相は、完全な仕方で相互に浸透し合うのである。もし了解と了承が人間の関係を支えていないとするならば、話し手も、弁論術も存在しないことになろう。――もし「対話をしている」人たちの了承が妨げられず、しかも了解が求められる必要がないとするならば、いかなる解釈学的な課題も存在しないことになろう。修辞学との絡み合いは、したがって解釈学があたかも美的‐人文学的な伝統にのみ制限されているかのような、そして解釈学的哲学なるものが「実在する」存在の世界に対置された「意味」の世界、つまり「文化的な伝承」に拡がる意味の世界を問題にしているかのような、仮象を解消するのにふさわしいのである。

解釈学の発端にある普遍性は、その発端が社会諸科学の論理としても考慮されなければならないということに合致する。かくしてハバマスは、『真理と方法』において示された「影響史的な意識」と「翻訳」のモデルについての分析を取りあげ、その分析が社会科学的論理の実証主義的な硬直化だけでなく、歴史学的に反省を加えないでその論理を言語学的に根拠づけるという硬直化を克服するために、積極的な機能を果していることを認めている。解釈学に対するこうした関連は、したがって社会諸科学の方法論に役立つという自明な前提のもとに成り立っているのである。それはもちろん、審美的‐ロマン主義的な精神科学が形成する解釈学的な問題提起の伝統的起点からは、最大の影響範囲をもつ予先裁決によって分離されている。なるほど近代の学問の本質を成す方法の異化は、人文研究においてもまた一貫して通用している。『真理と方法』は、その表題が含意している対比関係を、排外的な対立とは考えなかったのである（第二版の序言、一五頁を参照）。しかしそれでももちろん精神科学は分析の出発点であった。何故ならば、精神諸科学は経験によって相互に接近するものだからである。つまりこうした経験においては方法や学問が一般に問題なのではなくて、芸術経験やその歴史的な伝承によって鋳造された文化の経験のような、学問の埒外にある経験が問題なのである。解釈学的な経験はそういったあらゆる経験に同じように有効なのである、しかもその限りで解釈学的な経験は方法の異化の対象でさえなく、この異化に先だって存在するものである。というのは経験は学問にその問いを投げかけ、しかもそのことによって学問の方法がはじめて可動化するからである。それに対して近代の社会諸科学は、解釈学的な反省が社会科学にとって避けがたいものと認識される場合には（このことは『真理と方法』の中で精神諸科学に対して指摘されているように）、ハバマスが定式化しているように、「管理された異化」によって了解を「前学問的な訓練から反省された行動の地位へ」高めるという要求をかかげて、いわば「賢さを方法的に形成」（172／174）しようとするのである。

ところで古代からの学問の方途は、教え、管理することのできるやり方で、時にはそれがたとえ不確実で制御しがたい方法であっても、個人の賢さにも、うまくゆくように実行する方途である。もし理解をすすめる精神諸科学にかかわる解釈学の諸条件を意識させることによって、社会の真の構造を「了解し」ようとはせずに、言語に沈澱している理解可能なものを考えにいれて、学問的に把握しようとするような社会諸科学が、社会科学の研究に要求される方法的な手はずにのせられるならば、そのことはたしかに学問的な収穫であろう。もちろんそれら社会諸科学についての解釈学的な反省は、こうした学の内在的な機能に限定されるようあらかじめ指定されてはいないであろう。そして特に社会諸科学を動かしている了解の方法の疎外に、新たに解釈学的な反省を向けるということが制止されることはないであろう。――たとえ解釈学的な反省がそのことによって重ねて解釈学の実証主義的な評価を落とすことになろうともである。

しかしわれわれは解釈学的な問題が、社会科学の理論の内部でどのように妥当し、その理論から見てどのような姿を示すかを先ずみよう。

そこには先ず「言語学的な手がかり」(124f) がある。もし言語が解釈学的な意識の遂行方法としてすぐれたものであるならば、人間の社会性の基調としての言語性に、社会諸科学の妥当なアプリオリを認めることは容易である。つまりこのアプリオリから、社会を、観察し制御できる機能の全体であるとみなす行動主義的‐実証主義的な諸理論の矛盾が明らかになるのである。こうした考え方は、人間の社会が制度によって生動しているとみられる限りでは、人を納得させるに足るものである。しかしその諸制度自体は理解され、伝承され、改良されるもの、要するに社会を形成する各個人の内的な自己理解によってきまるものである。ところで、ハバマスはヴィトゲンシュタインの言語ゲームの理論に関しても、ウィンチ(8)がその理論をあらゆる社会科学的な主張の言語的なアプリオリのために利用することに関しても、解釈学が影響史の思想からみて社会諸科学の対象領域へ連絡する通路を請求するところに解釈学の権利があると見るのである。

それにしてももしハバマスが、あらゆる人間的理解と行為につきものの前理解と本質的な偏見の制約の分析に従うとき、彼が解釈学的な反省に課している要求は、やはり、根本的に別の要求である。影響史的な意識は、本来的な偏見を反省しようとし、自己本来の前理解を管理するが、たしかに実証主義的な学問論と同じく社会諸科学の現象学的、言語分析的な基礎づけを偽造するこの素朴な客観主義に訣別しようとするのである。しかし何が一体こうした反省を実行するというのか。ここには先ず普遍史の問題がある。つまり社会的な行為の目的表象から常時生ずる歴史の目的に関する表象である。解釈学的な反省が、本来の立脚地の枠を越え出るべきではないという一般的な考量に満足しているかぎり、その反省からは成果は出て来ない。実質的な歴史哲学の要求は、なるほどこうした考量によって否定されはするが、しかし歴史学的な意識は、それにもかかわらずたえずそれ自身の未来志向性ということから、あらかじめ了解された普遍史を構想するであろう。普遍史の一回性と本質的な再生可能性についての知が何の役に立つのか。

しかし解釈学的な反省が有効なところでは、その反省は一体何をなすのか。影響史的な反省はそれが自分で意識している伝承に対してどのような関係にあるのか。ところで私の論旨は次のようになると思う。すなわち影響史的な反省は、われわれの影響史的な制約と限界を証認することからくる必然的な帰結であり、解釈学は生き続ける「自然発生的な」伝承と、それを反省的に習得することとの間の対立を、独断的なものとして見抜くことをわれわれに教えているのである。その背後には反省の概念さえも奇形にしてしまう独断的な客観主義が隠れているのである。了解する者は了解する諸学においても、自己の解釈学的な状況の影響史的な連関から出て反省しないのであるから、彼の了解がこうした出来事そのものに没入することはないであろう。歴史家は、いわゆる批判的な学にかかわる歴史学者であっても、生き続ける伝承、例えば国民国家的な伝承をほとんど解明していないから、彼は国家的な歴史学者としては、おそらくこうした伝承の中で形成しつつさらに形成し続けることによって、これに深く関与するのである。そして最も重要なことは、彼が自己の解釈学的な制約を意識的に反省すればするほどますますそれに深く関与するということである。ドロイゼンは歴史学者たちの方法的な粗野の内に「去勢された客観性」をはっきり見抜いていたが、これは、一九世紀の市民的文化の国民的国家意識にたいしてもきわめて有効なものであった――とにかくその影響力の強さにおいては、はるか以前に権力国家的非政治性にまで成長することを願ったランケの叙事的意識より強力なものであった。理解することは生起そのものである。粗野で熟慮を欠く歴史主義だけが、史学的‐解釈学的な学問のうちに、伝承の力を排棄する絶対的に新しいものを認めるのであろう。社会的な伝統が生き続ける永続的な媒体に対する確実な証拠を、私はすべての了解をになうことのできる言語の観点から提出しようとしたのである。

これに対してハバマスは異議を唱え、学問の媒体は反省によって深化されながら変化するものであるという。それこそまさに一八世紀の精神の生んだドイツ観念論からわれわれに遺贈された普遍的な遺産であるというのである。たとえヘーゲル的な反省の経験が、絶対的な意識においてはもはや完結しないとしても、「言語の観念論」は（179）単なる「文化的な伝承」、つまりその解釈学的な習得と教育継続によるだけでは創造力が涸れてしまう、そして社会的な生活連関の現実的全体に対しては悲しいかな無力である、つまりこの生活連関は単に言葉からだけではなく、労働や支配によっても織りなされると考えているのである。解釈学的な反省は、イデオロギー批判に移らなければならないと主張するのである。

ハバマスはこのことを社会的な認識関心の中心的な動因に結びつけている。（理論としての）修辞学は、話力によって意識の魔力に対抗する。というのは修辞学は、事柄つまり真実なるものを、自分が作り出すように教えた真実らしきものから区別する必要があるからである。また同じように解釈学は妨げられた相互主観的な了承を通心《コミュニケイション》的な交互反省によって新たに設立し、そして特に誤った客観主義としての疎外された認識行為をふたたびその解釈学的な基盤に据えようとするが、他方でそのために社会学的な反省によって、外的および内的な社会的抑圧を意識化することによって解消しようとする解放を目指す関心が働くのである。この同じ社会的抑圧が言語的な解釈によって自己正当化をしようとする限り、イデオロギー批判は、たしかにそれ自身では反省という言語的自己解釈の行為ではあるが、「言葉によるだまし」(178) の仮面をあばくことになるのである。

精神分析学的治療の領域においても、社会生活に要請され解放を目指す反省の力が確証される。看破された抑圧は誤った強制からその力を奪うのであり、しかもそこでは反省された形成過程の最終状態としてはすべての行為の動因は、行為するものに彼らの方向を与える意味と符合するだろうと考えられるように——もちろんこのことは、精神分析的な状況では臨床的な課題の制約を受けるし、したがって単なる限界概念を示すにすぎないのであるが——、社会的な現実もこうした虚構の最終状態でのみ解釈学的に適切に捉えられるものであろう。実際、社会生活は了解的な動因と現実の強制との網状組織から成立しているのである。つまり社会生活は或る前進的な形成過程において社会研究を身につけ、しかも行為に対して自由な位置に立たなければならなかったのである。

こうした社会理論の概念がそれなりに論理の通っていることを反論できるものはだれもいない。もちろん解釈学の貢献が正当に保持されているかどうかは、もしその貢献が、あらゆる行為の動因が了解された意味と符合するという極限概念の立場から確定されているならば、疑わしいだろう。それにもかかわらず解釈学的な問題が極めて普遍的であり、また歴史ならびに現在のもつ全人間間の経験にとって基礎的である理由は、意味が意図されたものとして実行されない場合でも、やはりその意味が経験されうるものであるからである。もし了解的な意味の領域（「文化的な伝承」）がただ実質的要因として、認識しうる社会的現実である他の決定要因から区画されているというのであれば、それは解釈学的な次元での普遍性を切り詰めることである。すべてのイデオロギーは、かならずしも誤った言語意識として、ただ単に了解的な意味としてのみ考えられるごときものではなくして、まさにその真の意味においても、例えば支配関心という意味においても理解されうるのである。同じことは、精神分析学者が注意を喚起してくれた無意識的な動因にも妥当するのである。

解釈学的次元がくり広げられる出発点は、『真理と方法』が芸術の経験と精神科学においてとった出発点であるが、その出発点がここでは解釈学的次元の真の範囲の評価を阻害しているようである。たしかにその著書の第三部で普遍的と呼ばれた論述はあまりにも見取図的であり、一面的であろう。しかし事実上、解釈学的な問題提起から眺めるとき、労働と支配という実質的な要因はその境界の埒外にあるべきだというのは、まさに不合理なものといえよう。一体、解釈学的な努力によって反省を必要とするような偏見とは他に何があるのか。それは他にどこから由来すると言うべきか。文化的な伝承からか。たしかにそれもあろう。しかしこうした伝承はどのようにして形成されるのか。言語の観念論は実際グロテスクな不条理といえるであろう――こうした観念論が方法的な機能さえも果さないというならばだが。ハバマスはまず次のように言う。「解釈学は内部から直ちに伝承との連関という壁に突き当る」(177)と。もし同時に「外から」への対比が示されたならば、この主張にはいくらかの真実性がある。つまりこの「外から」は、われわれの了解すべき世界、了解しうる世界、あるいは了解しえない世界へ外から入り込まないで、変化(行為ではなく)を確定する観察に踏みとどまるものである。しかし文化的伝承を絶対化するというのは、私はまちがいだと思う。それは了解されるすべてのものを了解しようと欲するというだけの意味である。この意味では「了解されうる存在は言葉である」という命題が妥当するのである。

これによって認識されたものの認識において(A. Boeckh)、認識の一種の二次的対象と考えられる意味の世界へ、すでに認識されたものの習得が、さらにそれに補足すれば、社会生活を先ず規定する経済的政治的なもろもろの現実に対する「文化的伝承」の豊かさが、せばめられることにはならない――存在するすべてのものはむしろ言葉の鏡に照らして反省されるであろう。その鏡のなかで、しかもそのなかでのみわれわれはどこにおいても出会うことのないものと出会うのである。何故ならばわれわれがそうした出会うもの（単にわれわれが思念し自分について知っているものではない）そのものだからである。結局、言葉はそもそも鏡ではないし、われわれが言葉によって認めるものは、われわれを含むあらゆる存在の反映ではなくして、われわれの世界を構成するあらゆる他のものにおいてと同じく、労働と支配への現実的な依存においてわれわれとともにあるものを解釈し生き抜くことである。言葉はあらゆる社会的‐歴史的な過程と行動の最後にいたって発見される無名の主体ではなく、つまり自己自身とその活動である客体化の全体をわれわれの思考の視野に提示するような主体ではなくして、われわれのすべてが共演する遊び《ゲーム》である。いかなるものも他に勝るということはない。すべては「順番に」たえず進行していく。こうしたことが実行されるのは、われわれが了解しているときであり、またわれわれが偏見を見抜くか、あるいは現実をいつわる口実の正体をあばくそのときもまさにそうである。いやそれどころかそのときわれわれはもっとも「了解している」のである。そして結局われわれがわれわれには稀れでしかも不可解に見えたものを見抜き、つまりそれを言語的に秩序づけられたわれわれの世界に納めたとき、ようやくすべてのものははっきりと現われ出るのである。丁度チェスの懸賞の難問でも、その解答を手にすると不明であった指手が最後の石にいたるまで明らかになるのに似ているである。

しかしこのことは、われわれがいつわりを見抜いて誤った思いあがりをあばくときにのみ、われわれは了解するという意味なのか。ハバマスはこれを前提しているようである。少なくとも、彼にとっては反省の力が活動することによってのみ、その力は証明されるようである。そしてわれわれが言葉の網にかかったままで、さらにその網を織り続けるとき、反省の無力が証明される。彼の前提していることは、たしかに解釈学的な学問で実行される反省が「生活実践の独断をゆり動かす」ということである。反対に彼は、理解の偏見の構造を透察するということは権威を——つまりある独断的な力を！——承認することにつらなりうるという、この、基礎づけることのできない、啓蒙時代の遺産をひそかに現わしている命題を、認めているのである。保守主義（かのバークの世代のではなく、ドイツの歴史の三大変革を経験している世代の、ただし結局、現存する社会秩序の革命的な動揺にいたることはなかったといえるような）が、わずかに隠れている真理を識別するためには好都合だということはたしかにありうることである。洞察しうるあるものを語るという要求が問題なのであって、いずれにせよ私が変革的な啓蒙主義の抽象的なアンチテーゼから権威と理性を解き放って、本質的に両義的な両者の関係を強調するときには、「根本的確信」(174) は問題なのではない。

啓蒙主義の抽象的なアンチテーゼは私には真理を誤解するものに見える。しかもこれは宿命的な結果を生んでいる。——というのは、そのうえさらに反省に対しては誤った力を帰せしめ、真の依存性を観念論的に誤解しているからである。権威が教育の秩序、さらに軍隊や行政機関の命令秩序、政治的権力ないし聖職をになうものの権威位階にまで、限りない支配秩序の形態をとって独断的な力を行使していることを承認するとしてもなのだ。しかし権威に対して示されたこうした服従の像《すがた》は、何故にすべてが秩序であって、腕力による実力行使という無秩序ではないのかを決して明示してはいない。私が現実の権威関係の承認を決定的なことと考えているといわれるのであれば、それはやむをえないと思う。問題は、ただこうした承認が何にもとづいているかということにあるだろう。たしかにこうした承認は、しばしば権力に対して無力なるものの事実上の弱さを表現することもありうるが、しかしそれは何も本当の服従ではないし、権威にもとづくものではない。われわれはただ権威の喪失あるいは権威の失墜といった事象を（またその反対をも）研究する必要がある。そのときわれわれは何が権威であり、権威が何によって命脈を保つかを知るのである。それは独断的な力によってではなく、独断的な承認によっているのである。しかしもし権威より認識の優位が認められるということ、したがってそれが正しいと確信されないならば、何が独断的な承認であるというべきか。ただこのことにのみ権威は「もとづいて」いるのである。権威が支配するのは、それが「自由に」承認されるからである。権威に耳を傾けることは盲目的服従ではない。

　しかしいま、私があたかも権威の喪失や解放を目指す批判が存在しないかのように考えているというなら、それは不当な転嫁である。権威の喪失が反省という解放を目指す批判によるといえるのか、あるいは権威の喪失が批判と解放によって現われるといえるのかは、それ自身によるのであって、おそらくそもそも真の二者択一というものはなかろう。異論の余地が残るのは、ただ反省はたえず実質的な関係を解明するのか、あるいはその関係を意識性においてさえもひき受けうるのかどうかである。私が（アリストテレスの倫理学に注目して）引き出した学習‐教育過程を、ハバマスは奇妙に一面的に見ているのである。伝統それ自体がその際偏見の通用する唯一の根拠であるし、またあり続けなければならないというのは、――ハバマスは私の主張だとしているが――やはり権威が認識にもとづいているという私の主張《テーゼ》とはまったく相容れないものである。成年に達したものなら――だが彼はまだにちがいない！――、彼が従順に守っているものを明察によって受け取ることができるのである。伝統は身分証明書ではない、いずれにせよ反省が身分証明書を要求するところでもない。しかしそれが問題点である。どこで反省は身分証明書を要求するのか。どこでもよいのか。その証明書に、私は人間の現存在の有限性と反省の本質的な特殊性を対照させる。問題は、事実的に妥当するものを他の可能性に対決させるという意識化の側面に、反省の機能を固定するかどうかである。したがって、他の可能性のために現存するものをしりぞけうるのであるが、しかし伝統が事実ニツイテ de facto 示すものを知りつつ引き受けることができるかどうか、あるいは意識化はたえず妥当するものだけを解明するのかどうかが問題である。ハバマスが（176）、「権威による単なる支配であったものは（私はそれは権威ではなかったと解釈している――）権威からぬぐい取られ、洞察と合理的決断の、力によらない強制に解消され」うるというとき、もはやわれわれは何をめぐって論争をしているのか分らなくなる。たかだかわれわれの争点は、「合理的な決断」が社会諸科学によって人から（どのような進歩にもとづいて！）摘み取られうるかあるいはえないかをめぐってにすぎないのである。しかしこのことについては後でふれよう。

ハバマスが用いている反省および意識化という概念は、解釈学的な反省には独断的なるものとして重荷になっているようである。そこで私は、私の用いている解釈学的な反省が有効なものとなってほしいと願ったのである。われわれはフッサールを通して（彼の匿名の志向性に関する学説によって）、またハイデガーを通して（観念論の主観概念と客観概念にひそんでいる存在論的な切詰めの証明によって）、反省概念に背負わされている誤った対象化を見抜くことを学んだのである。たしかに志向性が内側に向くことはあるが、これはそのようにともに思念されたものを決して主題的な対象にまで高めるものではない。それをすでにブレンターノは（アリストテレス的な洞察を受け入れることによって）見たのである。私は、そこからでなければ、言語の謎にみちた存在形態をそもそもとらえる術を知らなかった。（J・ローマンもいっているが）言葉の展開において生起する「有効な」反省を明確な主題的な反省から区別しなければならない。つまりこうした反省はヨーロッパの言語史の中で涵養されたものであり、しかもあらゆるものを対象にすることによって学問として、宇宙に拡がる《プラネターリッシュ》明日の文明の諸前提を創成したのであった。

ハバマスには、経験諸科学が気ままな言葉遊び《ゲーム》に堕するのをなんとか護ろうとする独特な感情がある。経験科学の必然性に異論をもちかけるものがいるだろうか――自然を可能なかぎり、技術的に自由に処理するという視点に立てばだが。せいぜいそうすれば研究者自身は、自分の学問に対する関係のために自分の研究の技術的な動機を、まったく主観的な権利によって否認するだけであろう。近代の学問の実用的な使用が、われわれの世界と同時にわれわれの言葉をも徹底的に変革しているということを、だれも否定しないであろう。しかしまさに、「われわれの言葉をも」である。このことはいかなる仕方においても、ハバマスは私のせいだと思い違えているようだが、言語的に分節化された意識が、生活実践の物質的な存在を規定するということを意味しているのではなく、ただどのような社会的な現実的強制があっても、それなりに再度言語的に分節化された意識によって説明されないような社会的な現実は存在しないということである。現実は「言葉の背後で」(179) 生起するのではなくして、世界がわかるという（あるいはそれ以上わからないという）主観的な思念によって生きる者の背後で生起するのである。現実は言語においても生起するのである。

もちろんここから「自然のままの」という概念 (ZB. 173/4) は極めて怪しいものとなる。これをマルクスは、すでに近代の階級社会の労働世界に対する反対概念と認めたのであり、またハバマスもこれを好んで用いている（「伝統という自然のままの実体」、さらに「自然のままの関係の因果性」もこれにあたる）。これはロマン主義である――しかもこうしたロマン主義は伝承と、史学的な意識にもとづく反省との間に人為的な深淵を形成してしまうのである。それでも「言語の観念論」には、こうしたロマン主義へ消滅することはないという長所がある。

ハバマスの批判は、超越論的哲学の内在主義を彼自身が要求している歴史的諸条件にてらして問い質すとき、頂点に達する。事実、それは一つの中心問題である。この問題を人間の現存在の有限性と共に真剣に受け取り、そして「意識一般」とか知性ノ原型 intellectus archetypus とかあらゆる妥当を構成するはずの超越論的自我といったものを自分で構成しない者は、超越論的である彼自身の思索がそれ自身どのようにして経験的に可能なのかという問いを、どのみち免れることはできないであろう。私はただ、そこで私が展開して来た解釈学的な次元に対してさえも現実的な困難を認めていないだけである。

パンネンベルグが行なった私の試論(9)との極めて有用な対決によって、私は歴史のうちにも理性があることを証示しようとするヘーゲルの要求と、かの、たえず回生する普遍史的概念、つまり終始「最後の歴史学者」(166)としてふるまう普遍史的概念との間に、きわめて根本的区別が成り立つのを知ったのである。世界史の哲学というヘーゲルの要求に関してはたしかに異論を提出しうるであろう。彼も「汝を外に運び出すための人足は、すでに戸口の前にいる」ことを知っていたし、あらゆる世界史的な否認を通過して自由の終末思想にいたる一つのまったくたしかな論拠があることをわれわれは知るであろう、つまり意識を回生することはできるのに、むしろ決して回生することのできないたしかな論拠がある。それにもかかわらずどんな歴史家も提出するにちがいない要求、しかもあらゆる出来事の意味を今日に（そしてこうした今日の未来において）固定することによって成立する要求は、根本的には別の、しかも多くの点で穏当な要求である。だれも歴史《ヒストーリエ》が未来性を前提していることを否認することはできない。普遍史的構想といえば、その限りで「実践的な意図をおびた」現代の歴史意識の次元の一つであることは避けられない。しかし、もしヘーゲルを現在のこうしたあらゆる解釈の要求にあわせて限定しようとすれば、ヘーゲルは正しく評価されるのであろうか。「実践的な意図をおびた」――だれも今日こうした要求をおびてはいないということをそもそも配慮しているのは、固有な有限性を刻印された意識と概念の独裁に対する不信とである。しかし本気でヘーゲルを実践的な意図のもとに還元してよいものであろうか。

パンネンベルクと私との議論は、私の理解する限り、こうした点で空を突くことになる。というのはパンネンベルクもヘーゲルの要求を復活しようとはしていないからである。――ただもちろん、キリスト教神学者にとってあらゆる普遍史的構想の「実践的意図」は、受肉という絶対的な歴史性のうちにその確固たる地位を占めるということだけが相違点となる。

それにもかかわらず問題は残る。もし解釈学的な問題性が修辞学の普遍性に対するのと同じく、イデオロギー批判の事実性に対しても主張されるというならば、そうした問題性はそれ自身の普遍性を基礎づけなければならないであろう。そしてこのことはまさに、解釈学的な反省を自己の内へ受容し、学問のために（「賢さを方法的に養成する」ことによって）役立てるという近代的学問の要求に対して主張されるのでなければならない。解釈学的な反省がそのことをなし得るのは、それが超越論的な反省の踏み込むことのできない内在に縛られないで、自己の立場から近代の学問に対してこうした反省が何をなし得るか——単に学問の内部だけでなく——を言明できるときであろう。

解釈学的な反省は、すべてを意識化するという仕事を完成させることであろうから、このことは先ず学問そのものの内部で示されなければならない。与えられている前理解の反省は、普通私の背後で生起するあるものを私の前に提示するのである。あるものを——すべてをではない。何故ならば影響史的な意識は、廃棄しえないという点では意識であるよりはむしろ存在だからである。これは、しかし意識が、持続的な意識化を欠けば、イデオロギー的硬直化を免れ得なかっただろうということを意味しているのではない。この反省によってのみ、私は自己に対してもはや不自由ではないというだけでなく、私の前理解の当・不当に対して自由でありうるのである——しかもたとえ私が偏った眼で眺められた事象の中から新しい理解をかち取るのを学ぶという方法によっているとしても。しかしそこでは私の前理解を導く偏見も、たえず同時に賭けられているといえるのである——その結果、もちろんたえず改造とも呼び得るような偏見の放棄にいたるのである。というのはこれが、充分に教えられることによってたえず新しい前理解を形成するという、経験の疲れを知らない力だからである。

私の解釈学的研究の最終領域、つまり芸術学と文献学的‐史学的な学問領野をみれば、解釈学的反省がどのように有効であるかが容易に証明される。ところで芸術学における様式史的な考察の自律性が、芸術の概念の解釈学的な反省によって――あるいは個々の時代ないし様式概念によって、どのように揺り動かされたか、また図像《イコノグラ》学《フィ》がどのようにその辺境的地位を前進させたか、また体験および表現の概念に関する解釈学的な反省が、どのように文学研究の諸成果をあげているか、などについて想起していただきたいのである――たとえそれがすでに以前から押し寄せて来ている研究傾向を意識的に先導するという意味においてでさえも(交互作用もまた作用である)。頑固な偏見に揺さぶりをかけることが学問の前進を約束することは、そもそも自明のことである。何故ならばそれが新しい問いかけを可能にするからである。しかも史学的研究が概念史的な意識を通して何を獲得することができるかは、われわれが不断に体験していることである。こうした領野で私が明らかにしたと確信していることは、歴史学的疎外がどのようにして「地平溶解」という形で媒介されるかということである。ハバマスの明敏な業績のおかげで、私は社会科学の内部においても解釈学的な貢献がはっきりしていることを知り、特にそのことによって実証主義的な学問論の前理解が、それどころか先験論的な現象学や一般言語学の前理解さえもが、解釈学的な次元と対決させられることを知るのである。

しかし解釈学的な反省の機能は、それが諸学に対して意味があるというだけで尽きるものではない。すべての近代の学問には深く根をはった疎外が伏在する。それは、つまり近代の学問が自然的な意識に過度に要求しているものであり、すでに近代の学問の初期の段階において、方法の概念を通して反省された意識に達していたものである。疎外については、解釈学的な反省は何一つ変えようとすることはできないのである。しかしそれは、学問内で常に主導的な前理解を透明にすることによって、新しい問いかけの次元を発掘することができるのであり、そのことによって方法的研究に間接的に役立ちうるのである。解釈学的反省は、しかしさらにそれをこえて、学問の方法論が学問自身の進歩であると見倣しているものが何であるか、また学問の方法論がどのような不明と抽象を強要しているかを自覚させるのである。そうした不明と抽象によって方法論は、自然の意識を夢中でとび越えてしまうのである――この意識は、それにもかかわらず、学問を通して得られた諸発見と情報の消費者として、学問にたえず従うのである。われわれはこれを――ヴィットゲンシュタインもいうように――次のように表現することができる。すなわち学問の「言語ゲーム」は、母国語が見せるメタ言語にかかわりをとどめている。学問から得られた認識は、最新の情報手段を経て、またやむをえず（しばしば不当に大幅に）遅れて、学校や教育を経て社会的な意識に跡を残すのである。このように学問の言語遊び《ゲーム》は「社会言語的」な現実を分節化するのである。

自然科学そのものにとって、このことはもちろん重要なものではない。真の自然研究者にとって、彼の学問の認識領域が人間的な現実の全体の中ではどんなに特殊であるかは、いずれにせよ自明である。彼は世間が彼に押しつけるような学問の神格化に参与してはいないのである。こうした世間は――そして世間に身をおく研究者も――学問の前提と限界に対する解釈学的な反省をますます必要とするのである。いわゆるヨリ文明化サレタモノ Humaniora は、それが一般的意識そのものを獲ち得ている限り、相変らず容易な方法で一般的意識を通して伝えられるのである。何故ならばその対象はまったく文化的な伝統と因襲的教育制度そのものだからである。しかし近代の社会学は、その対象である社会的現実に対して、解釈学的な反省をことさら必要とする独自な緊張関係に立っているのである。何故ならば近代の社会諸科学がその進歩を負っている方法の疎外は、人間的-社会的世界の全体にかかわっているからである。方法の疎外は、社会諸科学を通して計画したり、指導したり、組織化したり、発展させることの中に、要するにあらゆる個人やグループの全生活をいわば外から決定している無数の機能において、学問的な使用にさらされている自己を知るのである。社会という機械を機能させる担当技術者は、依然として彼が属している社会から引き裂かれているように見えるのである。

解釈学的に反省された社会学は、こうした技術者について行くことはできないのである。ハバマスの社会科学理論の清澄な分析は、社会学者を社会の技術者からきわだたせるという、別種の認識関心を明確なかたちで浮彫りにしたのである。彼はそれを、反省のみにかかわる或る解放を目指すもの ein emanzipatorisches と呼び、しかもそれに対して精神分析の例を引合いに出している。

実際、解釈学が精神分析の枠内で果たさなければならない役割は、基本的な役割であるし、上で強調されたように、解釈学的な理論にとっては無意識的な動因といえどもなんら制約とはならないし、またその上精神病理学は「完全な歴史へいたる（叙述され得る歴史への）妨げられた形成過程が補完される」（189）という形で記述されるのであるから、解釈学と、対話に含まれる言語圏は、ここにその位置を与えられるのである。私はこれについてとりわけJ・ラカンから学んだと考えている。(10)

しかしながらこのことがすべてでないことは明らかである。フロイトの苦心の作である解釈の枠は、さらに真正なる自然科学的仮定という、たとえば、妥当している法則の認識という性格を要求するのである。このことは、精神分析の内部で方法の異化が果たしている役割によって、説明されなければならないし、それはそのようになってもいるのである。成功裡に進捗する分析が、結果においてそれに固有な確認を得たとしても、精神分析の認識要求はやはり決して実利的なものに還元することはできない。これはしかし、精神分析が明らかに再度解釈学的反省に身をさらしているということを意味しているのである。精神分析家の知識は、彼が依然として属している社会的現実の内部での地位にどのようにかかわるのであろうか。彼が意識された表面的諸解釈を問いかえし、仮装した自己理解をうち破って、社会的なタブーの抑圧的な機能を見抜くということは、彼が自分の患者を案内してはいった、解放を目指す反省に属するのである。しかしながらもし彼がこういった反省を、彼が医師としての正当な権利を許されているところではなしに、彼自身も社会的な一共演者でしかないようなところで行使するならば、彼は自己の社会的な役割を誤って演ずるのである。自分の共演者を彼らの立っている裏側から「見すかす」ものは、換言すれば彼らが演ずることを真剣に受けとめないものは、誰もが忌避する楽しみの邪魔者である。精神分析家が要求している反省の解放を目指す力は、したがって分析家も彼の患者も同じくあらゆる他の人たちとともに理解し合える社会的な意識にてらしてみるとき、その限界をはっきりさせるのである。何故ならば解釈学的反省によって、われわれは、社会的共同体があらゆる緊張や障害にさいしてもつねにふたたび社会的な同意に、つまりそれによって共同体が存立する社会的な同意へ連れもどされる、ということを教えられるのである。

しかし、このようにして精神分析理論と社会学的な理論との間の類比が主題になるのである。いったいこれらはその境界をどこにおくべきであるのか。一方患者はどこでとどまり、社会的連携はどこでその非専門的な権利をもつにいたるのか。社会的な意識のどのような自己解釈にとって――慣習はすべてこうした一種の解釈である――、裏を問い質し内奥へはいり込むことが、いわば革命的な変革意志においてはふさわしいといえるのか、そしてまたどのような自己解釈に対して、こうしたことがふさわしくないのか。こうした問いは答ええないものであろう。原理的に解放を目指す意識は、あらゆる支配強制の解消ということを念頭におかねばならないということが不可避的な帰結であるようにみえる――そしてこのことは無政府主義的なユートピアがその最後の理想像であるにちがいないということを意味するであろう。――これはもちろん私は解釈学的に誤った意識であると思うのである。

＊　今回がはじめての公刊である。

（1）　例えば *O. Marquard* がハイデルベルクの哲学大会（一九六六）で述べている。

（2）　「経験と思索」*Schriften zur Förderung der Beziehung zwischen Philosophie und Einzelwissenschaften*, Nr. 15 (1965).

（3）　Bd. 37, 1965, 709—18.

（4）　218. Jahrg., Heft 3/4, (1966) S. 169—206.

（5）　*Philosophische Rundschau*, Beiheft 5 (1967), S. 149—180.

（6）　Herman Gundert in *Hermeneia*, FS für Otto Regenbogen 1952.

（7）　Henri Gouhier, La résistance au vrai……(Retorica e Barocco) ed. E. Castelli, Rom 1955.

（8）　P. Winch, *Die Idee der Sozialwissenshaften* (独訳 1966).

（9）　W. Pannenberg. 'Hermeneutik und Universalgeschichte,' *Ztschr. f Theologie und Kirche* 60, 1963, S. 90—121.

（10）　ここでは彼の著作集 *Ecrits*, Aux Éditions du Seuil, Paris (1966) を参照。

六　哲学的倫理学の可能性について*

「哲学的」倫理学、つまり道徳《モラル》の哲学が「実践的」倫理学、換言すれば行為者の注目する徳目表の作成や、また行為にさいしてこうした徳目表に行為者の注意を促すべく訴えかける知識とは、いくらか異なるということは必ずしも自明ではない。古典の伝統では、アリストテレスの『倫理学』以来の名称である哲学的な行為をめぐる事柄《プラグマテイー》が、逆にそれ自体「実践的な」知であったことは明らかである。アリストテレスは、すでにソクラテス－プラトン的な徳知論の根底をなすものは、われわれが単に徳が何であるかを知ろうとすることではなく、善くなるためにそれを知ろうとすることであるといいきった。こうした知は、なるほどアリストテレスにとっても倫理的プラグマティーの特別なものであるが、それにもかかわらず、そもそも古典的知概念には次のような実践への移行が含まれる。つまり学問とは真理の匿名的な包括概念ではなく、人間の態度（真理ヲモツコト ἕξις τοῦ ἀληθεύειν）である。「観想 Theoria」でさえ端的に実践に対立するものではなく、それ自身一つの最高なる実践つまり人間の最高なる存在態である。それは、たとえ学問知（ἐπιστήμη, τέχνη）と経験知との間に、アリストテレスが認めているように真の緊張が存在するとしても、最上の知として、第一者の認識、つまり哲学知としてふさわしいのである。したがって経験豊かな実践家 Praktikus が「知識をもっている」専門家よりもしばしば上位におかれているのである。これはしかし、完全に倫理的な領域、つまり理論と実践とのこうした緊張がまったくありえない領域に妥当するのである。何故ならそれは、そこではその応用を問題にするような専門知ではないからである。

これに反して合理的な「理論」という近代の概念は、理論の実践的な応用への関係によって根底から規定されている。しかもこのことは、その実践的な応用との対立によって規定されることを意味する。学派と生活の対立は一定の形式でたえず存在していたであろう。しかしこの対立は近代の始まりをまってはじめて、特に人文主義の時代に叡知 sapientia のヘレニズム的な理想として蘇生し、学派、すなわち理論 doctrina に対する批判と結びついて、完全に意識されることになったのである。ニコラウス・クザーヌスは彼の深遠な理論を、彼と対話する「弁論家 orator」やまた「哲学者 philosophus」より深いところを見透す素人（「idiota」）の口から語らしめることができた。近代の自然科学の成立にともなって、この対立そのものは徹底して堅固なものになり、同時にそれによって理論という概念は新しい輪郭をもつことになるのである。理論はいまや理論の実践的な支配を許された者たちによる多様な現象の説明を意味するのである。理論は――一つの道具と解されるとき――独自な人間的態度であることを排棄する。――したがって相対的なもの以上の真理を要求することと異なるところはないのである。

こうした、理論の概念は、われわれの誰にも根本的に自明となったように、いまや倫理的な現象に対する応用にさいして解決困難な紛糾を招来しているのである。このことと進歩の楽観主義が結びつくのは不可避的と見える。何故ならば学問的な研究の歩みとともにますます新しい、ますます適切な理論的認識が達成されているからである。しかし倫理的な世界への応用によって、それは不条理な倫理的な進歩信仰を招くことになろう。ここでルソーの啓蒙主義批判は看過できない拒否権を主張したのである。カントでさえ「ルソーは私を調整してくれた」と告白したのである。『道徳《ジッテン》の形而上学の基礎づけ』では、道徳の哲学が「一般的な人倫の理認識」を、言い換えれば自己の単純な心と直接的な感覚によって何が正しいかを語るものの権利意識を、決して凌駕することはできないということは何ら疑われていない。このようにして道徳哲学的な問題意識は、カントにしたがってさえも単なる一理論としては見られていないのである。カントはおそらく――啓蒙主義の悟性の思いあがりに道徳的な拒絶を示しているだけに――道徳哲学への必然的移行を教えている。そして道徳哲学がそれ自身道徳的に重要なものであるという要求を、まったく否定しえなかった点は、基本的には常に変っていないのである。実質的価値倫理学の創始者であるマックス・シェーラーが、ある日、彼の学生の一人から、なるほどシェーラーは価値の秩序とその規範的な力を極めて明解に描いているが、それでも彼の生き方がそれにほとんど対応していないのは何故かという説明を求められたのに対して、「一体案内人は自分の示す方向へ歩くだろうか」と答えたとしてもそれは明らかに不満足なものである。シェーラーの倫理的な構想を体系的に完成したニコライ・ハルトマンは、価値哲学に倫理的な意味さえ認めることをきっぱりと断念することができなかった。価値哲学は倫理的な価値意識に対する産婆術的な機能をもつ、換言すればそれはより豊かな意識の展開を促し、それによって忘れ去られた、あるいは誤認された価値を発見することになるのだというのである。これが哲学者に捧げられる古い期待のうちに残存するもののすべてである。つまり哲学者には、公衆の意識が道徳的に混迷あるいは困惑するなかで、単に彼の理論的な情熱に従うだけでなく、新しく倫理学を基礎づけるという、つまり新しい、拘束力のある徳目表を確定してくれるという期待が残っているのである。しかしハイデガーが、「いつあなたは倫理学のようなものを書くのか」という問いかけに対して、『人文主義《フマニスムス》について』という彼の書簡を「行為の本質についてのわれわれの配慮はまだまだたしかに不足している」という文章で始めるとき、もちろん彼は正しいといえるであろう。

実際、道徳哲学の理念そのものの中に解明できない困難が刺さっているように思える。この困難は、先ずヘーゲルに対するキェルケゴールの批判と、教会的なキリスト教に対する彼の批判とによって明確にされたものである。キェルケゴールは、「距離をおく知」のいかなるものも、人間の道徳的宗教的な基本状況を満足させないことを示した。「同時代的」として経験され聞き取られるということが、キリスト教的な告知の意味であるように、倫理的な選択もまた理論的知の問題ではなく、良心の透明さ、鋭さ、切迫の問題である。距離をおく知のすべては、隠蔽するかあるいは弱体化することによって、人倫的選択状況のもとで提出された要求を脅かすのである。よく知られているように、キェルケゴールの影響のもとにあるわれわれの時代では、神学的、哲学的側面によって導かれた新カント派の観念論に対する批判は、こうした動機の進展によって倫理学の疑わしさを根本的に承認することになったのである。倫理学が普遍的なものにかんする知として理解される限り、それは、一般的な法則の概念と不可分である人倫的な疑わしさの巻添えになるのである。とりわけロマ書が引合いに出されたのである。律法によって罪が到来したということは、禁じられたものそのものが心をひきつけ、その限りで罪が増大するという意味に理解されているのではなく、まさに律法の遵守が、単に偶然な法の蹂躙とはならない真の罪を、つまりかの傲慢 Superbia を導くという意味に理解されているのである。そのために遵法（の精神）は愛のおきてをさえぎるのである。司祭やレビ人ではなく、サマリヤ人こそ状況からくる愛の要求を聞きとり、それに従うものである。状況の概念からすれば、倫理学の理念は哲学的な側面からでもその最大の疑わしさにまで尖鋭化されたのである。例えばゴーガルテンの哲学の友であるエバーハルト・クリーゼバッハによってなされているように。

実際、哲学的倫理学は解きえないディレンマにつつまれたこうした事態に直面しているように見える。哲学的な倫理学が哲学として必然的に活動する場である反省の普遍性は、哲学的倫理学をあらゆる法則倫理学の疑わしさの中へ巻き込んでしまうのである。こうした倫理学は、どのようにして具体化を全うすべきであるのか、つまり具体化されたとき、状況に答えるのは良心であるのか、公義の感覚であるのか、愛の和解の心であるのか。

私は、哲学的倫理学の内部には、こうしたディレンマから抜け出すことのできるただ二つの道があると信ずるのである。その一つはカントによって始められた倫理的形式主義の道であり、他の一つはアリストテレスの道である。両者ともそれ自体では倫理学の可能性を全うしないかも知れないが、ともに両者は部分的には倫理学の可能性の要求を満たしているかも知れないのである。

カントは、拘束力の無制約的な普遍性のみが倫理的なるものの概念を満足させるという類の、その拘束力とは何か、と問うたのである。彼は、必要なものに対する関心と傾向性に対して身を守るという無条件の義務に、倫理的拘束力の様態《モードゥス》を見たのであり、こうした様態にもとづいてのみ倫理学が基礎づけられうるのである。彼の定言的命令はあらゆる道徳《モラル》の原理と解されなければならないのである。その理由は、まさに当為という拘束力の形式、つまり倫理的法則の無条件性を解明するということ以外のいかなることをも彼はしていないからである。人倫的に善なるどのような意志もこうした形式を満足させなければならない。こうした無条件的に善なる意志が存在しうるということ、したがって定言的命令がわれわれの意志の現実的な規定になりうるということは、人倫的なるものの一般的「形式」のこうした認識によってはもちろん立証されない。このことに対して形而上学者カントは、はじめて『純粋理性批判』によって準備された答えを示している。なるほど事実上のどの意志規定も現象の領域に属するものとして、経験の基本命題を支配下におくのである。その命題のもとでは決して無条件的に善なる確実な行為は見出しえないのである。しかし純粋理性の自己限定の教えるところによれば、因果関係しか存在しない現象の秩序の外に、われわれが感性的存在としてではなく、理性的存在として所属するなおもう一つ別の叡知的な秩序が存在しており、その秩序の内部では自由の立場、理性による自己立法が、正当にも考えられているというのである。われわれの当為は、実践的な理性の無条件的確実性であって、それに対して理論的理性は矛盾しないのである。自由は理論的には不可能ではない、そしてそれは実践的には欠くべからざるものである。

こうした基盤にたつとき、いまやカントにとっては何故に道徳哲学的な熟慮が必要になるのかという問いに対する答えが得られる。しかしだからといって道徳哲学は、単純な義務意識の誠実な愚直を軽蔑しているのではない。カントはそこで次のようにいう。「潔白ということについていえば、それがまったく保持されにくいものであり、しかも容易にそそのかされやすいものであるということは、すばらしいことであるが、またそのためにこそ極めて困ったことでもあるのだ。(1)」動揺することなく自分の義務を知る単純な心の潔白は、過剰な傾向性の力のために道を踏みはずさないというだけでは成立しないのである。おそらくそこでは心の潔白が、つまり、それが単に「聖なる意志」一般だけに出現するのでないように、正しい者の道からまったくはずれても、なお不正なるものを動ぜすに認識するという潔白が証明されるのである——心の潔白は過度に強力な傾向性を直接押えることはできないが、おそらく理性そのものによる惑いを寄せつけることはないのである。すなわち実践的理性は、感情のそそのかしのもとで特別な弁証法を展開するのであり、そしてその弁証法のために理性は命令されたものの拘束力を弱めることができるのである。実践的理性は私が「例外の弁証法」と呼びたいようなものを使用しているのである。それは道徳法則の妥当性を否定してはいないが、しかし行為者がおかれている状況の例外的性格を次のような意味で、つまり与えられた状況のもとでは、法則のあらゆる妥当性にもかかわらず、例外が正当化されるという意味で通用させようとするのである。こうした誘惑に脅かされる道徳的理性を助けるのは、道徳哲学的反省でなければならない。道徳的理性は、道徳哲学的反省そのものが、その「共通な」形式でこうした誘惑に間接的に後だてをすればするだけ、こうした助けを大いに必要とするのである。カントの『基礎づけ』は、道徳的な拘束力の本質に例外を考えないことによって——これが定言的な命令の意味であるが——、道徳的理性の決断の純粋性を確立しているのである。

カント的な形式主義の意義は、したがってあらゆる混濁からこうした道徳的理性の決断の純粋性を、心の傾きと関心の視点によって——哲学的な意識においても素朴な意識においても——保証することにある。その限りで、単なるこうした意志形成を道徳的に価値あるものと宣言するカントの厳格主義は、純粋に義務から、しかもあらゆる傾向性にさからって生起する或る明白な方法的意図をおびているのである。ヘーゲルとともに語るならば、それはここにある法則をたしかめる理性の形態といえる。

しかしここにおいてのみ、人間理性の経験的な依存性にかんするこうした法則の吟味がなされる、つまり人間理性の根深い「悪への愛着」が、そもそもどのようにして生ずるのかという問いかけがなされるのである。カントの道徳哲学的反省は、とりわけゲルハルト・クリューガーが正当にも強調したように、倫理法則の承認をすでに前提しているのである。類型として判断力の手に渡される諸形式は、たとえば自然法則とか即自的な目的の諸形式のように、きわめて非現実的であるために、即自的に説得力を授けられているのではない。われわれは、たとえばカントが語っている自殺者の例を想起してみたらどうか。カントはそれについて次のようにいう。つまり自殺者がなお、こうした形式のモデルに従って自殺に対する彼の決心を吟味することができるくらいに理性を所有しているならば、彼は自分の決断が持ち続けられないことを洞察するにいたるであろうと。このことはそれにもかかわらずあきらかに単なる一つの構成である。自殺思想に頭を射抜かれたものは、理性などまさにまったくもち合せないのである。したがってたといそのことから自殺の人倫的不法性が洞察されうるとしても、やはりこうした洞察がそもそも成立しうるためには、用意が思案されるべきであるし、それ以上になお、それは良心の吟味そのものに対する動機づけを前提とするのである。その契機はどこになければならないのか。カントの公式は反省のための方法的な重要性しかもたないように見える。他方それは、「傾向性」によるすべての曖昧化の排除を教えているのである。

明らかにカントの厳粛主義は、しかし義務と傾向性との方法的な対照という意味とは異なった、さらに別の道徳的な意味をもっているのである。カントが念頭においているものは、次のようなものである。人間というものが、自己の純粋な義務にもとづいて、すべての傾向性を自覚するような極端な場合には、人間は自分の道徳的な理性の力をただちに知り、それによって自己の人格の確固たる基礎づけを行なうのである。彼は道徳的な諸原則、つまり自己の生命を導く諸原則に気づくのである。彼がいわば自分自身の前にある試練を克服したというその例外的状況が、彼を造り出したものである（たとえば『実践理性批判』の「純粋実践理性の方法論」を参照せよ）。

しかしそれでもなお次のことは問題にされなければならない。すなわち義務と傾向性とのこうした対照を、そもそも鋭い決断に尖鋭化するような例外的状況は何によって規定されるのか。それはしかし、必ずしもそういった対照を彼本来の倫理的な決断の実証という場合にまで高め、そして良心吟味という場合をその対照から構成しうる、といった類のいかなる任意の状況でもないのである。当為の非道徳性に対するヘーゲルの周知の批判は、ここで爆発する――というのは当為はすでに意志の矛盾を、したがってその限りで悪なる意志を、前提しているからである。ヘーゲルが人倫性の本質を定言的倫理学の自己強制のうちにではなく習慣《ジッテ》のうちに見るとき、換言すれば家族、社会、国家という大きな諸客体においてみずからが具現するような人倫的な秩序の実体性のうちに見るとき、彼は正しいのではないか。それにもかかわらず倫理的意識の真理は、意識がたえずそれによって苦しみながら意識の原動力と傾向性の不純を意識するにいたる小心翼々のうちにはまったくないのである。たしかにこうした倫理的自己吟味を生ずる衝突状態は存在する。良心はしかし持続する態度 Habitus ではなくして脈打つ何ものかであり、人を目覚めさせる何ものかである[2]。しかも何によってか。「融通のきく」良心というようなものは存在しないのか。良心の注意深さが、われわれが常にすでにその中に立っているような諸秩序の実体に、十中八九依存していることを否定しうるものはいないであろう。道徳的理性の自律性は、したがってたしかに叡知的な自己規定という性格をもっている。しかしこのことはあらゆる人間的な行為と決断の経験主義的制約を排除するものではない。少なくとも他人の価値判断では——これも道徳《モラル》の領域に属するのであるが——こうした制約へのまなざしを排除することは不可能である。他人に要求することのできるもの（道徳的であっても、だからといって単に法律的ではない）は、自分自身に要求することの許されているものと同じではない。それどころか人間的制約を（寛大な判断によって）承認することは、倫理的法則の崇高な無制約性にきわめてよく調和するのである。カントが自己自身についての良心的判断と他人についての倫理的判断との区別に関心をもたないのは、思うに、カントが反省の問題を追究するときの特筆すべき点であろう。このようにして道徳哲学的意味についてのわれわれの問いかけに対するカントの打開策は、結局私にもやはり不満足なものに見える。なるほど、彼がいかなる人間も人倫的な衝突状態を免れるものでないこと、その限りで例外がもち込まれるのが、一般的な人間状況であると考えていることは承認されるかも知れない。しかしそのことから道徳形而上学への移行が、あらゆる個人にとって必然的であるということは導かれないのではないか。実際、カントはこうした結論を引き出している。彼の道徳の基礎づけは、たしかに各個人の秘められた形而上学をより明晰にするが——しかしそれによって各個人もより大きな道徳的確実さに高めなければならないのである。こうした推論はしかし耐えうるものであるか。カントはこれによってルソーをふたたび自己の中に取り込むことになっていないか。

かくして吟味のもう一つの道の方が私には価値あるように見える。つまり衝突という例外的場合ではなしに、習慣に従うという普通の場合を方向として選ぶ道徳哲学的熟慮である。道徳的な意識や純粋な「当為」－倫理という反省形式による方向に対して申し立てられた抗議としては、特にわれわれの時代にマックス・シェーラーやニコライ・ハルトマンによって展開された実質的価値倫理学が想起されるであろう。この倫理学は意識してカントの形式主義に対抗しているのである。そしてこれがたとえシェーラーの場合、極端でしかも不当に、義務というカントの形式主義の倫理的な理性の性格を全面的に誤認したとしても、それにはやはり、人倫性の実質的な内容を、つまり単に当為と意志の衝突の形式でないものを、道徳哲学的分析の対象にしたという否定することのできない積極的な功績がある。ところで体系的な重みを増している価値の概念は、義務概念に、換言すればしかし努力の単なる目標や当為の規範に、狭まらないようにすべきである。人倫的には価値に満ちていても努力の対象ではありえず、要求されることもありえないものが存在する。ところが例えば愛すべき義務というものは存在しない。キリスト教的な愛の命令を実践的な慈善への義務として、カントが致命的に読み変えたことは、こうした観点からみれば、実状をはっきり物語っているのである。それにもかかわらず愛は、道徳的に見れば、義務上の慈善よりはさらに高いあるものでもある。あらゆる存在《ヴェーゼン》の法則性とアプリオリ一般との直接的論証に関する現象学的理論に依拠して、シェーラーはしたがって、アプリオリな価値体系をアプリオリな価値意識の直接性のもとに基礎づけたのである。この価値意識は、倫理的意志の独自な努力目標のみを含むのではなくして、下方に向っては生命空間と実用的価値の領域へ突き出し、また上方に向っては聖なるものの領域にまで達しているのである。

したがってこのような倫理学は、実際には道徳性の実体的内容をも含むのであって、法則を吟味する理性の反省現象のみを含むのではない。

それにもかかわらずこうした価値倫理学は、エトスとエトス形態の交替という概念を、その問題意識内に明確にとり込んでいるときでさえ、やはりアプリオリな価値秩序を見とどけようとするこの倫理学の方法的な要求からの内在的帰結を免れることはできないのである。このことはニコライ・ハルトマンにおいてまったく明晰になった、つまり彼は価値のアプリオリな位階を、聖なるものの価値を頂点とする包括的な体系と考えているのではなく、諸価値の開かれた領域として、人間の経験の不可測な対象であると同時に不可測な研究領域であると考えるのである。研究の進捗によってたえずより細い価値構造と価値関係が発見され、それによって一般に行なわれている価値の盲点が訂正されるのである。しかしこのことは究極的な帰結において、価値研究としての倫理学が人倫的な価値意識を促進し洗練することを意味しなければならない。道徳哲学は、したがってなるほど権威をもって教えることはできない、つまり新しい価値を措定することはできないのである。しかし道徳哲学が価値意識を発展させることができるために、価値意識はこうした価値を自己自身のうちに発見するのである。道徳哲学はしたがって、ニコライ・ハルトマンがいっているように、産婆術の機能をもつものである。

こうした理論はしかし、あらゆる道徳《モラル》は具体的なエトス形態であるという（シェーラーによって正当に認識されていた）不可避的なものにのり上げて難破するのである。もしその理論が実質的な価値倫理学の道徳哲学的な指導理念を説明しているならば、価値意識を限りなく洗練するという理念も、まったく不可避的に固有のエトスを含みかつ基礎づけなければならない。しかもそれは、他のエトス形態が対置されるエトスそのものである。たとえば「過ぎ去ること」（ニーチェ）によって傷つけられた充満という価値、ハルトマンが特に強調しているこの価値に想い到るであろう。価値倫理学は、それ自身の内に、こうしたアプリオリな価値研究の方法的な要求に矛盾するエトスそのものを創り出さなければならないという必然的な、しかも越えることのできない関所をもっているし、人間の、つまり有限で歴史的に妥当する、道徳体系は、そもそもこうした方法的な要求を充足することができないのである。この体系は無限なる基体であって、アプリオリな価値体系の基本概念が本質的にそれにかかわっているのである。このようにして実質的価値倫理学は、たとえそれがカントの形式主義とは区別されて、人倫性の実質的な内容を同時に包んでいるとしても、われわれが捜し求めている打開策に値しないのである。価値意識の直接性と道徳の哲学とは相互に引きさかれている。

われわれは上述のような方向をとらず、むしろアリストテレスに拠って定位するとしよう。アリストテレスには価値概念はなく、「諸々の徳」と「諸々の善」がある。彼は、ソクラテス－プラトン的な「主知主義」の本質的な洞察を見捨てることなくその一面性をただすことによって、哲学的倫理学の創設者となったのである。エトスなる概念は、彼がそれを基礎づけているように、まさに「徳」は単に知によって存立するものでないこと、知の可能性はむしろわれわれがどのように存在するかによって決まることを表現している。つまり各々の知のこうした存在は、しかしまた一方では教育と生き方によって自己の過去の刻印を知ったのである。おそらくアリストテレスのまなざしは、われわれの人倫的存在の制約に、つまり各人の決断が時おりの実践的、社会的な遺伝因子に依存していることに、もっぱら向けられているのであって、倫理的な現象にふさわしい無制約性にはあまり向けられていない。カントはまさにこうした無制約性をその純粋な形で成功裡に仕上げたが、同じようにその無制約性は、プラトンの全体的な国家構想を支える「正義そのもの」への問題提起に、その偉大な古典的片割れをもっているのである。しかしアリストテレスは倫理的な知の本質を解明することに成功している。つまり知は、衡突の場面に価値判定を下す道徳的意識の主体性を、「優先選択」の概念によって保証すると同時に、また法と人倫《ッテ》を支える実体性を、つまりその倫理的な知と時おりの選択を規定するこうした実体性を、保証することに成功している。アリストテレスの「賢慮 Phronesis」の分析は、倫理的な知によって人倫的存在そのものの一つのあり方を見抜いている。したがってこのあり方は、彼がエトスと呼んでいるものの全体的結成ということから切り離しえないものである。倫理的な知は当を得たもの、つまり或る状況が要求するところのものを認識するのである。しかもこうした当を得たものを認識するのは、具体的な状況を、一般に正当であると考えられるものへ関係づける熟慮にもとづいているのである。彼の分析にはしたがって推論の論理的構造があり、その推論の前提には倫理的な徳の概念によって考えられている正当なるものについての普遍的な知がある。それにもかかわらず問題になっているのは判断力の単なる包摂、単なる実行ではない。というのは人間がこうした思慮を迷うことなく実行するかどうかは、人間の存在にかかっているからである。感情に押し流されるものには、自己の人倫的な熟慮を土台にして定位するというこうした思慮はまさに消失しているのである。その基盤には一瞬雲がかかるのである（コノ行為ノ始マリ〈目的〉ガタチマチ見失ワレル *εὐθὺς οὐ φαίνεται ἡ ἀρχή*）(3)。アリストテレスはそれをたまたま酩酊者の例で明らかにしている。つまり酔っぱらいがもっている責任能力の欠如は、決して倫理的な責任無能力ではない。何故ならば彼はまさに飲酒のなかで中庸を守ったのだから。

このようにしてアリストテレスの哲学的倫理学の難点は、ロゴスとエトスの間、つまり知の主体性と存在の実体性の間の媒介にひそんでいる。倫理的な知は勇気、正義などの一般的な概念によって完成されるのではなく、ここでいま当をえているものを、こうした知の光によって規定する具体的な応用において完成されるのである。何が正しいかについてのアリストテレスの究極的証言が、「然るべきように」（ネバナラヌ如クニ *ὡς δεῖ*）という無規定的な形式で成り立つことは、正当に指摘されたことである。アリストテレス倫理学の本来的な内容は、英雄的な模範倫理という偉大な指導概念やその「徳目」とではいったものではなくて、具体的な倫理的意識のマットウナ分別ガ告ゲルトオリニ ὡς ὁ λόγος ὁ ὀρθὸς λέγει つまり、「然るべき」もの、「まともなもの」、「善にして正しい」ものといったような、きわめて内容のないすべてを包括する概念によって表現されている倫理的意識の目だたない不可誤性である。アリストテレスの場合に、こうした普遍的な具象化の方式におかれる強調そのものを、再度疑似対象性へふり向け、いわばそこに特殊な「状況の価値」が記述されているのを見る（N・ハルトマン）というのであれば、それは誤解である。おそらくアリストテレスが展開する「中庸論」の意味は、伝統的な徳概念の概念的規定は、みな一般ニ説カレテイルコトガラ λεγόμενα から創られる単なる一つの図式的・典型的な正当性をもつにすぎないということである。そのときしかし哲学的倫理学は、各人が存在するのと同じ基盤に立っているのである。正しいと認められること、またわれわれが自分自身、ないし他人に関する判断にさいして、肯定ないし異議をとなえることは、善にして正しいものについてのわれわれの一般的な表象から導出されるが、しかし或る事例の、つまり一般的な規則の応用という事例ではなく、むしろ逆に本来的なものである事例の、具体的現実においてはじめてその独自な規定性を獲ち得るのである。問題なのはこの本来的なものであって、これに対しては徳の典型的な形態と、アリストテレスがその形態にもとづいて説明している「中庸」の構造が、漠とした図式を呈示しているにすぎないのである。したがってわれわれがこうした中庸に出会うことをたすけ、そもそもはじめて当をえたものを行為ニヨッテ達成サレウル善 πρακτὸν ἀγαθόν として示すような具象化を行なう徳は、賢慮 φρόνησις であって決して哲学するものの特別な目印ではない。むしろ反対に一般的に善にして正しいものについて反省するものでさえ、善にして正しいものについての自己の表象を行為へ転換しようとするあらゆる他の者とまったく同じように、こうした実践的言説 λόγος にもとづくことを心得ているのである。アリストテレスは、みずから懸命に理論化にいそしみ（議論ニ逃レ ἐπὶ τὸν λόγον καταφεύγοντες）、正しいことを為すかわりにそれについて哲学する人びと(4)（πολλοί）の誤りであることを知っている。

したがってしばしばアリストテレスの場合に賢慮 φρόνησις が、あらかじめ与えられた目的へいたる正当な手段とのみかかわるかのような見かけがあるというのは、まったく確実なことではないのである。賢慮は倫理的な熟慮の具体化によって、目的そのものをすなわち「当をえた」目的として（行為ニヨッテナシウル善 πρακτὸν ἀγαθόν として）その具体化においてはじめて規定するのである。

カントが幸福の理想として、理性の理想よりは構想力の理想をより重視しているというなら、たしかに彼は正しい、そしてその限りでわれわれの意志規定について申し立てうるような内容が存在しえないということ、つまり一般的に拘束力をもっていて、われわれの理性によって道徳的法則として主張されうるような内容が存在しえないということはまったく正当である。それでもなお次のように問われなければならない、すなわちわれわれの義務の無制約性を、われわれの傾向性の抗議から護る実践的な理性の自律性は、むしろわれわれの恣意を限定する単なる制約を説明しているにすぎないのかどうか、それからわれわれの人倫的存在の全体は、それが当をえたものを選ぶとき、正当なるものの自明性に支配されて、常に実践的にふるまうものを規定していないかと。（態度 ἕξις に関しては、能力や知力のような、これあるいはかのものに対する可能性が考えられているのではなく、「かくの如くであってそれ以外のものではない」自然のような或る存在状態が考えられている。）

当をえているもの――ところでこれはもちろん正しいものであるだけでなく、有用であり、合目的なるものであり、またその限りで「正当な」ものでもある。こうした二つの「正当性」を人間の実践的な態度の中で貫徹することが、あきらかに当をえているものであってアリストテレスによれば、人間的な善が成立する場である。たしかに人倫的に正当なる態度によって、自分のことをなすことのできる職人（τέχνη）がそれをなすという意味では、目的にかなった行動がなされているのではない。――倫理的行為が正当であるのは、そこで成就されるものが正当であるからなのではない、むしろ行為の正当さはもちろん、そしてとりわけわれわれ自身のうちに、つまりわれわれの態度のいかに《ヴィー》のうちにある。――「正当である」人間（優レタ人 σπουδαῖος ἀνήρ）がまさにそれをなすように。しかし逆の場合も、道徳的行為は、われわれの明晰な意識（知識ヲモッテイル εἰδώς）によりも、はるかにわれわれの存在に依存しているものであるから、たえずあるままのわれわれ自身を（われわれが自分について知っているままのではなく）、同時に現わしていなければならないのである。しかしわれわれの存在の全体が、容易にわれわれの手中に与えられていない能力、可能性、状況に依存している限り、われわれの行為が目指す自足 αὐτάρκεια と、われわれが目標とし、求めて努力する幸福 εὐδαιμονία は、われわれ自身であるもの以上のものを包含している。われわれの行為はポリスの地平で成立するのであり、したがって当をえているものをわれわれが選択することは、われわれの外的な社会的存在の全体へ広く及んで行くのである。

倫理学は政治学の一部であることが証明される。何故ならばその略図が最高にして最も望ましい生活形式にもとづいて徳を形成し、秩序づけることの中に描き示されているわれわれ自身の実現は、ギリシア人たちがポリスと呼び、われわれがその正当なる形態化には常に共同責任を引き受けている完全な共同態にまではるかに及ぶからである。そこからはじめて明確になることは、アリストテレス的な行為《プラグマティー》をめぐる事柄の中心的な対象が友情であること、「友愛」としてではなく、徳と善とのかの仲介者としてあるということ、つまりただ勇気ヲモッテ μετ᾽ ἀρετῆς であって（常に危険を冒しながら）それを所有するのでなければ全き生命が考えられないような仲介者としてあるということである。

かくしてアリストテレスは、道徳的決断にさいしてプラトンとカントが要求している、かの高貴なる無制約性を強調しないのである。なるほどアリストテレスも、倫理的行為が単に勝手に選ばれた目的を目的に添うて追求するのでなく、それが「美しい」が故に、それ自身のために選ばれるということを知っている。しかしその行為は幾重にも制限し制約する存在の、つまりそれを見てそれに熟達する必要のあるこうした存在の、全体の中で常に成立するものである。人間存在の最高の理想でさえ、つまりアリストテレスの倫理学の全構造も、プラトンの場合のように、依然として帰着する純粋な瞑想でさえ(5)、行為する人間と生命《レーベン》そのものが依存している生命の正しい克服とに、かかわり続けるのである。

しかしそこでは幾重にも制約されたものにたいするこうした独創的な感覚《センス》が、すなわちアリストテレスの思弁的な深淵をなすものであるこの感覚が、道徳哲学的に実り豊かなものになり、そうして哲学的倫理学つまり人間的なるものについての人間的理論が、非人間的な思いあがりとなることなしに、どのようにして可能であるかという、われわれを不安におとし入れる問いかけに答えが与えられるのはここにおいて——しかもここにおいてのみ——である。

倫理学の哲学的プラグマティーのうちにある道徳哲学的な熟慮は、実践的な応用に供されるべき理論ではない。それはそもそも一般的な知識ではない。状況の具体的な要求をただ隠蔽することしかできない隔たりをもった知識ではないし、情け深いサマリヤ人に対比される司祭やレビ人の場合における律法の番人たちのかの意識のようなものではない。概念の一般性にゆだねられた哲学的考究によって主張される一般的なるもの、典型的なるものは、まったく非理論的で平均的・一般的な規範意識を、個々の実践的・倫理的な熟慮の一つに方向づけるのとはおそらく本質を異にするものではなかろう。とりわけ一般的なものと規範意識との区別がつかないのは、一般的なものがそれなりに、各個人の知に対してであれ、すべてに政治家らしく活動するものの知に対してであれ、与えられた状況に対してまったく倫理的な知にふさわしい応用課題を含んでいるときである。具体的な行為を導く道徳的な知は、賢慮 Phronesis そのものとして道徳的存在を、つまり徳 ἀρετη（これは ἕξις——もちろん真実ノコトヲ言ウ ἕξις τοῦ ἀληθεύειν である）をもっているだけではない。倫理学の哲学的なプラグマティーにも道徳的な重要性があるのである、しかもこれは「学派」という「生活」に認知されない雑種的な要求ではなくて、プラグマティーさえも条件づける状況のもとで成立するということからの必然的な結果である。プラグマティーは個人についての問題でもないし各個人にとっての問題でもなくして、ただ社会と国家における教育によって、各人が一般的に説かれているものを具体的な問題に当面して再認識し、実践的に有効なものにすることができるような個人的存在の成熟に達したものにとってのみ問題となるのである。アリストテレスの倫理学講義の聴講者は、自分自身の立場から出て、状況の要求を避けるためにただ理論をもてあそぼうとする危険を克服しなくてはならなかったのである。こうした危険をたえず注視するそのなかに、アリストテレスの不朽の正しさがあるように私には思える。カントが彼の「形式主義」をもってしたように、彼もまたあらゆる誤った諸要求を哲学的な倫理学の理念から遠ざけたのである。カントが実践的な理性の無制約性を人間的な自然のあらゆる制約から解放し、その先験的純粋性を解明することによって、啓蒙主義の道徳哲学的な判断とそののぼせ上った理性への誇りを打ちこわしたのに対して、アリストテレスは、逆に、人間の生活状況を中心に据えて、倫理的な態度の課題と同じように哲学的な倫理学の中心的課題として、一般的なるものの具体化とそれぞれの状況に対する適用を浮彫りにしたのである。カントには倫理的判断の宿命的な不純さを、つまりかの道徳的で功利的な諸動機の「むかむかさせるごたまぜ」を明るみに出したという限りない功績がある。じつはこうしたごたまぜは、啓蒙主義の時代にあっては、倫理学そのもののより高度な形式として妥当せしめられたのである。こうした妄想からわれわれはカントによって救われたのである。しかしさらにあらゆる人間存在の制約そのものと、またしたがって理性使用の制約とを承認するために必要な事象のもう一つの相がある。これはとりわけ教育の相であって、そこでは人間のこうした本質的に制約されたものが明らかになるのである。そのことについてはカントも知っている、しかし彼の真理の限界は、彼がそれをどのように知っているかをみるとき明らかになってくる。カントは倫理的な理性の表象と義務ないし正義そのものの表象が、子供の心情に対してどのような力を発揮することができるかをもっとも印象深く示している。賞・罰の教育的手段だけでたえず勉強をするということは、それが利己的な衝動力を強化し認可することになるという理由で、正しくないというのである。たしかにこれには真なる或るものがある——しかしそれにもかかわらず賞・罰、叱咤激励、模範と継承、孤独、共感そして愛のはたらきのよってくる根拠、さらに理性の感応しやすさといったものが、人間の「エトス」を形成し、そのようにしてそもそもはじめて理性による感応しやすさを可能にするのである。これが倫理学についてのアリストテレス説の核心である。カントはこのアリストテレスを正当に評価していないのである。人倫的に正しいものへのわれわれの洞察の根底にある不可避的な限界は、カントのあばき出している動機の、かの腐敗させる混合に帰する必要はないのである。特に古代幸福説は——啓蒙主義の哲理と異なって——人倫的なるものの超越論的な純粋さを濁すもの、つまり他律《ヘトロノミー》と判定されるべきではない。このことはとりわけプラトンの『国家』二巻のユートピア的な厳格主義が証明している。——しかしアリストテレスも、誰でも自分自身のためになす権利があること、快楽主義的、功利主義的ないし幸福論的な視点を考慮することが、真の決断の人倫的無制約性を妨げることになってはならないということを一瞬たりとも見失なってはいない。ただわれわれの洞察の制約は、一般的には——言葉のすばらしい意味における決断が問題になっているのでなく、よりよいものの選択（Prohairesis）が問題であるところでは常に——欠如でも限界でもないのである。つまりその制約は、個人の社会的・政治的な決定をその積極的な内容にしているということである。こうした決定はしかし社会的、歴史的生命の相互的な制約への依存以上のものである。たしかに誰でも自己の時代と自己の世界の表象に依存しているが、しかしこのことからは道徳的な懐疑主義の正当性も、また政治的な権力行使を展望して、あらゆる意見形成を技術的に管理することの正当性も出て来ない。ある時代の慣習と思考の仕方に根をはる諸変化、そして特に慣習を全体的に解消するように迫るような印象を老人たちに与えがちな諸変化は、一つの落ち着いた基調で進行するのである。家族、社会、国家は人間の存在体制を規定するが、他方人間のエトスは内容を交替しながら実現されるのである。なるほどすべては、人間と人間の共同生活の諸形態から成るとは誰にもいえないが——しかしすべてのものが可能であるということ、つまり権力者がそれをほしいままにするように、すべてのものが、好みと恣意によって組織され制定されうるというのでもない。本性上正しいものが存在する。アリストテレスは、(6) 人倫的政治的な存在のゆえにあらゆる倫理的な知が制約されることに対して支えとなるものを、プラトンとともに分有した確信、つまりあらゆる人間的な困惑に限りをつけるには存在の秩序が充分強力なものであるという確信、のうちに見出しているのである。あらゆる歪曲にもかかわらず次の理念は不滅である、つまり「いかに強力でもやはりポリスはそれ自身の本性に基づいているものだ」（プラトン『国家』302）と。

かくしてアリストテレスは、エトスにかんする彼の教説の趣旨においてすべての人間存在の制約を承認することができるのであるが、こうした説そのものがその制約を否定し去ったのではない。そのように自己自身の疑わしさを知っているだけでなく、まさにこうした疑わしさをその本質的な内容ともしている哲学的倫理学は、ただ人倫的なるものの無制約性だけに満足しているように私には見えるのである。

＊　一九六一年 Walberberg での講演であり、*Walberberger Studien* 第1巻に 'Sein und Ethos' という論題で掲載された。Matthias-Grünewald Verlag, Mainz 1963, S. 11—24.

（1）*Grundlegung zur Metaphysik der Sitten*, BA 22; AK.-Ausg. IV 404 f.

（2）トマスによれば「良心」は1つの行為を意味し、拡大された意味でのみ、根拠となる態度 Habitus を意味することが強調される (S. Th I 79, 13: Bd. 6), *Walberberger Studien* の編者がその点について注記している。

（3）*Eth. Nic.* Z 5: 1140 b 17.

（4）*Eth. Nic.* B 3: 1105 b 12 ff.

（5）これには L'Ethique à Nicomaque von Gauthier-Jolif についての私の書評を参照のこと。Philosophische Rundschau 10, 1962, S. 293 ff.

（6）それについての詳論は *Wahrheit und Methode* にある。S. 302 ff., S. 490 f.

第二部　解　釈

一　美学と解釈学*

精神と精神との間にある人間的あるいは歴史的懸隔に架橋することに解釈学の課題があるということになると、芸術の経験は解釈学の領域から抜け落ちるようにみえる。にもかかわらず、そうした経験は、自然や歴史にあってわれわれの出会うあらゆる事柄のうちで、最も直截にわれわれに語りかけ、神秘的で、われわれの全存在を捉える馴染み深さを発散するものである——あたかも一般にいかなる懸隔も存在せず、芸術作品なるものとの出会いは自己自身との出会いを意味しているかのように。こうしたことにヘーゲルを引合いに出してもいいだろう。彼は芸術を絶対精神の形姿に算えている。すなわち彼は芸術の内に疎遠なものや請け出すことのできぬもの、現実的なもののうちで偶然的なもの、ただ与えられているだけで了解不可能なもののいずれもがその内に登場することのない、精神の自己認識の一形式をみていた。事実作品とその時々の作品の観察者との間には、昻まりいくいかなる歴史的意識をものともせず、妨げられずに維持される絶対的同時代性《グライヒツァイトリッヒカイト》というものが存続している(一)。芸術作品の現実とその表現力とは、もともとの歴史的地平、この地平の内で作品の創造者と観察者は実際に同時代的だったのであるが、そうした地平の内に局限されることはない。むしろ芸術作品は常にそれ独自の現在を有するということや、その歴史的起源をただ極めて制約された形で自身の内に確定し、そしてとりわけ、一つの作品の精神的起草者がもともとその際考えていたものとは決して一致しない真理なるものの表現であるということ、こうしたことが芸術の経験に固有のことであるようにみえる。さて、芸術作品を天才の無意識的創作と呼ぶにせよ〔例えばカント『判断力批判』§46, 47, 48, 49, 50〕、観察者の側から、どの芸術的言廻しも概念的に汲み尽し得ないということに目がやられるにせよ〔カント『判断力批判』§15, 16〕――いずれの場合でも美的意識は、芸術作品は自己自身を伝達するということを、引合いに出すことができる。

他方、解釈学的側面は或る極めて包括的なものを有しているから、必然的に、自然と芸術の内にある美しさの経験をも含んでいる。了解しながら自己を自己自身に媒介すること、それはすなわち自身の世界経験の全体に媒介することなのだが、こうした媒介が人間の現存在の歴史性の根本体制であるとすると、伝統もすべてこれの一部をなすことになる。伝統はただ単に文献だけではなく、諸制度や生活の諸形式をも包摂している。しかしとりわけ伝統の内にある人間の生に課せられる統合過程に、芸術との出会いは帰属する。もちろん芸術作品の特別の現在性はまさしくこのこと、すなわち常に新たな統合に対して無限に開いていることの内にあるのではないだろうかということが、問われることさえある。作品の創造者がその時々に自らの時代の公衆のことを考えるということがあるにしても、彼の作品の本来的存在は作品が語ることのできるものであるし、このものはどのような歴史的制限性をも根本的に超え出る。この意味で芸術作品は無時間的に現在的である。しかしながらこのことは、芸術作品が了解の課題なるものを課すことがないとか、その歴史的由来さえもそれにおいて出会われないとかということを言っているのではない。芸術作品は、それが歴史《ヒストーリッシュ》的に了解されることを欲せず、端的な現前において提示されることを望むにしても、それでもなお、恣意的な把握形式は許されず、その把握諸可能性の有するどのような開放性や遊びの余地の存在にもかかわらず、適切さの尺度を設けることを許す、否、要求さえするということが、まさしく歴史的解釈学の要求を正当化する。そのさい把握の適切さへのその時々になされる要求が正しいかどうかということが決着をみていないということがあり得るし、決着をみないままになっているということもあり得る。カントが趣味判断について正当にも語ったこと、すなわち趣味判断には普遍妥当性が不当に要求されているということ〔カント『判断力批判』§12〕、たとえその承認が根拠によって強制されるべきではなくともそうであるということは、科学的解釈者の解釈であれ、再生的芸術家あるいは読者の行為による解釈であれ、とにかく芸術作品のあらゆる解釈にも当て嵌る。

人は懐疑的に、常に新たな把握に対して開いている芸術作品のこうした概念はすでに二次的な美的教養世界のものではないかと、自問することができる。われわれが芸術作品と呼んでいる作品は、その起源においては、一つの祭儀的あるいは社会的空間の内にある、意味に充ちた生活機能の担い手であり、そうした空間の内部でのみその十全な意味規定を有するのではないだろうか。ところで、私には、その問いはまた逆転されるようにみえる。過去のあるいは異邦の生活世界に由来し、われわれの歴史《ヒストーリッシュ》的に形成された世界に移し変えられる芸術というものが、美的・歴史《ヒストーリッシュ》的享受の単なる対象となってしまい、それが起源的に語らなければならなかったことについてはもはや何も語らないということは、実際にそうなのだろうか。「或ることを語る」、「或ることを語らなければならない」ということは、ただ単に隠喩《メタファー》であり、本来的真理として、漠然とした美的形成価値《ゲシュタルトゥングスヴェルト》なるものがそうした隠喩の根柢にあるのか——それともあの美的な形成の質は、作品がその意味を自らの内に担い、われわれに或ることを語らなければならないということの条件であるといった具合に、逆なのだろうか。こうした問いにあって「美学と解釈学」というテーマは、その本来的問題性の次元を獲得することになる。

展開された問題設定は、美学の体系的問題を意識的に芸術の本質への問いに移し変えていく。たしかに、カントの『判断力批判』における哲学的美学の本来的成立と、更にはその美学の基礎づけが、自然と芸術における美、否、崇高さえも一緒に包括することで、極めて遙かに広大な枠を拡げたということは、正当である。カントにあっては美的趣味判断の基本的諸規定、特に無関心的適意《ヴォールゲファレン》の概念にとって〔『判断力批判』§2〕、自然美が一つの方法的優越を有していることも、論争の余地はない。逆にわれわれが芸術作品と呼んでいる、人間により人間のために創られた作品が、われわれに或ることを語るのとまったく同じ意味で、自然美がわれわれに語るのではないということが、認められなければならないだろう。芸術作品なるものが、花とかあるゆる場合の装飾とかがそうであるのとまさしく同じ意味で、「純粋に美的に」快いのではないと言われうるということは正当である。カントは芸術にかんして「知性化された」適意ということを説いている〔『判断力批判』§16の註〕。しかしながら知性化されているために「純粋でない」この芸術作品の惹き起こすこの適意が、にもかかわらず、美学者としてのわれわれの関心を本来的に惹くものであるということは、どうしようもない。もちろんヘーゲルが自然美と芸術美とのかかわりについて行なっている一層鋭利な反省は、自然美は芸術美の反映《レフレックス》であるという一つの妥当な結果を狙っていた〔『美学講義』序論—I、1「自然美と芸術美」〕。自然のうちにあるものが美とみなされ、享受されるその仕方は、自らの標示可能な根拠を、形式、色彩の調和、ピタゴラス風の数学的悟性が自然から読み取ることのできる意匠のシンメトリーの内に、有している「純粋に美的」な対象の無時間的・無世界的な所与性ではない。自然がわれわれを悦ばすその仕方はむしろ、一時代の芸術創作によってその時々に刻印され、規定される趣味関心なるものの関連に属している。風景の美学的歴史、例えばアルプス風景のそれ、あるいは庭園術の推移現象は、そのことの争い難い証拠である。このように人が美学と解釈学のかかわりを規定しようとする時、芸術作品から出発することは当然のこととされるのである。

どのような場合にも、芸術作品にとって隠喩は存在せず、芸術作品は、われわれになにかを語り、かくしてなにかを語るなにかとして、われわれが了解しなければならないすべてのものとの関連に入る、というすぐれた標示可能な意味を有している。しかしこのことによって芸術作品は解釈学の対象なのである。

　解釈学は、その本来の規定にしたがえば、われわれが伝統において出会う、他人の語ったことを、解釈の独自の努力を通して、それが直接には了解され得ないいたるところで説明し、媒介する術《クンスト》である。ところでこの文献学者の術と教師の実践学とはかなり以前からすっかり変った形姿と拡大された形姿をとって来た。というのはその後醒めた歴史的意識はすべての伝統の誤解とありうる了解不可能性を意識にもたらしたし、同様に西欧のキリスト教社会の崩壊は——宗教改革とともに始まった個人化の進展において——個人を個人にとっては結局とき難い秘密としてしまっているからなのだ。このようにドイツ・ロマン主義以来、解釈学の課題は誤解を避けることにあると規定されている。このため解釈学は根本的には、一般に意味の言表が到達する範囲までの領域を有することになる。意味の言表はまず第一に、言語的外化のすべてである。或る見知らぬ言語で語られたことを或る他者に仲介する術としての解釈学《ヘルメノイチイーク》が、人間たちへの神の知らせの通訳者であるヘルメスに因んで名づけられているということは、故無しとしない。解釈学という概念のこの名前の起源を想い起こすなら、或る言語現象、すなわち一つの言語の他の言語への翻訳、したがって二つの言語間の関係がここでは問題となっていることは、疑いもなく明瞭である。しかし語られたことの意味が了解され、他の言語を媒介にしてそれが新らたに構築される場合にのみ一つの言語から他の言語への移し変えがなされるわけであり、そのかぎりにおいてそのような言語現象は了解を前提にしている。

　ここでわれわれがかかわり合っている問い、すなわち芸術の言語への問いや、芸術の経験に対する解釈学的視点の正当性への問いにとって、こうしたもろもろの自明な事柄が今や決定的となる。他人の了解を助ける了解可能なものの解釈《アウスレーグング》はすべて、いうまでもなく、言語性格を有している。そのかぎりで世界経験全体が言語的に媒介されるのであり、そこからしてそれ自身はたしかに言語的ではなくとも、やはり言語的解釈の可能な、伝統というきわめて広い概念が規定されることになる。伝統は道具、技術等の「使用」から調度類、装身形態の生産における手工業的伝統や風俗、習慣の涵養を越え、諸範型の創立に及んでいる。芸術作品もまたそれに属するのだろうか、それとも特別の地位を占めるのだろうか。言語による芸術作品だけが問題となるのでないかぎり、芸術作品は事実そうした非・言語的伝統に属するようにみえる。それにもかかわらず、芸術作品なるものの経験や了解は、過去よりわれわれに引き継がれている道具とか習慣の了解といったこととは何か別のことを意味している。

ドロイゼンの解釈学の古い規定(二)に従うとき、文献《クヴェレ》と遺物《イヴァレステ》との間の区別をすることができる。遺物とは、保存されてきた、そしてわれわれが世界を精神的に再構成するのを助けてくれる、過ぎ去った諸世界の断片のことなのだが、この諸世界の残留物が遺物である。これに対して文献は言語的伝統を形成しているし、それ故に言語的に解釈された世界を了解するのに役立つ。それでは古代の神々の像といったものは、いずれに属するのだろうか。それはあらゆる調度のように遺物なのだろうか。あるいはすべての言語的な伝承と同じように一片の世界解釈なのだろうか。

文献とは記憶という目的のために伝承された記録《アウフツァイヒヌング》のことである、とドロイゼンは言っている。文献と遺物の混合形式を彼は記念碑《デンクマール》と呼び、それらに記録文書《ウアクンデ》、貨幣と並べて「あらゆる種類の芸術作品」を算えている。こうしたことは歴史家にとってはもっともとみえるが、芸術作品そのものは芸術の経験において獲得されるその意図やその意味からいって、歴史的文書ではない。たしかに人は芸術記念碑について語るとき、芸術作品というものの産出が一つの記録的な意図を保持しているかのようにいう。このことは、どの芸術作品にも持続が本質である――もちろん一時的な芸術には反復可能性の形式でのみ――という点において、たしかな真理を有している。成功した作品は（寄席芸人でさえも自身の番組について語ることができるように）「止まっている《シュテーエン》」。しかしながら本来的な記録にふさわしい、呈示による記憶への意図というものは、そのことによっては与えられたりしない。人は――呈示によって――あったものを引合いに出したいとは望まない。それと同様に芸術作品の持続の保障も望めないが、それというのも後の世代の一致した趣味とか質感覚が、それの保持のためにあてにされるからである。しかしまさしくこの保障しようとする意志をあてにするということは、芸術作品が、われわれの文字による文献の伝承がおこなわれるのと同一の意味で伝承されるということを、意味している。どのようなときでも、過去の遺物が歴史研究家に語りかけるように、「それは語りかける」だけではなく、或ることを固定化する歴史的記録文書がおこなうように、おこなうだけでもない。というのは芸術作品の言語、すなわち芸術作品を保持し、伝承させる言語とわれわれが呼んでいるものは、芸術作品自身を、それがよしんば言語的本性のものであれ、そうでないものであれ、操る言語であるからなのである。芸術作品は人に或ることを語るが、それは歴史文書が歴史家に或ることを語るように語るというだけではなく――それが或る現在的なもの、同時代的なものであるかのように、独特な仕方で人に語られるように各人に語るのである。このようにそれが語るものの意味を了解し、――自己と他者に――了解され得るものにするという課題が課せられることになる。非言語的な芸術作品でさえも、それ故に、解釈学の本来的な課題領域に入ってくることになる。それは各人の自己了解に統合されるべきである。[1]

こうした包括的な意味で、解釈学は美学を取り込んでいる。[三] 解釈学は精神と精神の懸隔に架橋し、異邦の精神のこのよそよそしさ《フレムトハイト》を打ち消す。よそよそしいものを打ち消すということはしかしながらここでは、芸術作品なるものが自らの起源的意義と機能とを有する場所である「世界」の歴史的な再構成のことを意味しているだけではなく、われわれに語られることの聴取のことをも意味している。これもまた相変らず示すことのできる把握された意味以上のものである。われわれに或ることを語るものは、そうする人と同様、それがわれわれを超出するという意味で、或るよそよそしいものである。その限りで了解の課題の内には、真実には同一のことなのだが、二重のよそよそしさなるものが存在している。そのことはあらゆる話の場合と同様である。話は或ることを語るというだけではなく、或る人に或ることを語る。話の了解は、言葉の意味の一歩一歩の実現において語られることの言葉の響きの了解なのではなく、語られたことの統一的意味を実現する――そしてこの意味は常に語られることを言い表わすものを越えたところにある。それが語るものは、異邦のあるいは古代の言語といったものが問題となっている場合には了解するのが困難であるが、語られたことが難なく了解されても、自身になにかを語らせることはもっと困難である。この二つのことは解釈学の課題に属している。人は、了解したい、すなわち自身に或ることを語らせたいと思わずには、了解することができない。人はまず著者あるいはもともとの読者との同時代性を、自らの全歴史的《ゲシヒトリッシュ》地平を再構成することによって産み出さなければならず、次いではじめて語られたことの意味を聞き取りはじめるのだ、と考えることは不当な抽象だろうか。むしろ一種の意味期待がはじめから了解の努力を統御している。

　しかしすべての話についてこのように妥当することが、際立った仕方で芸術の経験についても妥当する。ここには意味期待以上のものがあり、また語られたことの意味にかんする当惑《ベトロッフェンハイト》と呼びたいものがある。芸術の経験はいずれも、歴史的解釈学の仕事やそれのテクストとの交渉において生ずる認識可能な意味というものを了解するだけではない。或ることを語ろうとする芸術作品はわれわれ自身と対面する。このことは、芸術作品は或ることを、それがそこで語られているかのように、すなわち、一つの発見すなわち或る覆われたものの露呈であるかのように言い表わす、ということを言いたいのである。先の当惑はこのことによっている。「真実であるほど存在的である」ということは、人がさもなくとも知っているといった事柄では決してない。すべての周知のことは凌駕されることになる。芸術作品を人に語るものである了解は、したがってたしかに自己邂逅である。しかしながら凌駕ということが含んでいる本来的なものとの出会い、馴染み深さなるものとして、芸術作品の経験は真正の意味での経験であり、その時々に新たに経験の課する課題、すなわちそれ自身の世界定位とそれ自身の自己了解の全体への経験の統合ということを、為しとげねばならない。このことがまさしく、各人の独自な自己了解へと語りかけるという芸術の言語を、作り上げている——そしてこのことを芸術の言語はその時々に現在的なものとして、それ独自の現在性を通しておこなう。まさに芸術作品の現在性が作品を言語たらしめるのだ。或ることがいかに語られるかということが重要なことのすべてなのである。しかしこのことは、語るということの手段に反省が及ぶだろうということを、言っているのではない。反対に、或ることが確信的に語られれば語られるほど、この言表の一回性と唯一性とが自明で自然であるようにみえる。すなわちその言表は話しかけられた人を、まさしくそこで語られることへと集中させ、距離を保った美的区別なるものへ移行してしまうことを根本的に禁ずるのである。語ることの手段への反省は、もちろんそうでない場合でも、語られたことへの本来的志向に対して二次的であり、現在的なものとしての人間がたがいに或ることを語るところには一般的に生じない。というのは語られるものは、判断の論理形式における一種の判断内容のように、自己を提示するものでは決してないからなのである。それはむしろ、人が語ろうとするもの、そして人が語らざるを得ないもののことを意味している。

人が語ろうとすることを、それをすでに知っていると主張することで早々に前以って横取りしようとするところには、了解は存在しない。

こうしたことはすべて際立って芸術の言語について妥当する。ここで話す人が芸術家でないことは当然である。芸術家が作品の内で語られたことを語らねばならなかったり、別の作品で語ることが或るありうべき関心を惹起することがありうるということも、たしかなところである。しかし芸術の言語とは、作品自身の内にある意味《ジンイッ》剰余《アーシュース》のことを意味している。このことから次のこと、すなわち或る芸術作品の了解にさいしては保障つきの解釈学的規則では不充分であるということ、造ル者ノ精神 mens auctoris は一つのテクストの課する了解課題を限定してしまうということが、結果してくる。むしろまさしく解釈学的視点の芸術の言語への拡張において、思念の主観性は了解の対象を特色づけるのにまったく不充分であることが明瞭になる。だがしかし、このことは一つの原理的意味をもち、その限りにおいて美学は一般解釈学の重要な一要素である。このことは確固として示唆されるべきだろう。最広義での、伝統としてわれわれに語りかけるものはすべて、了解の課題を課す。そのさい一般的に、了解は他者の思想を自身において新たに現実化するということを言っているのではないのだが。このことは上で示されたように、確信的な明瞭性をもって、芸術の経験をわれわれに教えるだけではなく、同様に歴史の了解をも教える。というのは本来的で歴史学的な課題の課する了解なるものが求めるものは、歴史を受苦する人間たちの主観的思念、計画、経験、そうしたものではまったくないからである。歴史家の解釈する努力に見合う歴史の大きな意味連関が、了解されることを求めるものなのである。歴史の経過の内にある人間の主観的思念は、事件の後の歴史的価値づけなるものが同時代者によるそれの評価を裏書きするといった種類のものであることは滅多にないか、まったくない。造ル者ノ精神 mens actoris が芸術作品の経験を自らの背後に捨てるように、歴史的回顧において呈示される事件の意味、その擁護、その結果を、造ル者ノ精神は捨てるのである。

解釈学的視点の普遍性は包括的なそれである。了解されうる存在は言語であるという風に私はすでに定式化したが(2)、それはたしかにいかなる形而上学的テーゼでもなく、了解の中心からするその見廻しの無制限な拡がりのことを述べている。あらゆる歴史的経験がこの命題を自然の経験といったもののように満足させるということは、容易に明らかにされるだろう。すべてはシンボルである、というゲーテの表現は(四)、そしてこれはやはり、各々のものは他のものへ向って解釈するということを言おうとしているのだが、結局、解釈学的思想の包括的な定式化を保有している。この「すべて」ということは、存在する各々の存在者についての一言表なのではなく、人間の了解にその存在者がどのように出会うのかということについての言表なのである。人間の了解に対して何かを意味することの不可能なものは何もない。しかしなお、人にまさしく差し出される一つの意味に何も吸収されないということの内に、何か別のことがある。シンボル的なものというゲーテの概念の内には、全体の代現《レプレゼンタティオーン》のための各々のものの代現的機能と同様、あらゆるかかわりの見通し不可能性ということがある。というのは存在の全体的関連《アルベツォーゲンハイト》は人間の眼には隠されているというただそのことのために、その発見が必要となるからなのだ。ゲーテの言葉に対応する解釈学的思想は極めて普遍的であるが、際立った意味でその言葉は芸術の経験によってのみ充実される。というのは芸術作品の言語は、各々の芸術作品が解釈学的にみられると、あらゆる存在者に当然帰属するシンボル性格を内に呼び集め、言語にもたらすという特性を有しているからなのである。あらゆる他の言語的ないしは言語を欠くあらゆる伝統と比べてみると、芸術作品については、それがその時々の現在にとって絶対的存在であり、同時にあらゆる未来のために自らの言葉を用意しているということが、妥当する。芸術作品がわれわれに触れさせる馴染み深さは、同時に奇妙な仕方で習慣の震撼なるものであり、倒壊である。悦ばしくも、恐しい驚愕において芸術作品が発見するものは、「そは汝」ということだけではない——それは「汝、汝の生を変更せねばならぬ」〔リルケ『新詩集別巻』「いにしえのアポロのトルソー」の最終行〕ともわれわれに語るのである。

＊ ,Algemeen Nederlands Tidschrift f. Wijsbegeerte,' 56 Jg. 1964 に初刊。

（1） この意味で、私は、*Wahrheit und Methode*, S. 91 f. で美的なもののキルケゴールの概念に（彼自身とともに）、批判を加えた。

（2） *Wahrheit und Methode*, S. 450.

訳者註

（一） 同時代性（Gleichzeitlichkeit）の概念はキルケゴール（『哲学的断片』第四章）に由来すると、ガダマーは『真理と方法 *Wahrheit und Methode*)』一二一頁で語っている。芸術作品の存在性格ということで、この概念は詳細に論ぜられている。「美的なものの時間性（Die Zeitlichkeit des Ästhetischen）」、同書一一五頁以下参照。

（二） ドロイゼンの解釈学については『史学綱要（*Grundriß der Historik*, Erich Rothacker hrsg. Halle 1925）』、並びに『史学、歴史のエンチクロペディーと方法論講義（*Historik, Vorlesungen über Enzyklopädie und Methodologie der Geschichte*, Rudolf Hübner hrsg. München 1937）』に詳しい。

（三） 美学と解釈学との関係については、『真理と方法』第一部、II「芸術作品の存在論とその解釈学的意義（Die Ontologie des Kunstwerks und ihre hermeneutische Bedeutung）」九七頁以下に詳しいが、その内で「美学は解釈学に組み入れられなければならない」（一五七頁）と言われている。なお、『真理と方法』の第一部は美的経験をこの観点から取り扱ったものである。

（四） ゲーテは Ch・F・D・シューバルト宛の書簡（一八一八年四月一三日付け）で「生起するところのすべてのことはシンボルであり、それが完全に自己自身を呈示することで、それ以外のことへ向って解釈《ドイテン》する。」と述べている。なおこの件については『真理と方法』七二頁に触れられている。

二　詩作と解釈*

芸術家の行為と解釈者のそれとの間には、昔からの緊張なるものがある。解釈《ドイテン》は芸術家の眼には余計ではないにしても、恣意的で気紛れであるという風にみえる。解釈が学という名目と精神とで探究されるときには特に、緊張は尖鋭化する。学の方法によって解釈の疑わしさを克服することが可能であるということも、創造的芸術家の場合には、未だほとんど信頼を見出していない。さてしかしながら、「詩作と解釈」というテーマは創作家と解釈者の間のこの一般的なかかわりの一特殊例を明らかにする。というのは、詩《ディヒトゥング》とか詩作《ディヒテン》とかが問題となっている場合、一人の個人において解釈の仕事と自身の芸術的創作とが一体となることは、滅多にないからである。このテーマは、詩作がその他の諸芸術の行為以上に解釈に対して緊密な関係にあるということを、指し示している。解釈が学の要求の下で生ずる時でさえ、恐らくそれは詩に対して、一般に人がそれに帰する疑わしさを、まったくもたないということはない。学の手続きがここで、詩と思惟する経験のいずれにおいても働いているものを越え出ているようにみえる、ということはほとんどない。いかに多くの反省がわれわれの世紀の現代詩の内に入り込んでいることかということを人が考えると、特にそのように思われる(1)。詩作と解釈とのかかわりが、学あるいは哲学の側から立てられるだけではなく、詩人にとっても、彼の読者にとっても、詩作自身の一つの内的な問題でもあるのだ。

私がこのテーマをこうした意味合いで検討に附するとき、解釈をめぐって学の側から語る者と言葉の芸術家の間に存しうる張合いに対して、態度を決しようとは思わない。私はまた、語ることの光彩の内で言葉の手仕事を支配する者と、対抗してみたいとも思わない。私はただ私自身の手仕事をする、すなわち思惟することによって、存在していることを示したいだけである。存在することを思惟において示すということは、われわれ皆が洞察し得る或る事柄をみるようにと教えることである。

したがって問題は、何が詩作と解釈との親近性を根拠づけるのかということなのだ。両者には何か共通したものがあるということが、手がかりとなる。両者は言語を媒介にして遂行される。とはいってもそこにも差異なるものがあり、これ自身どれほどの深さに達するのかということが問われる。ポール・ヴァレリーはこの上なく印象的に、ここに支配している相違に言及している。すなわち日常言葉および同様に科学的、哲学的言葉は、なにかを指示し、自身は通過するものとして自身が示すものを後に残して消滅する（「詩と抽象的思考」佐藤正彰訳筑摩版世界文学大系『クローデル・ヴァレリー』）。これに対して詩的な言葉は、それが示すということ自身において現象し、いわば立ち止っている。一方はただなにかのかかわりに他の人にあっちこっちと渡される小銭の如きものであるが、他方、すなわち詩的な言葉は金そのもの、といった具合である。さてわれわれの反省はこうした確定を明らかにするものであるにもかかわらず、詩的に形成をする言葉と単に考えるだけの言葉の中央に移行が存在するということをもって始めなければならない。まさしくわれわれの世紀はたしかに、話すことの二様式の内的貫徹には特に馴染みになっている。

極端から出発しよう。一方には抒情詩（それについてポール・ヴァレリーはとりわけ考えていたのだろう）がある。ここにわれわれは、科学の言葉が、例えばリルケあるいはゴットフリート・ベンの場合において、数十年前には高次の詩にあっては未だ不可能であったような仕方で、サイエンスの一要素として詩の中へ侵入するというわれわれの時代の驚くべき現象をみる。明晰に考える言語、科学の定義あるいは概念でさえも、詩の言葉の旋《メ》律《ロス》の内に溶解しているようにみえるということになると、そこではいかなることが生じているのだろうか。

さて、別の極端はあらゆる芸術形式のうちみたところ最もルーズなものである小説である。ここでは反省、すなわち事物や事件を反映する言葉、作り上げられた人物の口から出る言葉だけではなく、語り手自身、彼がいかなる人であれ、その人の口からでる言葉も、以前から市民権を有している。しかしここにおいてもまた、ロマン主義的な小説形式の冷徹さに対してもなお新たな契機、すなわち物語の形式の解消だけではなく、行為の概念自身の解消ということが示されてきているので、物語の言葉と反省的な言葉の間の区別は一般に崩壊するようになっているのではないだろうか。

このように解釈に対してこの上なくうんざりしている詩人でさえも、詩作と解釈の共通性を全面的に隠してしまうことは不可能のようにみえるが、彼はなおあらゆる解釈、特に彼自身の詩的言表の解釈の疑わしさについて極めて通暁していることだろうし、「自己自身を解釈する人は自らの水準以下となる」というエルンスト・ユンガーを正しいとすることだろう。われわれはまず第一に、解釈とはいかなることなのかということを問題にする。それが説明や理解《ベグライフェン》ではなく、むしろすでに了解《フェアシュテーエン》や解釈《アウスレーゲン》であることは確かである。それにもかかわらず解釈にはなお別のものがある。解釈は根源的には、一つの方向を示すということである。すべての解釈は目標ではなく、方向を、すなわち自らをさまざまに充たすことのできる出入り自由なもの《ダス・オッフェネ》を示すということが、重要なのである。

さてわれわれは解釈を二重の意味、すなわち或るものへと解釈するという意味と或るものを解釈するという意味で、区別する。両者が相互に関連し合っているということは、公然たるところだ。「或るものへと解釈する」ということは「示す《ツァイゲン》」ことだし、記号《ツァイヘン》という意味に適っている。「或るものを解釈する」ということはとっくに、自分自身から解釈するそうした記号へと、引き戻されてしまっている。したがって或るものを解釈するということとは、一つの解釈を解釈するということを意味している。このように、われわれはわれわれの解釈する行為の課題と限界を規定するために、その本質からいってすべての解釈とはいかなることであろうかという問いに差し戻されることになる。すべて記号とはいかなるものなのだろうか。もしかしたら、すべては記号なのだろうか。シンボル的なものという概念をわれわれの全美学の根本概念に昂めた「すべてはすべてへと解釈する」ということは、ゲーテが考えたものなのだろうか。「すべてはシンボルである」なのだろうか〔「美学と解釈学」訳註(四)参照〕。それとも、ここには或る制限が必要なのだろうか。存在者のなかには、解釈する、したがって一つの記号であるようなもの、それ故に記号として考えられ解釈されることにむけて挑発するようなものが存在するのだろうか。たしかにそうした記号取得《ツァイヘンナーメ》は、しばしばいわばはじめて存在者から手に入れられなければならない。このようにわれわれは、自己を隠すもの、例えば動作《ゲベルデ》による表現をも、何かしら解釈したがるのだ。(2) しかしながらそのときにでもなお、それにもかかわらずそうすることは、自らの内に結びつけられている全体性からの記号の検閲《ヘラウスゼーエン》であろうとする。したがって混乱したもの、不明瞭なもの、方向を失なっているものから、根本的に解釈の向かう先のものを取り出して見る《ヒンナウスゼーエン》ことによって、記号というものの方向意味をいわば明瞭にする解釈であろうとするような解釈は、意味を与える《ヒナインドイテン》のではなく、存在者自身がすでに解釈の方向を与えているものを判明に引き立てようとするのである。

われわれは対照的にここでいかなることが問題となっているのかということをみる。それにあって何も解釈しえないものとか、詭弁《ドイッテルン》を弄しえないものとかは、服従を要求する命令の、あるいはその意味が確立している言表の一義性といったものである。あらゆる解釈のうち最も古典的な実例、鳥の飛行、神託、夢、形象に呈示されたもの、謎めいた文字、こうしたものを取り上げよう。こうした場合のすべてにおいて、われわれは二重のこと、すなわち解釈するということ、言うならば解釈を求めて一つの方向へと指し示すことと、この方向において示されたものの自己隠匿ということとを、有することになる。したがって解釈するということは多義的なことなのである。

さて多義的なものは根本的に言って、一般的にそれがその多義性において明らかにされる仕方以外に解釈されうるかどうかということが、問われる。このことによってわれわれは、解釈と創作のかかわりの内部において、解釈と詩作の間にある特別の連関に方向づけられているわれわれのテーマに近づくことになる。芸術は解釈を求めるが、それは芸術が尽しがたく多義的なものだからなのである。それは概念的認識というものに適切に翻訳されえない。このことは詩的な作品についても当てはまる。それにもかかわらず形象と概念との緊張のただ中にあって、詩作と解釈との特別のかかわりがどのように呈示されるのかという問いが存在する。――詩の多義性は思念的な言葉の一義性と解き難く織り合わされている。この緊張的な交渉が担なっているものは、芸術家が形成に用いる他のすべての素材、すなわち石、色、音に対して、舞踊における身体の運動に対してさえも、言語の有する特別の地位である。言語を構築し、詩において形成されるところの言語の諸要素は、それらの意義《ベドイトゥング》からだけ詩的形式となりうる純粋な記号である。しかしこのことは、それらが思念においてそれらの本来的な存在様式を所有するということを、言っている。この点が、対象的に解釈された世界経験からの解放が、同時代の芸術の形成法則の如くにみえる時代にあっては、特に記憶されるべきなのだ。詩人はここに居合せることはできない。詩人が自己を言い表わすのに用い、彼が形成をするのに用いる言葉は、その意義からまったく解放されることを決して望まない。対象のない詩は片言《ラレン》なるものだろう。

　当然のことながらこのことは、言語的芸術作品が単なる思念にいつまでもとどまっていると言っているのではない。むしろサクラメントが存在と意義が一体となったものであるように、言語的芸術作品は常に意義と意味《ジン》との一種の同一性を内に含んでいる。「歌は存在である。」〔リルケ『オルフェウスに寄せるソネット』Ⅰ Ⅲ 5行〕しかし、いかなることがそのとき本来的に現存するのだろうか。とはいえ、思念的な話《マイネンデ・レーデ》は、自身から退去する。言葉は音声複合ではなく、目配せの如く自身から退去する意味動作である。われわれは皆、詩の音声形体が意義の了解されることからはじめて、その輪郭をどのように獲得するようになるのかということを知るのである。われわれは、詩は言語と結びつけられていること、ポエジーの翻訳が苦痛にみちているのと同様に堂々たる不可能性を呈示するということを、痛々しく、課題というもののもつまったくの緊迫を伴って、知っている。

　しかしながらこのことは、音声形体と、どの言葉にもある意義との統一が、詩的な話においてその本来的充実を見出すということを、言っているのである。詩的芸術作品は言語的なものとして、あらゆる他の芸術の種類に対して、独特の判然たる無規定性それ自身なるものを有している。詩的芸術作品が他のどの芸術作品とも同じように所有している形体的統一性は、たしかに明白な現前であり、その限りで意義的なものについての単なる思念といったものではない。しかしこの現前は、それにもかかわらず思念、すなわち不定の充実可能性への指示、という一要素を保有している。まさにこの点にこそ、他の種類の芸術に対する詩の優位があるのだし、それによって詩は造形芸術に以前からその課題を課しているのである。というのは詩がその言語的手段をもって喚び出すものは、たしかに直観であり、現前であり、現存在なのだが、詩的な言葉を取り上げるどの人においても、この言葉は独自の直観的で、伝達不可能な充実なるものを見出すからである。このように詩は造形芸術家に彼の課題へと呼びかけるのだ。何物にもまして造形芸術家は形象に、すなわち確固とした妥当性に到達しようとする。われわれはそうした形象を形象の型と呼ぶ。それは或る新しい創造的行為といったものにおいて新しい型によって排除されるまで支配的となる。――詩人に固有の課題は共同の伝説《ザーゲ》である。しかるに伝説は、それが語られることの内に、それの絶対的実在性を有する。このことのギリシア的表現がミュトスである。そのさい問題となる神々と人間の歴史は、それが語られることの内にその現存を有し、その他のいかなる可能性も所有してはいないし、語られることと語りつがれることの歴史としてのみ持ちこたえるということで特徴づけられる。この極めて厳密な意味で、しかしながら、あらゆる詩はミュトス的なのだが、それというのも詩がそれ自身の公認を、ただ語られることだけに有しているということを、ミュトスと分ち合っているからなのである。しかしまさにこのことをもって、詩は、詩作も解釈もそこに組み込まれことになる一要素の内にあることになるのだ。たしかにさらになお、解釈はこの要素をいつでもつねに諸作の全体のなかに含んでいるものなのだが。

　このことは、この数世紀においてその争われざる正当性を有していた、そして体験のポエジーの現代においてはじめてその信用を失なうことになるところの詩的な芸術手段なるものを指示することによって、確証される。私は、或るものが或るものによって別様に語られることになるアレゴリーのことを、言っているのだ。そのような芸術手段は、アレゴリーが所属する解釈の地平の共同性が確かめられるところでのみ、可能であり、そこでのみ詩的なのである。この条件が充たされるところでは、アレゴリーは「冷えびえ」としたものである必要はまったくない。にもかかわらずアレゴリーとその意義の間の関係づけが成立しているところでさえも、アレゴリーがあらわれる詩的な話の全体は、アレゴリーを詩的にする、すなわち概念によっては汲み尽しがたいものにする無規定性を保持している。一例でそのことを明瞭にしよう。カフカの小説についての検討は、カフカが彼の詩において、記述されないままに打ち捨てられて、結晶のように澄明で静かな仕方で、日常的世界――その世界のみたところの馴染み深さが謎めいたよそよそしさに伴なわれて、そこではありとあらゆるものがそれ自身ではなく、何か別のものを意味しているといった印象を喚び起すような――を作り上げることができるということに、究極的には依拠している。とはいってもここには解釈可能なアレゴリーは何も存在しない。というのは、共通の解釈の地平の崩壊が、まさにこの偉大な物語術の出来事として、われわれの前に生起しているからなのである。ここにおいてすべてのことが意義と概念とを、そして解読ということを目標とするといった外観自身が、ふたたび粉々になる。アレゴリーの単なる外観は詩的に召喚される、つまり公然たる多義性へと転ぜられる。

詩作において一緒に現存し、自身それなりに詩作を要求するものが解釈というものである。本来的な問いとして、ここでは誰が解釈するのか、詩人だろうか、解釈する者だろうか、ということが問われることになる。あるいは両者は自分なりのことをすることで、解釈をするといった具合なのだろうか。彼らが考えたり語ったりすることにおいて、或ることが生起し、両者がまるで「思って」いないことがほのめかされるのだろうか。解釈は一つの行為や一つの思念とはみえず、存在自身にあっての一つの現実的な規定のようにみえる。

それは神話の両義性の場合と同様である。この両義性もまた、われわれの解釈の領域にではなく、われわれにとって意味されているものの領域に所属している。それはオイディプスを彼の非運へと駆り立てた、間抜け者の、忌わしいあるいは極悪非道の力によって招来された過誤ではない。しかしまたそれは、結局は彼を災厄へと突き落すことになる、神的な呼びかけに反対する彼の意志の内にある冒瀆的なものでも決してない。むしろそのような神託悲劇なるものの意味は、この悲劇の英雄たちのあの姿が、人間そのものの上に定められた非運である両義性を範例的に呈示しているということなのである。

　多義的なものの解釈においてこのように巻き込まれるということが、人間的存在なのだ。

　詩人の言葉もまたそのような多義性に参与している。詩人の言葉にも、それがミュトス的であるということ、すなわちその言葉によってしつらえられたものの外側にある何か或るものによるどのような認証も不可能であるということが、当てはまる。詩的な言葉の多義性はその本来的真価を、それが人間存在の全体の多義性と対応しているという点に、有している。詩的な言葉の解釈はすべて、詩自身がすでに解釈しているものだけを解釈する。詩が解釈するもの、詩の解釈が向けられているものが、詩人の考えているものでないことは当然である。詩人が考えているものは、他の人々が考えていることに、それがどのようなものにかんしてであっても、優越するものではない。詩は或ることについての思念の内にではなく、考えられたり、語られたりするものが詩作品《ゲデイヒテ》自身の内に現存しているということの内に、存立している。詩につき従うところの解釈する言葉は、詩作品自身である多義的な解釈と同様、この現存の内に閉じ込められたままになっている。それは、多義的解釈が詩の現存において止揚されるように、止揚される。詩作品が解釈する、すなわち一つの方向へと指し示すように、一つの詩を解釈する人もまた一つの方向へと解釈するのだ。解釈する言葉に従う人はそのような方向へと目を向けるが、はっきりとした解釈それ自身を考えることはない。解釈する言葉が、それの指示するものの位置に身をずらすことが許されないということは、公然たるところである。こうした言葉を自身のために必要とするような解釈は、或ることが示されようとしたにもかかわらず、自身に為された解釈の方向を見ずに、その示している人の手を的をはずさず噛みつく犬の如きものだろう。

しかし詩作自身において生起していることは、解釈の場合とまったく同じ事情にあるように、私には思われるのだ。詩的な言表にあっても、或ることがいわば自身から出て指示するということが、この言表の本質の内にある。一つの言表に美的な質水準を賦与する、語ることの術や能力は、美的反省において顧慮されうるが、この術はその真の現存を、それが自己から出て示し、詩人が話す当のものをみさせるということに有している。解釈する者と詩作する者とは、独自の正当性なるものを有してはいない。——彼らはともに、詩というものが存在するところで本来的なものによってとっくに凌駕されてしまっている。彼ら双方は、出入り自由なものへと解釈する合図《ドイット》なるものにつき従う。だから詩人でさえも、解釈する者のように、彼がただ考えるだけのものに対して一般にいかなる正当性も承認しないという意味で、自重しなければならない。彼独自の自己把握とか意識的な志向を与えるものはむしろ、自己自身に対し反省的にかかわる多くの可能性の一つにすぎず、彼の詩作品が成功することによって彼が本来的になすものから、まったく区別される。

ヘシオドス、有名なミューズ讃歌において、詩人の使命についての意識を最初に定式化した詩人であるヘシオドス、その彼の言葉は今まで語られてきたことを説明している。そこ、すなわち神統記の序詞でミューズたちは詩人に姿をあらわし、次のように言う。「わたしたちはたくさんの誤ったことがらを真実《まこと》しやかに話すこともできます、けれどもまたわたしたちがその気になれば真実を話すこともできるのです。」〔『神統記』27−28行。廣川洋一訳（筑摩書房、世界文学全集2）〕人はこの言葉をたいていは、神々の世界のホメロス的形成に対するその詩人の批判的言廻しとして、すなわちあたかも詩人は、ミューズたちが彼に「われわれはそれを汝とともに充分に考える。われわれは汝に、たしかにそれができるにしても——ホメロスに対してと同様——偽りのことではなく、ただ真実なることを語らせることができる」と言うことで、一つの新たな正当性を引き合いに出しているかのように了解する。私は多くの理由からして、とりわけ双方の詩句の途方もないシンメトリーによっても、詩人が語ろうと欲しミューズたちが或るものを与えるときにはいつでも、真実と虚偽とを同時に与えなければならないと、信じている。真実と虚偽とを同時に語り、そのかぎりで出入り自由なものへと解釈するということが、詩的な言葉を作り上げている。この言葉の真理は、「しかるに詩人というものは多く欺す」と詩人たちについて悪しき哲学者たちが語るとき、（一）彼らが考えているような仕方での真実と虚偽との区別によって、支配されてはいない。

このことによって、われわれに課せられた問いの答えなるものが生ずることになる。思念と解釈の一要素は、以前から詩の多義性のうちにある。しかしながら共通の解釈地平が自らの内に瓦解するところでは、いかなる共通の伝説ももはや存在しないところでは、ギリシア人とローマ人の神話的伝統がキリスト教とともに成立させていた、そして二百年以前になお存立していた稀有の統一でさえもその自明性を失なっているところでは、詩においてミュトス的共同性の断絶が反省されなければならない。かくしてわれわれはまさに近代のロマンにおいて——故人の名だけを挙げれば、カフカ、トーマス・マン、ムジル、ブロッホの場合——解釈的反省の要素がますます大きな場所を占めるのをみるのだ。詩人と解釈者の間の共同性は、このようにわれわれの時代に生い出ている。結局この共同性は、解釈する言葉を発見しようとするあくなき試みにもかかわらず、拒絶的な確実性、それはヘルダーリンの『ムネーモシュネー』が「われらはひとつのしるし、解くすべもなく」〔第二稿第1行〕と言い表わしているものだが、そうした確実性によって特色づけられる一つの時代における人間存在の共同性によって、与えられる。

＊　一九六一年テュービンゲンで催された Die Darmstädtler Akademie für Sprache und Dichtung の春期大会でなさ

れた講演。Die deutsche Akademie für Sprache und Dichtung 1960 (1961) の年報で初刊。S. 13〜21

（1） この議論で検討された諸問題については Roman Ingarden の基本的な著作 *Das Literarische Kunstwerk* の新版参照。

（2） 動作の概念については二六七頁以下参照。

訳者註

（一） 一般にこのように語る者の代表格はプラトンとされるが、彼は、例えば、「……というのはこれらの詩人たちは人々のため物語の偽りなのを作り上げて、語っているからだ」（『国家』三七七d。角川版プラトン全集、山本光雄訳）と述べている。プラトンは『国家』、特に第二、三、十巻において、芸術家のポリスに及ぼす影響について論じている。

三　芸術と模倣*

現代の対象を欠いた芸術はいかなることを意味しているのだろうか。われわれが芸術の本質を理解するのに慣れ親しんでいる古き美的諸概念は、一般になお妥当性を有しているのだろうか。現代芸術は、際立ったその代表者の大勢において特にはっきりと、われわれが現代芸術に近寄るのに携えている形象期待を、斥けている。そのような芸術から出発するのが習わしとなっている顕著なショック作用なるものがある。いかなることが生起しているのだろうか。新たな、すなわち今までのあらゆる期待や伝統を破る、画家のいかなる態度、われわれすべてに対するどのような要求が、そこに立てられるのだろうか。

「抽象」絵画を一つの流行と考え、そして結局、この絵画の結末に対して芸術商売に全面的に責任を負わせようとする多くの懐疑主義が存在する。しかしすでに隣接諸芸術への一顧は、事柄がより深いところにあるにちがいない、ということを示している。第一次世界大戦の始まる少し前に始まった現代芸術の真の革命が問題である。同じ時期に、対象を欠いた絵画という概念と同様何らかの背理をその言葉の内に保有している、いわゆる無調音楽が成立している。まったく同じく当時——われわれはプルーストのことを、そしてジョイスのことを考えているのだが——神の眼のように、隠れたものにおいて起るもろもろの経過を見物し、それらに叙事詩的な表現を与えるところの素朴な語り手としての我《イッヒ》の解消が始まっている。一つの新たな調子がメロディーの自明な流れを堰き止め、破り、ついにはまったく新たな形式原理を試す抒情詩の内に入り込んで来る。最後的には劇場において同様のことが——恐らくそこではそれほどひどくはなく、しかし疑いもなくそこでも——はじめは自然主義と心理主義の幻想的舞台の回避においてだけ、最終的にはいわゆる叙事詩劇場による舞台魔術の端的な意識的粉砕において、感じられるところとなる。

われわれはもちろん、隣接諸芸術へのこの眼差が近代絵画における革命的経過を了解させるのに充分である、とは思わないだろう。その経過は恣意や実験狂という外観を保持している。実験が自身の本来的な方法論的起源を求めている自然科学から知られるような実験の行使は、まったく別物である。そこでは実験なるものは、自然が自らの秘密を漏らすようにと技巧的な仕方で自然に課せられた問いというものである。絵画の場合には、人が知りたいと思っていることの現われ出るはずの場所としての実験が問題となっているのではない。ここでは実験はその成功でいわば自己満足している。現われ出るものそのものが実験なのだ。因襲的な種類のあらゆる了解可能性を拒絶するこうした芸術を前にして、どのようにしたら正しい道がわかるようになるのだろうか。

第一のこととして、芸術家の自己解釈をあまり真面目に取らないということが、至当である。このことは、芸術家に敵対してではなく、彼らに味方して語っている要望というものである。というのはこの要望は芸術家は芸術的に造形《ビルデン》しなければならないということを内に含んでいるからである。芸術家が語りたいと思うことを、彼らが言葉で語ることができるということになると、彼らは造形したいとは思わず、形成《ゲシュタルテン》しなければならないことになるだろう。それにもかかわらずわれわれを担い、人間の社会として結び合わせる交わりの普遍的要素、すなわち言語が、自己自身を解釈し、解釈する言葉で了解させようとする芸術家の交わりの欲求をも繰返し刺激するということは、不可避的である。真実解釈を自らの手仕事とする人々、美学者、あらゆる種類の芸術著作家、そして哲学、こうしたものへの依存へと芸術家は赴くことになる――そしてこのことは不思議ではない。ホアン・グリについてのカーンワイラーの重要で卓越した書物〔D. H. Kahnweiler, *Juan Gris Sa vie, son oeuvre, ses écrits*〕といったものを哲学と新芸術との関連の証言として持ち出す――そしてカーンワイラーは真正の同時代的証人であるが――とすると、この場合でもミネルヴァの梟は夕暮にその羽搏きをはじめる。すなわちカーンワイラーの繊細な叙述によって証言されるものは、解釈のインスピレーションであって創造のそれではないということを見損うことになる。芸術文献一般、特にわれわれの時代の大画家の絶えざる自己解釈にかんしても、事情は同様であるように、私には思える。支配的な教説によって自身が捉えられていることに気づかない自己解釈の試みや同時代の解釈から出発するかわりに、私は方法的自覚《ベブストハイト》をもって、哲学の思惟操作においてわれわれに現われる美学的概念構成の偉大な伝統に向い、そしてこの伝統に、それが新しい形式の形象にいかに対応しているのか、そしてそれについていかなることを語らねばならないのかということを、聞きただしたいと思う。

或る自明的なことや万人に共有的なものとして、それらの由来にかんして、そしてそれらの正当性について弁明されることがないままに一般的意識を支配している美学的諸概念をまず検討し、次いで彼らの美学説が現代絵画の秘密を言い表わすという課題をもっとも早く生じさせたようにみえる二、三の哲学者に問いただすことで、私は二重の三歩なるものにおいてこの思索を遂行してみたく思う。

私が現代絵画のこの問題に接近しようと試みるのに手懸りとなる三概念のうちの第一のものは、模倣《ナーハアームング》の概念、すなわち極めて広義に把握されうるために、われわれがみることになるように、結局相変らず真理なるものを保持している一概念である。古代起源のこの概念は、その本来的で美学的、芸術政策的《クンストポリーティッシュ》な全盛を一七世紀と一八世紀の初期フランス古典主義において有し、そこからドイツ古典主義へと影響したのだった。それは自然の模倣としての芸術という説に結びついている。古代伝統のこの命題は今や明らかに、あらゆる芸術の営みには真実らしさの正当な期待なるものがあるという命題が例えばそうであるように、規範的な考え《フオアシユテルング》と結びついている。芸術は真実らしさの法則を犯してはならないという要求、完結した芸術作品においては自然諸形体自身そのもっとも純粋な現象においてわれわれの精神的な眼の前にあらわれるという確信、自然にその真の完結を授ける芸術の理想化する力への信仰——これらは「自然の模倣」という用語が身に付けている周知の考えである。そのさいわれわれは、単なる自然類似性が芸術の意味を作り上げると考えている極端な自然主義なるものの瑣末な理論を排除する。こうしたものは模倣概念の偉大な伝統のうちには決して存在しない。

それにもかかわらず、ミメーシスの概念は現代人には充分でないかの如くみえる。美学の理論形成の歴史を一瞥すると、一八世紀において模倣の概念に対して別の概念、すなわち表現の概念が、優勢かつ新たに自らの権利を主張していることが教えられる。このことはとりわけ音楽美学において読み取られる——そしてそのことは決して偶然ではない。というのは音楽は、模倣のそうした概念が公然となることのもっとも少なく、それの及ぶ範囲ということで限界づけられることのもっとも多い、芸術ジャンルだからなのである。一八世紀の音楽美学において表現の概念はこのように成長するが、それは次いで一九世紀と二〇世紀において、あたるところ敵なしといった具合に美的評価を支配することになる。一つの形象の表現力と表現の真正さが、形象の芸術的言表を正当化するものなのだ。このようにして一般的意識は、たとえそれが俗悪なものとはいかなるものであるのかという気がかりな問いに持ちこたえられないとしても、次のように信じこんでいる——たしかにそれは徹底した種類の表現力を所有しているものの、その表現力の芸術的な非真正性は、俗悪物の生産者あるいはそれの消費者の主観的感受性の真正さに反して、何も語ることがないと。にもかかわらずわれわれ現代人に贈られ、そしてそのおかげでいかなる理想化された自然形体も、いかに表現的に爆発する内面性ももはや形象内容を呈示しない、そうした形式瓦解に直面すると、模倣と表現とは役に立たないようにみえる。

　第三の概念、すなわち記号や記号言語という概念が自己を主張する。この概念もまた考察に値する歴史というものを有している。芸術は、キリスト教の時代が始動するその初期にあっては、文字を知らぬ者たちや読むことのできぬ者たちにとって、貧者達ノばいぶる biblia pauperum、すなわち聖なる歴史や救済のお告げの呈示や祝祭として正当化された、ということだけを考えてもらいたい。そこには一連の、周知の歴史の読取り《アプレーズンク》があった。似たような読取りを現代の諸形象は、形象の読取りではなく記号のそれであるが、文字の読取りの場合のように、望んでいるようにみえる。この文字という記号は、とはいうものの、これらの記号のうちにあるどのような抽象にもかかわらず、活字といった種類のものではない。それにもかかわらず或る対応が存立している。活字文字の発見は、われわれが正字法《オルトグラフィー》と呼んでいる合理化可能な結合術なるものに身を捧げる抽象的な個別記号において、人間の精神を通過するすべてのことを、確定するという途方もないことを可能にした——たしかに人間の文化における最大の革命的な事件の一つである。すでに以前から、そのことにかんして或ることが形象をみるわれわれの見方へと移されている。こうしたわけで、われわれはどの絵画も左上から右下へと「読む」し、ハインリッヒ・ヴェルフリンが示したように〔„Über das Rechts und Links im Bild,' *Gedanken zur Kunstgeschichte*〕、現代の技術的な再生手段をもって容易に可能になった左右の鏡像的反転を、もっとも特殊な構成上の不釣合いや破壊に対しても使用することは、周知のことである。さらになおいっそう、われわれのこの書記習慣や読解習慣から形象文字へ、そうしたものとしてわれわれが現代の形象を読もうとするような種類の形象文字へと移されるようにみえる。すなわちわれわれは形象文字をもはや、その意味において認識されうる一つの統一的視点を保障する模像としてみない。むしろこれらの形象において、形象的記号や文字の諸特徴を通じて順次に取り上げられ、最終的には相互に溶解されることになるはずのものが、単に書きとめられる、すなわち並べられるのである。私はマーレヴィッチの『大都会ロンドンの御婦人』という絵画の如きものを思い出しているのだが、それにあっては心理学的変形《ヴァリアンテ》なるものにおける形式粉砕の原理が、依然としてまったく明瞭に認識されうる。描かれた御婦人――一九〇七年のほどよい交通ラッシュのために、明らかにまったく狼狽した――が取り上げている個々の内容、すなわち自立的なもろもろの印象の全体的流れなるものは、そこではいわば算え上げられ、一つの全体形象において構成されることになる。見る人、眺める人、観察する人には、われわれが例えばピカソやホアン・グリの切り子面様式から一般的原理として知っているように、これらの側面や切り子面すべての綜合を為すことが期待される。その点には、たしかになお認識が存在するが、あらゆる認識は同時に、一つの直観的でそれの形象意味ということで言表されうる、全体にもはや溶解しない形象の統一なるものに繰返し引き戻されてしまう。略字のように、形象構成の構成要素を作り上げているこの形象文字は、意味の拒絶ということと結びついている。記号の概念はそれ本来の規定を失なってしまう。そして事実それ以後、そのような現代的な形象文字の解読可能性はますます沈黙に至ることになる[3]。

　私が特徴づけた三つの美学的範疇に、真実で妥当なものという一要素が見出されうるだろうか。いかなる場合にでも、われわれがわれわれの世紀にあって経験する新たなものにぴったりと答えるには、それらの範疇では不充分である。

かくして視線を逆に向けることが重要になる。というのはわれわれの現在の有する歴史の深さへと連れ戻されるどの視線も、われわれの内に今日用意されているわれわれの概念的地平の意識を深化させるからである。現代芸術の解釈のために喚び出したい哲学思想の三人の証人が再度存在する。すなわちカント、アリストテレス、そして最後にピタゴラスがそれである。

まず最初にカントに向うが、その根本理由は、カーンワイラーや絵画の新たな革命に随伴してきたあの美学者たちや芸術著作家たちすべてが、新カント派的な流行哲学を越えて、何らかの仕方でカントへと通ずる路に突きかえされるというだけでなく、今日に至るまで哲学の側からも、カント美学を対象を欠いた絵画の理論のために利用可能であるとする試みが持続するからである。[4] カント美学が提供する出発点は、或るものを美しいと価値判断する趣味は、関心のない適意《ヴォールゲファレン》なるものである〔『判断力批判』§2〕というだけではなく、概念のない適意でもある〔『判断力批判』§6〕ということである。このことは、対象の一定の表象が美しいとわかるとき、対象の理想なるものが価値判断されるのではないということを、言っている。だからカントは、われわれに一つの対象の表象が美しいと呼ばせるものは、本来何であるのかと問うのだ。彼の答えは、もし表象がファンタジーと悟性の間の自由な遊戯において、われわれの精神力の生気づけを喚び起すならばというのである〔『判断力批判』§9〕。われわれの認識諸能力のこの自由な遊戯、美の眼差による生の感情のこの生気づけは、美の対象的内容のいかなる理解でもなく、一つの対象のいかなる種類の理想をも意味してはいないと、カントは教えている。当然の帰結だが、カントはこの思想をまず第一に装飾において例証している〔『判断力批判』§14〕。というのは人が呈示されたものの概念的内容を考えない（たとえそれが認識できるとしても）ということが、装飾の場合ほど明瞭なところはないからである。その寝室にあって壁紙に一定の対象を無限の反復において（彼らの妄想を伴なうために）認識させられる、子供たちのことを考えさえすればいい。良き装飾がそのような種類のものを本来的に禁ずるということは疑いえない。装飾的な気分随伴という仕方で生活空間を飾るはずのものは、自身で自身に惹きつけることは許されない。

さてしかしながら、カントの『判断力批判』から装飾美学を読み取ることは、まちがいである。これはカントの芸術理論の本来的意味ではない。まず第一にかつてカントは常に、まずわれわれが或るものを美しいと思う場合に、それは本来的にいかなることであるのかと問うとき、眼中には自然美を捉えている。芸術美の場合は、彼にとっては美的な問題のいかなる純粋な場合でもないのだ。というのは芸術はもちろん、悦ばせるために作られるからなのである。同様に芸術作品は、常に一つの知性化された仕方でそこにある。すなわちそれは絶えず、可能的には理解する契機というものをその内に共有している。もちろん美術は、われわれの人倫的悟性によってそのものとして尊重される概念あるいは理想の、規則に適った呈示であるはずはない。むしろ芸術はカントにとっては、それが天才の芸術であるということによって、すなわち無意識的で自然からインスピレーションを受けるごとき能力、それは意識的な規則が適用されることなしに、そのさい芸術家はそれをどのようにして作るのかと言うことすらできずに、模範的な美を創り出す能力なのだが、そうした能力から生じて来るということによって正当化されるといった具合なのである。このように天才概念――そして装飾の「自由な美」ではない――がカントの芸術理論の本来的基礎を作り上げている〔『判断力批判』§45, 46, 47〕。

しかしながらその天才概念自身が、今日怪しいものとなっているのだ。内的参加をもって新芸術に随伴する人に、天才的産出の夢の如き夢遊症的確実性というお噺しを、真に受ける用意のある人はもはや誰もいないし、ほとんどまったくいない。今日われわれは、画家が画布においていかなる冷静さと内的明晰さをもって、自らの試みと経験を顔料と筆とでなすのかということ、しかしそれにもかかわらず結局は自らの精神の緊張を通してなすということを、知っている——そして私はそれが常にたしかに真実であったと思う——。したがってわれわれがカント哲学を現代絵画に直接に適用しようとするとき、用心深くなくてはならないだろう。

さて私は、擬古典主義的そして反擬古典主義的なあらゆる偏見にもかかわらず、模倣の擬古典主義的理論の主《クロ》要証人《ーンツオイゲ》、つまりアリストテレスに、現代芸術に生起していることを考える上で彼がわれわれを助けてくれるということで、新たに語らせたいと思う。というのは、ミメーシスという彼の根本概念は、それが正しく了解されるということになると、基礎的明証性なるものを有するからなのである。そのことをみるためにはわれわれはまず次のことを確認しておかなくてはならない。すなわちアリストテレスが自らの思想を形成したのは四世紀、つまりギリシア絵画の時代だったが、アリストテレスはその言葉のより広い意味でのいかなる現実的な芸術理論も展開しなかったし、造形芸術の理論なるものを展開したこともほとんどなかったということをである。彼の芸術理論をわれわれは真実彼の悲劇の理論、すなわち同情と恐怖を通してこれらの情緒からの純化が結果するとする、カタルシスにかんする周知の説〔『詩学』六章四九B二八〕からのみ知るのである。このことは悲劇のミメーシスの秘密であろう。したがってアリストテレスが模倣、すなわちミメーシスという概念、われわれがプラトンの詩人批判の見出語として知っている概念を使用すること〔特に『国家』第一〇巻〕は、悲劇を顧慮して起るのである。その概念はアリストテレスにあっては、一つの積極的で基礎的な意義を獲得する。

この概念が詩芸術一般の本質にとって通用するはずであるということは、公然たるところであるし、アリストテレスはそのさい造形芸術をも、特に絵画をアナロジー的に横目で睨んでいる。彼が芸術はミメーシスである、すなわち模倣であると言うとき、彼はいかなることを言っているのだろうか。彼はこのテーゼのために、まず模倣することは人間の自然的衝動というものであるということ〔『詩学』一四四八b六〜七〕、模倣にあって人間の自然的喜びがあるということ〔『詩学』一四四八b八〕を引合いに出している。この関連で今や現代人の内に批判と抵抗を喚び起している言表に出会うのだが、しかしアリストテレスの場合には純粋に記述的に、すなわち模倣における喜びは再認識の喜びであるというふうに、言われているのだ。(一) こうしたことが言われる連関が一つのまったく民族特有のそれであるということは、公然たるところである。アリストテレスは、子供たちはそのような事柄を喜んでするということも引合いに出している。(二) 再認識にあっての喜びなるものは扮装の喜びにおいて、特に子供たちの場合に観察される。もちろん子供たちにとって、自分たちが扮装した当のものと見なされないことほど侮辱的なことはない。模倣において再認識されるはずのものは、したがって、扮装した子供どころではなく、むしろ呈示される人なのである。このことがあらゆる物真似的な態度や呈示における大いなる衝動である。再認識は、或るものが物真似的な態度を通して現前化され、現存するということを証言し、確証する。われわれが呈示されたものの再認識においてオリジナルなものの同化や相似の程度に注目すべきだということは、物真似的な呈示の意味ででは決してない。

　であるからこのことはもちろん、諸芸術に対するプラトンの批判において、読まれなければならない。芸術は、それが一次元以上に真理から隔っているという理由で極めて批難されるべきものである。言うまでもないことだが、芸術は事物であるものをもちろんただ模倣するにすぎないということになる。諸事物それ自身はしかしながら、同様にそれらの永遠的形相、それらの本質、それらのイデアの単に偶然的、偶発的な模倣である。したがって芸術は三重に真理から隔っている、すなわち模倣の模倣なるものであり、巨大な隔りを通して常に真実なものから切り離されることになる〔『国家』第一〇巻五九七—八〕。

　このことは極めてアイロニー的、弁証法的に考えられているプラトンの一つの説であり、アリストテレスは意識的に正常化することでそれに関係している、と私は信じている。彼はプラトンのこの弁証法的な思想を踏み台にしようとする。というのは模倣の本質がまさしく次の点、すなわち人が呈示するものにおいて呈示されるもの自身をみるということにあるということは、まったく疑いえないことだからである。呈示は、一般に人が呈示されたものが「現実の」ものではないということを反省することがないほどにまで、真実で、実感的であろうとする。呈示の呈示されたものからの区別ではなく、無差別、同一化は再認識が真なるものの認識として遂行される仕方なのである。その場合本来的に再認識とはいかなることなのだろうか。再認識とは、かつてすでにみた事象を今一度みるということではない。私がすでにみた或ることを、それをかつてすでにみたということに気づかずに今一度みるときには、それはたしかに再認識ではない。むしろ再認識とは、或ることをかつてすでにみられたものとして認識するということである。しかし、この「として《アルス》」の内にまったくの謎が伏在している。私は回想の奇跡ではなく、その内に隠されている認識の奇跡のことを言っているのだ。というのは或る人を再認識する、あるいは或るものを再認識するとすれば、そのとき私は再認識されたものを、当時の偶然性からと同様今の偶然性から解放されたものとしてみるからなのである。再認識の内にはみられたものを、かつてーみたということと再度ーみたということとの偶発的な状況によって濁らされることのない存続しているもの、本質的なものを目指してみるということが伏在している。このことが再認識を構成し、こうすることで再認識は模倣の喜びの内で作用するものとなる。したがって模倣において可視的となるものはまさしく事象の本来的本質である。このことは、どの自然主義理論からも極めてかけ離れているものだが、しかしどの古典主義からもかけ離れている。このように自然の模倣は、模倣が自然の背後に、それが模倣であるという理由で残留していなければならないということを、含意してはいない。われわれもまたミメーシス的なものと呼んでいるもののことを考えると、アリストテレスが意味していることを最もよく了解することは、疑いを容れない。芸術にあってミメーシス的なものはどこで出会われ、どこにおいてミメーシス的なものは芸術なのだろうか。今やそれはとりわけ劇場においてなのだ。しかしただそこだけではない。人形の再認識のような事柄をわれわれは、例えば謝肉祭といったどの民族的な祝祭においても体験する。そのとき各人は呈示されたものの認識において歓呼するし、自明のことだが、宗教的行列や神像あるいはシンボルを担ぎ廻ることは同じミメーシス的要素を有している。したがってミメーシス的なものは、祝祭的な関連においてであれ、世俗的なそれにおいてであれ、直接的な呈示遂行にさいして本来的に現存している。

しかし再認識の内にはなお或るそれ以上のことが伏在している。ただ単に一般的なもの、いわば存続的な形体がそれの出会いの偶然性から純化され、可視的となるだけではない。このことの内には、人がはっきりとした意味で自己自身を自身で一緒に認識するということもまた、伏在している。あらゆる再認識は昂まる馴染み深さ《フェアトラウトハイト》の経験であるし、われわれの世界経験のすべては究極のところ、われわれがこの世界との馴染み深さを築き上げる手段であるところの諸形式なのである。芸術が、たとえそれがいかなるものであれ、再認識とともに自己認識がそしてそれによって世界との馴染み深さが、いっそう深められる場所としての再認識の一形式であるということは、アリストテレスの説を徹底して適切に語っているようにみえる。

しかしながら現代絵画が、馴染みの世界における自己－再認識というこの課題に何を寄与することができるのかということを、人はふたたび狼狽して自問する。再認識は、アリストテレスが思っているように、結びつける伝統なるものが存立し、それにあって総ての人が互に了解し、彼らが自己自身に出会うということを前提にしている。このものはギリシア的思惟にとってはミュトスである。ミュトスは芸術的呈示の共通の内容であり、それの再認識は、世界と自己の現存在とのわれわれの馴染み深さを、たとえ同情と恐怖においてであれ深める。ギリシアの劇場での身の毛のよだつ経過においてわれわれの眼前に起る「そは汝」ということの認識、再認識におけるこの自己認識は、ギリシア人の宗教的伝統の全世界によって、彼らの神々の天界と英雄伝説と彼らのミュトス的・英雄的過去から彼らの現在の日の導出とによって、担われていた。このことはわれわれにとっていかなることとなのだろうか。キリスト教芸術もまた、避けることができないといった具合で、一五〇〇年来このミュトス的な表現力を失なってしまっている。現代芸術の革命がはじめてではなく、すでに偉大なヨーロッパの最後の様式、すなわちバロックの終末は一つの現実的終末――西欧の伝統の自然的造形性の、キリスト教的告知と同様そのフマニスムス的遺産の終末――をもたらした。たしかに近代の観客もまた――彼がこの遺産について知っているかぎりではあるが――依然としてそのような諸形象の対象を認識する。たいていの現代の諸形象の内にも――そこで再認識され、了解されるものが、たとえ単に断片的な動作であり、多くのことを意義づける歴史ではもはや決してないとしても――或る認識されるべきものが残っている。その限りでミメーシスの古き概念には、或る真実なるものが残っているようにみえる。現代的形象の構築においてさえ、識別できぬものへと舞い上る有意義な諸要素から、われわれは今なお或ること、すなわち馴染み深さの最後の残滓を予感し、そして一片の再認識を遂行するのだ。

しかしこうしたことはなお持ち堪えられるだろうか。われわれは直ちには自説を撤回せず、ここ眼前にある本来的像が、それの純粋に対象的な模像性に目をやりながら人がそれを読みとるときでさえ、了解されないということを洞察するのだろうか。現代の諸形象が話す言語はいかなる種類の言葉なのだろうか。さて動作をその意味透明化にあって瞬間的に照らし出し、ために動作をふたたび不明瞭にしてしまう言語というものは、了解不可能な言語なのだろうか。そのような諸形象の言語には、意味の言表というよりは意味の拒絶が伏在しているようにみえる。模倣と再認識は挫折に至り、そしてわれわれは途方に暮れたままに取り残される。しかし恐らく、ミメーシス、並びにそれとともに与えられる認識が、なおいっそう一般的な意味で把えられた一概念にあって、現代芸術にもまた通用する鍵を見出すという試みに私が向うことになれば、アリストテレスからピタゴラスに更に一歩戻ることになる。そのピタゴラスは、当然のことながら、歴史的人物としてのピタゴラスではなく、その説をわれわれがひょっとして所有しているか、再構成できるピタゴラスである――ピタゴラスの研究は、存在するもののうち最も議論のあるものに属する。しかし正道にわれわれを連れ戻すためには、誰もが疑えない二、三の事実で充分である。

プラトンは、事物はイデアを分有しているという自らの説によって、ピタゴラス主義者たちがすでに教えていた或ること、すなわち事物は模倣、すなわちミメーシスであるということのためにただ言葉を変えただけだ、とかつてアリストテレスが言ったということが〔『形而上学』一巻六章〕これに含まれている。そこで模倣ということで考えられていることをその関連は教えている。というのは明らかに、宇宙、われわれの蒼穹そして同じようにわれわれの聞く音の調和は、この上なく驚異的な仕方で数の関係、すなわち偶数の関係において呈示されるということの内に伏在している模倣が、問題となっているからなのである。弦の長さは一定の関係の内にあるし、しかも音楽的でない人でさえも、その内に或る魔術的な力なるものを有しているようにみえる或る厳密さがあるということを、知っている。この純粋な間隔の関係がおのずから秩序づけられるかのようであり、楽器の音響における音はまさにその本来的な現実に達することに憧れるかのようであることは本当であり、そして純粋な間隔が鳴りはじめると、はじめて真にそこにある。さてわれわれはアリストテレスとともに――プラトンに反対して――この憧れではなく、憧れの達成がミメーシスと言われるということを学んで来た。その内にはわれわれが「コスモス」と呼んでいる秩序の奇跡が現存している。ミメーシス、模倣そして模倣における再認識というそうした意味は、私にとって今や現代芸術の現象をもさらに一歩進めて思惟しながら了解するためには、まったく充分であるようにみえる。

ピタゴラス説に従うと、模倣されるものはいかなるものなのだろうか。数だとピタゴラス主義者は言った。そして数の関係である。しかしながら数なるものはいかなるものであり、数の関係というものはどのようなものなのだろうか。疑いもなく、それは可視的ないかなるものでもなく、ただ精神的に把握されうる関係性というもの、数の本質の内に位置づけられているものである。そしてミメーシスと呼ばれる、純粋な数の保持を通して可視的なものにあって可能になるものは、音の秩序、すなわち音楽だけではない。むしろそれはピタゴラスの説によると、蒼穹の、われわれに周知の驚くべき秩序でもあるのだ。それにあって、われわれは遊星がそのさい呈示する無秩序を除外して、というのは遊星は地球のまわりにどのような規則的な回転も遂行するようにはみえないからであるが、万物は絶えず同一の秩序において還帰することをみる。音の音楽の秩序と天体の音楽の秩序という、秩序のこの二つの経験と並んで、今や第三のものとして魂の秩序が登場する――恐らくこれもまたすでに、音楽は祭祀に属し、このようにして魂の「浄化」に役立つという古ピタゴラス的な思想なるものである。純潔の規則と魂の変転の説とは明らかに共属し合っている。したがって模倣のこの最古の概念に含意されているものは、三つの秩序の表示、すなわち世界秩序、音楽の秩序そして魂の秩序である。さてこの秩序が数のミメーシス、すなわち数の模倣に依存しているということは、いかなることを意味しているのだろうか。ところが、これらの現象の現実を作り上げているものは数であり、数の関係であることは明らかなところである。それはすべては数にかなった厳密さを求めるということではなく、すべてにおいてこの数秩序が現存するということなのである。この数秩序にあらゆる秩序が依存している。ポリスにおける人間の世界の秩序をも、調の音楽的秩序の保持と浄《ラインハルト》持《ウング》の上に基礎づけたのはプラトンだったのである〔『国家』第三巻〕。

　ここで私はすべての芸術において――その最も際立って法外なものにおいてさえも――秩序は経験されないのかどうかということを結びつけて、問いたいと思う。現代芸術によって経験可能となる秩序は今や、もちろんのことながら、もはや自然秩序や世界構造の大いなる模範とはいかなる類似性も有してはいない。それはまた、ミュトス的内容において解釈される人間的経験なるもの、あるいは馴染みの、愛すべきものとなった事物の現象の内に具体化された世界なるものを、もはや写さない。こうしたものはすべて地に堕ちつつある。われわれは現代の産業世界の内に生きている。この世界は可視的な形式の典礼《リトウス》や祭祀《クルトゥス》をわれわれの現存の隅に追いやってしまっただけではなく、それを越えて事物というものを破壊してしまっている。この確認の内には往時ノ讃美者 laudator tempori acti なるものの慨歎的な態度は何も伏在しているはずはない――それは、われわれの周囲でみられる、そしてわれわれが阿呆でなければ、受け入れざるをえない、現実についての一言表である。しかしながらこの現実にとっては、われわれが交際する事物はもはや何も存在しないということが適切である。いかなるものも、それが思うままにしばしば――このモデルの生産が中止されるまで――製造されるので、人は思うままにしばしば買うことのできる品物である。現代の生産と消費はこうである。人がこれらの「事物」をただ依然として流れ作業で製造するということ、人はそれらをただ依然として大量に投資された宣伝によって売るということ、そして人はそれを壊れたときには捨ててしまうということ、こうしたことはまったく事実に即したことである。だが事物の経験は、こうしたことにあってはわれわれにはなされない。それらにあっては代替可能性から遁れるものは何も、いかなる一片の生も、いかなる歴史の一部も、もはや現存するものとはならない。現代世界はそのようにみえる。それにもかかわらずわれわれの造形芸術においてもはや現実的でなく、われわれをもはや変わることなく取り囲まず、われわれに何物も意義づけることのない事物が、その造形芸術を通してわれわれの世界とわれわれがふたたび馴染みとなるかのように、再識認に差し出されるということを、思惟するいかなる人が期待することができるだろうか。しかしこうした現代の絵画、彫刻によっても、まさにこれが消え行く馴染み深さというものを真似ないということで——建築にかんしてもまたこの関連で多く語られるだろうが——自己の内に永続し、代替不可能な像が創られないということを、以上のことが意味することはまったくない。どの芸術作品も依然として、それが現存することで、秩序が全体的に照し出され確証されるところの以前と同様の事物であるが、恐らくその秩序は馴染みの諸事物を馴染みの世界に統一したわれわれの秩序表象と内容的に一致するものでは決してない。だが秩序づける精神的エネルギーの絶えず新たで強力な傾注《アインザッツ》なるものが、そうした秩序表象の内にはある。

それ故、結局、或る画家とか彫刻家が対象的あるいは非対象的に仕事をするか否かということは、どうでもいいことである。われわれがそれにおいて精神的な秩序づけのエネルギーに出会うかどうか、あるいはわれわれの教養のあれこれの内容においてだけ想起させられるかどうか、あるいはまさしくあれこれの芸術家において想起させられるかどうかということだけが、関心を惹くことである。というのはこうしたことは事実、一つの作品の芸術価値に対する異議だからなのである。しかし作品というものが、それの呈示するあるいはそうしたものとして自らを呈示するものを、新たな形式化というものへ、新たなちっぽけなコスモスなるものへ、自身の内で緊張させられたもの、自己の内に統一されたもの、自身の内に秩序づけられたもの、こうしたものの新たな統一なるものへと高めるかぎり、それは芸術なのである。このような芸術は、それにあってわれわれの教養内容やわれわれの環境世界の馴染みの諸形体が語るものとなりうる、あるいは純粋なピタゴラス的形式《フォルム》の調和や色彩の調和のまったくの沈黙にもかかわらず、根源的馴染み深さ以外の何物も呈示するに至りえない、そうした芸術である。このようにして冒頭で展開された諸範疇、すなわち表現、模倣、記号を内に含んでいる一つの普遍的で美的な範疇を提案すべきであるということになれば、私はミメーシスという最古の概念、すなわちそれをもっては秩序の呈示以外のいかなるものの呈示も意味されていない概念を話の糸口にしたいと思う。秩序の証言――どの芸術作品も、たとえ自身を次第にますます均一的なもの、一連のものへと変化させているわれわれの世界においてもなお、われわれの生の現実を作り上げている精神的な秩序の力を証言するかぎり、この証言は以前からそしてその時々に妥当するようにみえる。芸術作品においては、われわれが現存することによってわれわれみながすること、すなわち世界の絶えざる構築が範例的に生起する。それは秩序の担保なるものとして慣れたものや馴染みのものの崩壊していく一つの世界のただ中に立っており、人間の文化を担う保障と保持のあらゆる諸力は、芸術家の行為と芸術の経験において範例的にわれわれに立ち現われること、すなわちわれわれを崩壊させるものを繰返しわれわれが秩序づけるということに、恐らく依拠している。

＊　マンハイム芸術協会にて一九六六年に為された講演による本文。一九六六年の ,Zeit' には当表されず、本書で初めて発表。

(1)　A. Gehlen が為すように。原著二一八頁以下。

(2)　Fubini の教えるところ多い小著 *L'estetica musicale dal Settecento a oggi* (1964) 参照。

(3)　Kahnweiler の著作中のホアン・グリに対するピカソの批判的所見参照。

（4）　例えば、Kant Studien (1958) 中の Walter Bröcker 参照。

訳者註

（一）　「模倣における喜びは再認識の喜びである」ということは恐らく、アリストテレスの『詩学』一四四八b一五～一七「……事実、これらの人々が写生画などを見て喜ぶのはそうした写しを見つめることが原物を学ぶことになり、また、例えば、ものを見て、あれがこの絵のようなものであるという風に、それぞれ何であろうかを推論することにもなるからである」の箇所だろう。ここではっきりと再認識の喜びとは言われていない。因みに再認識《ヴィーダーエアケネン》――岩波版『詩学』の訳者今道友信によるとヴィーダーエアケネンに相当するアナグノーリシスを発見的認知とより解釈的な訳となるが――に関しては「……発見的認知というのは、恰もこの言葉が示す通りで、知らずにいて何も認めもしない状態から何ごとかを発見して認め知る状態へと意識が転換することであり……」（一四五二a三〇～三二）と言われ、それは物語りの筋をつくる一要素と解されている。したがってアナグノーリシスは観客のそれが直接に言われているのではなく、登場人物のそれが問題となっている。

（二）　これに相当する箇所は『詩学』一四四八b五～六「……すなわち先ず模倣《ミメスタイ》して再現することであるが、これは子供の頃から自然に備わった本能であって……」（今道訳）と思われる。

四　ヘルダーリンと未来的なもの*

一九四三年という年はフリードリッヒ・ヘルダーリンの死後一〇〇年の帰還をもたらした。このきっかけから彼は公共の関心の対象となったが、この関心とは、民族の心情の内に生きている模範をただひたすら深く見出すことができるといったものである。もちろんこの関心には或るまったく独特なこと、すなわち嫉妬深い防衛をその内に伏在させているということがある。この記念日が一般的意識に喚び起すものは、その更新が意味をもつ栄誉というものではなく、その確認に意味がある誇りでもなかった――それは、一〇〇年間死んでいた者の如くにではなく、今日なお生きている者の如く、情熱的な若人に愛される詩人に与えられることが認められる、今なおまったく若々しい栄誉である。各人は彼を自分自身のために、シュワーベン人はシュワーベン人だけを、ドイツ人はドイツ人だけを、引きとめたいと思っている。とはいうもののこの詩人は今日では、あらゆる国の若きエリートの新たな思いがけない所有として、彼らのものである。しかしなおわれわれは、彼の内にいかなるものを有するのか、ということを正しくは知っていない――その点では彼はわれわれの現在の詩人の如くである。シラーに対するわれわれのかかわり、もちろんゲーテに対するそれも――そうしたかかわり方に、この新たな情熱的偏愛はどのようにマッチするのだろうか。以前の世代が詩人ヘルダーリンについて有していた像は、通用しないものとなっている。とはいえ彼にあってはいかなるものも、たとえそれが最高の評価であっても厚かましいとはみえないといった具合にあらゆる尺度が混乱する恐れがあるのだが、その彼は一般にどのようにしたら測られるのだろうか。彼自身、最高の人、シラーやゲーテに匹敵しようとする燃えるような栄誉欲なるものに焼き尽されていた。彼の死年一〇〇年経った今日、この厚かましい栄誉欲は充たされたかにみえる。ドイツの舞台でさえも、このあらゆるものの内もっとも舞台から疎遠なものを、新たな希望を獲ようとするかのごとく需めるし、彼のもっとも謎めいた作品についての解釈者の努力は、見渡せないほどである。

こうした経緯を了解するためには、人は彼の作品の歴史とその影響の歴史を念頭におかなければならない。狂気の影が彼を覆ったとき、この狂気の夜に彼はなお四〇年の長きに亘って生きなければならなかったのであるが、彼の作品は自己完結した形体というものに到達していなかった。ほんのわずかなものが書物の形式で現われていただけであるし、精神錯乱前の最後の年の偉大な抒情詩の主要作品は、一部は一般に知られず、一部は年鑑や手帳に分散されていた。このように彼は、彼本来の本質ということでは、知られぬままになっていた。人は、すでに馴染みの表象世界に彼がマッチするかぎりで、彼を取り上げ、受け入れた。人は彼の内にロマン的詩人精神の高貴な表現なるものをみた。彼の詩は、ノヴァーリスのそれのように、一つの類似的なキリスト教・ゲルマン的歴史感覚が詩的に言い表わされている、一人の早熟な者の記録として尊重された。ヘルダーリンをはじめて大詩人たらしめる新たなもの、唯一無二のもの、それを今日われわれは彼において崇敬するのだが、そうした新らしく唯一無二のもの、彼の言語の力、自らの世界に対する認従は、不可視的で了解されないままだった。さらにその詩人の狂気が絶えず、同時代者の遮蔽の原因たりえた。感動と絶望の内にあって完全なるものに向う無制約的な意志、低き現実にぶつかって悲劇的に挫折するに至る意志なるもののエポスである、彼のヒューペリオン・ロマン以上に、ヘルダーリンの抒情詩の主要作品が、この詩人の一般的な像を規定することは少なかった。たしかに全世紀を通じて物言わぬ一群の秘やかな、その詩人の友人たちがいた。こうした一群に、例えば若きフリードリッヒ・ニーチェが混っていた。しかしながら、一般の意識は彼を取り上げることをしなかった。一九世紀の終る頃に文献学的研究の熱意によって、ヘルダーリンの詩のわれわれの所有が増そうとしはじめたということがあったとしても、それにもかかわらず第一次世界大戦の直前にノルベルト・フォン・ヘリングラートがヘルダーリンの抒情詩の大半を手稿から回復させたとき、それは一人の新らしい詩人の発見だった。そのことは詩的なものに対する新たに開発された感受性なるものをもって生じた。ヘルダーリンの偉大な作品出版にかんしてわれわれが恩を受けている若き文献学者〔前記ヘリングラートのこと〕がその許を離れてやって来たその人は、詩人シュテファン・ゲオルゲだった。それ以後ヘルダーリンは絶えず高まりいく影響をドイツの青年に及ぼして来ている。このように彼は死後一〇〇年にして偉大なる者の内もっとも偉大なる者に算えられるということになったのである。彼の作品の新たな大刊行は一九四三年という年に現われはじめた。

　ここで眼前に起っていることは、近代の精神史のうち唯一無二の経過なのである。それはおよそ一世紀の間しまわれていた作品の歴史である。古代文学史から知られるような伝承の乏しい時代にあっては、この点にかんして何も特別なものはないであろう――しかし、保存と伝承がその歴史《ヒストーリッシュ》学傾向の好む仕事であった時代において、このことが遂行されたのである。精神の睡眠と覚醒を支配するものが歴史《ヒストリー》学ではないということは、何とわれわれには教訓的ではないか。ヘルダーリンの作品を見舞ったものは、実際真正の覚醒なるものだったのだ。それは文筆稼業とか文献学者の仕事ではなかったし、またないが、同様に単なる流行の事柄でも（こうしたことは何も大切にしないし、このことをも大切にしなかった）決してないし、教養の単なる自尊心のそれでもない――われわれの時代の大詩人、すなわちゲオルゲとリルケ（もっと取るに足らぬ生存者のことについてはまったく言わないが）は、ヘルダーリンの詩——充分には理解されていないが——が絶対的現在であるのに比べて、すでにわれわれを歴史的気分にさせ始めているということは、まさに驚くべきことである。

われわれは、このようなことがどのように可能であるのかという問いを立て、この問いをもって哲学的思索というものの内に入り込む。というのはわれわれにとってわれわれの現在とはいかなるものであり、われわれにとってヘルダーリンはいかなるものであるのかと、両者がわれわれにこのように一つのものになるという仕方で、われわれは問うからである。現在をこの数十年の世界史的単位と規定し、それがヘルダーリンの上昇が遂行されるまさにその数十年であることに想いを致すと、一方が他方によって照し出されるということに望みをかけることができる。特に自分にとって現在がいかなるものであるのかということにおいて、われわれにとってヘルダーリンがいかなるものであるのかということが可視的になるということに、望みをかけることができる。

人は、言うまでもないことだが、おのずとこの現在を、それが一つの時代の終りであり、そして——それが歴史的生成の本質に属するといった具合に——それをもって一つの新たな時代の始まりでもある、ということを知っている。そこに到来する時代は様々に、すなわち社会主義的な時代として、自己自身に味方する力の時代として、地球支配のための闘争の時代あるいは世界戦争の時代としても——あるいはこの時代の始まりは観念論の瓦解ということで、このことは理性の根源的で自立的な支配への信仰の終末ということを言おうとしているのだが、特色づけられ得るし、あるいはそれは、精神の本来的にブルジョア的形体としての教養の終末ということで特色づけられうる——いずれの場合にも、現在の自己意識は以前の諸世代がみずからを了解する時のよすがとなった保証付きの構造を欠いている。新たな不確実性というもの、われわれを襲う運命に対する新たな直接性というもの、不確実なものへの勝手な遺棄ということ、こうしたことはどのようなヒロイズムのパトスも、英雄的ニヒリズムというもののパトスさえも撥ねつけられてしまう、まさにそうした世界の内においてさえ存在する。

ヘルダーリンの詩的本質において、いかなることがこの現在意識に立ち現われてくるのかと問われると、歴史学的思索は、一般的時代意識における類縁の諸特徴を確定したいと思うだろう。歴史学的思索はヘルダーリンの時代もまた転換の、解消と期待の一時代であったということを思い出させるだろう。フランス革命はヨーロッパの社会秩序に強力な震撼をもたらした。それはわれわれの現在にまで達する革命の世紀というものの始まりだった。それによって驚愕と同様期待の内に、一つの新たなエポックの閾に立っているという意識が、はじめて止めどもなく成立することになった。われわれの現在意識はほとんどこの意識の完結といったものの如くにみえる。

一般的な時代意識におけるそのような諸特徴だけでは、われわれの時代にあってのヘルダーリンの特別の影響力を説明することはまだできない。彼はもちろん、彼の偉大な同時代者とそうした影響力を分ち合ってはいない。シラーやゲーテのまさしく古典的な評価に対して、ヘルダーリンの影響史は、われわれの精神上の系図の上での或る変位といったことを、大略意味している。ヘルダーリンはたしかに今日でも、われわれの古典的詩人よりもわれわれの民族的教養内容という点では劣っているが、まさしくそのことによって彼はほとんどそれ以上なのである。彼はわれわれに別の、比較不可能な仕方で語りかけてくる。シラーやゲーテと同様彼がわれわれの教養引用句辞典に寄与し得るといった考えというものは、それ自体或る不可能なものを有している。ヘルダーリンの作品から、詩的伴奏や説明が取り出されうる、ありそうな生活状態は何も存在しない。彼はいかなることにおいてもわれわれを確証したり、あるいは保証したりすることができず、むしろわれわれを出入り自由なもの《ダス・オッフェネ》へと強制する。ゲーテの造形芸術家的な自足、あるいはシラーの圧倒的な言葉の力を具有する熱狂に対して、彼の作品と本質は、それが告知している強制力にそれが曝らされることになる直接性によって、まごうことなく規定されている。これらの強制力のもとで故国に対する愛が一つの究極的で最高の詩的経験としてその詩人のものになったために、古き明朗な形式の愛国的感覚や告白が一つの新たな運命意識にとって過去のものとなってしまっているところの世代の意識における特別の反響なるものが、彼に保証されることになる。

ヘルダーリンの直接性は現代に対する直接性というものである。彼の本質の根拠は彼の歴史意識《ゲシヒツベプストザイン》によって規定されている。彼はかの歴史意識、すなわちわれわれが歴史学的《ヒストーリッシュ》な意識と呼ぶところの、そして過去の遺産であるという意識が歴史的展開の際限のない連鎖の単なる一齣にすぎず、みずからもっぱら没落しつつ現存するという別の意識と結合するところの歴史的意識によって、捉われていないかのようだ。ヘルダーリンの歴史意識はむしろ、現在の意識、自らを現在によって確認する未来《ツークンフト》の意識である。過去のものは、人間と同様時代も、彼にとってはわれわれに定められた運命の出来事の徴しなのである。われわれの詩人たちの他のどの詩人も、彼のように未来の現在《ゲーゲンヴァルト》によっていわば吸い込まれたことはない。未来は彼の現在であり、そのことが彼が見、そして詩的に告知していることなのである。

夜が彼には彼の歴史意識の詩的表現となるということが、このことにとって特徴的である。というのは夜は深い両義性なるものをみずからの内に有しているからなのである。たしかに夜の到来はせわしい昼の終りである。暗闇はわれわれを取り囲む事物からなる整頓された秩序を取り上げ、取り去り、道を隠蔽する。しかしそれがこのように世界の現在を閉じ込めることによって、同時に昼の光と喧騒の内に隠されたままになっていたもの、すなわち遠くの弦の響き、鐘の響き、噴泉のざわめき、花壇の香りといったものに対する人間の感覚を開き、これらすべてのものをもって「人間の祈る魂」を動かす。このように不朽の「パンと葡萄酒」の第一節は夜の開示的

幕明けを描写している。すなわち、

町は静かにやすらっている。ひっそりと街路に灯はともり、
松明《たいまつ》をかざして馬車はときに音立てて過ぎる
昼の喜びに満ち足りて人々は家路につき、
抜かりのない商人はわが家にくつろいでその日の
損益を思いはかる。忙しかった広場には
いまは葡萄も花も手芸の品々もない。
だが遠くの園からは絃のひびきがきこえてくる。おそらくは
恋するもののすさびであろうか、それとも孤独な者が
遠い友らを　また若い日を　偲んでいるのだろうか。噴泉は
絶えまなくほとばしって、匂やかな花壇を濡らしている。
静かに暮れすすむ空にはいま打ち鳴す鐘がひびき、
夜警は時の数を告げて過ぎてゆく。
ふと風が起こって林苑の梢をうごかす。
見よ、われらの大地の影像　月もいま
ひそやかに立ち昇る。思念に酔う夜が
満天の星をちりばめてやってきたのだ。われらのいとなみにかかわりなく

この驚嘆すべきものは　人間の世に異郷の客としてかがやき出る。
山々の背から、悲愁をおびて壮麗に。(二)

〔「パンと葡萄酒」1〜18行〕

これらの詩句は、その抒情的な気分の力によって同時代者たちの感歎を惹き起したし、「夜」という表題で当時(一八〇七)或る文芸年鑑に印刷された。しかしながら真実それらは、あらゆるものを神秘的な秘密へと解消する夜、ヘルダーやロマン主義者が心に懐いていたような夜に対するかの熱狂的な感動という関連には属してはいない。これらの詩句は一つの偉大で深遠な詩の第一節で、夜を畏敬する一つの調べであるが、それというのもこの夜が西欧の人間の世界史的な状況のシンボルだからなのである。夜の畏敬とは、古代の神々に充ち満ちた世界からはるかに神なき時代なるものの内に生きる「歴史の夜」、すなわち西欧の夜の運命を意味している。似た仕方でノヴァーリスが彼の「夜への讃歌」の中で夜に一つの歴史的な響きを与えている。しかしながら、彼のキリスト教的思惟は夜の内に昼の明朗な外見に対する高次の真理をみている。夜においてあらゆる本質を欠いたものが沈下し、純粋なもろもろの精神が妨げられることなしに互に結婚するという理由で、彼がそれを敬うように、その歴史的意味もまた、ギリシア人の神々の世界の断念した死の克服を、キリストの内にもたらしたということなのである。これに対して昼と夜の間にある対立はヘルダーリンの歴史意識を、神々の不在という窮乏を通し、そして神的なものによって充たされた昼としてのギリシア的生の対照像において、という消極的な意味で、規定している。この像と対照像においてヘルダーリンが形成したものは、まったく一義的な諸経験である。近代人の神々の喪失は、かの「共同体的尊敬と共同体的所有に対する無感覚」、かの狭い生領域への制限性、特にヘルダーリンがドイツの民族性格の内に認識しているかの「愚かな家庭生活」、すなわち絶えずその利益のみを捜し求め、不信において万人を万人から孤立させてしまう奴隷的精神のことを言っている。これに対して、その詩人は「人間の領域より高次の領域、そは神なり」ということを知っている。天上的なものは、各人を凌駕する共同性として各々に魂を吹き込む、霊感を与える諸力なのである。「いやしい憂いがあらゆるものを強制しているいま、このとき」としてのわれわれの時代には、ただひとりなお愛がより美しい時代の徴しである。愛するものたちの魂においてのみ、生の共同性はなお真実にいきいきとしている。彼らには世界は依然として神的であるが、それというのも彼らは出会われるものすべてを恵み、それは彼ら自身が互に一つの奇跡であるように奇跡的なのだが、そうした恵みとして歓迎するからなのである。このように、その詩人はディオティーマによって、「それは、わたしが神々しく静かにあがめることを知ったからだ／ディオティーマがわたしの心を癒してくれたときから」〔「沈みゆけ、美しい太陽よ……」8～9行〕といったように、変えられ、癒されるのを感ずる。しかしながら不安が支配し、厳正な奉仕を要求するところでは、来る日も来る日も「使用」が、このことは使える役立つものへの絶えざる留意ということなのだが、「わたしたちの魂を欺し取る」ところでは、生は非人間的となり、かくして神的なものがまったく遁れてしまうことになる。それは神々が不在の夜である。

けれども悲しいかな！　われらの種族は夜のなかを歩み、
オルクスのなかでのように、神々《こうごう》しいものを欠いたままで住んでいる。彼らは
自分の営みだけに縛りつけられていて、だれもみなかしましい仕事場のなかで、
自分の声しか聞かず、荒々しくも力強い腕をふるって

たえまなく多くの仕事をしているが、このあわれな者たちの労苦は
さながらフリアエのように、いよいよますます不毛になるばかりだ。

〔「多島海」241行～246行〕

そこから「ヘラスの花咲く子らのもとで」神々の時代の意味が、一つの生として規定されるが、その生は神的諸力の臨在から正真正銘了解され、神々の讃美にあってわれわれが古典ギリシアの壮大な神殿や町々として、祝祭や劇場として愛し、讃嘆する、みずからの生の秩序を打ち建てる生なのである。われわれがわれわれの「厳正な諸概念」をもって蒙を啓く、すなわち道徳的に了解するところの生の繊細で無限な関係のすべてにおける「天上の神々の眼前」――ギリシア人のこの統べ尽す宗教的生了解は、真実「高次の啓蒙」である。それは分別あるモラルなるものの抽象的普遍の内にではなく、共同的に体験される現実の、一つの共同の精神の具体的普遍性の内に存立している。ギリシア人の悲劇や讃歌におけるこの神々の時代の詩的神々しさ《フェアクレールンク》は詩情《ポエティッシュ》の天分豊かな一民族の偶然的特徴では決してなく、神的なものの経験の完結それ自身を特色づけている。「いまやいまや、それを告げるべく花のように言葉は咲き出るのだ。」〔「パンと葡萄酒」90行〕

しかしながら夜は、あらゆる不変なものが生から消え失せるところの神々の不在、窮乏のこの時代のことだけではない。それは同時に、昼の胸中に秘めるごとき追憶の夜であり、昼の還帰の期待である。「すなわち、一つの時代が終り、天日が消えると」〔「ゲルマニア」20行〕、たしかに神的なものと、その形象が姿をみせないものとなる。すなわち、

ただ墓地から立つ煙のように
伝説という金色の雲がその上に垂れこめて
疑い惑うわれらをつつむのだ。

〔「ゲルマニア」24〜26行〕

しかし神々と人間の分離のこの時代は、とはいっても、それらの一体化の追憶を保障する。われわれの神々を失なった世界においても、神的なものについての知がまったく欠けているというわけではない。パンと葡萄酒、すなわちキリスト教的な約束という担保は、「ひそやかにまだそこばくの感謝が生きつづける」〔「パンと葡萄酒」136行〕神々の贈物として詩人に示される。大地と太陽の交響による神々の祝福、われわれを超越する諸力、嵐の内にある諸要素への神々のはっきりとした依存、こういうことはパンと葡萄酒を、今日の者たちにはさもなくば了解されないものとなってしまっている世界経験の一形式の担保として、現象させる。それは喜びにおける世界の経験である。「霊活の気に充ちた喜びを享けるには／人間たちにとっては大きい恩寵は、あまりに大きすぎるものになってしまったからだ。」〔「パンと葡萄酒」134〜135行〕喜びが「霊活の気《ガイスト》」であるということが、喜びの本質なのである。このことは第一に喜びが共同的で、共同性を創ることを意味している。喜びはまず喜びで、次いで伝達もするのではなく、まさしく伝達においてはじめて喜びなのである。というわけで、

……何びとも生を独りで担うことはなかった。
分け合ってこそ、この至高のものは喜びとなる、他者との取り交わしをためらわぬとき

一斉に歓呼の声はあがる……

〔「パンと葡萄酒」66～68行〕

しかし喜びは第二に盲目的な気持なるものではなく、共同の所有の内で自己をみるという、歓迎の公開性の内にあり、そして知ることで「霊活の気に充ちた喜び」なのだ。財《グート》において贈物《ガーベ》を認め、敬うという古代の現存在のこの世界経験は、もはや人間の間にはない。パンと葡萄酒のみがこの世界経験のなにがしかを保証すると、この詩人は考えている。ふだんはだが、人間はあらゆるものを人間の利益に絶えず関係づけることに慣れている。しかし利益の精神は孤独にする。自身の有益にかかわるびくびくした不安は不自由に、孤独にする。それは暮れゆく時代の「夜の精神」である。ほかならぬこの状態から、神的なものの告知を保障し次に回すという夕べの国の詩人の職務が由来する。乏しき時代にあって詩人であることはたしかに至難であり、ヘルダーリンは「予感するのは、楽しいことではあるが、苦しみでもあった」〔「ドイツ人に寄せる」17行〕と歎いている。一つの民族が自らと自らの世界を知るよすがとなる言葉は、彼に向って咲かない。「われわれは、しばしば沈黙しないわけにはいかない、聖なる名称が欠けているのだ。／心は高く鼓動する、しかし言葉はそれに随いて行けないのか。」〔「帰郷」101～102行〕しかしまさしくそれ故に、彼の孤独な作業は無駄な行為では決してないのだ。

けれど詩人は（そうおんみに言う）、聖なる夜に
国から国へめぐり歩いた酒神の聖なる司祭たちにひとしいのだ。

〔「パンと葡萄酒」123～124行〕

このことは詩人の任務である。すなわち彼は時代を先唱する者なのである。彼はどのようになるのだろうかということを詠う。追憶は期待に、保障は約束に転ずる。

このことによって、夜は或るもっと広い新たな意味を獲得する。それはかつてあった昼のいくばくかをなお保障する黄昏であるばかりでなく、その陰に精神が休養する黎明、一つの新たな未来がその内で待ち構えている帳でもある。

夕べの国の夜は護持《シヨーネンク》と集中《ザンメルンク》の夜である。神々は今やわれわれから遠くに、「別の世界に」生きている。

……それほどに天上の神々はわれらをいたわっているのだ。
なぜなら、弱い容器はつねに神々を容れることはできず
人間はただときどき神的な充実に堪えうるばかりだから。
生はようやく神々を夢に予感するだけだ。しかし道に迷って彷徨することにも
眠りのそれに似た恵みはあり　窮乏と夜とは人を強くするのだ。

〔「パンと葡萄酒」112〜116行〕

このことは、その詩人の寂しく大胆な精神が昂まっていく洞察、すなわちこの西欧の時代は神々のたしかな還帰を示唆している聖なる夜である、という洞察なのである。

古代の人たちが神の子らを予言して歌ったこと、

それは、見よ、われらなのだ、われら夕べの国の果実のことなのだ。

〔「パンと葡萄酒」149～150行〕

以前の完成稿ではこれに対してこう言われている。

それは、見よ、われらなのだ、われらオルクス、エリュジウムなのだ！

しかしたしかに、これらの詩句は「パンと葡萄酒」の終結節と同じ連関に属している。この二つの稿は相互に照し合っている。一方は人の信じなくなった夕べの国、すなわち影の国でさえも、果実を生むだろうということを、他方は神々が不在のオルクスとみえるものも、真実はエリュジウム、すなわち約束の国であるということを語っている。ここに接続する、のちになされた継続の企て（バイスナーの就職論文「ギリシア語からのヘルダーリンの翻訳」において彼によってはじめて公開された、しかし、私が以下で示すように、正しく解釈されてはいない）は次のように言っている。

すなわち、精神は始源にあっても、源泉にあっても
心なごむことはない。故郷は精神を蝕む。
精神は植民市を愛し、大胆にも故郷を忘れてしまう
われらが花と森の蔭とは慰さむ

生気溢れし者炎暑に枯れ果てんとするがごとき、疲れし人々を(二)

これらの詩句はだがたしかに、「パンと葡萄酒」の最後の詩連と同一の連関に属している。しかしその場合、それらはまたこの連関から解釈されなければならない。したがって、西欧の夜から神の新たな子供たちが蘇えるはずであるという点にその詩人が認識している、かつての約束の奇跡的な実現について、それらの詩句は同じく物語っている。その場合、それらの詩句の意味は次のようでなければならない。すなわち精神は始源、つまりその南の故郷にあっては、安らってはいない。安らえるのは人が自らの宿を有するところなのだ。ところで精神は自らの暑い、疲労困憊させる故郷にとどまることは許されない。だから精神は遁走する。それは植民市を「愛する」、すなわちそれは往時の幸福を大胆にも忘れ、新たに建設すべき故郷なるもの、新たな心安らかさと滞留《ブライベン》の場所を捜す。(2) そしてまったくやつれ果てた人々を喜ばせるものは、不思議にも、われわれの花々とわれわれの森の影である。北方と、それによって支配された時代の薄明は、精神の新たな、今まではただ隠れていた住所である。

夜のこの転釈《ウムドイトウンク》において遂行されることが、西欧の歴史の意味賦与ということであり、このことを知って告知する詩人は歴史の意味の消息通である。彼が西欧の歴史の始源にひそかに動かし移され、歴史の進行について反省させられる(「パトモス」)にせよ、彼が「多様な曲折が動かしてやまない」知る者として、東方からの言葉の道、すなわち、

……インドゥス河から飛来し、

パルナソスの雪の頂きと
イタリアの供犠《ささげ》の丘々の
上空を飛びめぐる……

〔「ゲルマニア」42〜45行〕

鷲の飛行に随い、最後にはアルプスを飛び越え、ゲルマン人をその世界史的使命へと呼び寄せる者であるにせよ、そうなのだ。この祖国の約束において、詩人による夜の新解釈は頂点に達する。まさしくこの窮乏、「四方の王らと民たち」の間でのゲルマン人の無垢で無防備な立場こそが、祖国の選ばれたことの約束を証明する。

おお祖国よ、もろもろの民にいのちを贈るけだかい心臓よ！
母なる大地のようにおんみは無音で堪えしのんでいる
しかもすべての人からうとんじられている……

〔「ドイツ人の心が歌う」1〜3行〕

と「ドイツ人の心が歌う」は始る。「ドイツ人に寄せる」という別の頌歌でも同じく「思想に富んで行為に貧しい」彼らを叱責する者の不満に、「わが民族の精霊《ゲニウス》」への自信が優っている。

このように乏しき時代の夜に孤立させられたその詩人の眼は、ついには新たな現在なるもの、すなわち未来的なものの現在に、開かれることになる。

花咲き栄えるものだけを私は知った。

〔「ドイツ人に寄せる」15行〕

とみずから語らなければならなかった、そしてそれ故に消え失せた栄光の歎きの調べへと追放されたために、苦悩した彼は、徴しを解読する讃歌の歌人となる。それらの徴しの内に未来的なものが告示されている。

……しかしすべてのものの上にいます父が何事にもまさって、
愛することは、揺がぬ文字が
まもり育てられること、そして持続するものが
よく釈きあかされんことだ。
ドイツの歌はその使命に従う。

〔「パトモス」222〜226行〕

パトモスのこの終結において新たな課題が厳密に規定されている。存続するものが未来的なものの徴しと意味に充ちた文字となるように、存続するものを解釈することが重要である。この課題のことをその詩人は、今や「生みの国の天使たち」を歌おうと心に決めるときに、考えている。天使たちは、その詩人が認識する神的なものの証人であり、使者である――とりわけ原始の自然生活の大いなる原文においては。

……しかもわれらはすでに多くの神的なものを
受けたのだ。火はわれらの
手中に授けられた、また岸も海の潮も。
窺い知れぬそれらのもろもろの力は、
人間のはからいを越えて、われらに親しく結びつけられている。

〔「平和の祝い」64～68行〕

人間的な仕方での馴染み深さを——利用と使用という近しい交際にもかかわらず——超え出ること、このことは自然の諸要素を際立たせるのだが、それは諸要素の神性であり、そのかぎりで、それらが「おんみがまのあたり」にあるというまさしくその理由で、われわれには次の教説、すなわちそれらが日常的なものの現在において神的なものに想いを寄せさせ、正しい感謝を促すという教説となる。

……もろもろの河流《ながれ》は岩を嚙んで激し、
嵐は森をどよもしている、そしてそれらのものをひとつひとつ名ざすとき、
過ぎ去った神性はふたたび響きを発するのだ。

〔「ゲルマニア」98～100行〕

しかしさらにいっそう意味深いのは、故郷の風土のはっきりとした諸形姿、特にその河々や嶺々である。というのは河々の流れや嶺々の連なりは、われわれを超えて行く運命の決定の如きものだから。それらはわれわれの現存の歴史的空間を形成し、いっそう意味深長にさらにその空間を越えて、由来と使命という別の意味領域へと指し示す。ドナウ河がいわばわれわれの歴史的想起の道を、先に立って急ぎ東方へと向うときに、そうであるし、ライン河が、発祥の地への同じ衝動の内にあって、阻げられ「ドイツの国土を静かにさすらいながら、自足し」、みずからとわれわれに「おのれにふさわしい運命」を見出すときに、そうである。「それらは、すなわち、言葉となるはずのもの。」ヘルダーリンが、不確実なものを捜し求める人間にかかわり深く現われる単なる漠然とした象徴法なるものではなく、真正の対応という有意味なものを、考えていることは公然たるところである。天と地の継ぎ目と溝渠とは、われわれにとっては運命の徴しなのだが、それというのも、諸民族の歴史と同様、各人の歴史でもある人間の歴史は、自然へと形成されていくかの運命の諸動向に帰属するだけではなく、それ自身一つのそのような運命、すなわち人間と神々の出会いなるもの、神々の歴史の一断片というものだからなのである。ヘルダーリンが西欧の歴史の偉大な男たちにもそのような意義を見出したということ、彼が彼らの内に運命の人、自己自身を充実しつつ、歴史の一つの意味を、すなわち「天の梯子」なるものを作り上げる人をみたということは、疑いえない。

……とはいえ、ひとたび
天上の者たちが、おのれの道を
示すべき垣根や道標を、

あるいはまた浴《ゆあ》みを必要とするような
男子の胸のなかにうごくのだ。
場合があれば、そのときには火のようなものが

〔「しかし天上の者たちが」51〜56行〕

だがしかしこれによって、究極的ですべてを完結する段階は、夜の新解釈において到達される。夜はただ単に窮乏の時代にすぎないだけでなく、未来的なものを暗示する保障と用意の単なる時代にすぎないのでもない。すなわちそれは同時に、持続する根拠であり、形成された昼と現在的に神的なものとの絶えざる共存でもある。

未来的なものからするその詩人の歴史解釈が完結することに光を当てるものは、巨人族のミュトスである。このミュトスには幾つかの断片的にとどまった讃歌の企てが捧げられているが、そのミュトスは後の時代の別の多くの彼の偉大な詩の背景にもなっている。巨人族は、ギリシア神話の神々の敵、オリュンポスの住人の敵手、ヘシオドスがわれわれに物語るテッサリアの壮絶な神々の戦いにおいて打ち負かされ、光のない深淵であるタルタロスに追いやられた、その敵手である。しかし死に往く者どもに火を創り、かくして彼らの自然支配の基礎を築いた、人間の友であるプロメテウスも特にこの巨人族の一員である。そこから、打ち負かされた巨人族の反抗は、神的に統治されていた世界秩序の新たな脅威のいずれにも、また際限のない反神的な人間の支配意志による脅威にもなる。こうしたものは、ヘルダーリンが彼の諸経験の根源から生命を与える、古代の神話的伝統のよく知られた諸特徴である。

その詩人は巨人的なものをどのようにみているのだろうか。根源の忘却と、それから生じて来る「神々とひと

しくなろう」と努める熱望においてみていることは、公然たるところだ。ライン河がドイツの国土を貫いて自らの悠々として、恵みを垂れる道中という静かな運命を引き受けるとき、それはみずからの根源を忘れることのない神々の息子である。これによってライン河は、巨人的なこと、すなわち身の程を知らぬことをするものという対照像を喚び起す。大胆な者どもを選び出すことにおいては、真正の神的起源は告知されたりしない。反対に

なんびとかが神々とひとしくなろうと欲し
ひとしくない身分に甘んじなければ、この熱狂者は

〔「ライン」119～120行〕

その彼に次のような神的裁きはくだる。

……おのれの家をこぼち
最愛のものを
敵のごとくにそしり、父と子とを
家の瓦礫のなかに埋めるべし、と。(三)

〔「ライン」115～118行〕

ここに神話的なものが、狂気によって罰せられた英雄たち、ベレロフォン、ヘラクレスを、その詩人の前にち

らつかせるかもしれないが、生命を与える経験はこれに反して、一つの現在的なそれ、すなわち中庸を失って自己自身に固執するものの自壊である。

最初の愛のきずなをそこない
それをいましめの縄にしてしまったのは
いったいだれだったのか？

〔「ライン」96〜98行〕

とその詩人は問うが、にもかかわらず神話的先史からはいかなる応答も聞こうとはせず、神々へのこの神話的な反抗が常にそして変ることなく持続する試みとして、根本にあるもの、すなわち忘却、真の神忘却なるもの、神々と人間との間の真のかかわりの顚倒を、語ろうとしている。それは事物に対するわれわれの存在の顚倒において結果する。愛の絆とか縄、すなわち愛する結合において為される（「やわらかに抱いて」）気づかぬ誘いや導きといった種類のことは、行使された暴力によって強制されたり、引きずられたりすることとは対照的な関係にある。このことは、人間の支配意志の解放を通して遂行された、自然に対する在り方の変転を書き記すはずである。自然の贈物はもはや、それらが現われるようには受け入れられたり、利用されたりはされず、暴力的に性能へと強制される。だがしかしこのこと自身は未だ神話的に物語られる——あらゆる存在態度の近代の運命を特色づける計算への変転のことが考えられている。自然の恵み深い充実、例えば大きな河の流れの内にあって人間は、もはや彼らが愛するもの、すなわち故郷のいつからとは知れぬ馴染み深さを認識せず、ただなお人間の経済的熱狂の内にあっての計算要素なるもの、かくかくに「能力一杯の仕事をすべき」交通技術的な可能性からの水路というものを認識するだけであるとしたら、こうなるのだ。したがって「霊が奉仕のために」現在において使われるということが、現在を特色づける。すなわち

すでにあまりにもながいあいだ、いっさいの神的なものが使役に甘んじ、
いっさいの天上の力が、あの慈愛ゆたかなものが
あざけられ、楽しみのために悪用されてきたが、感謝の念もなく
それをしたのはずる賢い種族だ。……

〔「詩人の天職」45〜48行〕

その詩人が彼の時代の支配的精神において認識するものは、「荒々しい者」、「束縛されていない者」、「思いやりのない者」の精神である。すなわち「だれもみなかしましい仕事場のなかで／自分の声しかきかない」〔「多島海」243〜244行〕。この精神において彼は一つの神話的な力をみている。「獲物に飛びかかるように」母の恵みの贈物に手をかける者は巨人族の面々である。「彼らは無理矢理に」「胸に呪いを受けた」——呪い、というのは巨人的なものの蜂起は、にもかかわらず結局無力であり、その運命は祝福されることがないままであったから。たしかに彼らにはいかなる力ももはや制限したり、拘束したりして対立はしないかにみえるが、それは神的なものが隠れているからなのである。

けれども父なる神は、われらがここにとどまっているようにと、
聖なる夜をもってわれらの眼をおおいたもう。
父は荒々しいものを愛したまわぬのだ！……
〔「詩人の天職」53〜55行〕

だがしかし奈落のこの上なく極端な興奮、反神的なもののこの上なく極端な不遜といえども、決して父の神的力への現実的脅威ではない。

しかし、わたしとしては言いたくない、
たとえ擾乱《じょうらん》がおこったにしても
天上の者たちが弱くなるなどとは。
〔「巨人族」75〜77行〕

というのは「父の頭にまで進む」最高の脅威において、はじめて好機となるからである。「驚くべき／憤怒に燃えて彼は来るのだ。」〔「巨人族」82〜83行〕

このことは、いわば徴しを解釈するその詩人が読み取ることを心得ている、途方もない告示である。まさしく夜と「太古の混乱」の昂まりに、未来的なもののもっとも強い前兆が伏在している。その詩人が認識し、そして詩人に神々の回帰を暗示する天のもろもろの徴しは、どの人の眼にも公然と現前する何らかの「地上のもろもろ

の事業」ではない。すなわちその詩人だけがそれらの徴しを知るが、しかしこのことは、その詩人にあって成功する歌の言葉においてのみ暴露されるということを、言っている。

巨人神話の一般的妥当性は、その詩人の解釈の職務までが巨人的なものの呪いによる誘惑と脅威の内にあるというところにまで、及んでいる。彼は、せきたてる、「怒りにまかせて自己流に解釈する」、「あえておのれの分を乗り越える」、そして「不安と欠如から」神的なものの過剰に近づくという誘惑によって脅かされる。この誘惑には、巨人たちの烽起を強制する、秩序を賦与する神的由来の法は窺い得ないという洞察が、出会う。「なぜならば、深く思う神は／時ならぬ成長を／憎みたもうたからだ。」〔「しかし天上の者たちが……」94〜96行〕かくしてその詩人自身が自らに自身が「何物かにならんことではなく、学ぶ者とならん」〔「パトモス」172〜173行〕ことを天職とするようにと呼びかけることになれば、まさしく歌の成功は彼の力の範囲内にはないことになる。彼は歌を強制することができず、そしてまさにそのことによって歌は徴しとなる。

その時、いまのように、歌の時代があった。
そしてここでは歌の
指揮棒が地上へと招きながら……(四)

〔「パトモス」〕

歌の指揮棒、古きラプソディーの合図は「粗野な行為にまだむしばまれぬ」死者を目覚ますはずである。その点に或る二重のものが伏在している。歌は眼差にすぎない、すなわちそれは誰をも目覚ましたり、選び出したりしない――「いかなるものも卑俗ではないからだ」。しかし歌はこの目覚めさす力を有している。それは歌が解き放ち、結びつけるからである。すなわちそれは粗野なものの桎梏から、野蛮な不安から解き放ち、言葉の共同性へと喚び出し、その共同性の内にあってすべての人に、「緘黙している胸」が実現することのいっそう少なく、かつばらばらに実現したものを保障し、現実的たらしめる。その詩人にふさわしい歌が「心から」歌われた、すなわち学ばれた神話なるものからではなく、生き生きした解き放ち生気づける力として葡萄酒が讃えられたということが、すでに彼にとっては葡萄酒の神性の担保というものだったのである。

しかしながら、何故――と人は問うだろう――歌の成功が存在や神々の来るべき還帰の担保なのだろうか。たしかに成功は詩人の計算する努力というものの結果なのではなく、いっそう高きものの彼への指令として現象する。しかしこのことはどのようにして、あらゆるものの変転にとっての一つの担保である、という意義を有するのだろうか。世界の共同的所有である言語は、世界についての思念の表現なのではなく、その詩的結構にあって自らの内に存立し、自身から把握されるということを規定するときには、それ本来の可能性の内にあるということとは公然たるところである。諸々の思念から解放された詩のそのような構成として、詩的言語は各人をそして詩の創造者をも凌駕する存在の現実であって、決して単なる魔術ではなく、姿を変えた世界なるものの現象である。個々の人間の意識を乗り越える、世界の一つの存在秩序への変身は、だがまさにヘルダーリンの詩の語っている、神々と人間との失なわれた結合と連繫のかの還帰である。このように歌は、それが或る別のもの、来るべきもの、考えられるものへと指し示すという意味では、記号というものではない――歌それ自身において来るべきものが生じて来る。

後期の断片の一つはこの関連を明らかにすることができる。それは次のように言われている。

……天の窓は開かれ
天におそいかかる夜の霊は
野放しにされていて、それがわれらの国を
あまたの気ままな言葉で言いくるめ、かくて
瓦礫をころげまわらせたのだ。
いまのこの時にいたるまで。
だが、わたしの欲するものは来るのだ、
やがて……

〔「身近なもの」第三稿1〜8行〕

その詩人がここで二つの神話的モティーフ、すなわち巨人族のギリシア神話とバベルの塔の建設並びにそれに続く言語の混乱の歴史とを融合していることは、公然たるところである。詩的でない言語、言いくるめ、すなわち言語的コスモスの歪曲は、同時に神的秩序の混乱なるものとして現象する。詩的でないということは、神的なものについては何も知ろうと望まないということである。そしてこのように人間によって話される言語が詩的でないということは事実、巨人の蜂起を意味しているのである。

逆に詩人が操るあらゆる共同の言語とあらゆる共有の昼との間には、明らかに一つの明白な対応が存立している。詩人の言葉は神的なものの経験に支えと連繋を与える。変転を確固とした道に支持可能とすることや連繋す

ることは、粗野なもの、荒々しさ、薄明、夜の混乱から区別された昼をも特色づける。しかしながら昼と夜とは、一つの対立として経験されるだけではなく、まさにそれらの内的関係において経験される。言葉は「花のように」まさに同じように労せず、だがまさしく同様に大地の根基の内によく準備されて生い出なければならない（「まず、それ〔＝根基〕はおのれの力で担わずにはいられないのだ」）。それとまさに同様に昼の存在は、「生き生きとしたものが熱に浮かされ／鎖に縛られて現われるとき」、「光は純粋で／天的なものが／いずれもがあるがままという真理によって／飲みこまれる」ときに、夜的なものに関係するのだろうか。形成的世界とその神的諸秩序のこの一義性は形成されざるものへの関係を保証する。すなわち、

だが、あなたがたはまた
ほかの生きかたをも感じるのだ。
なぜならば、節度のもとにも
荒々しいものは、純粋なものが
自覚するために、必要なのだ。

〔「巨人族」62〜66行〕

神話においてはこのことは、圧倒的な山々を巨人たちの上に突き落としたゼウスの力による、巨人たちの拘束である。その詩人は、たとえ神的諸秩序の内部においてであろうと絶えず働くものとして、しかし鎖に縛られたものとして、すなわち神的秩序はカオスを縛るものであると、巨人的諸力の形成されざる本質をみている。しかし

ながら詩の本来的使命は、秩序づける精神のこの支配の不滅性なのである。巨人族の蜂起、神的なものからの断絶は、本質的には無力なものである。天上的なものの力がいつか弱まるだろうといったことは単なる仮象にすぎない。今なお世界の非神化を法《ゲゼッツ》が支配しているし、それを押え込んでいる。ライン讃歌の終結部のことを考えてみるべきだ。そこでは神が認識される。

そして真昼に
生き生きとしたものが熱に浮かされ、
鎖に縛られて現われるとき、
あるいはまた、夜半に、いっさいが
まぜあわされ、
無秩序に、太古の混乱が帰ってくるとき、

〔「ライン」216〜221行〕

ヘルダーリンの神話的世界が指示する、大いなる仰天させる確固さにもかかわらず、人はこの巨人モティーフをその詩人が（初期の時代の或るものにおいて）「自然と芸術　あるいはサトゥルヌスとユピテル」という詩作品において形成した別のモティーフに結びつけるということが、許される。

あなたは空高く真昼に支配し、あなたの法《のり》は栄え、あなたは秤を司る、サトゥルヌスのみ子よ！
そしてすべてのものに運命を与え、みずからは楽しく
不滅の支配の術《すべ》の名声のなかに安らっている。

けれども、歌びとたちの語りあうところによれば、あなたは深淵のなかに、
聖なる父を、みずからの父を、かつての日に
突き落とし、いまあの下の世界、あなたより前の
荒くれた者たちが権利を持って住むところでは、

あの黄金時代の神が罪なくして、すでにながらく苦しみもだえているという。
あの神はかつては労苦を知らず、あなたよりも偉大だったのだ。
何の掟《おきて》も発布しなかったし、現身《うつしみ》の者らも
たれひとりその名はとなえなかったにしても。

その高い御座《みくら》からおりるがいい！　さもなくば、感謝することを恥とせぬがいい！
いまのままにとどまりたいならば、年長の神に仕えるがいい！
そして歌びとがなにものよりも先に、すべての神々と
人間たちより先に、あの神々の名をとなえるのを妨げぬがいい！

なぜならば、あなたの稲妻が雲のなかから来るように、
いまのあなたのものはあの神から来たのだから。見よ！　あなたの支配するものは
あの神を証《あか》するのだから。そしてサトゥルヌスの平和から
あらゆる威力が育ってきたのだから。

わたしも、はじめて心に生き生きとしたものを感じ、
あなたの形づくったものをおぼろげに見るようになり、
変転する時が歓喜につつまれながら、
かつての揺籠のなかでまどろむのを見るとき、

そのときこそわたしはあなたを知るのだ、クロニオンよ、そのときあなたを聞くのだ、
賢明な師であるあなたを。この師はわたしたちと同じく、
時の息子であって、法《のり》を与え、聖なる
薄明の隠しているものを啓示するのだ。

〔「自然と芸術　あるいはサトゥルヌスとユピテル」全行〕

ヘルダーリンがここでその上に打ち建てている神話学的所見は、巨人神話にぴったりと合っている。それはオリ

ユンポスの新たな支配者、ユピテルと、彼によって追い落とされ、追放された父であるサトゥルヌスとのかかわりに当てはまる。「あなたより前の荒くれ者たちが権利をもって住むところでは」——そこ、巨人たちを隠す奈落にあって、黄金時代の神は「罪なき」ものなのだろう。彼をそこから解き放つ、彼にふさわしい栄誉を彼に証明するようにと、ユピテルは勧められる。人は、オリュンポスの若き支配者にも中庸と宥和を学ぶことを課題とするアイスキュロスのプロメテウスのことを、想い起すことだろう。[3] ここではユピテルがプロメテウスの正しい支配者とならなければならないのであって、プロメテウスではないが、しかしここでもまた黄昏れる時——サトゥルヌス——が、ユピテルの明白な法と一致しなければならない、もしこの存続を獲得するべきであるなら。サトゥルヌスの支配、サトゥルヌス的昼は、現存の歓喜の労苦なき満足という人間にとって聖なる時だった。サトゥルヌスは命令というものを言い表さず、自然の如く労せず支配していた。ユピテルはこれに対して、支配の術、すなわち正義と法による意識的統治である。しかしながらまさしくこの統治が変転する時と宥和すべきなのだ。クロニオン（ユピテル）が

……わたしたちと同じく、
時の息子であって、法を与え、聖なる
薄明の隠しているものを啓示する
〔「自然と芸術　あるいはサトゥルヌスとユピテル」26〜28行〕

とき、そのときはじめて彼は賢明な師である。

サトゥルヌスとユピテル、自然と芸術との宥和は、巨人モティーフのヘルダーリンによる展開にあって見出された夜と昼との対立の同じ克服を、より古い言語で表現している。昼の秩序が勝ち誇った神のたんなるはしゃぎから生ずるということは不可能であるし、そのときにその統治が真実存立することは決してないだろう。「悟性」はむしろつけ加わらなければならないが、しかしこのことは自然についての知、時の薄明への依存やそれからの由来についての知のことを言っている。巨人族は、当然のこととして、奈落へと追放されるのだが、それは彼らが昼が我慢できない「荒くれ者たち」だからなのだ。しかしサトゥルヌスは決して反神《ヴィーダーゴット》ではなく、自然なのであり、このことによってあらゆる事物の真に神的な秩序の力である。芸術はその栄光にもかかわらず、それより産出を為すにすぎない。そしてその詩作品は次のこと、すなわちこの智恵にまで達した支配者のみが奈落のいかなる反抗によっても煩わされることがない、ということを言おうとしている——恐らく人はまさしく次のように考えを続けなければならない。すなわち彼は巨人たちを冷静に怒り立たせ、反抗の頂点においてはじめて秩序づけながら曳きずり出すというわけで、攻撃できぬ支配者なのだと。彼は、彼が基礎づけた事物と（人間）の秩序なるものを、抽象的に確保するのではなく、むしろ彼の「悟性」とは、「成熟する時」の意志と、そして「自然」が支配し、それの均衡に達するときの手段としての書かれざる諸々の法と、まさに一致することなのである。それ故に、彼は現在にそれぞれの度しがたくみえる流れを、許すのだ。

　この詩人による事物のこの神話学的な解釈が、彼によって語りかけられた人の意識に、どのように翻訳されるであろうかということは、いまさら言い表わされる必要がほとんどない。この象徴法の隠された諸特徴が、それらの意味作用を果すために悟性の判然とした理解において統合され、我がものとされなければならないといった具合でもまたたしかにない。それらの特徴は、ヘルダーリンの究極的な詩的独自性において各人に経験されるものと、彼の神秘的な現在性を基礎づけるものの神話的形成だけを呈示する。ヘルダーリンは甚しく未来的なものに方位されていて、この未来的なものからみもし、証言もしているために、詩人に予言者という古代的品位なるものを返還したのである。

古代の予言者——そして自ら予言者 vates の職務にあることを知る詩人——は、一種の魔術によって未来の偵察に成功する、奇跡を行なう人なるものではなく、知る者である。彼は来るべきことの徴しを読もうと試みるが、というのも彼がかつてあったこと——そしてそれが常にどのようであるのかということ——を知っているからなのである。しかしながら古代の予言者と詩人とは、あらゆる存在とあらゆる行為を見えるように知ろしめす神の語り手として、自身の言葉《レーデ》において、その言葉が今の場合警告するにせよあるいは促すにせよ、呪うにせよあるいは捧げるにせよ、自らを知るのに対して、西欧の詩人の状態は別のそれであるが、なお最も類似したことが別の仕方で対照される。ヘルダーリンの言葉《ヴォルト》もまた知る者、捧げられた者の言葉である。過ぎ去った神的なものが生きのびるゆえんである「感謝」の胸中に秘める内面性から、来るべき時が彼に示唆される。「だが、過ぎ去ったことは、来るべきことと同様に歌人たちには、神聖なのだ。」したがって彼もまた、かつてあったこととありうることとを知っているが故に、知っているのである。古代の予言者に似て彼もまた、神的充実、他の人はだれも盲いた者の如く気づかない、その充実の衝動のもとに立っている。かの者に似て彼は、一つの召命のもとに立っている者の危険な孤独を担っているのだ。

にもかかわらずすべてはまったく異なっているし、まさにこの異なっているということが、詩人ヘルダーリンを彼の運命の一回かぎりの姿に定めている。彼は古代の予言者のように未来と過去については知らないが、それは予言者の並はずれた知があらゆる存在を包摂しているからではなく、彼の心によって過去が未来へと転ずるからなのである。夜、すなわち既存の昼と来たるべき昼との間にある薄明というシンボルは、その詩人のこの歴史的状態、それは彼には欠如と同時に充実なのだが、その状態のことを言っている。彼は神から知らしめられる者の如くには、他の者たちには覆われているものの知ることの迫られている何らかの未来の徴しを読みはしない。彼の見る未来的なものは、未だ来ない時代の未だ隠されたままになっている出来事ではない。人が彼の詩的使命を「未来の偵察」として了解し、肝に銘じたいと思うと、それは誤解というものになるだろう。彼の告げる未来的なものは、善きことであれ、悪しきことであれ、一般的に神々から贈られたといったことではなく、詩のこの叫び（と民族の心におけるそれのこだま）以外のいかなるところでも生起しない、神々自身の還帰なのである。

　このことによって、自らの知を集めたその予言者はこの上なく極端な不確実性に曝されることになる。彼の歌は未来的なものについてだけ歌うのではなく、それ自身未来的なものがその内で自らを時熟《ツァイティゲン》させねばならない、本来的な出来事である。詩的な霊感や受胎の経過なるものとして、主観的反省に対して呈示されるものは、神的存在の現象であり、来るべきもののあらゆる確実性と不確実性にかかわる。

そしてこの創造者のもろもろの時代は
山脈のように
海から海へと高まっては
大地にわたってつらなっているのだ

〔「母なる大地に」67〜70行〕

このように夕べの国の詩人の予言の言葉は、まったく自己自身の上に立ち、自己自身を覚悟しつづけている。時代の不確かなものの内へと遺棄された変らぬ存在の担保は、それ自身未来的なのだ。

そのために、彼の詩的な語り口の現在への素早い適用やそれの諸々の期待はすべて、あまりにも短期を狙いすぎている。断簡「平和」のような震撼する力や貫徹性を有する詩作品でその詩人は自身の闘争と苦悩を経験せる一族の経験、まさにそうした経験を言い表わしているようにみえるにしても、平和についての彼の詩的な言葉は未来の期待すべき事件といったものを意味しているのではない。むしろ彼は、あらゆる未来に捧げられ、あらゆる人間的歴運にあって経験した者として、彼の変らぬ言葉を次のように語っている。

平　和

…………

あたかもむかしの流れが、いままた新たな怒りに狂い立って、
怖るべきものに姿を変え、ふたたび、
なさねばならぬときに清めをおこなうために来たかのように、

いくとせにもわたって休みなく、未聞の戦いが、
荒れ狂い、ひろがり、波立って、不安におびえた国土に
氾濫した。こうして人間たちの頭は

あまねく昏迷につつまれ、顔は蒼ざめている。
…………
だれからはじめたことなのか？　だれが呪いをもたらしたのか？　それは
きのう今日にはじまったことではなく、はじめに
中庸の道を踏みはずした者たち、われらの父祖たちも、
それとは知らずに、霊にそそのかされてしたのだ。

あまりに長いあいだすでに現身《うつしみ》の者たちは
たがいに頭を踏みつけあい、隣国人を怖れながら
支配権をにぎるために争いあったので、自分の国土のなかでも
男子には祝福が与えられないのだ。

そして混沌《カオス》にひとしく、荒れ狂う種族の
願望はいまだにさだめなくあちこちと流れまわり、
さ迷い歩き、あわれな者たちの生《いのち》は、いつまでも
憂いのために臆して冷く、すさんでいるのだ。

けれどもあなたは安らかに確固たる軌道を歩んでいる、
光につゞまれながら、おお、母なる大地よ、あなたの春は花咲き、
あなたのために、メロディーをもって移り変りながら
盛りを目ざす季節は高まってゆくのだ、豊かな生《いのち》に満ちた母よ！

あなたの物言わぬ栄光もて、自足あれ！
あなたの書かれざる法と
愛とによりて生命《いのち》にとどまることは
われらに再度勇気を与えるのだ。(五)

…………

…………

＊　この研究はもともと、一九四三年、ダルムシュタットの工業大学で為された講演だった。その――雑誌,Die Antike'のために予定されていた――公刊は一九四四年には終末を構成する詩句のために間に合わなかった。――初刊は *Beiträge zur geistigen Überlieferung*, Verlag Helmut Küpper, München 1947 である。

（1）　F・バイスナーは上述の解釈を繰返し斥ける。すなわち「平和の祝い」四一と同様六二一頁と八二五頁のA個所二の二。しかし、いかなる理由でなのだろうか。その詩の関連を第一審として承認するかわりに、ベーレンドルフ書簡(Boehlendorfbrief)を引合いに出すということは、何という解釈学的素朴さなのだろうが。「オルクス、エリュジウム

なのだ」は「夕べの国の果実のことなのだ」に厳密に対応するものとして了解されなければならない――このことは確固としている。したがってここでは、いかなる視線から見られるのかということが、生じて来る。それは始源、源泉、ギリシアからである。そして、明らかに暑気と渇きとヘルメット帽の諸連想による、「植民市」についての何という詩情的でない誤解なのだろうか。「平和の祝い」四〇と二の二、八二五頁でバイスナーは「始源にあって《イン・アンファング》」を「始めて《アンファングス》」と誤解さえしている。

(2) K. Reinhardt によれば、アイスキュロスが最初に発見したということである。(*Tradition und Geist*, S. 207 f)

(3) 私の研究 ,Prometheus und die Tragödie der Kultur' の六四頁以下参照。

訳者註

(一) ヘルダーリンの詩の訳は収められているかぎりは河出書房版『ヘルダーリン全集』中の訳詩を使わせていただいた。訳者諸氏に感謝する。この訳詩は主としてバイスナー版に拠っているが、ガダマーは主としてヘリングラート版に拠っているため、この全集に載っていないものがいくつかあった。

(二) この詩節は河出版には載っていないので、拙訳で当てた。

(三) この詩の一一七行 Wie den Feind schelt und sich Vater und Kind について、河出版の訳者は『マルコ福音書十三の十二』によると註を符している(バイスナーに拠ったのであろう)が、これに拠ったとしても、『マルコ福音書』のその箇所は兄弟、父ないし両親と子の相克の描写であり、子を母とすることは無理ではないかと思われるので、「おのれの父と母とを」を改訳した。

(四) この詩節はバイスナー校訂と一致しないので、拙訳で当てた。

(五) バイスナー校訂とヘリングラート校訂とではバイスナーが捨て、ヘリングラートが採り、ヘリングラートが捨て、バイスナーが採っている詩節がいくつかある。バイスナーはその理由をシュトゥットガルト版の註、あるいは彼の著作『ヘルダーリン』(一九六一年)で述べているが、河出版にはこの最後の詩連が載っていないので、拙訳で補った。

五　ゲーテと哲学*

ゲーテはあまねく世界文学に最も因縁の深い人物の一人である。彼がここで考究されることになるその因縁は、数多くの因縁の一つにすぎないものである。しかしそれが研究されることによって、彼の人物像と彼のもっている変わらない重みの認識が促がされるのである。その課題提起を「ゲーテと哲学」といっても、それは、彼の全体的な世界と生命とについての見解が、われわれの考察の対象とならなければならないということを意味しているのではない。こうした課題は、ゲーテにあっては最後にやはりとりわけ彼の詩の解釈に対して投げかけられるべきものであろう。われわれは、それとは逆に哲学に対する彼のかかわりを問題にするのである。これを問うことは、もし次のことを考慮するならば、つまりゲーテの時代は同時に偉大なドイツの哲学運動の時代でもあったこと、またカント、フィヒテ、シェリング、ヘーゲルというドイツ観念論の偉大な思想家たちは、時代を同じくするものたちであって、この者たちでも年若いものたちはすべて、イエーナでの彼らの活躍のために偉大な詩人の信頼をえていた隣人であったということを考慮するならば、われわれには実際明白なことでなければならない。にもかかわらずこの課題には問い質すべきもの、それどころか面倒なことが潜んでいる。ゲーテという多面的で透徹したこの精神は、自分の時代の全実在を他の誰にもできなかった仕方で咀嚼してしまい、自分の生涯を通じて哲学と形而上学には独特な自制をもち続けたのである。いやそれどころか、彼は哲学に対するこうした彼の控え目な態度を自ら実行しただけではない——彼の控え目なこの態度は、彼によって殆んど一つの金言となった。それは、自分なりに自らを教化しようと努力する人間に対して、すべての哲学的な思弁を拒否し、とらわれないで豊富な経験に没頭せよと命じるのである。自然科学の自信によって生きる一九世紀の健全な庶民気質を、特にゲーテはこう了解していたのである。「気高い友よ、理論はすべて灰色なのだ！」と。

それにもかかわらず、こうした哲学の否定がなお半分の真理としてすら通用しないということが、ゲーテの精神の、独特でまったく度外れた天衣無縫さなのである。彼の生涯のあらゆる時期に——すべての他の世界内容と同じく——世界のこうした精神的素材である哲学も、彼を刺戟しそれを修得し応答しつつ形成するようにしむけたのである。もちろん彼の作品の中には、より狭義の教科の意味でいう哲学の研究報告は見出されず、むしろ常にただ折にふれての仕事、意見の開陳、「伝記的な」記録にすぎないのである。しかしこれが総じてゲーテらしい作品の特質をなすものではないのか。つまり彼の作品は、どこかの民族の他のどのような古典作家の作品にもないように、折々の即興的な仕事であって、彼の全体的な広がりの中でこうした類稀れな人間ゲーテ、そして彼の生涯、彼の経験と活動、彼の評価と希望といったものの表現であり、提示なのである。とりわけ明瞭にこのことは大部分の叙情的な作品に妥当する。しかも自分の創作をひっくるめて、大いなる告白の断片と呼んだのは彼自身ではないか。しかし自然研究の領域でのゲーテの試論によって彼は、学問の全建造にたずさわる一連の無名の研究者の仲間に組み入れられることを求めていたのであるが、彼の試論そのものは模倣を許さない個性的な或るものをとどめているのである。このような対象の叙述もしばしば単なるついでの仕事であって、それは叙述にさいして素朴な解りやすさで経験や洞察の何心ない、独自な方途を述べているのである。そして彼の自伝的な記録である『私の生涯から――詩と真実』が、彼の作品の単なる補遺とか附録といったものではなくして、作品の中心に正統な血を受けた位置を占めるというのはまったくふさわしいことである。ヨーロッパの形成史の全体のうちにゲーテが占める場所と、ドイツ民族が近代の国民国家の栄冠によって、単にその国家的な地位ばかりでなく、文化的な地位をも獲得するにいたるまでの大きな遅れに関連があると思えることは、こうしたドイツ民族の最初の古典的な作家が一時代の終りにあるということであって、したがって消えようとする精神的生命の拡散した実体として把えられていたものを、つまり西欧世界の統一を、彼の人格の統一のうちへ収斂させてもっているということである。

とにかくこうした生命の広い輪の中で、哲学は或る固有の、つまり単に附随的でもなく、単に消極的でもない役割を担っている。ゲーテに対して独自な立脚地をとることが、したがってすでに哲学的な意識の真の関心事であることに変わりはない。原初にさかのぼって、つまり根本的にゲーテの本質を理解し、同時に自己つまり反省された詩人を、素朴な詩人である彼の前で正当化し、主張する仕事が終始哲学的、思弁的な間断ないシラーの努力によって着手されるのである。それどころかこうしたシラーの解釈は、今日もなおゲーテの国家観を支配しており、それほどに哲学的な思索が（つまりシラーによって語られる）ゲーテの影響史へ深く根源的に関与しているのである。さらにしかしこの考え方は先取りをしている。シラーのゲーテに対する関係は、単にゲーテの影響史につきるものではない、それは生活史の決定的な一局面として、完全にゲーテ本来の生活史なのである。しかしここでは、一つの忠実なゲーテ文献学の歴史的な確定ということ以上のものが問題になっているのであるから、ゲーテの影響とシラーがゲーテに与えた解釈とは歴史であって、かつ歴史を作ることをやめないのであるから、ゲーテの哲学に対する関係を哲学的に意味づけることもまた絶えず新しくよみがえる課題でありつづけるのである。

さてこうした事情のもとで明らかになるのは、この関係のどのような新しい規定もゲーテの発展の行程に沿っていなければならないということである。他方で、こうしたゲーテの発展の中で出会うはずの哲学の読物や論判の跡を単に触診したり受容するだけでは、そこからは多くを引き出すことはできないのである。というのはゲーテが折にふれ問題視している表現だけが偶然で変わりやすいもので、したがってこうした事態で証明される殆んどすべてのものが、反論されもするというだけでなく、またスピノザやカント、フィヒテやヘーゲルといった偉大な哲学者たちの作品に対する彼の研究も断片的であり、秩序立ってはいないからである。しかし他の人たちのうちにほんのわずかしかないものが見出されるとすれば、それはゲーテにある、彼本来の豊かな人間本性の表現である。彼はかつて、自分は常に「遊んでいるかのように」学んだと語っている。この意味は、彼にとっては何事もきわめて安易に思えたり、あらゆるものがきわめて安易なものになっていたというのではなく、彼にとっては学ぶことが一つの潜在的な、固有な活動存在であり、人間になることとして実現されたのである。遊びとはまさにこうした活動存在の最も典型的な一形態であり、忘我であり、抗らうことのない素材との交際《まじわり》のうちにあるものである。したがってそれはまさに生命感情をこのように駆り立てるものをいうのである。ゲーテが学ぶというのは、遊びつつ学ぶことである。何故ならばそれは絶えず彼の存在のあらゆる力を参画させるからである。カントの人間学の講義に際して、ゲーテは一七九八年の一二月一九日にシラーに宛てて次のように書き送っている。「私の活動性を増大させるか直接生気を与えるのでなければ、私を単に教えることはあってもすべては嫌悪すべきものであります」〔*Goethes Briefe*, Hamburger Ausgabe Bd. 2. 1964, S. 362.〕、と。ゲーテが哲学研究を押し進めたその附随的な方法は、したがって研究遂行にかかわる事柄の重大さに反しては何も意味しているのではない。

哲学的なるものとの出会いにおいて彼が索めているものは（彼が根本的にそもそもすべての世界経験に索めているもの）、自己の活動性の増大であり、本来の育成的、形成的な生命を経験することによる存在成長である。

われわれは、こうした存在獲得がそもそも哲学によってゲーテに与えられえたものであるかどうかを疑うことができよう。彼はそれでも哲学の諸説との最初の接触に答え、「孤立無縁の哲学は不必要である、何故ならばそれはすでに宗教と詩の中に完全な形で含まれているからである」と主張している。後者、宗教や詩は、前者哲学によってはじめて基礎づけられなければならないなどということを、彼の師が彼に立証しようとしても、彼はかかる反省を明らかにまったく受けつけない。詩と宗教の直接性は、彼にとっては問題なしに概念の媒介のための基礎をなすものである。そして彼の最初の哲学の（フランス啓蒙哲学の「陰気な、無神論的な白夜」の）経験の結果、すべての哲学に、とりわけしかし形而上学に対して、悲嘆の気持が向けられたのであった。われわれがしたがって問わなくてはならないのは、どのようにしたらこうした防御態勢を無視して、哲学へ進み行く道がゲーテのうちに見出されるかにある。

その際われわれは、ゲーテが彼の芸術に関する反省にどのように導かれて行ったのかをまったく考慮していない。詩的なまた造形的な技術の諸条件に関する哲学的反省は、哲学の中心的な諸問題、特に形而上学に対して何の関係ももたない他の芸術家たちにもみられるものである。ゲーテのうちにはしかし形而上学へ進み行く真の歩みが生動している。明らかにそれは啓蒙主義の形而上学に対置されるもので、彼自身の思索に対して緊張関係にあるものである。目的原因説、つまり目標を設定することから思索し、すべてを人間の利益に関係せしめるといった自然研究は、ゲーテの心には耐えられないものである。彼はこれに対して形成しては破壊する、人間の目的にはまったくむとんちゃくな自然の力という独自の偉大な直観を対置している。「自然。われわれは自然にとりかこまれ、絡みつかれている——無力のために自然の外に出ることはできず、また自然の中へより深くはいり込むこともできない。」これは、したがって彼の直観のうちで決定的なものである。つまり人間は人間がかかわっている自然に専断的な最終目的として対峙しているのではない——人間は自然に抱きしめられており、人間は自然自体でもある。ゲーテは彼の内なる詩的な才能もまたまったくの自然と考えている。同じように彼にとって自然とは（十中八、九彼の手によってではなく、彼の精神に由来する）こうした散文の断章で「唯一の芸術家」と呼ぶべきものである。最晩年の、一八二八年、まさにゲーテがその断章をみかけ、それを彼そのものと思ったときであるが、彼はそれに次のような性格を与えている。すなわち「一種の汎神論、つまり探究されがたい、絶対的で、滑稽で、自己矛盾を内蔵した存在が、世界現象の根底にあると考えるような汎神論への傾向が認められる」と。実際——講壇哲学の悟性楽観主義に対して——それ自体有限で、部分的な人間存在にとって自然の究めがたい謎こそ、ゲーテがここで汎神論として登場せしめているものである。自然と神は彼にとって究めつくされえないものであり、彼は自然と神の相互帰属性にはたえず固執し、特に彼の友人ヤコービのキリスト教的な信仰哲学に対してさえ同調しなかったのである。彼には「外からのみ働きかける」唯一の神を、自然の内的生命の彼の直観と一致させることはできないのである。それにもかかわらず彼は、彼の特徴的な寛い受容力によって汎神論にもとづくあらゆる独断的断定から身を守るのである。

ゲーテは、いまやとりわけ彼がヘルダーの目によって学び得たスピノザの中に、自己の自然思想の論拠を、そして特に目的原因に対する彼の敵意の論拠を見出すのである。しかし根本において自然の永遠なること、必然なること、そして法則的なることといった、彼がスピノザに即して展開した諸概念の確信は、彼のほとばしり出る生命力と巨神のような造形の悦楽が呼びよせる必然的な支柱である。彼の力量は現存在のあらゆる方向にむかって生き生きと活動しようとしており、集約的で創造的な反応によってあらゆる刺戟に応答するのであって、したがって彼の能力にはほとんどいかなる限界もないように見えるのであるが、その彼に、必然的なるものを証認するさいにひそむ諦念への呼びかけが全体としては信じられているのは明らかである。彼はスピノザによって情念の戯れを克服したと思っている。さもなければ人間は自分の命運のために苦しみつつ情念の呪縛に従うのである。こうした意味で賢明になって自分自身を回想するようになったゲーテは、かつて彼を哲学へ導いてくれた要求を深い意味で解釈しているのである。さてこうした自己解釈の正当性を、たとえそれが八〇歳台の論文からであろうとも、われわれは確認することができるし、またこうしたものを復原することができる。われわれに問題なのは、ウィルヘルム・ディルタイが「ゲーテのスピノザによる習作の時代から」という論究のなかで、はじめて解釈を示した論文である。論証することによってわれわれは、われわれが無限なるものを思惟する現存在および完全性という概念による場合と同じように、有限な実存という存在の決定に参加するのである。したがってまた有限な実存すなわち神における事物は、にもかかわらずまさにその現存在を自己自身のうちに見出しているのであり、その外にあるどのようなものによっても生命存在としては認められず、部分と全体という固有な不可分離の関係を示しているのである。要するに巨大なるもの、すなわち全体という無限に与かるものである。このようにしてここでゲーテは、スピノザの思考方法に助けられたとはいえ、生命ある存在と、その形成力についての完全に独自な直観を、つまりアリストテレスのエンテレキーやライプニッツのモナド論にまで遡及することのできる直観を念頭においている。形態学的な自然研究という理念の全容は、このときにすでに構想されているのである。すべての生命あるものの条件は、自然の原力から乖離することではない。逆に、自然が被造物を産出しそれを養うために、たえず同じ手段を用いなければならないということが、まさに自然に値いすることであるとゲーテは声を高めて叫んでいる。
ところでゲーテは、認識する存在を同じ考察の場へとりこむことによって、こうした観点を補完している。精神は認識することによって自己展開するが同時にそれは限定である。つまり「われわれは、すべての実在と完全性をわれわれの精神によって、精神が思索し感受するわれわれの本性および在り方にふさわしく、限定されなければならないのである。その後にはじめて、われわれはある事態を理解しているとか享受しているというのである。」生あるすべてのものに対する特殊な関係に制約されることが、魚が水中で、鳥が空気中でしか生きないといったことが、生物に固有な生命条件であるように、ゲーテは人間の生命と本性に対しても、生命を制約し、まさにそのためにそれを養うという必然性を認識しているのである。『散文による箴言』(261)には次のような主張が見える。「われわれの全き芸術作品は、われわれが生存せんとして自己の実在を放棄するときに成立するのである」——「自然的であると同時に社会的であるわれわれの生命、道徳、習慣、世智、哲学、宗教、さらにそういった多くの偶然的な出来事はどれをみても、われわれが諦念すべきであることをわれわれに呼びかけている」〔『詩と真実』第四部第一六章〕。老境にはいったゲーテのこうした言葉は、哲学的な自然思想の若い巨人に芽ばえていたものが展開しただけである。

ところでゲーテが探究し、観察し、さらに形成しつつ世界の中へ手さぐりによって認識を進めた多面性が理解される。無限なるものの中で神秘的に高まるのではなく、「有限なるものの中であらゆる方面へ進み行くこと」は、ゲーテが彼のスピノザ研究から引き出しているきわめて非スピノザ的な主張である。彼は——彼なりの言葉を用いるならば——自然《フィジク》に恵まれていると感じている。自然は、彼には無限にして有限なる真の直観の領野であって、そこでは認識者の精神は作用および反作用として展開するのである。比量する自然探究者と形成する詩人とは、かくして同一の詩的な形成衝動の表われである。つまり——一七九七年の語られた自己の性格描写の中で言われていることだが——彼の実在の中心と基盤を構成している形成衝動の示顕である。

二つのことが彼のより広い哲学的な運命のために描き示されなければならなかったし、それによって二つのことが、詩人と探究者の間に位置する彼の問題とならなければならなかった。先ず自己と世界の関係という一般的な問題、特に主体的で形成的な行為が世界の経験に関与するという一般的な問題があり、次に自然と芸術の関係という特殊な問題がある。二つの問題によって彼は、当時浸透しつつあったカント哲学に出会うべきであったが、しかし彼に最もふさわしい道を進むように熱心な鼓舞をうけるだけで、別に彼の生涯の一時期を画することはなかったのである。彼自身がわれわれに描写しているように、彼がカント哲学についての読書と対話から会得したことは、カント学派の間にまったく反響を呼ばなかったのである。「一度ならず私が遭遇したことは、誰彼なしに嘲笑的なけげんな風をして、もちろんそれはカント的な表象の仕方に似てはいるが、しかし珍しいアナロゴン《アナロゴン》だと言って譲歩してくれたことである。」

とにかく対象の多面的な考察というゲーテの「自然にかなった方法」とカントの論証、つまりわれわれの自己と外的世界とは、それぞれどの程度にわれわれの精神的現存在に寄与するのかを明らかにしたカントの論証との間には類似があった。ゲーテは、ここでは、彼自身一度も両者を分離しなかったにもかかわらず、人間に最高の名誉を与えるものとしての「カントの側に身をおく」用意があったし、或る時は詩的‐綜合的な、ある時は観察的‐分析的な彼本来の手続きによって、とにかくカントの認識論にさえ一致するものと信じていたのである。

その上しかし彼は、判断力批判が自然と芸術の間の対応と深い結びつきを説いていることから、判断力批判によって支持されていると感じたのである。つまりわれわれは内的な合目的性を美の趣味体験と天才の創作の中に経験するのである。一八三〇年一月二六日附のツェルターに宛てた手紙で、ゲーテは同じ趣旨で次のように書いている。「カントがその『判断力批判』の中で芸術と自然を並置し、その両方に、偉大なる原則から無目的に行動する権利を認めていることこそ、世界に対するわが老カントの限りない功績でありますし、また私にとっても、限りない収穫であったと言いたいのです。自然と芸術は、あまりにも巨大なもの故に目的を設定することはできないし、またそういうことを必要ともしないのです。何故ならば関係はくまなくゆきわたり、かかわりは生命だからであります。」彼が『判断力批判』に表現されていると見たものは、したがって芸術および自然の内的生命、つまり内面から生ずるそれらの相互作用であった。こうした符合をゲーテが受け入れる用意ができたのは、彼がイタリアで芸術と自然の法則的なうごき、さらに両者から織りなされた人間社会の生命を研究することがあって以来のことである。にもかかわらず注目すべきことは、ゲーテは本来批判的なカントの思想、つまり目的論的思想を判断力の単なる手続きに限ることによって、したがって目的思想の対象的な妥当性を拒否することによってもわずかしか不安を感じないことを示しているということである。カント哲学研究の総体は「家庭的使用」の範囲に限られたままである。

いまやしかしシラーとともにカント哲学は、その真なる倫理的な自由のパトスにつつまれてゲーテの生涯に踏みこんで来る、と同時にその影響によってだけでなくゲーテの反響によって、はるか哲学的な領域にまで及ぶような支配力に訴えているのである。ゲーテは、はじめシラーのうちにある盗賊悲劇が示したような、その天才の破壊的な野獣性と革新的なものを嫌っていたし、ためにシラーがイエーナへ移住した時、彼はシラーから遠ざかったのである。その後しかし両者は理解し合い、ゲーテ自身が述懐している原植物についての記念すべき対話の時がやって来たのである。そしてゲーテはシラーの友情と変わらぬ接近を考えて、彼の生涯の、とにかくもっとも実り多き一〇年間を、シラーが彼のために用意する解釈に身をまかせるのである。かくしてわれわれはゲーテの哲学的な運命の岐路でわれわれの疑問にとって決定的な場所に立つのである。つまり、もし彼がシラーの目と哲学とによって見ることを身につけるならば、彼にとって哲学は、有限でしかも長いこと拒否されていた素朴な彼の世界信仰の自己啓蒙として現われるにちがいないし、さらにドイツ哲学の観念論《イデアリスムス》は、ゲーテにとってと同時にわれわれにとっても生命の謎であったものへの正当なる通路を含むものである。

しかしわれわれはこうした広範囲に及ぶ問いかけに決着をつける前に、先ずゲーテとシラーの出会いとシラーのゲーテ解釈に習熟しておかなければならない。シラーは二人のよき隣人関係の時代に互いにカント哲学に沈潜したのであり、カントの実践哲学のうちに生きている自由と自己決定という無上の感情に完全に満たされたのであった。この感情は、自然をその法則的な形成において考察し、さらに自己自身のうちにも自然の制約を認めようとするゲーテの努力に対して、最も鋭く対立するものであった。このようにしてゲーテは、「継母がするようには彼を決して取り扱わなかった祖母に対する忘恩」のためにシラーを非難し、また自己の自由のパトスのうちに倫理的な自己強制という、自己にさからう非自然と非現実性を見たのであった。

ところでまた一七九四年イエーナにおける自然研究の学会の会合の後、二人は帰路を同道した。シラーは二人がたった今聞いた講演の傾向を非難して、それを自然研究のこまぎれ的やり方と呼んだ。その時にゲーテはシラーに対して胸襟を開いたのである。ほかならぬゲーテはもう一つ別の統一的な自然の全体観によって満たされていたので、そのことをすべて問題なく受け容れたのであった。シラーの家の前で二人はいつまでも興奮して語り合い、遂にゲーテはシラーについて家に入って深夜まで語り合った。そしてゲーテは植物の変態について、つまり植物の変態によって植物界は一つの大きな、その形成過程でわかりやすい統合へもたらされたという自分の考えをシラーに述べた。シラーは――とゲーテは語っている――「何を知覚し、何を見るにも大きな関心を示し、徹底した理解力を示した。しかし私が語り終ると、彼は頭を振って言った。〈それは経験ではない、それは理念だ〉と。私はぎょっとし、いくらかむしゃくしゃしていた。というのは、われわれが離ればなれになった点が、この点にいみじくも鋭い兆候を示したからである。……忘れ去ったはずの恨みが活動しようとした。私はしかし自制して、答えた。私がそれを知ることもなしに理念をもち、さらに理念を目で見られるというのは、私にとって本当に嬉しいことだ」と。――カント哲学を識る者にとっては（ゲーテはしかしそうではなかった）、こうした不一致は容易に誤解として解明されるべきものである。理念と経験（たとえば、現象）をカントのように対置することは、空―時的に別個な経験という狭い意味、つまり数学的な自然科学が――とりわけ古典的な力学の形態で――呈示している意味をもったのである。理念は逆に単なる主観的な思いつきではなく、経験の規則的な統一そのものである。つまりそれは、この統一があらゆる経験に規則を与えるというまさにその故に、経験には完全に一致しないものである。シラーは「洗練されたカント学者」としてほぼ世間に通ったであろう。ゲーテは――彼自身の言うところによれば――自分の「がんこな実在論」に固執しているが、このことはこうした対立の中でもやはり、共通するものをもったのである、したがってこうした偉大な二人の人物の結盟は、ゲーテ自身が説明したように、「最大にして、おそらく完全には調停すべくもない客観と主観との抗争に」もとづいているのである。彼らの文通からはともに生きたこうした抗争の一齣がわれわれの目の前にみられるのである。(1)

この往復書簡は、ゲーテの精神に対するシラーの、そしてまた哲学の関係を規定するというシラーのすばらしい試みではじまる。「あなたの正しい直観にはあらゆるものが含まれています。分析が苦労してもとめているものよりはるかに完全なものであります。そしてそれはあなたの中に一つの全体として存在しているからこそ、あなたにはあなたの固有な富が隠されているのです。というのは残念ながらわれわれが知っているのは、ただわれわれが離別しているということだけだからです。あなたのような類稀れな精神は、したがって自分がどんなに遠くへ達しているかを知らないし、また自分からのみ学ぶことのできる哲学から借りるべきいわれがないことを殆んど知らないのです。この哲学は哲学に与えられているものをただ解体することはできるが、しかし与えるということは分析家ではなく、天才のなすべきことであります。天才は暗くともたしかな純粋理性の影響のもとで客観的な法則にしたがっているのであります。」こうした解釈が考え、意図するところは明白である。つまりゲーテは自分がなしていることをまったく知っていないというのである。またカント哲学は、その本性にしたがって知らず識らずのうちに創造する天才の自己啓発になっているというのである。実際シラーは一貫して、ゲーテにカント哲学とのかかわりをやめるよう忠告すべきであったという結論なのである。「何故ならば精神が反省のために受けとる必要のある論理的な方向は、確かに精神が独自に形成する審美的な方向とは調和しないものだからである。」もちろんゲーテは——これは彼の詳論の意義であるが——、にもかかわらず彼の審美的生産力のために古代人のもつ無邪気さを要求することはできないであろう。というのは古代人には彼らをとり囲む精妙な自然と「理想化を行なう」芸術とが、すでに事物の最初の直観において必然的なるものの形態の受入れを助け、したがって偉大な様式の発展を促すからであろう。ゲーテはこれに対して、野性的で、北欧的な天地に投げ込まれても、なお自分のために内面から、しかも「合理的な方途にもとづいてもう一つのギリシアを生み出す」ための導きになる諸概念を必要とするであろう。こうした諸概念を掟に後退させ、思想を感情へ変えるということは、そもそも近代の詩人である彼がしなければならない仕事以上のものであろう。シラーは、ゲーテの精神の歩みに関するこうした考えをもって彼らの相対立する関係と、そもそもゲーテ自身のあらわれである彼の直観的な精神と思弁的な精神の出会い可能性とを自分なりに解釈している。しかし彼は決定的な結末を、「あなた（ゲーテ）の哲学的な衝動が思弁的な理性の最も純粋な諸結果に一致する」ものと見ているのである。つまり、彼は、ゲーテの自然研究の多面性はきわめて天才的であって、したがって彼の精神は、古代の芸術家の精神のように、たえず個人を、しかし類の性格をもつ個人を生み出し、それによって彼は天才的な思弁的精神、つまりゲーテの側からみれば類のみを、生命の可能性をもつ類のみを生み出すような精神と折り合うと考えているのである。シラーは明らかにゲーテの精神の正しさを承認しているが、しかし彼の立場から見るならば、このことはただちに哲学的思弁の、つまりカント哲学の、真理性を制限することではない。彼のゲーテ解釈は、思弁的精神と直観的な精神を実践的に対応させるが、むしろ思弁によって認識されたものを完全に正当化するものである。無意識のうちに創造する天才は、自己意識の哲学的真理を直接保証するのである。カントはこのことから——ゲーテをこえてなおも——真理を語っているのである。

決定的な問いは次の問いかけである。つまりシラーはこの点について正しいのか。ゲーテの哲学的態度は衝動の態度であるのか。彼の哲学は実際無意識の観念論にほかならないものなのか。ゲーテ自身はこうした問いを首肯するようである。たとえ彼が始めのうちはなお——シラーからの最初の長い書簡に彼が答えるなかに、これまでにさし出された思慮のある自己弁明に矛盾する「一種の暗さとためらい」を心中で認めるとしても、彼が次第に自分がシラーの目でカント的になっているのに気づいているのはやはり疑いのないことである。ゲーテが彼の死の直前にもこれをうらづけているのは、彼が枢密院のシュルツに宛てた一八三一年九月一八日附の書簡で次のように書いているときである。「私が批判的、観念論的哲学に対して感謝いたしますのは、この哲学によって私は自分自身に目を向けることになったことです。これは考えも及ばない大きな収穫です。」――シラーがゲーテのために用意する新しいこの時期は、一つの浄化されたより自由な目覚めた状態へ移行するところに特徴がある。シラーが唱導する立場は、ゲーテにとっては「より高い」立場である。それがより高い意識の立場だという理由から明白である。実際われわれは、ゲーテがますますカント・シラー的な言葉づかいに慣れて行き、「堅い実在論」を自ら脱ぎ捨てるさまを見るのである。彼がより高いものとしての理念を語るのが徐々に自然なことになる。それどころか彼の「原現象」を理念として性格づける彼には自然なものがある。彼はこれによって完全にシラーの側に改宗するのである。「それは一つの理念である！」というシラーの主張にもかかわらず。この言葉を、彼は初めは固く拒んでいたのであるが、二〇年後の一八一七年のこと、彼のカント哲学の辛抱強い研究が再度なされた後期の彼の生涯における唯一の時期に、彼自身はたしかな裂け目《ヒャトゥス》について、つまりそれをふみ越えるにはわれわれの全力をもってしても無駄であるような理念と経験との断絶について語っている。そしていかなる理念も経験と完全に一致することはない、と主張する哲学者の正当性を判然と認めている。さらにこの哲学者が「理念と経験とは類比的でありうるし、それどころか類比的でなければならないことを確認する」ならば、彼は満足なのである。

　他面で、哲学の分解して行く態度に対する彼の敵意は、もちろん問題と取り組む彼の表現のあらゆるところに支配的な契機を留めている。そしてそのためにわれわれはゲーテの形而上学を、形態学によって方向づけられた力動的で全体的な世界像として、古典的力学の原子論的な前提から出発したカントの哲学に直接対置させることによって説明することができるのである。[2] これに加えてわれわれの注目をあつめることは、死が一〇年に及ぶゲーテとシラーとの結盟を解いてしまった後に、彼が哲学的な努力を後退させ、いやそれどころかますます強力に、古い用心深さに逆もどりしていることである。上に引用した後期の表現も、その脈絡に無関係に聞えるほど、それほど無遠慮なものではない。そのようにしてカント哲学の業績を大いなる収穫として特記した書簡では続いて次のように言っている。「観念論哲学はしかし決して主題とはならない、主題に対する変わらない関係をもとに生命の喜びを享受するためには、これをわれわれは共通な人間悟性が認めるようによく認めなければならない。」これはもはやまったくカント的な響きではない、かえってきわめてゲーテ的にさえ聞こえる。問題は、ところでもしゲーテ後期のこうした似たような表現を考えるならば、(そして後期のものから直接哲学に対する多くの無愛想な言葉が由来している) こうした離反が一体何を意味するのかということである。実際、哲学からの乖離とは何を意味するのか。彼に固有な、事物を考察する仕方がますます判然と自覚的に強調されること、つまりいたるところで全体性と形態を見てとる立場とは一体何か。したがって芸術家ゲーテの自己自身への回帰とは何であるのか。それともそれは単なる哲学的な一つの転向そのものを意味するのか。というのも批判的哲学からのこうした乖離は、ドイツ観念論的思惟を、ゲーテの時代においてゲーテなりに完成させたものと等しいのではないのか。

実際、外見はこのように見えるのである。先ず「直観的判断力」についての研究報告がある。それはカントが直観的悟性の理念を構想した判断力批判、つまり全体をそれ自体として直視することから、特殊なるものへ進んで行こうとするカントの判断力批判の位置にあるのである。カントは、神的で原型となる悟性のこうした対照型をもとにして、論争点である人間悟性の形象化の貧困を説明しようとしているのである。ゲーテはしかしその中に彼本来の原型をうつす、整えられた手順が認められると考えている。それはたしかに彼の自家用カント研究にとってあらためて有意味なものである。ゲーテはしたがって、後期の知的直観の観念論を決して支持しようとしないのである。さらに彼がカントにかかわり、カントを利用する仕方は、シェリングの主張と自然な結びつきを示している。ゲーテも、自由を信ずるよりむしろ自然を信頼する人士に属していた。絶対的な事行《タートハンドルング》という自由の意識より全知識論を展開するフィヒテから、したがってゲーテはたしかに何物も得ることはできなかった。自然をただ「義務の質料」としか考えないような思想家と彼は一致することができなかった。つまり彼こそ、自由とわれわれ自身とをできるだけ自然として考察しようと試みた人である。こうした対置にとって特徴的なことは、ゲーテがフィヒテの言回しに対するときである。つまり「われわれから独立な自然（我でないもの）」――と欄外に注記されている――は、「しかしやはりその生きた部分がわれわれであるようなそのわれわれと不可分である」。ゲーテをフィヒテから引き離す所以のものが、まさにゲーテをかえって後期の観念論的な思想家達と結びつけるのである。というはこのことこそシェリングとヘーゲルによって展開された哲学の出発点であり、フィヒテときわめてがんこに相違する点だからである。つまりフィヒテは、自然の本質は精神と自由な自己意識との本質が合一したものと考えているのである。

　こうした傾向はすでに同一哲学の題名において表現されている。同一性とは同語反復的な自己性を意味しているのではなく、実在的なものと観念的なものとの不可分割の共属性を言うのであって、それが知的直観の原理のもとで考えられていることを意味しているのである。客観化というそれの最高のあり方は、しかし実在的であると同時に観念的であるような芸術作品の中に先在するのである。そしてこのようにしてシェリングに従えば、哲学することは必然的に芸術の独創性に移行するのである。すでにこうした考えはゲーテに近づいている。彼はまさに主観と客観とを相互に分離することを欲せず、自然によってたえず主観的なるものと客観的なるものとを覆う生命の統一を考えていたからである。それどころか、ゲーテの多面的な自然研究の生涯にわたる大きな計画そのものが、シラーの記述によれば、「あなたは単純な組織から一歩一歩上昇してさらに複雑な組織へ高まって行き、最後にはあらゆるものの中で最も複雑なものすなわち人間を、発生的に全自然構造の材料を用いて建造しているのです」と言うが、こうしたゲーテの主導的思想そのものは、それに相応するものをシェリングのうちにもっているのである。丁度、ヘーゲルを主導する課題が、自然の実在的なるものから精神と自由の理想を導き出すということであったように。シェリングはそれを彼の「観念論の自然学的な証明」と呼んだ。それによれば形成する自然は、ついにその最高の潜在力に達して、自由の電撃が落下するまで潜在力を自ら増大して、同時にこのように自然が、最高にまで登りつめることが自然から歩み出ることになると、その結果こうした自由の光によって自覚は、あらゆる存在を自己に向かいあわせることになるのである。かくして自由の立場が自然の立場と和解し、客観的な立場が主観的な立場と、そしてゲーテが批判哲学と和解するのである。

動揺するシェリングが、こうした帰結をこえ出て自由の問題の神知論のかげに自失している間に（そこまではゲーテは彼について行けなかった）、ゲーテはヘーゲルの哲学によって、彼に非常に近い実在的なるものと理念的なるものとの同一性という考え方の信頼できる完成を見ることができるのである。「客観と主観とが触れ合うところに生命がある。ヘーゲルが客観と主観のまったただ中に彼の同一哲学をおいて、この地歩を固持するならば、その時こそわれわれは彼をたたえようと思う。」ヘーゲル自身、こうした媒介を実行して、実体を主体に高め、それによって主観を実体的にするということを彼の課題として形式化したのである。つまり特に彼のもくろみは、歴史的な生命の実体的な幅のすべてを主体の中へとりこむことであった。注目すべきことは、こうした目的へ向かう途で、つまり世界意識を自己意識にまで高めるなかで、彼はゲーテ的な自然研究のやり方が、こうした世界意識の最高なるあり方と思っている点である。この研究のあり方は、内的な具体化という点で自然学という数学的な法則学を凌駕するのである。何故ならば、それは「生きながら発展するものの姿」を把えるからである。機械的な自然の諸法則という変化のない世界をこえて、ここには生命の真の無限性が出現しているからである。この無限性が自己意識にまで自ら高まることによって、「精神は真理そのものの領域内へ立ち入って行くのである。」

かくしてヘーゲルは、実際ゲーテを哲学的に自己のうちに拾いあげ、ゲーテが彼なりに全体においてはヘーゲルの哲学になんらかかわりがないといっても、つまり、「私はヘーゲルの哲学に近似している何ものも知らない……」といい、しばしば折にふれて早まった誤解を犯しているにしても、例えば花は蕾を、そして実は花を「否定する」といった精神現象学におけるヘーゲル的な形式化に対して彼が憤激することがあるとしても、これは何ら問題とすべきものではない。ヘーゲル的な弁証法の徹底した証明力は、彼には疑わしいものであったにちがいないのである。しかしこのことは、ただシェリングがゲーテを自分なりに解釈したような意味で、ゲーテの哲学的な衝動の抑制でしかないということもありうるのである。実際ヘーゲルは、そのように観ていた。つまり彼はゲーテに宛てて書くとき（一八二五年四月二四日）、シラーのゲーテ解釈を繰り返したのである。「ところで私は私の精神の発展の歩みを見渡す時、そのいたるところであなたがかかわり合っているのを発見し、そして私があなたの美しさを身につけていると自称できるからであります。私の内なるものは、抽象に対する抵抗力の糧をあなたから得たのであり、あなたによって描かれたものをのろしにして、私の内なるものの足取りは、正しい方向を与えられたのでした。」ゲーテの力動的－全体的な見方は、分解的な悟性的思惟をこえ出ている点で、ヘーゲルの思弁的思惟やその具体的な概念と同じものである。かくしてヘーゲルは、ゲーテの彫塑的な姿の中に精神の真正なる具現を垣間見ることができるのである。それを哲学的に、すなわち概念によって解明することこそ彼の生涯の課題であった。彼もしたがって、思弁的に理解されうるものという彼独自の真理を主張し、生き生きとした直観の直接性の上位に概念の無限な媒介を、そして精神の最高の方法としての詩と宗教の上に自己認識の展開である哲学を、位置づけるのである。

これはしたがって、われわれがゲーテの精神的な歩みを伝記的に同道した到達点のようである。ゲーテが再三にわたり強調し、身をもって証している哲学の抑止は、いまだかつて半分の真理としてさえ証明されていないのである。反対に彼の哲学の歴史は、彼の時代の思想家たち、すなわちはじめにシラーが、後にシェリングとヘーゲルといった思想家たちが考えたことの詩的な範型として出現しているのである。ところで――われわれはこのように問いかけなければならない――ゲーテの真の哲学はドイツ観念論のこうした哲学の中に（特に主観的なるものから客観的にして絶対的な観念論への高まりの中に）あるのだろうか。

こうした決定的な問いかけによって、われわれの考察は再度全く新しい方向、つまりわれわれが最終的に標示しなければならない方向を獲得する。われわれは、われわれの先学者にとって重要であったゲーテとカントを調和せしめようとする努力を捨てることになるだけではない。われわれはゲーテの哲学を、それがシェリングやヘーゲルの客観的な観念論に対して実際上類縁であることから認識するだけで十分であるとも考えない。われわれが今むしろ問い質していることは、ゲーテは全き調和をすすんで歓迎していたにもかかわらず、彼の同時代人の哲学的な思弁としっくり同道しなかったというのは、実際偶然的で外面的な事実なのかということである。それは実際、彼独自の詩的な一定の表現方法、つまり感性的な直観への愛のために概念の歩みを怖れた表現方法以外のなにものでもないのか――それとも恐らくこうした彼の本来の仕方には、単にカント的なものだけでなく、へーゲル的な思惟をも含む観念論的な思惟の円環をこえて傑出する一つの哲学的な真理が潜んでいるのか。むしろゲーテは観念論の同時代人であり詩的な模範であるだけではないのか。——彼はむしろわれらの批判者であるのか。

こうした問いのために、われわれは観念論に対するまる一世紀にわたる批判を用意して来たのであり、しかもこれは特に、プラトニズムに対するニーチェの攻撃が、言い換えればギリシア的ーキリスト教的な理念的思惟と形而上学の全体に対する攻撃が、一般的な哲学的意識に押し入って来て以来のことである。このためにわれわれは形而上学から身をかわすゲーテを、いや思弁的な哲学を全く抑止する彼を、異なった目で注視する余裕を与えられたのである。そこではわれわれは、彼が彫塑的な力の潔白を気づかう、反省を近づけない芸術家であることをもはやみとめないのである。われわれは彼を制止するものの中に、むしろ完全な残り半分の真理を直接見るのである。われわれはゲーテのうちに——ニーチェのはるか以前に——哲学的ないし形而上学的な真理概念の一批判者を認めるのである。

そうした見方にわれわれを導いてくれる第一の洞察は、ゲーテ自身が彼の世界に対する彫塑的な基本態度のなかに、彼の詩人的な個性の特殊性を見たのではなく、人間の現存在そのものの普遍性を見たという洞察である。芸術家というものは人間の高められたあらわれにしかすぎない。人間とは世界に対する不断のはたらきかけによって、また世界からの彼に対する反作用をたえず経験することによって人間であるものである。対立存在から解きはなたれた自由によってではなく、世界に対する日々の関係によって、つまり世界の制約に組みこまれることによって、人間は自己自身を獲得するのである。彼はこれによってはじめて認識の正しい態度をも獲得するのである。われわれの世界認識を所有と知ではなく経験と享受とみなすものこそ、しかし換言すれば、人間本性の総体からの人間の世界に対する生産的な応答とみるものこそ、他ならぬヘルダーの弟子《シューレ》である。

これには第二のことが連関する。もしゲーテが哲学的思弁の冒険から身を守るとき、彼はそれによって彼自身の流儀に適しいものへの衝動にただ従っているわけではない――彼はそこに人間的に正当なるもの、人間に命令されたものを端的に見るのである。しかしそこには、彼が真理に対する独自の要求を、哲学的な伝統の全体とその真理の概念とに対置しているということがある。ある不思議な先駆けによってゲーテは、ここで再びニーチェがプラトニズムの批判をもり上げた方向を指示し、ギリシアの悲劇の時代における哲学の起源に対して、ニーチェが感じとったと同じ理解を示しているのである。ニーチェが見たものを彼も見たのである。つまり古代の思索家たちの造形的な本性である彼らの生活と理論の完全な調和は、近代人には未知のものであるという事実であった。さらに彼はそれにもとづいて哲学に対する彼自身の自覚的な立場を打ち立てたのである。ファルクによって報告されている対話の中で、彼は次のように語る。「哲学者たちは、彼らの立場では生活形式以外に何もわれわれに示すことはできない。こうした生活形式が、われわれにとってどのようにしっくりしているか、われわれがわれわれの本性と素質にしたがって、その形式に必要な内容を与えることができるかどうかが、われわれの問題なのである。われわれは自己をためさなければならないし、われわれが外から自分の中へ取り込むもののすべては、例えば食物のようなものは、最深の注意をはらって調べられなければならないのである。さもなければわれわれは哲学によりながら滅びるか、あるいは哲学がわれわれによって滅びるのである。」

こうした表現はきわめて啓発的である。それは、ゲーテが新しい時代の一面的な知能《フェアスタンデス》教養《ビルドゥング》に対してどのような問題意識で対処しているかを示している。この時代は、近代の哲学的思弁に対してさえ、その抽象的な尖鋭化を与えてきた真の信仰と真の理論のことを憂慮する、まさにプロテスタントの時代である。こうしたことに対しては、ゲーテは若い頃から配慮していたのである。彼はたえずあらゆる独断的な確定を阻止するようにしていた。彼は、汎神論者と言われようが、キリスト者と呼ばれようが、あるいは無神論者と呼ばれようが、同じことであった。「何故ならば、何ごとにつけ、それが本来何と呼ばれるべきかを正しく知っているものはどこにもいないからである。」しかしこうした態度によって彼は、それと知らずに、ギリシア哲学の起源に接近しているのである。とにかくそれは単なる偶然ではなくして、根底において相似たものであって、それは上にくり返し述べられた表現からプラトン的ソクラテスを追想せしめるのである。

つまりゲーテが近代の哲学に対するように、プラトンはソフィスト達によって手がけられた教育の理想 Paideia に対したのである。プラトンは、ソフィスト的な教養知の思いやりのない万屋から、精神のための正しい配慮を導き出すところにソクラテスの教育者としての天職を見たのである。ソクラテスが（プラトンの『プロタゴラス』の中で）プロタゴラスに案内して欲しいと願っていた、教養をもとめる若者との間に行なったすばらしい対話の中で、ソクラテスは、ソフィスト的な主張を何ら検証することなしに精神に取り込んでしまうという危険を、青年の意識に目覚めさせているのである。ここではいまや若者に対して彼は、ゲーテが上に用いたのと同じ表現を使用している。つまり身体の栄養はしかるべき検証なしに取捨されることはないし、精神の栄養はなお一層のこと同じような注意と検証が必要であると言っている。こうした検証を行なわなければならないという哲学の課題は、医師の課題に比較される。つまり医師は、料理法の誘惑にさからって、身体に実益のあるものをきめなければならないのである。このような意味でソクラテスは精神の真なる医師であり、唯一の哲学的な教育者である。というのは彼は、対話を進めて行く彼の技術によって、教養の思込みを弁証法的に解体すると解しているからである。プラトンは、弁証家ソクラテスのこうした直観にもとづいて、哲学そのものの弁証法的な方法を基礎づけたのである。つまり哲学は、ソフィストの教育的多弁をこのように防止することによってのみ、本来の哲学にかえるというのである。

ゲーテは、そこで彼の時代の抽象的な思弁を同じように防止しようとつとめるが、まさに近代の独断論から自由なこうした保証が、彼に古典的な何ものかを賦与するのである。古典の意味では彼も哲学者であり、彼と同時代の大哲学者よりもより源泉に近いのである。というのは彼は、彼の時代の人のように理性の自律性を確信する仲間に与しないからである——彼は理性の人間的制約を見抜いているのである。

決定的なことはしかし、彼がこうした制約を真理の通関門としてではなく、知恵にいたる人間の道として解していることである。したがって彼が哲学を避けることには独自な哲学的認識が隠されているのである。この認識は彼が真理として理解したものの中に最も明瞭にうかがえるのである。ここで彼は伝統的な対象的真理概念に根本的に背を向けて立ち、同時にヘルダーからニーチェをこえて現代に及んでいる一つの運動に、しかもその古典的なひな型が、ソクラテスの具体的な弁証法にもとめられるような、そうした運動に同調しているのである。それはつまり学校哲学の独断論に対する敵愾心によって古くから養われて来た、ゲーテの語るかの懐疑の反対運動ではなくて、真理の固有な基盤を守護しようとする意志である。このゲーテが彼の優れた天性の持参金として意識していた不断に産出するものは、人間の一般的な世界関係にとっても特徴のあるものである。働きかける者と逆の働きかけを耐え忍ぶ者にとってのみ世界は現《ダー》にあるのである。真理は生命関係にもとづいているのである。したがって真理は内的に必然的なしかたで錯誤と結びついており、その錯誤の中で同じ生命の関係が結果として生じて来るのである。独自な活動の蘇生、生命力の喚起と上昇、無化と同じく蘇生による産出的存在は、まさに真理が測られる基準である。「実り豊かなもののみが真実である」——この有名なゲーテの言葉は、だからといって、実に近代のプラグマティズムがなしているように真理を有用性に解消してしまうものではない。というのは実り豊かであることは生命の上昇そのものであって、そこはまさに人間の世界関係が形成されるところだからである。それは、ゲーテによって彼自身の特性として承認された対象性の他の一面でしかない。そもそも、

自然の核とは心のある人間ではないのか？

＊　この論文の基底になるものは、著者が一九四二年の一一月、ゲーテ週間内に Leibzig のゲーテ協会で行なった講演である。最初の出版は、*Humboldt Bücherei* 3, Volk und Buch Verlag, Leibzig 1947 である。このテーマについては、さしあたり H. Kindermann による文献紹介 'Das Goethebild des 20. Jahrhunderts', Wien und Stuttgart 1952 を参照されたい。

（1）　Brief Schillers an Goethe vom 23. August 1794.

（2）　Ferdinand Weinhandl, *Die Metaphysik Goethes*, Berlin 1932 を参照。

六　ライナー・マリア・リルケの現存在解釈*

——ロマノ・グァルディーニの著作に寄せて(一)——

リルケの詩がただ単に文芸学の一対象であるにとどまらず、今日生きている者にとって真に哲学的な一対象であるということ、すなわち自己思索とその詩人の世界解釈とのやり取りの一機縁であるということにはいかなる理由づけも必要とはしない。見渡し得ないリルケ文献を一覧してみると、そのことが証明される。というのはこれら無数の書物から語られることは、もはや決してただ単に美的・文学的関心ではないからである。そのことにかんしてはロマノ・グァルディーニの著作もまた決して例外ではない。その限りで、その著作がリルケをはじめて真剣に取り上げるのだという彼の要求も、空虚に突き当ってしまう。それにもかかわらずそれは大抵のものに、詩的なものに対する感受性と解釈の技術ということで、立ち勝っている。しかしこのことは、それが特別で哲学的な注目に値するということの理由とはならない。むしろ彼がリルケを真剣に取り上げるということが、解釈者の考えと詩人の考えの言わずもがなの同一化を何も前提とはせず、反対に意識的・批判的な隔りということを前提としているということによって、その著作は一つの特別な位階を占有している。にもかかわらずグァルディーニがほとんどすべてのリルケ解釈と共有している共通の前提、すなわちリルケの詩はただ単に美的に、つまり真正さにもとづいて、評価可能な一現象として了解されるだけではなく、或る真理的なことを語る言表として了解されるということが存続している。しかしグァルディーニによって根本的問題、すなわち詩人に向けられた批判、批判とは詩の成功ではなく詩人の真理のことを意味しているのだが、そうした批判とはいかなるものであろうかということが、提起されている。

たしかにグァルディーニは、彼の解釈の場合にも当て嵌るこの共通的でもっともな前提を序論で直ちに両義的にしてしまっている。リルケの自己言表を引合いに出して、彼はリルケの詩を一つの宗教的福音とみなし――そしてそれらの詩の正当性をそれらの言表が真実であるか否かという点で、証明しようとしている。

両者は単純には一致しない。とはいえグァルディーニが引合いに出している二つのまったく異なった事例、すなわち語られた真理を手に入れるというリルケのどの読者にもある自然な要求と、一つの宗教的福音を仲立ちするというリルケの特別のいわゆる要求とがある。事実リルケは、ほとんど宗教的啓示への一要求であるかの如く聞える、彼の詩的インスピレイションの記述形式を用いているし、オルフェウスに寄せるソネットの成立との関連では、彼はかねてこれらのソネットは解明を求めていたのではなく、服従を求めていたと語ってさえいる〔クララ・リルケ宛の一九二三年四月二三日付書簡〕。グァルディーニにとって、このことはそれらのソネットが信仰を求めているということなのである。しかしながら、グァルディーニがリルケの場合にも正しく前提している一般的真理要求が、現実的に宗教的権威を要求してはいないということは、私には決して疑いえないように思える。リルケの詩的言表が宗教的真剣さをもって了解されなければならないということは、リルケが「そのような実存的真剣さにはもはや耐えられなかった」〔『ライナー・マリア・リルケの現存在解釈』二二頁〕とは考えたくないときには、一つの仮定となる。

第三ノモノハ存在セズ Tertium non detur すなわち宗教的福音か美的遊戯かなのだ（二〇頁以下）。あらゆる偉大な詩と同様リルケの詩のうちに真理を探す人、それ故に、例えばギリシア悲劇を一人の敬虔なギリシア人として、カルデオンの演劇を一人のカトリックのスペイン人として、素朴な直接性において経験することができずに真理を探す人はつまり詩的な、そして宗教的権威をもっては登場しない、真理言表を探す人は、自身をあらゆる正当性を奪われた者とみることになる。そのような人はグァルディーニによって「衰え行く近代の相対主義」に算えられる（二一頁）。

グァルディーニにおける真理関心のこの稀有な過度の緊張を、人は彼の個別解釈に沈潜する時に、理解することができる。というのは事実グァルディーニは、適切で狼狽させる詩人の言葉として経験される詩的言表なるものを、それの真理にもとづいて証明するのではなく、詩人の多層的な比喩話法から、現存在解釈の統一的体系なるものと「宗教」とを構成するからなのである。

グァルディーニがカトリック的キリスト教徒としてこの体系をキリスト教の諸々の真理に照らして評価するとき、一つの重要な歴史的洞察がそのさいほとばしり出る。リルケは、彼がキリスト教の宗教世界とバイブルの素材とを、ただもうまったく自身の言表の材料として使用するかぎり、近代の一般世俗化のプロセスへと組み込まれてしまう。キリスト教的解釈家に対して、そのような詩的言表の表現力がキリスト教的な諸々の真理を出来損いにまで作り変えてしまう、そのときでさえもなおそれらの真理から栄養を摂取するものかどうかという問いを、人は喜んで承認する。例えば、リルケによって愛されることを望まない者の歴史とされる蕩児の歴史のこと（『マルテの手記』インゼル版九三八頁）を、考えて貰いたいと思う。しかしながらそのような歴史的な確定は私には、リルケの詩的言表の真理性にかんしては何も決定しないようにみえる。リルケがカトリック的な環境や伝統から彼の詩的言表にとって決定的な可能性を獲得していると、グァルディーニもまったく正当に確定したことには、だれも異論はないだろう。

しかしながらグァルディーニが、リルケの「愛の説」に寄せた最初の悲歌の解釈にさいして、リルケが愛を、愛される者である汝に対する対応なしに、すべてのものの上に置く（四九頁以下）という理由で批判するのをみると、だが一層「相対主義的な」了解が、ここで聞き分けられるものの真理、まさにそれを一層よく認識しないかどうかと、人は自問することになる。グァルディーニはここで明らかに、リルケの愛の説は愛の学びの説なるものであることを、考慮してはいない。「愛は学ばれていない。」〔『オルフェウスに寄せるソネット』I XIX 10行〕かくして彼は学ぶ者として、模範、それらの愛の可能性があらゆる対応を越えて保証されるその模範を、喚び出す。こうした者たちは打ち捨てられた愛する者たちである。真実愛する者、すなわち「無限に」献身する人々が、打ち捨てられた愛する者たちが与え、そして彼らによって模範的となるところの、同じ寛濶《ヴァイテ》を相互に与え合うということを、人はどのようにして誤解することができるだろうか。私はその点において真実でない――そして加うるにキリスト教的倫理ともこの上なく完全に協調する――ものを知ることはないだろう。

浮遊する自由、ピンダロスがかくも美しく語るように、それをもってその詩人があらゆる花々から蜜を吸う自由を人が是認するとき、それは決して美的放恣ではない。詩的言表の真理を心にかけているまさにその人にとって、一つの詩が使用する対象的モティーフの多層性は隠されてはならない。詩の助けをかりて言表に達するものは了解され、真実として受け入れられるべきである。しかしながらこのことは、人がこの言表の素材的・対象的手段を言表に達するものの代りに事柄自身として扱うときには、やり損ってしまう。例えばグァルディーニが第二悲歌の天使について語っていることは、素材史という意味ではたしかに正当である（七七頁以下）。しかしわれわれを感情という点で無限に凌駕する諸存在、したがって最も消滅的であるわれわれがわれわれ自身を了解するよすがとなる、そうした諸存在をリルケが詩作するときに、彼がわれわれに語っていることは、それらの存在がキリスト教的な形姿のものであるのか、あるいは異教的、あるいはまたその他の聖なる形姿のもの、それに対して人は宗教的態度をとることができるのだが、そうした形姿のものであるのかという問いによっては、ただただ覆われてしまう。一人の詩人が語ることを宗教的に了解しないことによって、詩人と自己自身の「実存的真剣さ」を否認することになる（八九頁）ということの理由を、私は見抜くことはできない。とはいっても第二悲歌において考えられていることと、天使が天使であることの理由は、まったく一義的である。すなわちわれわれ人間にとっては、われわれの感情は一つの消滅するものであるということである。その感情が蒸発してしまわない存在はもはや人間ではない。このように、神的なものについてのギリシア人の経験を、一般にいかなる神々でもない天使の命名と一緒くたにすることは（九九頁）、私にはまったく邪道であるように思える。不可視的なものの現象ではなく、不可視的なものの存在要求の保証人を、リルケはルウ・アンドレアス宛の周知の手紙の中で、天使と呼んでいるのだ。(二)

もちろんここに批判が始まるということは可能である。愛する者に対してもただ発端の魔術においてのみ充実可能である、純粋感情という尺度は、人間的現存在を正しくみるために充分なのだろうか。すでにルドルフ・カスナーはリルケ的世界の限界、つまりそれが「父の国」だけに詳しく、「息子の国」にではないということに注目していた。リルケ的世界には受肉の真理が欠けている。グァルディーニの批判も、たしかに同じ動機を有している。

というのは彼もまた、リルケにあって人格の核心をなすものを測り違え、まさにこの自己疎外のうちに、リルケを現代人と結びつけている疑わしき現在的なものを、みているからなのである。人格の喪失と、現在的な世界を特徴づけている全体性への帰属とは、グァルディーニによれば、互に関係がある。このことは全体的にみれば、恐らく正しいだろう。われわれはその点に立ち戻ることだろう。

しかしながら詩が語るものは、それだからといって、真実ではないのだろうか。ここで詩的自我が、真の感情の無私性の、したがって真の愛の、叶わぬところの学ぶ者、教えることのできない者として自らをみているとき、詩の語るものが各々の人間にとって真理ではないのだろうか。この尺度は現実に虚偽なのだろうか。暗黒と悪とが光明と善の存在する対抗力とみられる、一つのグノーシス的邪説とグァルディーニが規定している第三悲歌〔一〇四頁以下〕は、そこからはじめてその場所を獲得する。一個の自己であるということは困難なことだが、まさに愛において自らの自己存在を衝動という名もなきものにあって失なわないことは、困難なことだ。ここにおいてはどこに過誤があるのだろうか。乙女の「無垢な面差」〔第三悲歌63行〕を前にした愛する若者に対して「血の河神」〔第三悲歌2行〕は罪ありと呼ばれなければならないということは、それではひょっとしたら、真実ではないのだろうか。

詩人の言葉によって出会わされるということは、一つの正しい原理、否、詩のあらゆる解釈にとって必然的な解釈学的要求だと、私は思う。出会わされる者だけが語られたことを了解する。そして一般にだれにも語りかけないリルケの悲歌の如き詩の場合には完全に、その詩人がたとえ他のどの詩人であっても〔I・23の汝を、グァルディーニは、彼がその点において自己への語りかけの強化を認識しないとすれば、誤って了解している〔三七〕〕、いずれの悲歌をも一つの冥想的進行の統一として遂行することが当をえている。グァルディーニの繊細な解釈は、多くの個別的なことにおいては大変有用なのだが〔私が個々の説明の多くを曲解されたものとみなしているということは、言われたことを減少させない）、詩的関心事の統一を充分に妥当させるまでに、多くの場合至っていない。この欠陥は、その関心事が誤認されるところで、最も感じられることになる。このことは私には、特に第四、第五悲歌の場合、そして第十悲歌の場合にも、そのように思える。

第四悲歌の統一的テーマ、つまり真の感情や愛の学びという一般的テーマが、ここに具体化されることになるが、それは人間的関係の内に癒され難く突き入る、急ぎすぎから生ずる虚偽である。ここにおいてもまた伝記的解明の必要はない。「おのれの心の幕明けを前にして、だれが不安に怯えずに坐っておれただろうか」〔第四悲歌19行〕。

グァルディーニは、ここで人がリルケの伝記から二、三のこと、すなわち将校として挫折した父が、今度は自らの息子をこの履歴に定め、そしてそれに際して新たな幻滅を経験したということを加えて取り上げれば、了解の助けになると信じている（一五五頁以下）。「……このように、リルケが〈私が成長した時、私の義務の最初の陰鬱な煎じ薬を私のためにかくも苦々しく味わった……〉父に語りかける仕方は了解され得る。ここ、すなわち父が息子のことで有する不安と、他方では不安による息子の感動の内に、両者の間のかかわりの中心があるようにみえる――息子の感動は感謝と同様同情、恐らくは魅惑でさえあるのだ。息子が望むとき、父はこの希望の内にあって不安をもつ。息子はだから、父は自分に正しい信頼を何ももっていない、さもなければ彼は不安をもたないだろうと感じている。このことは彼を虐るが、恐らく彼を魅了もする。他方で彼は自身に、父は何と哀れであったことか、もはや自分自身には何も望まない彼が私に希望を託すことが決してできなかったと、言っている。そしてこのことはずうっとそうなのだ。ずうっと彼は私を信頼できず、彼はずうっと私自身の道の確信へと私を解放してくれなかった」（一五五／七頁）。

このことは全くの過誤に通じているように私には思える。その詩人の彼の父への成熟した回顧には、上述のことにかんしてはまったく何も残っていない。すなわち彼は父の愛以外のことについては何も語っていない。全体の完全な描き誤りは、「あなたは私の面もあげられぬ仰視をまじまじとみた」（第四悲歌42行）という言葉の誤解において頂点に達する。すなわちリルケは、彼の解釈者が考えるより遙かに厳格であって、印象的であることは遙かに少ないのだ。彼は驚くべき正確さで、息子を父が測るよすがである心配しての吟味にさいして、息子はまこと面もあげられずということを意識して、熱心のあまりの父をしっかりとそして同時に覚束なく眺めるときに、一人の父と一人の息子の間に生ずることを描写している。

同様に、私の考えでは、リルケの人生についての「わがちっぽけな運命」（第四悲歌46行）という言いまわしに結びついた諸考察、すなわち「彼ほど豊かな人生内容を有していた者があっただろうか。彼は詩人、たしかにメーリケ以来最大の詩人だった。無数の人間が、その内には極めて重要で生気溢れた人がいたが、彼と関係していた。彼にはあらゆる方向から愛が携えられて来ていた。彼はヨーロッパを住居とし、一つの美から別の美へと移っていった。他の者ならばただ外からみることが許されるだけの諸所が、彼を迎え入れた。にもかかわらず、〈わがちっぽけな運命〉という感情とは」（一五八頁）という考察は、捉え損われている——真実、この言いまわしの内には、「人生内容」における多いとか少ないとかが問題となっているのではなく、生と死の素朴さと偉大さに対して運命が一般に意味しうることが、問題となっている（それには、マルテ・ラウリッツ・ブリッゲの手記、選集、第二巻、一九四八年、一七五頁以下参照）。

われわれはむしろ「おのれの心の幕明けを前にして、だれが不安に怯えずに坐っておれただろうか」という第四悲歌のテクストを離れない。動物と子供、死にいく者もまた、自らの感情の虚偽に対し自白する者に、或る反省させることを呈示している。グァルディーニはここではその点に全然触れていない。だが愛する者たちの間にある虚偽のこの描写以上に、はっきりとしたものがありうるだろうか。彼らは互に仲の良いときはっきりしすぎるのだ。というのは彼らは相互に敵の如く遮るからだ。かくして愛――感情の輪郭〔第四悲歌16～17行〕――は決して完全な境界設定に到らない。それと同様各人は他の人に対して両義的であり、口実に満ちている。その詩人は厳密に、次に問題となる舞台は自身の心のそれだということを述べている。グァルディーニは理解できないといった具合で、その点に、「心の働き《ヘルツヴェルク》」〔一九一四年七月二〇日付、ルウ・アンドレアス・サロメ宛書簡〕から単なる観照への回避なるものをみている（一七〇頁以下）。とは言うもののその際われわれはただ単に見物人であるだけどころか、まったく同様に演ぜられるものでさえある。心の舞台に登場するものどもは感情である。自己をみつめる心は、それらがすべて（悪しき演技者のように）虚偽で、無理をしたただの見せかけのものであることを経験する。それにもかかわらず人は常に今度こそはと一つの純粋な感情の登場を迷わず期待するが、それは心の絶対的な死などというものは決して存在しない、すなわち常に凝視が存在する〔第四悲歌36行〕からなのである。決して現実的ではない心の冬ざれ《ヴィンターリッヒカイト》〔第四悲歌1行〕のためのこの美しい表現が、グァルディーニによってこのように誤解されているということ、そのために彼が証人たち、愛する父、愛された女性たちの呼びかけをも一般にそのようなものとしては認識しないということは、ほとんど信じられないくらいである。さてもはや何物も欺さず、現実に待つことを知っている人に、天使は人形〔自らは何も欺さぬもの〕を高々と踊らせる〔第四悲歌56行〕ことで、感情の純粋な登場を導いていかなければならない、すなわち「そのとき、われらの存在により、熄むことなく引き裂きしもの、合体す」〔第四悲歌58～59行〕。グァルディーニはこの文言を凄じいと思っている（一六三頁）。しかし彼はそれを正しく了解したのだろうか。われわれはわれわれの現存において無条件の、無私の感情の無傷の全体を見つけ出すことがないというリルケのこの歎きは、真実ではないのだろうか。そして現実に存在の彼方にすでにほとんど跳び出している人、死にかけている人――そしてなおその前に立っている子供――だけが純粋でありのままに告白する感情を知っている――そして愛する者たちはそれを学ぼうと求めている――ということは、真実ではないのだろうか。天使は、彼らがそうすることができると突端に、そこにいる。

われわれの有限性のこの恐るべきそして恐れられているものである死が、われわれの急ぎすぎと言い遁れ傾向すべての真実の理由であることを、人は予感する。グァルディーニの第五悲歌の解釈がこの関連を正しく把握しているとは私には思えない。ここにおいてリルケの人工的な隠喩法は、たしかに特に滑稽であり、そして解釈者の歎きが理解されうる。放浪者たちのシンボル意味を彼らの熄むことのない行業とたまさかの無意味な成功をもって理解することが、明らかに重要である。その意味とは、われわれの歴運という姿をした死によって纏いつかれて、ごまかしの口実と近づく冬の短期の被覆をそわそわと試みる、われわれ自身よりはなお少し儚い人々という意味である。グァルディーニが〔二〇〇頁〕墓に当って跳ね返る〔第五悲歌46行〕ということをありうべき芸術家の不幸に制限してしまい、代りにその点に放浪者のシンボルの透明化を保証せず、このシンボルのわれわれすべての運命への適用がその内に準備されているということ、すなわち人間の不成功はすべて墓に当って跳ね返るということをみないということは、私には特徴的であるように見える。かくして悲歌の最後に、われわれ自身と愛の可能性の内に伏在している幸福との真の演劇――この幸福も一つの演劇なのだが、というのはそれは模範であり、ここでは絶えず挫折する夢の彼岸的実現だから――があることになる。ここにおいてもまた私は、グァルディーニがそこで虚偽で宿命的と〔二二二頁〕気付いたことを了解することができない、すなわち人間の心は無限に多くの挫折とたまにしかない成功をその心の働きにおいて経験するということ、努力はあらゆる心の働きの内に或る虚偽なるものをもたらすということ、ただ真実の能力だけが真実の笑いを可能にするということ、こうしたことがどうして人格存在を止揚することになるのだろうか。

それと並んでこの「純粋な過少」が「かの虚空な過多へと変転する」（82行から84行）ということは、能力のバランスにかんする一つの純粋な形象である。緊張にあって過少とみえるものは、後になって人がバランスをとることができるようになってからは、虚空な過多であることがわかる、計算は数を残さず割り切れる〔第五悲歌85〜86行〕。グァルディーニはこのことを見損っている（二一三頁）。

グァルディーニはここで悲歌というものがいかなるものであるかということ、すなわちわれわれの現存在の制限性についての歎き、救済と全体性の模範に照らした現存在の欠如性の経験を、私には思えるのだが、忘れている。キリスト教的な悲歌作家なるものは別の知から、われわれの現存在のこの有限性を経験することができるということはたしかに正しい。しかしながらリルケが自ら知っていることから語っていることについてはグァルディーニは正しいが、人がリルケの言表の真理をそれらの言表の基礎にある経験に即して測るならば、彼に不当なことをしていることになる。

このように例えば第七悲歌における天使の直観において事物が救助されるのをみるというリルケの主張を、神におけるあらゆる事物のキリスト教的救助と対決させることは（二八二頁）、私には無意味であるように見える。ここでは救助は「今なお認め得る形姿の保持」〔第七悲歌66〜67行〕、感じやすい心におけるそれの保管以外のいかなることも意味してはいない。その点において天使はわれわれを凌駕するのだが、それというのも彼の感情はわれわれのそれのように制約され、限界づけられ、このようにしてしばしば濁らされることがないからである。こうした一層感じやすい存在が長らく所有しなかったような栄誉は何も存在しないようにみえる。

しかしながら第九悲歌——それはグァルディーニの眼には最も美しくみえるのだが——は、にもかかわらずこのように姿の戻った人間である存在、まさしくそうした存在に対して保留されたままになっている或るもの、すなわち地上的なもの、つまり人間的感情が「言葉でいいうる」〔第九悲歌42行〕形姿となるときのよすがである単純なものを見出す。グァルディーニが再度キリスト教思想なるものの世俗化を指示したということが、期待されたのかもしれない。リルケがここで人間に言って聞かせているものは、受肉のことである。われわれの感情が無制約的なものを知らず、それ故に制約されたもの、すなわち事物をその真の存在へと喚び起すということにおいて、しかもわれわれに固有の制約性、すなわち死への正しいかかわりを獲得するのでそして獲得するかぎりでそうすることができるということにおいて、われわれ地上的なものは天使の純粋な感情存在に優越する。

グァルディーニがリルケの「死の説」に対立させている（四一四頁以下）ことは、極めて重要な事柄である。彼は死に対する抗議の内に人間の「存在論的栄光」を〔グァルディーニ419頁〕、この抗議の欠如に人間の降伏を〔同418頁〕みている。このことはたしかに正しいが、それはリルケに対しても正当だろうか。彼は実際にリルケには存在論的な高潔さが欠けていると信じているのだろうか。リルケにとって、彼がこの抗議をどの人間よりも意識して自らの内に携えていないときに、死の肯定を求めてのさし迫った努力が必要なのだろうか。私には一つの真理をリルケのまさしくこの「説」も所有しているように思える。自らの有限性に対する人間の誤った態度と正しいそれ、すなわち（美化された幸福の幻想を通しての）ごまかしと、有限的・一回的なものに自己の感情の全力を傾ける承認とが存在する。グァルディーニには、何故にリルケが「親しみ深い死」〔第九悲歌68行〕を「大地の聖なる倒壊」〔第九悲歌67行〕と呼ぶことができるのかということを、説明する箇所が見当らない。人間の心が自らの人間的感情を事物において形姿や精神にならせることによって、存在者を真正の持続を為す事物に転化することができるということは、だが現実には自らの有限性の独自の経験のおかげなのである。

このことをすでにアイスキュロスは、知っていた。このことは地上的存在の正しい記述ではないだろうか——大地のこの倒壊、大地自身そして人間が神的な被造物であり、宿命である限り、たとえその記述がキリスト教徒には不完全であるとしても。死のそのような肯定をすすんで実存的に遂行することが人間に可能であろうかと、人は疑うことがあるかもしれないが、リルケがここでわれわれがその終末に立っている時代の意味充実から保証しているものが一つの真理であるということを、人は否定すべきではないだろう。

完全な哲学的あるいは神学的な体系を何も有すべきではないということではなく、それ自身において真なる言表、それの意味を一つの全体において概念的に検証することは彼の仕事ではないが、そうした言表を為すことは、彼の解釈者によって不当にも彼に渡されていないその詩人のまさしく特許状ではないのだろうか（リルケの解釈する手紙は、彼が考えていたことにとってはたしかに価値ある目配であるが、それらの手紙の内で思い起こさせる体系化は何かディレッタント的なものを保有しているし、ヴァルディーニはその多くをきわめて低く位置づけている）。ここにヴァルディーニによってこのようにタブーとされた美的相対主義の不朽の核心が潜んでいる（それは決して単に近代の現象ではない。アッティカ悲劇と喜劇の場合の古代神話の取扱いと、プラトンの詩人に対する批判のことを考えてもらいたい）。この真理の核心は芸術の真理そしてそれと共に芸術の言表の意味は解釈者においてはじめて規定性、限定性を経験し、こうした規定性、限定性が直接的な批判を可能にするということを保持している。詩に向けられたあらゆる批判は——それがいわゆる詩は、それに「写実」が欠如しているという理由で、いかなる詩でもないということを言っているのでないかぎり——、したがって常に解釈者の自己批判なのである。解釈者の課題は、彼が真理を探求するまさにその限りで、このように実現された真理の場所を媒介し、このことによって同時にその真理の限界、その制約性を対立実例を通して自らの内に探り出すことである。彼は妥当なものを自己批判において妥当させなければならない。詩のまさしく真理要求を何よりも先ず可能にするものを美的相対主義として批判することは、極めて人を迷わすものである。

グァルディーニのリルケ解釈の特殊な諸前提を計算に入れても、依然として彼の詩的なものに対する卓越した感受性に第十悲歌の立ちまさっている密度が迫らなかったということは、私には驚くべきことである。

リルケの詩的な物語はただ極めて強く反省によって貫かれており、彼の隠喩法はしばしばわざとらしさという点でこの上なく極端である。しかしながら彼の様式の内で第十悲歌は――その点で私の考えでは、彼自身の判断は正しいが――詩的転換における最高のものを呈示している。人はただ断固として真理を、それらの真理はそこで一つの行動の形式で物語られるのだが、そうした真理を媒介しなければならない。

あらゆる真実な感情のそしてとりわけ苦悩の今日の世界からの排除の歴史がある。どこになお苦悩があるのだろうか。それはどこで自白されるのだろうか。歎きにおいてだ。世界苦の青年は、苦痛が存在に本質的に属しているということについて、何かを知っている――彼は乾いた現実に「成熟して」戻ってくるまで、この世の中から一片を取り出し、歎きに交付する。更に歎きは若き死者と共存している。ここでは歎きの現存在を片づけることに、近代の「苦悩の都市」〔第十悲歌16行〕の理性的に組織された死者の尊敬は、もはや成功しない。それは彼を若いとして迎え入れる。後にしばらくして古き歎きが彼を受け入れる。それは準備万端この悲惨な場面の個別性から歎きと悩みのまことに広大な領域を指し示し、ついには死の崇高な尊厳と、この悩みが一つの全体的な悩みの星辰宇宙へ所属するということの洞察とへ導いていく。昔の歎きがついに彼をも捨て去るまで、ただ沈黙するだけだった悩みは彼の傍になおあるが、その悩みから最後には喜びの泉が再び噴出するだろう。人がリルケの詩的な神話形成《ミュトポイイー》の原理をここよりも明瞭にみることのできるところは、たしかにどこにもない。

死者の存在は、彼が「無限に死せる」〔第十悲歌106行〕、すなわちいかなる歎きも、いかなる最後の号泣ももはや彼の傍にはない、否、最後まで歩み通した苦悩が喜びの内に自己を解消するまでは、歎きに伴なわれている。無限に死せる者の死の存在への同意が有限性に対する肯定であり、それをもってその悲歌と悲歌の全体とが完結している。人間的現存在の真の幸福は「昂まる幸福」〔第十悲歌111行〕ではない、すなわちそれは未来と持続についての思念の内にはない。人は、この洞察の内に伏在する諦念が神に見放された人間にとっては受けつけないものであることを、見出すことができる。しかしながらいかなる洞察も、たとえこの洞察の真理が彼岸へのキリスト教的希望を此岸の人々におけるそのような救いと一体化させる人にとってはただ限られた妥当性しかもっていないとしても、存在しないと言ってしまうことは許されない。しかしそうした人にとってもこの洞察は虚偽とはならないだろう。

一つの正当な哲学的詩批判が、一つの詩が語っていることにではなく、それにあって語られないことに出発するということが、これらの説明から結果することになる。詩の真理の限界をみるということが当を得ている。グァルディーニの著作の価値は、私の考察によれば、――解釈上の個々の教えの豊かな充満の外に――次の点、すなわちたとえその著作自身その批判と共にあまりにも直接的に詩自身の言表において出発しているとはいえ、リルケの詩にこれらの問いを要求しているということのうちにある。真理の限界へのリルケの問いはしかしながら、それがわれわれの内のリルケの真理にふさわしい限界のことを考えているとき、ただ正しく自己を了解していたのである。詩人の言葉による困惑を前提にしているあらゆる詩人批判は解釈者の自己批判であるし、それであり続ける。

そのような詩自身に負っている自己批判に、リルケの支配的テーマが愛と死であるということが、示唆されていいだろう。「敵意はわれらにいっとう親しい」〔第四悲歌10〜11行〕という愛する者たちについてのリルケの文言から出発すると、人はこのテーマ論の関連を最も明瞭にみることになる。われわれ人間は生きることによってわれわれ自身を信じ込むように、汝はわれわれに敵対するものとして経験されるわれわれの存在の限界である——そして死もまたはじめて正しくそうなのである。愛の学びと死に対する肯定とは、このように関連している。人はもちろん、リルケにおいて——そしてこのことは彼の世界の慰めなきことなのだが——一方から他方が得られるということを、推し量る。「あらゆる事物に対する感情」〔第九悲歌38行〕、そしてそれによって存在するすべてのものに対する肯定が愛する者の恍惚において跳び出し、詩人によってはただ言い表わされるだけであるかぎり、たしかにそのようにみえる。しかしそのような全面的な献身、それにおいてすべての存在者が自らの内的存在に達するそうした献身は、リルケにとって常にすばやく失なわれる愛の発端なるものなのだ。というのは「敵意はわれわれにいっとう親しい」からである。人はこのことが真実であることを認めなければならないだろう。しかしなお別の真理、最も親しいのではなく、最も疎遠で最も困難なリルケの語っていない真理が存在している。そしてそれが赦しと宥和の真理なのである。愛する者たちの間ではそれは本来的真理、それにあっては双方の互に対立的な自由、この「敵意」によって脅かされている自由が再獲得、否、それどころか昂められるそうした真理なのである。ここにおいてはじめて人格はまったく人格となる。リルケの詩はこの充実については、ほとんどただ歎きの形でしか知らない。しかしながらこのこともまた一つの真実の知なのである。グァルディーニが汝の意味（これはたしかに愛のいかなる「対象」でもない）を人格という真の自己のために繰返しリルケに反対して方向転換するとき、彼は正しくない。キリスト教の教師は、死に対する肯定も宥和というそうした肯定であり、そしてこのことによってはじめて人格性の本来的救助であるということ——キリスト教がこの肯定はいかなる人間的我やいかなる人間的汝によっても語られないということを教えるということだけ——を正しく付け加えるだろう。リルケが有限性の肯定においてこの「孤独な魂」〔第七悲歌4行〕にこの肯定を期待することは、キリスト者には詩人自身に隠されているキリスト教的真理、それは彼をもなお担っているのだが、そうした真理として現われるだろう。そして恐らくキリスト者として思考しない者も、宥和の真理が公言されざる根拠、それにもとづいてリルケの肯定の学びという無限の努力もまた可能となった、そうした根拠であることを、認めなければならないだろう。このことは——そしてキリスト教的なものに対するリルケのかかわりにとってだけでなく——リルケが哲学的にみられると、なお変ることなくヘーゲルの界限にいるということを意味することだろう。

* 初刊 *Philosophische Rundschau* 2. Jg., Heft 1/2.

ここでは或る書物の批判が問題となっているわけではないが、グァルディーニのリルケ解釈と私のやりとりはすべて、片手間の仕事とは違う。それには、すでに一九三〇年頃に始まるドゥイーノ悲歌の解釈についての長い努力が入り込んでいる。当時勃興しつつあった、プロテスタント神学の側からの諸解釈の事実からの逸脱によって挑戦され、リルケ文献が証言している読み方の非厳密さにいつも繰返しびっくりしたが、私はアカデミックな講義で繰返し講ぜられることになった徹底した註釈なるものを計画した。一九三三年以降次第に度を増した陰鬱さの年に、晩年のヘルダーリンと並んで晩年のリルケが、内面的自由の擁護にとって次第に大きな意味を獲得するようになった。自発的に嵩を増す彼の呼びかけの緊迫と困窮とは、いたるところでこの上なく用意された摂取を見出したし、この密閉した詩の了解がゆっくりと生じて来たが、それは同時に哲学思想にも貢献した。グァルディーニの最初のリルケ解釈が、講堂の範囲を越え出るものではなかった独自の諸解釈と出会いながら現われたのも、この時期だった。大戦後には哲学的なリルケ解釈の潮はますます陸続とふくれ上った。しかしグァルディーニの詩的に繊細で感受性のある、そして情況を知った悲歌の全体解釈がはじめて、リルケが常になお一層厳密に読まれなければならないということ、そしてグァルディーニの神学的批判は——三〇年代前半の神学的消化や四〇年代の選ぶところのない哲学的消化に比べれば、たしかに一層意味のある進歩なのである——リルケの詩的作品の求めているところに一時的にせよ耳を傾けているということを示して、私を惹きつけた。とするうちに、精神の諸座標ははっきりと変わってしまい、リルケはもはや往時のようには読まれるのではなく、文芸学の対象となってしまっている。

訳者註

(一) Romano Guardini, *Reiner Maria Rilkes Deutung des Daseins. Eine Interpretation Duineser Elegien* (1953), Kösel-Verlag.

(二) 「不可視なものの存在要求の保証人」の箇所をガダマーはルウ・アンドレアス・サロメ宛書簡としているが、一九二五年一一月三日付けのヴィトルド・フレヴィッチ (Witold Hurewicz) 宛書簡の感違いではないかと思われる。サロメ宛には『ドゥイーノ悲歌』と『オルフェウスに寄せるソネット』に関連するものはあるが、そしてそれらの成立を知らせる生々しい書簡もあるが、前記の内容に相当するものは見出されない。

七　形象と動作*

どのような形のものであれ、何らかの形での伝統的な扮装に対して、今日の意識の有する不信は大きいものがある。今日の宗教的諸形象、ポートレイト、われわれに馴染みであり、人間によって生命と形式を与えられた風景でさえも、それが絵画の対象になると、何と問題となるのだろうか。このことは時代の隔り、異なる文化、われわれに閉されている宗教的世界、そうしたものに由来する言語、それはフマニスムスの伝統からわれわれに語りかけるのだが、そうした言語に当てはまることが何と一層甚しいことなのだろうか。そのような教養を背負ったシンボル世界が、現代の一画家にとりあげられると、本来的にその全体的な硬さと鋭さということで、われわれを規定するはずの、そして真実規定もしているものが、ここでは隠されることになるのかどうかということが、問われることになる。しかし現代芸術をそのあらゆる領域で規定しているものは、シンボルの欠如、否、シンボルの否定ということである——そしてこのことはたしかに、恣意からでも、単純にただ流行というもの、あるいは何らかのからくりから結果するのではなく、次の理由でまったく確かなのである。すなわちわれわれに今日何かを語らなければならない芸術なるものが、現代という時間の言いなりにならざるをえないという理由でである。

シンボルとは、人がそれにおいて再認識をすることになる或るもののことを意味している。そして事実、われわれの立っている時代にとって、シンボルの欠如は一つの特徴的な事柄である。そのことは、われわれの生きている世界の増大する識別不可能性や非人格性に、対応している。再認識はあらゆるシンボル言語の本質であるし、芸術はそれがどのような外観を呈するにせよ、再認識の言語以外のものでは決してあり得ない。このように多くの謎をわれわれに課している今日の芸術もまた、われわれがその沈黙した顔を覗き込むときには、依然として再認識の一様式である。すなわちわれわれは、それにおいてわれわれを取り囲んでいる識別不可能それ自身に出会うのだ。それが記しているものは暗号文字なるもの、すなわちその内に意味が言い表わされているために人が読みたがっているものである。しかしそれは解釈不可能で、解読されえない記号からなる文字というものである。絵画において、われわれはこれらの記号を面の諸要素、すなわち点、線、面の断片、色彩として知っている。そしてこの暗号で記されているものは、語ることができず、把握不可能で、他の経験とは結びつけられないといった具合ででではあるが、それにもかかわらず構造がある、運動がとらえられる、一つの解決が発見されると語られるように、存在する。このように現代芸術の形成物としてわれわれを取り囲んでいるあらゆるものには意味のかかわりが、しかし記号説明のない意味のかかわりであるが、存在するということになる。こうしたことが可能であることを数世紀来、あらゆる芸術のうち恐らく最も崇高な芸術、すなわち音楽がわれわれに教えている。「絶対音楽」の作品はいずれも、記号説明のない意味のかかわりであるという、こうした構造を有している。われわれの時代の「絶対絵画」といえども、われわれがすでに常にその内で生きている意味の諸々のかかわりという空間を捨ててはいない。

それだけに一層、人は次のように問わなければならない。すなわちエポスやドラマにおいて形成されるような、畏敬の念を起こさせるほどに馴染みではあるが、非現実的なまでに隔ったギリシア世界から、神話的内容を呪文で喚び出すことが、今日なお芸術的に信じられうるものであろうかと。それらのシンボルは識別不可能性の暗号となるのに適切なのだろうか。識別可能なものの諸形式やわれわれに馴染みのシンボルをもってしては、そうしたことが為されえないということは、ここ二世紀の展開を回顧し、それにさいしてバロックとそのキリスト教的フマニスムスの自己呈示や自己昂揚以来、いかなる統一的シンボリズムももはや真正の拘束性を獲得することができなくなっていることを認めざるをえない人にはだれにでも、確実なことなのである。私は、古典主義の時代にあって造形的言表を試みた人たちの無気力について、云々しているのではまったくない。私はただ、現在の世紀の力強い色彩性や強烈な抽象意志に由来しながら、例えばフォイエルバッハのような巨匠といっていい人の形象、あるいはナザレ派の人々の仕事の前に、自らが置かれるのをみるときに、どのようなものであろうかということだけを思い出させようとしているのだ。そのような経験に直面して、今日の芸術家なるものが、神話的・フマニスムス的伝統一般から、なおわれわれ自身の識別不可能性のシンボルとなりうるものを、取り出しうるかどうかということが、問われることになる。

たしかにわれわれの時代を育むものは、姿を変えたギリシア像というものであって、ゲーテがイフィゲネイアで呈示したトラキアの野蛮な道徳に対立させた彼の言う高貴な人間性ではもはやない。ヤーコプ・ブルックハルトとフリードリッヒ・ニーチェのおかげで、ギリシア人は古典主義が高貴な人間性というかの模範をもってわれわれの眼前に立てたものではないということが、今日では一般的な意識となっている。今日、フマニスムスの伝統には、ギリシア芸術のアポロン的明朗さが生起して来るその背景をわれわれが絶えず追跡するという、まさにこの伝統固有の鋭さがある。われわれの世紀におけるフリードリッヒ・ヘルダーリンの再発見、それは本来的には彼の初めての発見だったのだが、それもまた彼の作品がこの更新され、より深くみられたギリシア的なるものの像を確証するという理由で、究極的にはさほど偉大な精神的な出来事とはならなかった。その像にあっては巨人族は暗黒の内で生成して来る地下の絶えざる現在なるものとして、はっきりした形姿のオリュンポス的透明さや世界栄光と一緒にみられる。(1)

われわれ今日の人間をあらゆるものから睨み返すかの識別不可能性に、フマニスムスの伝統を参与させることは、この伝統を変転させることだ。しかしながらこのことによってそれはそれなりに、人間存在の同一の謎をわれわれに与える。この謎とは、人間存在を作り上げている自然と精神、獣性と神性のかの緊張において、われわれは何と自らを知り、そして知らないかということ、つまり相反するものであるということである。それは自らを一つにし、決して相互から分離させないところの、謎めいた仕方でわれわれに最も固有で最も個人的である、心的で精神的な態度の在り方を、一つの大きな自然の流れのように貫流し、われわれ自然的存在の無意識的なものと、意識的すなわち感動し意欲された存在とを調和的・非調和的に交響させるものである。これは想うに、エポスとドラマからわれわれに語りかけるギリシア宗教が、常に新たに有意義たらしめるものである。すなわちギリシア宗教は、われわれが自己自身にとって謎である、その謎の最初の解決の一つの試みなのである。

ホメロスとヘシオドスにおいて、このことは独特な仕方でわれわれに把握可能となる。すなわちホメロスはトロヤ戦争と英雄たちの帰郷についてのかの著しく冒険的な、しかし繰返し人間的で身近な物語を、そしてヘシオドスはまったく別の、強力でよそよそしさを有する神々の歴史を物語っている。ゼウスがオリュンポスの支配に乗り出し、そして今や知慧と正義とが神々と人間を統治するようになる以前の神々のそれまでの数世代について、そこで物語られたものは、恐るべきことである。伝説の遠い過去、トロヤ、帰郷、帰郷者とその一族を襲う禍い、こうしたものはホメロスを通じて、神話的物語と歌の絶えず流れ出る源泉となる。人間にかかわる神々の行為について、そして神々にかかわる人間の苦難について、自らの巨大なエポスにおいて物語るその語り手の隔りにもかかわらず、なおホメロスにあってそれが登場すると、ギリシアの劇場はこのまったくの伝説世界と寓話世界の祭儀的現在の直接性への無比の転化だ、ということになる。ギリシア人のエポスとドラマの双方は、それらがわれわれにも現われるかぎり、現在性を有しているし、したがってそれらが神々や人間について、今日生きているすべてのものの英雄的代理人に告げるときには、われわれにかんして常になお或ることを語る。

われわれは、ギリシア的な神々が世界の諸相自身であり、それ故にそうした神々の有する根源的で、宗教的に拘束的でかつ祭儀的な意味でではないにしても、われわれにとっては依然として経験されうる、という洞察を特に文献学者ワルター・オットーに負っている。ギリシア的な神々は現実性を保持している。或ることが生じ、突如としてすべてが変るという、事物の相の突然の変化はわれわれを狼狽させる。陰影、陰欝、狂気、不幸、病、死、愛、憎、熱狂、誇示、嫉妬、ギリシア人が神的な諸形姿の現実として経験した、人間の苦悩と情熱のまことに壮大な蠟人形陳列館、それはわれわれにとっても見知らぬものではない。ギリシア神話がわれわれに語りかけるものが伝えられるということ、そしてその伝えられ方はわれわれすべてに周知の根本経験である。

人が次のように自問するようなことがあるかもしれない。すなわちそのような強烈な印象がではすべてなのだろうかと。われわれが何にもまして行為する者でなければ、相剋、決断、過誤、罪は存在しないのではなかろうか。そしてこうしたことはすべて、ギリシア人のエポスやドラマにおいても現存しないのではないだろうか。しかしたしかにそれにもかかわらず、われわれがドラマにおける「行為」(二)を、そして更に一層エポスにおける行為を、今日まったく別の眼で眺める――そして、驚くべきことは、訝しげな眼でそうするのではないということなのだが――ということはたしかに、古代学の分野での新らたな探究の、この上なくみのり豊かな洞察のいくつかが所有しているところである。人間に決断を決心させるのは神々である、という描写をホメロスにおいて読み、それと並んで別の一層主観的で、反省され、意識的な描写、それによると英雄は後悔し、苦悩と猜疑のもとで自らの決断を把えるのだが、そうした描写を発見すると、われわれは今日エポスの様々の層、例えば昔の著者と新しい著者のことをもはや考えることができない。今日一層厳密な観察から、そしてそのことはまさしく同様に一層厳密な自己観察からということなのだが、ホメロスが双方のことを同一の命題で語っていることは正しいのだ、ということをわれわれは知っている。例えば或る者が決断し、アテナが彼にそうさせるとすると、このことはそこでは二様に主張され、その内の一方だけが真実でありうる、すなわち英雄が決断する——あるいはアテナが彼にそうさせる——ということを言っているのではない。むしろそれは同一の出来事であり、ただ別の観点のもとにみられているのだ、ということになる。このように文献学者たち——私はとりわけブルーノ・スネルとアルビン・レスキーの名を挙げる——が古代のエポスと更にドラマにおいても示すことができた事柄は、「行為」が現代人の最高に一面的な自己把握というものであるということを教えている。われわれが今日こうしたことを一層明瞭にみることができるのは、まず第一に学問の進歩なるもののおかげではたしかになくて、人間存在についてのはっきりとした諸々の幻覚を発掘し、人間という謎に目を向けるようにと、われわれを強要する独自の経験のおかげなのである。

ギリシア人は自らの歴運《ゲシック》を宗教的に了解していた。人間どもを襲うものは、彼らにとっては相互に争う神々なのである。ここでは罪過や贖罪が問題なのではなく、運命《シックザール》、それどころか生贄が問題なのだ。悲劇の英雄は生贄の代りであり、生贄として存在する。生贄の思想の内には、何という大がかりな真理、何という関与、何という我と汝と我々の間にある限界の撤廃、何という独特なあらゆる人々の一体化、それにあってはわれわれの有限な歴運が超越されることになるそうした一体化が、存在することか。こうしたことはすべて、ギリシア世界では極めて固有のことなのだが、諸時代の深淵を通じてわれわれから切り離され向う側に運ばれてしまった、疎遠な現存在の一契機としてたしかにわれわれに現われるのではなく、われわれに固有の人間存在のずうっと先にまで達するもの、つまりギリシア的な仕方でここでも現存するところのわれわれの現存在の多層性なのである。哲学の言語を語ることが一瞬許されるならば、私はここで実体と主体についてのヘーゲルの対立を通じて明瞭にすることができる。実体とは、彼の場合にそしてここにおいては、われわれが数千年の形而上学を通過して行くのをみる、ギリシアの自然認識のあの範疇の如きものを意味しているのではなく、われわれが例えば一つの実体的精神について云々するとき、あるいはだれかが或る人について彼はたしかに極めて分別のある人だが実体を何ももっていないと語るとき、私たちが皆ヘーゲル的な意味合いで使用するのが慣わしになっている一つの言葉なのである。実体はここではかの担うものであって、現われ出るものではなく、反省的意識の明るさに高められるものではなく、完全には決して自らを言い表わすことはないが、それにもかかわらず明るさ、意識性、外化、伝達、適切に言表する言葉、そうしたものが存在しうるには不可欠のもののことを意味している。実体とは「われらを結びつけることのできる、精神」〔リルケ『オルフェウスに寄せるソネット』ⅠⅫ1行〕なのである。私の引用するリルケの言いまわしは、精神とは各人が個々のものを知るそして自分自身について知るということ以上のものであることを、示唆している。ヘーゲルは、一民族の精神あるいは時代精神あるいは一時期の精神、すなわちあらゆるものを担い、いかなる個別的なものにおいても意識されずそして適切に知られて現存することのない広範な現実が、いかなるものであるのかということを理解するために、実体の範疇を喚び出した。ギリシア宗教は人間の内に自己自身を決定するもの以上に神々の行為によって決定されるものをみるということになると、ギリシア宗教はわれわれはわれわれについて知っているものより遙かに以上のものであり、かつそれとは異なったものであるということ、そしてわれわれとわれわれの知とからこのように遙かに立ちまさっているもの、これがまさしくわれわれの本来的存在であるということ、まさにこの真理を正当に判断していることになる。

さて今日の芸術は、この依然として変ることなく妥当する真理とそのギリシア的形象形式に対して、どのような関係にあるのだろうか。われわれは詩から、そして消えゆく言葉《ザーゲン》においてその言葉が真正の現在なるものの迫力を伴なってわれわれに現存し、われわれの心をつかむといった具合に或ることをわれわれに立言するという詩の諸可能性から眼をそらす。かつてと今とが、とりわけ古代の悲劇が常に新たな詩的翻訳へと喚び起こされるといった具合に、相互の内に映し合う仕方は、それ自身一つのテーマとなることだろう。造形芸術は言葉のこのような消滅や現在の言語素材におけるそれの復活を知らない。それは可視的なものの内にとどまらざるをえないし、可視的なものとして存在し続けざるをえない——そしてこのことは、現代の作業のハンマーのもとでますます相貌なきもの、抽象、構成、平均化、同型性へと変身していく世界なるものの内で、そうなのである。ギリシア人の、人間形態をした芸術宗教〔ヘーゲルの用語法、『精神現象学』〕は、今日の造形創作においてどのように還帰すべきなのだろうか。例えばフォイエルバッハが「ギリシア人の国を心をこめて求めつつ」イフィゲネイアを描いたように、単純に周知のものの再認識としてではないことはまったくたしかなことであるし、よく知られている形体の再認識としてでもほとんどない。われわれ皆に周知のものはむしろ知られていないものであり、それにあってただ時折り一つの意味の痕跡が稲妻の如くに照し出されるものなのである。それが依然として人間形態においてどのように言い表わされうるのだろうか。

私は動作《ゲベルデ》の言語で考えたいと思う。動作には、それが表現していると言い慣わされているものが現存している。

動作はまったく身体的なものであるし、そしてまったく心的なものである。そこには動作から区別され、それにおいて自らの秘密を漏す内的なものは存在しない。動作が動作として語るものは、まったくそれ自身の存在である。したがってどの動作も或る謎めいた仕方で同時に閉じている。それが漏すことが多ければ多いほどそれだけそれはその秘密を保持する。というのは動作において照し出されるものは意味の存在であって、意味の知ではないからである。それはヘーゲル的に語られれば、実体的であって、主体的ではない。動作はどれも人間的であるが、いずれもがもっぱら人間の動作というわけではなく、結局どのような独特の動作も個々の人間の単なる表現ではない。それは常に言語のように、それが属している意味の世界を映している。同様にこの世界を解読可能にし、一人の画家を引っ張り出すことのできるものは、人間の動作だけでは決してない。

われわれがウェルナー・ショルツに負っている、ギリシア神話研究に由来する諸形象、その諸形象へとわれわれを連れていくものは熟慮である。そこには例えば三艘の舟、すなわち古代ないし地中海地方の赤い帆、緑の帆、濃い灰色の帆といった帆舟についてのわれわれの表象に大略対応する、帆舟というもののもともとの考えで様式化された三艘の帆舟を呈示する形象がある。それらは建造されたかのように前後して横たわっている。この光景にさいして、われわれは、トロヤからのギリシア人の帰還にあって、それが繰返しトロヤの鎮圧を前に始められたばかりの彼らの帰還であろうか、あるいはトロヤの破壊ののちに実際に行なわれた、しかもごく秘密裡に生じた彼らの帰還であろうか、それともわれわれは皆ギリシア的なものを目撃しないのであろうかということを考えるのだが、いずれの場合にもここでは一つの神話的時代あるいは現実の時代にかつて生じたことは何も模写されてはいない。むしろこれらの舟に乗ってどんどん走る——一体どの故郷に向ってなのだろうか——どの人をも待ち受けているものは、航海の不確実で両義的な歴運であるし、これらの舟の内に現存しているものは生の運命の動作そのものなのである。

あるいは風景。ウェルナー・ショルツにあって風景とはいかなるものなのであろうか。はち切れる海の目のようにわれわれを眺める海岸、過去の訴えを爪の腕のように伸び上げる遺跡、否、花、魚、梟、蝶でさえも――こうしたものすべてが動作なのだ。もちろんそれは一つの極めて特別な種類の動作である。ここで語られるものは紋章学の沈黙した言語であるし、それにおいて相互に関連するものが言葉なしに認識されるかのワッペン言語である。そして最後に人間の動作が存在する。人間の動作は形象の内で呈示される環境世界の内部での個々人の動作ではなく、形象動作《ビルトゲベルデ》自身である。すなわち一つの動作を為す、あるいは動作である人間の形姿のここかしこで認識可能な――必ずしもまったく容易に認識可能であるというわけではないが――輪郭であるだけではなく――むしろ面と色彩の法則にしたがってその形姿の浮き上る地やそれが織り込まれるものさえも、それ自身劣らず動作である。例えばここに、国家の法を越えたところに下級の法を置くことで監禁されたまま餓死に向って沈み込むアンティゴネの如きものが存在する。このアンティゴネはその背景に対してはっきりと対照を為す一人のギリシア的な伝説上の人物の呈示ではない。この人物は同意しながら沈下するという動作であって、それ以外の何物でもないし、彼女と共に彼女を閉じ込めている岩が沈下する。人間と世界とを互に織り込むものはただ一つの動作である。あるいはペンテシレイア、すなわち矢が彼女に当り彼女を突き落すまで、全速力で馬にまたがり、駆り立てられ、駆り立てながらざわざわ音を立てていく女騎士の動作である。矢がわれわれに当るまで、この駆り立て、駆り立てられるという原動作《ウアゲベルデ》をはっきりと解釈する必要は私にはない。あるいは――三連衡祭壇画の左側に位置する――オレステス、知らぬまに起っている禍害にさいしてだれもが或ること、すなわちその行為者が一人の生贄であり、彼が強力な者の打撃を待ち受けて首を差し出しているということを知らなくとも、みてとれるといった具合に首をかしげているオレステスの動作。他の諸形象、例えばナクソスの海辺で青い彼方を眺めやる捨てられたアリアドネは——そこには愛の生贄という動作がある——なお一層容易にかつ素早くそれとわかる。あるいはもう一つ別の生贄、すなわちイフィゲネイア。形象の内にあるものは、自己自身を生贄へと傾ける者の巨人的動作《リーゼンゲベルデ》である。この生贄は自らを生贄にするということがいかなることを意味しているのかということを知っている。形象の内に生贄が現存している。

こうした諸形象のすべてにあっては、動作、すなわち自らの意味を自身の内に担いそして更にわれわれにはフマニスムス的知からのみ周知であること以上の或る事柄だけが、問題となっているのだ。形象面にまったく結びつけられたままになっており、それらの形象面が人間的特徴を担っているところでさえもそうであるものは、形象動作である。それは例えばカリュプソの捧げられた身体の上を、色とりどりの世界のまったく誘惑的な色彩の戯れがきらめき、このようにして背を向けるオデュッセウスが遠く離れた影の如くに、交換可能で代理的であり、ほとんどそこにはあらわれないといった具合である。ウェルナー・ショルツが彼の形象において人間の顔貌、つまり人間的主観性、人間的内面性が表現されるものを与えれば与えるほど、彼の文字はますます不分明となり、ついには解読不可能性になってしまうことは特徴的である。一つの動作、鼻の単に一本の線がまだほとんどみられなくとも、いかなる時でも眼差しはなお、例えば、アルケスティスが上の世界に再び向って行くときのように、上を向いている。ここにおいては心理学はまことに僅少であるし、主観的に内面的なものの判断《アウスドイトウング》はまことに僅少である。ほとんどすべては背後に何ものもない仮面の内面性、ただそっちに向けられているということに由来する内面性、われわれ自身であるそれ自身に没頭する謎にすぎない。

人はこれらの諸形象がギリシア的にみられているということを主張しないだろう。私はそれどころかそれらはわれわれの眼でみられると、そしてわれわれの眼でみるということとは、初めからキリスト教的内面性の全体的で大きな歴史を貫通して来ている者としてみるということにあるのだと、言いたい。しかしながらまさにこうした理由で、ここにあってはギリシア的なものが現在的であるかのようにみられるのである。一人の今日の画家のこうした仕事において、彼がギリシア的解答を新たに現在化することによって、われわれに課せられているものは人間という古き謎である。恐らく一つの形象において総括的にすべての人に妥当することが提示される。それはすなわち「イフィゲネイア」ということである。それは極めて漠然と考えられたイフィゲネイアというものだ。ここには自らの故郷を懐しがる存在の憧憬も現存しなければ、故郷と生活とを放棄しなければならなかった自己を生贄にする者の悲哀もなく、故郷より異郷へとイフィゲネイアが移されるという神話が本当に物語られるのでもない。イフィゲネイアはむしろ、別の不可視的な国に彼女自身の限界を接触させる、移された女として現存している。その形象が呈示しているものは移されるということ自身である。すべてが識別不可能性にまで暗号化されることで、推測すべきことが直截的に語るものとなる。

このようにここにあっては何ものも物語られたり、周知のことが何も新たに解釈されたりはしない。この作品の全体には紋章学的特徴がある。すなわちわれわれ人間存在の騎士的ワッペンは、われわれの眼前の諸形象、すなわちそれにおいてわれわれが自己自身を了解したり謎解きすることができないままに認識するワッペン、印章、識別不可能なもろもろのシンボル、それらにおいてわれわれが自身とわれわれの次第に識別不可能となって行く世界とに出会うもろもろのシンボル、そうしたものの内に存在する。悲劇作家と同様ホメロスといった詩人の言葉において翻訳の反映の内に変ることなく成功するものが、われわれの時代の造形芸術家にとっても、彼が古き伝説を偉大な動作の純一性に縫合するときには、同じように成功することが可能なのである。

＊ 未公刊。原文は一九六四年レーヴァークーゼンで催された Werner Scholz による ‚Die Mythologie der Griechen‘ の展覧会の紹介講演に手を加えたものである。

(1) この巻のヘルダーリン論文とゲーテ研究参照。

(2) Bruno Snell の諸論文と新しくは Albin Lesky の ‚Göttl. und menschl. Motivation im homerischen Epos‘; *SB d. Heid Ak. d. W.* 1961, Abh. 4 参照。

(3) Werner Scholz のパステル作品についての私のエッセイ (‚FAZ‘ Nr. 130, 1955) 参照。

訳者註

(一) 事物の相の突然の変化とは、アリストテレスが、「……悲劇が人の心を動かすにあたって最も大きな役割を果す二つの要因、すなわち逆変転《ペリペテイア》と発見的再認《アナグノーリシス》とはいずれも筋の要素にほかならない。」(『詩学』一四五〇a三三～三四)と言うときの逆変転のことをガダマーは念頭に置いているものと思われる。それについてはまた一四五二a二二～二四で「逆転変(どんでん返し)とは、前述のように、劇中の行為の結果がそれまでの成り行きとは反対の方向へと転換することである。而してこのことは、われわれが言う通り、いかにも納得できそうな蓋然的な結果が、必然的な帰結として生起するものでなければならない」(今道訳)とも言われている。

(二) 「行為」は、アリストテレスが演劇《ドラーマ》を行為《ドラーン》のするそのままの模倣と言っている時の行為を指しているものと思われる。『詩学』一四四八a二七～二八、あるいは一四四八b一。

八　形象の沈黙について*

現代の形象創造にとって確実なこととなっていることの一つは、自然と芸術のかかわりがこの形象創造にあって問題的となっているということである。素朴な形象期待は芸術に裏切られている。形象というものの内容を為すものは問題とはならないし、われわれは皆、われわれ自身の形象に言葉の洗礼を施さなければならないにもかかわらず、結局最も抽象的な記号とか数とかに遁げ道をとる芸術家の困惑を知っている。芸術と自然との古くからの古典的かかわり、すなわちミメーシスのそれはこのようにもはや存立していないのだ。

さて「一なるものに向けての綜観《ツメンゼーエン》」、「形相《エイドス》」という共通的なものを諸現象の多様性から取り出して見ると(一)いうプラトンが定式化したような哲学者の課題のことが想い起こされる。かくして「形相」なるもの、視点というもの、この「形相」あるいは視点のもとで現代の形象創作がみずからを呈示し、解釈するのだが、そうしたものを打ち出してみたい。私は形象の沈黙している言語について語りたいのだ。沈黙するということは何事も語ってはならないということを言っているのではなく、反対にそれは語ることの一様式なのである。「黙した《シュトゥム》」という言葉は「吃る《シュタンメルン》」という別の言葉と関連し合っているし、吃ることの感動的難儀はたしかに真実、吃る者が何も語ってはならないということにあるのではなく、彼が多くのことを、否、多過ぎることを一度に語りたいと思い、語られるべきことの圧倒的な豊かさに直面して、言葉を見出さないでいるということにある。そしてだれかが沈黙すると言うとき、われわれは彼が話すことをやめるということを考えているだけではない。沈黙にあっては語らなければならないことが、われわれが新たな言葉を求めて探索している状態にあるときの探索の対象として、われわれの近くに押しやられるのである。われわれの美術館の壁に懸る絵画の古典時代から朗々と言葉豊かにわれわれに向って響く、豊かで絢爛たる雄弁さを想起し、次いで現代の形象創作を眼前にすると、事実人は沈黙の印象をもつし、ある独特の声なき雄弁さをもってわれわれを襲う現代の形象のこの沈黙に、どのように至るようになったのかという問いが迫って来る。(1)

とはいうもののたしかに、ヨーロッパの絵画において沈黙の発端は静物画と――それと始まりにおいてほとんど時期を同じくする――風景画だった。それ以前には形象に価すると認められた、多くの宗教あるいは王侯にかかわる内容、周知の人物や歴史があった。形象に相当するギリシア語ゾーオンは、本来的には生物のことであるし、そのことによって単なる事物や人物を欠いた自然現象が、それまで形象に価するものとして認められることが極めて稀であったということを肯けるものとする。しかし今日われわれが古典的な画廊に足を踏み入れるとき、われわれを特に現代風にいい気分にさせるものはまさしく静物画なのである。静物画は、人間あるいは神々の存在ないし行動が形象において出会われるときに、われわれに要求される翻訳を明らかに求めたりはしない。以前にあっても静物画が直接に了解可能であり、かつまた了解もされたそうした自己言表ではなかったといった具合のものでもなかった。しかし今日の芸術家がこの言表様式を使用したいと思うときには、静物画が人に長広舌のように現われるということは容易なことだろう。そしてわれわれの現代が長広舌ほどかかわりたくないものはない。長広舌とはいかなることなのだろうか。われわれは、その言葉の造語ということですでに意味深長なそれに相当するドイツ語を有している。われわれは暗誦《アウフザーゲン》がそれに相当するものだと言う。しかし暗誦はいかなる語りでもないが、それというのもそれは考えられていることのために言葉を捜すことなく、暗記的に完璧な言葉、すなわち他者であるあるいは他者としての人自身が或ることを考えたときにかつて発見した言葉から出発するからなのである。現在の形象創作が古典的な形象内容を利用したいと思うことがあるとすれば、それはただ暗誦、すなわちこれまでに発見されてしまっている言葉の反復のためにすぎないだろう。とはいえブルジョア時代を、とりわけその初期オランダ的特徴において現わしている静物画にかんしては、事情は別である。そこではわれわれを取り囲んでいる感性的世界が、言葉を欠いているといった具合に、自己を言い表わしているかのようにみえる。

当然のことながら、静物画が「物語る」形象を駆逐し、その代りに入り込むところではじめて、それは一つの独自のジャンルとなる。静物画に由来する周知のモティーフが空間芸術の装飾的な関連で出会われるところではどこでも、われわれは「静物画」、すなわち形象の沈黙と現実にかかわり合うわけではない。このことで定義されないということになれば、したがって「静物画」は本当にきまってどこにでも懸けられる、つまりそれが多くのことを語らなければならないようなことがあるときにはどこでも自分自身のところに呼び集めようとする、可動的な一形象ということになる。

そしてそれはまた多くのことをも語らなければならない。もちろんそれは事物的現実の偶然的な一断片では決してない。むしろ（未だ書かれてはいない）静物画の図像学なるものが存在する。他のあらゆる形象内容とは違って、配置が静物画には必須である。当然のことながらこのことは、さもなければ芸術家はあらかじめ発見された現実を単純に模写するということを意味しているわけではない。こうしたことは宗教的、あるいは歴史的《ヒストーリッシュ》内容の形象について成り立たないのと同様、風景画あるいは肖像画についてもほとんど成り立たない。「構成」ということがいつの場合でも画家の行為である。しかし静物画はその主題《シュジェ》の配置の内に、唯一無二の独特な自由を有している。それというのも構成の「諸対象」が扱いやすい事物、すなわち果実、花、道具類、どのような場合にも相変らず見られる猟の獲物やそれに類したもの、あるいはただわれわれの好みの自由に任されたものだからなのである。形象構成の自由はここにおいてはいわばすでに内容的なものをもっても始まっており、そして特に現代形象構成のかの自由、つまりそれにあってはミメーシスのいかなる最後の残余も最早存在せず、完全な沈黙なるものが支配している自由の前奏を静物画は奏する。

とはいうものの自然と事物の静物が形象に値するものとなったかの発端から、今日の形象の沈黙せる無言に至るまでには、その道程自身は充分に長いものである。それを簡潔に辿りたい。オランダのかの静物画、それらの信じがたい現存が画廊において文字通りわれわれを驚ろかすその静物画は、ただ事物の物体的な美しさについて告げるだけではない。それらは、呈示されるものが形象に価するということをもっともとする背景なるものを、想い起こさせる。人はそのことをずっと以前から観察して来て、実例でこのオランダ風静物画においていかに多くの虚栄 vanitas のシンボルが発見され得るかを、証明して来た。そこでわれわれは鼠、蝶、燃え尽きようとしている蠟、すなわち地上的なもののはかなさの様々なシンボルを有することになる。かの時代のピュリタン的真摯さが、これらの静物画の内にある地上的なものの華麗さを讃美し、享受したときに、繰返しこれらのシンボルの言語を聞き取ったということは、ありそうなことである。ただもちろんそのことが正しく理解されるためには、たしかに死者の骸骨がずばり形象で示されるか、あらゆる事物の虚栄を言い表わす建徳的な詩句なるものが書きとめられるかすることとだろう。ミュンヘンの古代絵画館《アルテ・ピナコテーク》にあるデ・ヘームの形象には次のように読み取れる文言がある。「こよなく美しき花をまのあたりにしてさえ、人は天を仰がず maer naer d'alderschoenste Blom daeren siet men niet naer' ovn.」

しかしながらたとえこうしたシンボルがまったくなくとも、そしてそれらの明確な了解がなくとも、呈示されたもの自身が、その意義の豊かさということでそれ独自のはかなさを言い表わしているということがもっと重要であり、これがここで聞かれることになる最初の沈黙の言語なのである。シンボル的に解釈可能なもののすべてを越えて、光景や事物の現象そのもの、ただそれらだけの内にある自己言表の有意味性が、静物画の真の図像学の一部を為していると私は思う。このように静物画の図像学における一つの恒常的な形象モティーフとして、半分皮がむかれ、その皮がぶらさがっているレモンが出会われる。たしかにこの果実を恒常的な形象モティーフとして動機づけているもの、つまり果実の比較的な珍らしさ、食べられない皮とかぐわしい果実との弁証法——鋏み割られたクルミの場合と同様に——、魅惑しながら同時に突き放すしぶい酸味といった多くのことが一緒になっている。まさにそうした常に変らぬモティーフにおいて衰退、すなわち瞬間的なものとまさにそれ故に過ぎ行くものとが形象に封じ込められたのである。「静物画」がどの程度オランダ起源、というよりもイタリア起源のものであるのかということは、公然の問いである。そしてイタリア起源の方が真実であるということになると、そのときそのことによって新たに発掘されたポンペイが明々白々のドキュメントを呈示する今日よりも遙かに豊かに当時、古代の崩壊しつつあった建物の壁面においてその残余がみられたはずの、古代の装飾絵画（そしてモザイク芸術）との連関なるものが、理解されうるものとなる。しかし、この図像学的連関に一つの新らたなアクセントを賦与するものに特に二つの契機がある。第一にわれわれの知っている静物画に近い古代の装飾形象は、卒先してダマシ絵《トロンプ・ルイユ》効果の上にのっかっている。それを壁面に嵌め込むことはこれらの装飾形象に一つの壁龕に近い光景を保障させる。このことにかんしては「静物画」には何も見出されない。否、配置の技巧はこれに類した騙し効果を真直ぐに拒絶する。そして第二に花や果実と並んで、たまたま動物、すなわち蝸牛や蛇、蟹や鳥に古代の構図の上で出会う――そしてまさしくこのことが近代初期の画家に魅惑的に影響したということはありそうなことだ――とすると、植物や動物から成るこの配置には或る純粋に装飾的なもの、確固としたもの、ほとんど紋章学的に組み合わされたものが見掛け上適っている。これに対してヤコポ・ダ・ウディーヌが描いた花の配置の下のところにいるトカゲ、あるいはオランダの静物画にあるあの蝶や蠅、トカゲや小鼠の多くはまったく別の機能を有している。つまりスッスッと走るもの、飛ぶように遁げ去るもの、ひらひらするものは、そうしたものが静物として活動する環境に、或る静かで飛ぶように通り過ぎる生命的なものさえも賦与する。

同様に注意されていいことに、イタリアの静物画は果実のうちレモンではなくザクロを際立たせるということがあるが、ザクロのシンボル意義は誘惑的な豊満さと拒絶という、レモンと相似た対抗を示す。静物画の宗教的背景は後の時代には次第に色褪せ、装飾的なもの、豊満なもの、享楽を約束するものそして心を咬るように配置されたもの、そうしたものが優勢になるということは真実である。しかし究極的には稀有の類型的な固執（一九世紀後半に入るとレモンの皮はほとんど必須のものとなる）の長い道程の果て、現代絵画を基礎づけた革命との関連で静物画は今一度表現豊かなものとなる――そして再びそれは背景的となるのである。例えばセザンヌの果実・静物画のことを思い出してもらいたい。それらにおいては、把握可能な事物は最早一つの空間、その内に入り込んで把握することが可能であるかのような空間の内に配置されていない――それらの事物は、独自の空間を有する平面に、封じ込められているかのようである。

それ以来、形象に価する内容と称せられうるものは、もはや事物でも個々の事物の統一や配置の統一でもない。ファン・ゴッホの向日葵は現代の肖像画と同様平面分割に入り込み、その対象的意義を通してはその存在に対応するものをほとんど賦与しない。さて、あの半分皮のむかれたレモンにおいてオランダの静物画を認識することができるように、愛玩物という形象内容——さもなければもはや内容でないが、存在はするものをどのように呼ぶべきなのだろうか——において現代の静物画を認識することができるということは、特徴的なことではないだろうか。私はピカソ、ブラック、ホワン・グリ等々の場合に、人がキュービズムと名付けた形式粉砕の最初の優遇的生贄とされてしまったギターのことを考えているのだ。私は画家自身が彼らの描写方式をもっとももなものとするために立てたあるいは口説いて押しつけた諸理論を、探究したいとは思わない。しかしながらその目覚しい形が震える刻面へとバラバラになるように、バラバラになってしまうこの楽器の優遇は、それが音楽の楽器であることに或ることを関係づけるべきではなかっただろうか。自身は眺めるために創造されることもなく、眺めることから飛び立っては何度となく画面上の踊る楽譜の花環の内に沈降するところの響きの洪水に浸されるということになれば、それは新しい絵画にその模範、すなわち何世紀来語ることの可能なあらゆる内容を敢然と捨て、かくして音楽外のあらゆる統一関係を投げ出して来たあの音楽ジャンルである「絶対音楽」を喚び出す、と私には思えるのだ。現代生活のテンポといった別の諸要素が、恒常的な事物形式の粉砕を示唆して来たということは、ありうることである。『大都会の御婦人』というマーレヴィッチの初期の絵画は、安んじ持続している事物を衝き動かすわれわれの生活世界の変化といったものを、呈示している。いかなる場合でも、われわれの世紀の始まりにおいて内容的な形象期待の統一を理解不可能な多様性へと拡散し、粉砕しはじめたときに、或る途方もないことが生じてしまっていたのだ。残っているものはといえば、それは対象的な担い手のいない形式と色彩の諸関係、つまり現代の沈黙している言語からわれわれに向って響く一種の眼の音楽である。

こうなればわれわれは、こうした音楽作曲上の統一を一体いかなるものが作り上げているのか、と問うことになる。たしかにそれはもはや意味深長な形象内容の統一、総体的事物から成る黙せる統一ではない。両者は無力となってしまったかのようにみえる。では形象の統一とはいかなる統一なのだろうか。現代の形象に欠けているものはもちろん、対象の統一に限られない。このように呈示されたもの、すなわちそれにおいて物語られる神話、寓話の統一、あるいはそれ以前には形象をミメーシスたらしめた認識可能な事物性のあらゆる統一が消滅してしまっていることになる。それにまた集中遠近法の時代、それにあっては形象は内面空間なるものへの眼差といったものを開放しのだが、そうした集中遠近法の時代にそうであったのと同じ意味合いで、凝視の統一ももはや存在しない。そのときすなわち数世紀の図像学的伝統の瓦解――そしてこのことがだがたしかに長い間一九世紀の伝統からの断絶の後の絵画を特徴づけている――の後でさえも、統一的な視点自身は偶然的な切取りと見通しを纏めあげることができた。形象にかんするこの意義に特にぴったりくるものは額縁である。それは纏めあげ、限界づけるが、それはこのように限界づけられたものの深所に入っていくようにと、額縁が招待することによってなのである。新らしいものがしばしば最初は努力して、そして徐々に昔の人のかさぶたのできた皮膜を突き抜けなければならないということは、歴史的生の極めて注目すべきことの一部を為している。セザンヌ的諸形象の有する内的表面力でさえも、バロックの堕落した額縁をすべて爆破することを未だ知らなかった。しかし今日の形象が額縁によって纏めあげられるのではなく、それが額縁をもっている場合、その額縁をそれ自身から纏めあげているということはたしかだ。いかなる統一から纏めあげているのだろうか。いかなる力を通して纏めあげているのだろうか。

それにまたもはや表現の統一も存在しない。確固としたあらかじめ与えられた形象内容の反復である模倣が空疎な長広舌となってしまったとき以来、たしかに、近代の形象形成を支配しはじめたものは、一つの新たな統一原理だった。あらゆる文字のうち最も感覚的な文字の表現力である、筆による手描き文字にみられる、呈示されるものの統一というよりも呈示するものの統一である心的表現という統一は、内面性の時代なるものに適合した自己表現として現象したのかもしれない。そのわけは現存在の謎への無意識的な応答でさえ、このように形象に迫ったからなのである。今日産業社会の機械文化のただ中では、体験とそれの自発的自己言表の統一は、もはや形象的創作の統一原理として説得的なものではない。

古典的な美術館のかの形象概念が狭すぎるものとなっているということは、実際にそうなのだ。芸術家の創作は額縁を跳び出して来ている。形象を作り上げている面の配置は、自身を越えて更に広い諸連関を指差す。形象についてそれが装飾的であると語ることは画家をののしる往時の言葉であるが、それが次第にその自明性を失なって来ている。もっと古い時代にあっては教会や広場、吹き抜けの階段間、内部空間という建築物の結構自身が、画家の充たさなければならない形象要求を提出したように、今日あらかじめ与えられたものの形象要求が新たに意識され始めている。その点において今日の芸術創作に注目してみると、注文芸術が往時の価値に復帰しているということが確証される。このことは単に経済的な諸理由によるというだけではない。契約芸術とは、もちろん第一義には（残念なことにしばしば第二義であるとはいえ）、委託者の恣意に対し意志に反してでも創作者が屈服しなければならない、ということを言っているのではない——それの真の本質とそれの真正の価値とは、いかなる人の恣意の内にもない課題があらかじめ与えられているということの内にあるのだ。このように現代建築が現代の芸術創作の内部でそれがもろもろの課題を課すという理由で、今日一種の指導的な地位を保有していることとは、疑い得ないところである。それはもろもろの尺度と空間の標識を通して、造形諸芸術をもそれの連関の内に引き入れてしまう。現代の形象創作は、逗留《フェアブライベン》へと招待するために作品が自身にかかわるべきであるという要求にとどまらず、同時にそれが所属し、それが一緒になって形成する一つの生の連関を指示するという要求を、もはや自力ではまったく示すことができない。

であるからわれわれは、いかなるものが新たに形象の統一を作り上げるのか、と問うことになる。われわれがその内にある生活の連関において、形象がどのように出会われるのかということにかんして、われわれは形象においていかなることを経験するのだろうか。今日われわれを取り囲んでいるものは、生活世界の強力な改造である。数の法則はあらゆるものにおいて顕著になっている。数の現象形式は、とりわけ集合と列、すなわち一緒に数えられるものと順序を為して並んでいるものである。それらを通して現代の大建築の小部屋的で蜂の巣的なものが目立ったものとなるが、同様に現代の労働様式の厳格さと時間厳守、交通と管理の制御された機能化が目立つ。このように、個々の分肢が取り替えが効き、交換可能であるということが、われわれの立っている生活の秩序に全体としてふさわしいのである。「機械部品は今や讃美されることを求めている。」〔リルケ『オルフェウスに寄せるソネット』I XVIII 9〜8行〕計画、企画、機械組立、製造、供給、販売、その他すべてが宣伝、すなわち製造されたものや、消費のために供給されたもののいずれをも出来るだけ迅速に追い越し、新たなものを通じて駆逐することを切に求める宣伝によって支配されている。交換可能なもののこうした世界において形象の唯一性が依然として何物かであり得ることだろうか。

あるいは列と集合のまさしく一つの世界において、形象の統一が独自のアクセントなるものを獲得することができるといった具合なのだろうか。産業世界の内にある人間の顔や人間の人格に特有の、次第に昂じて来る目立たなさに直面しては、変ることのない馴染みの事物の統一によってはもはや繞らされることがなくなり、形象の形式と色彩は、一つの中心から組織されたかのようにみえる一つの緊張にみちた統一に、ぴったりくる。

以前から画家をマイスターたらしめたものとしての無数の試みとはたしかに質的に異なっている、或る実験的なものが形象創作の内に入り込んで来ている。われわれの生活を支配している合理的な構成は、造形芸術家の構成的な仕事においてもまたその空間を創り出そうとし、そしてまさしくその点に、彼の創作が或る実験的なものを有しているということ、すなわちそれが立てた問いの人工性を通して新たなもろもろのデーターを獲得し、それらのデーターから一つの解答を求める、一連の試みに似ているということが存している。このようにして集合的なもの、列的なものがたしかに――そしてただ題目によってだけではない――現代の形象創作にもまた侵入する。にもかかわらず立案され、構成され、思うままに反復されるものは――突如として一回的なものや成功せるものの古き地位に入り込むことになる。しばしば創作する者が自らの試みのもとで「妥当する」ものについて疑心暗鬼であるということがあるかもしれない。彼はしばしば自らの作品がいつ終ったのかと疑うことさえあるかもしれない。仕事の過程の中断が常にそれ自身において或る恣意的なものを有するだろうし、最後の中断においてそうしたことは最も多いことだろう。にもかかわらず完成したものが自らを測定する手懸りとなる尺度なるもの、すなわち組み立てられたものの密度がもはや増加せず、減少する時、仕事を続けることが不可能となるということがあるようにみえる。形造られたものは自身から身を引き離し、解き放され、独立にそして自身の権利により、それの創造者の意志に（そして自己解釈にさえも）反してさえ、そこに現存する。

結局、そのことによって、数千年に亘る芸術創作をミメーシスの思想を通して支配して来た自然と芸術の古きかかわりが、一つの新たな意味で充実されることになる。たしかに自然を新たに産み出すために芸術が見つめる自然は、もはや視野の内にはない。自然は真似て形成することの妥当するいかなる模範的で模型的なものでもないが、とはいえ芸術作品はそれ独自の我流の仕方で自然を有している。自己の内に閉されたもの、形象という一つの中心の周囲に生まれたものは、或る法則的で強制的なものを有している。結晶のことが考えられる。それもまたそれの有する幾何学的構造の純粋な法則性を為す自然でしかないが、無定形で粉々になった存在の充満のただ中で稀有なもの、堅固なもの、輝くものとして出会われる。同じ意味合いで現代の形象には或る自然的なもの、すなわちそれがいかなる内面的なものも表現しようとしないということがある。それは芸術家の心の状態へのいかなる感情移入をも要求しないし、それ自身において必然的で以前から現存しているかのようであり、結晶、すなわち存在が投げ出す折り目、時間を持続させる風化やルーン文字の如くである。それは存在の担保なのだ。抽象的なのだろうか。対象的なのだろうか。非対象的なのだろうか。具象的なのだろうか。現代の芸術家が、自分は本来的にいかなるものを呈示するのだろうかという問いに答えようと試みると、自身を了解することは困難になるだろう。芸術の自己解釈は常に第二義的な現象である。そのことを知っていたに違いないパウル・クレーが、どのような「理論それ自身」に対しても自己を保護するとき、そして作品、「しかも、すでに生まれた作品をであって、決して最も近い時期の未来的なそれではない」(日記九六一番)作品を強調するときに、人は彼につき従うべきだったのである。現代の芸術家は創造者どころではなく、むしろ見られざるものの露呈者、否、あたかも彼を通して存在の現実へと移される未だ決して現存したことのないものの発見者である。しかしながら彼が受け入れる尺度が以前から芸術家に定められたもの自体であるようにみえることは、注目すべきことである。そのことはアリストテレスの場合には――というのは、正当なことでアリストテレスにないものがあるだろうかだからである――次のように言い表わされていることがわかる。すなわち正しい作品というものは、いかなるものも欠如しておらず、多過ぎることのないもの、いかなるものも追加され得ず、除去されることの許されないものである。それは単純で困難な尺度である。(二)

＊　原文は、芸術家協会 Rhein-Neckar のハイデルベルク展覧会の開会に際して一九六五年に催された講演による。Frankfurter Allgemeine *Zeitung* にては公刊されず。初刊は Neue Zürcher Zeitung v. 21/22. August 1965.

（1）現代の諸形象の沈黙性に A. Gehlen の *Zeitbilder* (1962) は言及している。原著二一九頁以下でのこの興味深い著作についての私の批判参照。

（2）例えば簡潔には再び Ewald M. Vetter, *Die Maus auf dem Gebetbuch*, Ruperto-Carola (Mitt. d. Vereins d. Freunde d. Stud. d. Uuiv. Heidelberg) 36, 1964 S. 99—108.

（3）Charles Sterling, *La nature morte de l'antiquité à nos jours*, Paris 1959 の教えるところの多い叙述参照。

（4）この巻におけるゲーテの未完の詩に対する私の研究、この巻一〇五頁以下で一例を用いてこの問いを追究している。

訳者註

（一）この箇所に相当するプラトンの記述は『パイドロス』二六五dと思われる。そこでは「種々さまざまに広く散らされているものを綜観して一つの姿に導くことだ」と言われている。（副島民雄訳、角川版プラトン全集第三巻）

（二）この箇所はアリストテレス『形而上学』第十巻、一〇五二b三三「……だからこれらすべてにおいてその尺度であり原理であるのは、或る一つで不可分割的なものである。」並びに一〇五二b三五～一〇五三a一「どこでも人々はものの尺度として一つのそして不可分割的なものを求めている。そして、こうした尺度は性質においても量においても単純なものである。ところでそれがどこであろうと、もはや減少することも増加することもできないと思われるところ、このところで尺度はそれだけ正確である。」（出隆訳、岩波版アリストテレス全集第三巻）

第三部　観念と言語

一　プラトンの書かれざる弁証法*

I

シャーデヴァルトのチュービンゲン学派から産みだされた諸研究は、プラトン思想の解釈にとって、彼の哲学の間接的伝承が意味するところを更めて悟らせてくれたものであるが、それらはもっぱらきわめて議論の余地ある問題を扱っている。とりわけアリストテレスの報告をさえ充分には評価しようとしないチャーニスの極端な例が、われわれすべてに明示しているように、この問題には文献学の内部でも決して一致した判定が下されることはないだろう。しかし哲学の面からしても、間接的伝承より窺えるプラトンの諸教説を再構成しようとするもろもろの試みは矛盾に面しており、しかも実際には、より多くの理由からして矛盾に面している。まずチュービンゲン学派の再構成の試みにおいて帰結するものが余りにも一八世紀の講壇哲学に共鳴しすぎる、という理由がある。さらには、そこで辿られた再構成の途上で、一般にプラトンの教説に関して形成されるものが奇妙に瘦せさらばえた貧弱なものだからでもある。

この領域でこうした論争に至ったというには、遠くに由来する歴史がある。その歴史を何よりも規定しているのは、古典文献学がこの五〇年間、ますます精妙な手段をもってなしてきたプラトン対話篇の形式分析によって、われわれがはるかに先まで来てしまったということである。とはいえ形式分析は、おのずから直接的伝承を間接的伝承に優先させる。このことは結局、ヘルマンとの論争で、みずから対話的原理というロマン主義の思想に霊感をえて、プラトンの哲学的解釈を対話篇に集中させたシュライエルマッヒェルにまで遡る。

これと並ぶもう一つの理由があって、今も続いている論争に対しては、同じく活発な一連の動機づけとなっている。それは体系的思想に対する原理的な批判であって、その根源もまたすでに後期ロマン主義にあり、ことにキェルケゴールの表明したものである。この批判は第一次大戦後の新カント派の挫折にさいし、またもや重大な役割を果たしたのであるが、ドイツのプラトン研究でも効力を発揮し、とくに文献学的研究としては、いわゆる政治的プラトンを前景に押しだしている。基本的には、これは真正なることを再確認された第七書簡の政治的内容から出発したヴィラモヴィッツの識見あるプラトン研究に始まったものであり、多くの者（クルト・ジンガー、パウル・フリードレンダー、クルト・ヒルデブラントその他）がこれに追随した。哲学の面からこれに応えたのは、パウル・ナトルプやニコライ・ハルトマンによってなされたような、プラトン思想の体系的評価の断念であった。プラトン弁証法に対するユリウス・シュテンツェルの諸研究は、なるほど、これら両極端の或る種の調停を意味するものではあった。けれども彼こそプラトン流の対話という文学的形式に力強く注意を向けさせてくれた人なのであり、哲学的解釈においては結局、新カント派の地盤に留まった人なのである。こうして対話形式とその完結しえない開放性とへの配慮は、哲学の面からでさえ、ますますプラトンの「教説」の固定化には背を向けることとなった。それがついには極端にまで強められたのである。私が二〇代の終りにプラトンの弁証法をソクラテスの対話から現象学的手段で導出しようと試みた著書もまたここに算え入れねばならない――プラトンの

「教説」の主要な思想が、そこでは余りにも背景に押しやられすぎたということはあるにしても。[1]

烈しくわれわれを動揺させている論争をいま少し解明することが肝要である。

ここであらかじめ一定の保証を設け、理にかなった方途を選ぶために、「秘　教《ゲハイムレーレ》」はもちろん「奥　義《エソテリッシュレーレ》」のような概念は、議論から全く排除したい。そうしたものは、われわれの問題の諸論争点に誤まったアクセントを置く定式である。プラトンが口頭で教示を与え、その思想を交換したのは、一般に彼の「学校《シューレ》」という生活圏に属する人びとだけであったとする定式については、われわれも合意できるだろう。プラトンの文学的対話篇の多くは、それらがより広範な仲間を獲得しようと試みているという点で全く明白に見分けがつく。彼自身承知していたように、口頭の対話なら正しく理解させるべく与えうる援助も書かれたものには欠けているため、それは頼りなくも誤解や誤用に委ねられざるをえない。このような洞察からして、みずから展開した対話形式をプラトンは著作家として卓抜に支配したのであり、しかもそのさい著述に固有の法則を守りもした。とはいえ口頭の教示は別の法則に従う。たとえまとまりのある講義が問題になっていなくても、何よりもまず口頭の教示には常に広範な連続性が含まれている。講義という言葉がこうした脈絡で一般に使用されうるとすればであるが、われわれは講義という形式には、いずれにしてもきわめて限られた価値しか与えることができない。けれども文学的ソクラテス - 対話篇の巧妙な作者にして長広舌 μακρὸς λόγος の批判者たる人が、学的討論を格別に好みもしなかったとすれば、これはきわめて奇異なことであろう。『善ニツイテ περὶ τἀγαθοῦ』の例が教えてくれるように、まとまりのある講義があったとしても、プラトンの教説本来のものは、共同生活の永い一日を費す学的討論で実現されたと思える。

それはともかく――眼前にあるのは、プラトンの教授活動の内容と対話という文学的形式で所有されているものとの間にある甚しい種類上の差異だとする点では、一般に合意がえられよう。ところで、そこに懸っている問題は、われわれがどこから出発せねばならぬかであり、さらには解釈によってプラトン哲学を実際に解明したい場合、どうすれば最もよく前進できるかということである。それは方法上要請される予備的問題であって、われわれは皆、この問題に対しては、アリストテレスと共に一つの答を知っている（ついでながら、それは偶然にも直接プラトンに関連する答である）。すなわち、ワレワレトシテハ、オソラクワレワレニトッテ知ラレウルモノカラ論述ヲ始メルベキデアロウ *ἴσως οὖν ἡμῖν γε ἀρκτέον ἀπὸ τῶν ἡμῖν γνωρίμων* (*Eth. Nic.* A2 1095b 3)。既知のものから始めねばならぬということは、開き直って論争するようなことではありえない。したがって対話篇の有する優位は、われわれの責任を負うべきものではなくて、伝承の在り様によって与えられる方法上の優位だということにも同じく議論の余地はない。それらは現に在るのであって、再構成の結果なのではない。

だからといって対話篇という直接的伝承が、注意を払うべき唯一の伝承だというのではもちろんない。当然のことながら、何らかの信憑性がありさえすれば、いかなる伝承も引用されねばならない。それゆえ、とりわけ二〇年代、三〇年代のドイツのプラトン研究の一面性に直面するとき、対話篇が、その伝達の要求を意識的に抑制していることをいかに強調してくれたかという点では、われわれはチュービンゲンの文献学者たちの諸研究に感謝するのである。そのことは本来、プラトン対話篇を読めば、誰もが教えられるはずである。問題はただ、この意識的な抑制が何を意味するかにある。それは準備のある親密な仲間内で教示するための「授業」を保留し、抑制することを意味するのか。それともこのような抑制自体は、「善」についてのような講義で、また口頭の学的討論の内部でさえ作用していたのか。私自身にとっては久しい以前からわかり切ったことであったけれども、チュービンゲン学派は、上述の文学上の種別からすれば、プラトンの対話が勧メノ文《プロトレプチコン》という種類に属することをきわめて徹底的かつ説得的に明言していた。(2) こうした洞察はこの上なく重要なものではあるにしても、方法的に見た場合、次のような問題を未解決のままにする。すなわち、対話篇を闡明し、熟考する解釈では、そこに言葉ニ表出サレテ verbis expressis 語られているものをどこまで考えぬくことができるのか、考えぬかねばならぬのか——また第七書簡の禁令は、プラトンの思想全体に対しては通用しないのか、といった問題を。

ここにおいて私は本来の解釈学的問題に到達する。それは文学的に形成された対話篇が、間接的伝承から構成された教説に対して有する廃棄できない優位、つまり対話篇が言葉から成る独自の全体であるという優位に懸っている問題である。このような伝承の優位には、簡単な解釈学的配慮でさえ教示できるような方法上の決定的な意味がある。すなわち、哲学的認識はすべての認識と同じく確認であり、再認識を含むという意味がある。しかし哲学の対象は、経験科学のそれのように与えられているのではなくて、それを思惟しつつ実現しようと試みるときに、いつでも初めて、しかも常に新たに構築される。けれども、このことが意味しているのは、思惟者の遂行する対象構築というこの行為が、間接的伝承自体の内には見出されず、そこから獲得されもしないかぎりでは、いかなる間接的伝承も原則として劣位にあるということである。語りかけられた者だけが真に了解するということは、プラトン学徒にとっては、何らの理由づけも要しないテーゼだと思える。何について語り始めようとも、ソクラテスは結局、そのつどすぐ前にいる者に答弁させ、強制的に責任を転嫁すると語ったのは、いったいだれなのか。形成された文学的会話が哲学的なプラトン解釈に対して有する方法上の優位は、同じ理由にもとづいている。ここでは、プラトンの対話詩という、今日に至るまで影響を与え続ける芸術のおかげで、語りかけられ、答弁させられていることに気づくのはわれわれ自身なのである。われわれは了解すべきものを与えてもらうからこそ了解する。

もちろん、だからといって間接的伝承がわれわれには全く無縁だというのではない。けれども、いま解明されたような意味で、この伝承は既知のものからしてのみ了解されるべきである。哲学は、その対象の構築を考慮に入れながら、みずから遂行することにおいてのみ了解されるとすれば、間接的伝承――私がこのような比喩を使ってもよいとして――に生ける肉体をまとわせ、この虚ろな音を立てる骸骨をいわば豊満なものにするという理想的な目的は、ソクラテスの対話技術という既知のものからして追求されねばならない。たとえ私がその比喩を一瞬固定できたとしてもなお、骸骨が生ける存在については、きわめて限られた表象しか伝えないということはだれにも明らかなことである。したがって、再構成可能な骸骨が、自分の教説の生けるものではないとすることは、プラトンの哲学的教説でもありうる。

ところでプラトンの哲学思想を理解するという、哲学的課題にとって重大な意味をもつ問題があると思われる。それはチュービンゲン学派のプラトンの間接的教説再構成によって新たに全き明るみに移されたものであって、いわゆるプラトンの発展という問題である。ここには、われわれのうち多くの者の分ちあう或る慣習的な理解があって、これによれば初期のプラトンは、後に彼が問題のあることに気づき、『パルメニデス』では、若きソクラテスに向って老パルメニデスから批判されたような形でのイデア説を教えていたことになる。それゆえ、このイデア説には、それが数学的、道徳的観念の領域を越え出て、普遍的なものへと拡がることに伴う危機があったであろうし、この危機からは、やがて後期プラトンの二分割法《ディアイレシス》の弁証法が展開されてくるのであろう。そして後者は、恐らくイデア数論となるほどまでにまとまるのであろう。

この視点を貫徹したのは、ユリウス・シュテンツェルの功績であって、彼は以後ドイツの研究を支配してきたのである。(3) 発展のこのような図式には、私自身が三〇年以上も前から主張し、さらには――もちろん単に一つの仮説として――共に通用させたかったいま一つのテーゼが対立している。すなわちプラトンの諸対話篇には、早くから――一言でいえば――ロゴスの数《アリトモス》ー構造への論及が見出されるというテーゼが。それはとりわけJ・クラインが『ギリシア論理主義と代数学の成立』[4]に関する研究で作り出したものであって、J・クラインと私が同僚であったマールブルク時代に、すでに私自身の研究に新しい道を示してくれたものである。私としては、この対比的なテーゼに間接的伝承の解釈から新たな現実味を帯びさせたのは、クレーマーとガイザーの研究の功績であるとみている。もちろん私は、このような関連を哲学的に理解するさいには、もっと前進できるし、プラトンの諸対話篇からして初めて間接的伝承を充分な光の中で示すことができると思っている。

　間接的伝承が対話篇を必要とすることには議論の余地のあるはずがない。いずれにせよポルフィリオスはそのことを知っていた[5]。彼は間接的伝承がすべてそこへと遡及するプラトンの「善」についての講義の遺稿を謎めいたものだと言明し、さらにそれが『ピレボス』なしでは全く不可解なることを容認していた。ところで、恐らくわれわれもまた『大ヒッピアス』や『パイドン』あるいは『国家』第六巻なくしては、間接的伝承を全く解しえまい。間接的伝承からしてのみ知られているイデア数論の如き教説が問題になる場合にも、上述の方法上の諸根拠からすれば、対話篇を越えゆく道がプラトン理解の王道であり続けるということは、銘記されねばならない。

　直接的伝承と間接的伝承との間の円環を閉じるというわれわれの課題を、私がどのように考えるかをさしあたり二つの点で説明してみたい。まず第一に、アリストテレスの報告が自分自身の問題を明確に表明する哲学思索の、全体として出会われる唯一の間接的伝達であるかぎり、アリストテレスには他の一切の間接的伝承に対する方法上の優位がある。二つの原理に関する彼の報告がプラトンに全く無縁な図式の構想では決してないこと、このことは、しかしプラトン自体からしても証明できると思われる。さしあたり、原理 ἀρχή という表現について言えば、これはプラトンではまだ周知のアリストテレス的概念ではない。『ソピステス』、『ピレボス』や第七書簡を顧慮すれば、プラトン慣用の表現方式は、たとえば最高第一ノ事柄 τὰ πρῶτα καὶ ἄκρα (第七書簡344d) の如きものであったと推測できよう。ワタシガ心ヲ砕イテイル最モ重要ナ事柄 τὰ μέγιστα, περὶ ὧν ἐγὼ σπουδάζω (第七書簡 341 bc) という表現にクラマーの容認するような技巧的な狭い意味があるとは思えない。『政治家』285d ff のような箇所は、むしろこうした表現が非物体的ナモノ ἀσώματα すなわち、イデアという包括的な領域を指すことを教えてくれよう。それに反して最高ノ事柄 τὰ πρῶτα は、アリストテレスが一 ἕν と不定ノ二 ἀόριστος δυάς という二つの原理《アルケー》に関する記述で意味しているものを充分に立証しており、いずれにせよ、事実上それに対応している。

ところで一 ἕν という概念はプラトン対話篇の善 ἀγαθόν という概念と、すでにきわめて早くから密接に結合していることが指摘されねばならない。この概念は『プロタゴラス』から論究され始め、『国家』第四巻では積極的に解明されているように、とりわけ徳《アレテー》の問題提起で出会われるものである。その点について私は「反省の前形態」論[6]に多少は述べておいたので、ここではただ、これまでの研究における四元徳の問題はたいてい本末が顚倒されている、とだけ繰り返しておく。周知の如くヴィラモヴィッツは、かつてアイスキュロスの詩句一行(『テバイ攻めの七将』六一〇行) を真正と見なさなかったのであるが、それは彼が、四元徳はプラトン以前では全く語るに足らぬと考えたからである。そうした考えは、やがて何よりもヴェルナー・イェーガーの研究のおかげで放棄されてしまった。しかし本来の真理は私の示そうと試みたように正反対のものなのであって、プラトンは伝統的な四元徳をソクラテス的な意味に転釈し、互いに組み合わせて解消してしまったのである。彼は『国家』第四巻で、これら古典的な徳概念が基本的にはすべて「知」と同じものを意味しており、しかもこの知は一者、善なる一者についての知であることを示した。このようにプラトンにとっては、早くから一性と多性の問題が提起されていた。それは『国家』の国家構想という壮大なモデルにおいても本来の主題であって、そこで区別される三階級の差異ではなく、それらの調和こそが秩序ある国家の本質を形成するのである。これに応じて、魂の本質とはどんなに多様化しても一たることにある。調和《ハルモニア》、一致《ホモロギア》やすべてそれに当てられた表現はどうあろうとも、それらはこの見解を指示している。

　このことは、私の見るところでは、そこからして一 ἕν という概念が、いかにして学業ノ最大ナルモノ μέγιστον μάθημα〔『国家』第六巻505A参照〕たる「諸善」という概念と結合するのかを思索を通して理解しうる確たる出発点なのである(7)〔7a〕。だからといって、もちろん一者という概念が、たとえば『プロタゴラス』(329c ff) における如く、プラトンの対話篇の初期の段階で主題とされている場合には、プラトンの諸原理に関してアリストテレスが報告している意味での一 ἕν の概念と同一視されうるということであってはならない。ともあれ一者が問題になる場合、常に多性の問題も提起される、ということは注目すべきである。これについては『プロタゴラス』そのものが最初の証言である。ところで私の検討したいのは、多性の問題が元来、二性の問題である、というテーゼである。

　それについては『大ヒッピアス』が確証となると思われる。そこには (300 ff) 存在者がイデアを分有するという周知の関係があり、これに従ってイデアは共通のものであり、個々のものは各自在るがままのものである度合いに応じてイデアを分有するのであるが、その関係と並んで、多様な一たちに「共通する」数という別種の関係が展開される。

　一つの類という共通性に比べれば、不定数は全く別の意味の共通性と統一性とを表わす。なぜなら、数を成立させる一たちにではなくて、不定数自体に適応するこの上なく奇妙な諸特性があるからである。それらは有理数、無理数と同じく偶数、奇数のような諸種の数を形成する。それらは明らかに数の特性であって、そのつど不定数の統一性に――数を成立させる一たちと区別されて――適応する。こう問うこともできよう。言葉の統一性も、個々の部分――文字、シラブル、語――に対して固有の規定を有するのであって、この規定に依存しているのではないかと。『テアイテトス』の終りのところで展開されるもろもろの難問は、事柄の構成要素を示し、そうすることで、認識であるはずのロゴスにかかわるものであって、シラブルは、その文字全体によって成り立つのか、それとも固有の不可分な統一であるのか、という二者択一を説明している。ロゴスを組み立てる一と多との真の関係は、シラブルの無意味さと、それがわれわれに呈示する二者択一とにおいて、あたかも対型でも見るように明らかになる。

類に応わしい共通のものは、その類の見本すべてにも適応し、その限りでは一が多であることは、なるほど明白である。プラトンの繰返し強調したことは、多をして一つのイデアに与らしめるこのような一性と多性とは、正しく理解されさえすれば、決して実りのない見かけ上の矛盾に誘いこまれる結果に終ることはないということであった。だが認識の一性、ロゴスにおいて語られたものや意味されたものの一性は、そのことで正当化されるであろうか。この多性は、むしろ共通性のいま一つの形式、つまり共通なものとしては、その一切の被加数に適応しない不定数の構造と比較する方がはるかに容易だと思われる。話の意味が、そのシラブルや文字でないのと同じく、数えられたものの総計は、数えられたものすべてに適応するようなものではない。

ところで、こうしたことすべては『ヒッピアス』では話題とならない。けれども『ヒッピアス』が類の共通性と不定数の共通性との間に設ける区別は全く偶然に現われるのだろうか。その対話の問いは美に向けられている。

まさに美においては（実に善においてもそうであるように！）それを共通種 *κοινὸν γένος* という意味での普遍者とみなすことでは不充分なのではあるまいか。これと同じことは存在 *ὄν* に妥当し、さらには、内包領域を総括しないで、母音一般と同じくあらゆる言葉を初めて可能にするいっさいの「最高の類」に妥当するのではあるまいか。これらは反省概念とか論理的形式概念ないしは形式論理的概念と呼ばれる。明らかにそれらは実際には「質料的」イデアとは異なる臨在方式《パルウシア》である。(8) プラトンがそれに気付いていたこと、しかもまさに美という主題が問題になるときに気付いていたことについては詳論の要があると思われる。いずれにしてもディオティマが、ソレ自身ダケデ、ソレ自身トトモニ、単一ノ形相ヲモツモノトシテ永遠ニ在ルモノ *αὐτὸ καθ' αὐτὸ μεθ' αὐτοῦ μονοειδὲς ἀεὶ ὄν*〔『饗宴』211 A〕に至るまでを指示する愛の道は、いかなる概念形成においても生起するもの、単一ノ形相ニオイテ観ルコト *συνορᾶν εἰς ἓν εἶδος* とは、全く調和させることができない。この生起するものが、美においては「わき見をすること」*ἀπιδεῖν* なく肉体、魂、直覚、認識を越えゆくすべての登界において経験される一回限りの独自の美のようなものの体験である限りは。それはむしろソクラテスが『パルメニデス』で喩えとして引用しているような、日光の現前にはるかによく似ている。そしてそれには『ピレボス』（65 a）に見られるようなもの、すなわち善 *κάλλος* 均斉 *συμμετρία* および真理 *ἀλήθεια* から成る、かの三性に見られるような善と美との合体もまた対応するのではあるまいか。ここでは美の場合と同じく、善において数の性格と量の性格とが反響する――とはいえ、そのことが、ここには類の共通性のないことを充分に示唆している。

美のイデアでまず目につくであろうことは、したがって、恐らくは、本質という部分をもたぬ一存在《アインザイン》が究極のものでないということであろう――これに対しては、数が範型の役を果たす。なぜなら数に固有の謎とは、一であるものからなる或るものが二ではなく、しかもその二が一ではないのに、一と一とが合わさると二であるということなのだから。このことは、アリストパネスの同時代者テオポポスが、すでに或る喜劇の一節でプラトンを肴にして嘲っていたことである。

では、一は決して一じゃあない。
それなら二は？　二はほとんど
一じゃあない。プラトンが言っ
たようにね。

（ディオゲネス・ラエルティオス III 26）[9]

私の見方が正しければ、この謎を初めてかけたのは『大ヒッピアス』である。とはいえそこから何らかの積極的な帰結が展開されているわけでもない。それは定義の試みを批判する役を果たすにすぎない。まさにそこからして、こう推測してはならぬであろうか。プラトンは別の関連では重要であった或るものを不定数の奇妙な構造で暗示したのだと。しかもそれは当時すでに彼が注目していたロゴスの数《アリトモス》－構造ではなかったろうか。イデアの単なる分有は、もちろんまだ認識を意味しはしない。もしそれが原子論的エレア派として登場していたのなら、それは常にイデア説の不充分な理論であったろうと思う。またそのことをプラトンは早くから知っていたように思われる。認識の何たるかは、一プラス一がなぜ二であり、「その二」がどうして一なのかをも了解するときにのみ理解される。

　ところで、このような二性とその一との関係という問題は、プラトンではしばしば登場するものであり、しかも早くからプラトンの思惟を規定しているもろもろの動機連関の中に繰り返し現われている。私は、いかにして二が生じるのか、一を付加することでか、それとも分割することでか、という謎を想い起こすのであるが、これは『パイドン』では、ソクラテスに熟考を強いたものであって、もろもろのロゴスへの有名な逃避が解消した謎でもある（『パイドン』96e ff.）。そこでは、二とは何かという問題で、イデアの仮説が説明される。プラトンでは、きわめて重要な意味をもつ感官知覚の相対性という問題もまた、二の問題との関連を予想させる。その問題は『パイドン』では（96 d/e）こうした関連で現われており、『国家』第七巻においては、中指と小指との間にある指に同時に与えることを認められている「大」と「小」とは二なのか、それとも一なのかという問題が全く明確に提起される。そして、思考においては、それらは区別されねばならぬ、というのがその答である。というのも明らかにあらゆるものは、それ自体では一であって、合わさると二だから（『国家』524 bc）。何という陳腐な言いまわしであろう。それとも、それは後に大－小、あるいは多－少 *μέγα καὶ μικρόν, μᾶλλον καὶ ἧττον* として現われる二－一という構造を、いわば初めて示唆したものなのであろうか。ともあれ——ここで一と二との関係を、したがってまた一 *ἕν* と二 *δυάς* との原理《アルケー》を指示する相対性の問題は、有名な「思索への起床号令」であり、これによってイデアへの導入のすべてが始まる。感官の諸供述が陥っている矛盾は、同一事物における大－存在と小－存在とを区別することによってのみ、思惟しながら克服されうる。そこに含まれているのは、同一対象中に多様な観点が共存していても、それは決して実際には矛盾ではない、ということだけではなくて、そのように思惟でのみ区別される諸観点すなわちイデアは、やがては実際に『パルメニデス』の明確な主題になるように、互いに分かち難く共属している、ということもまた隠されてではあるが含まれているのである。プラトン対話篇の最も古い主題の一つを意味する感官知覚の相対性は、後にイデアの相互分有として説明されるもののすべてをすでに含意していて、イデア数ｰ論と呼ばれる数《アリトモス》ｰモデルへと導いてくれるものなること、このことは、その研究ではまだ充分に認められてない事態だと思われる。

しかしながら、多くの事物が一つの形相を分有するという問題もまた、イデアの多性や共属性に帰着する。そのことは、一が多へ、多が一へと内的に移行するという『パルメニデス』で説明された方式が教えてくれる。いったい多という存在は根本的には何を意味するのか。何といっても、まず意味されているのは、分離され、それ自体であるものとしての形相という純粋存在が、多の中では曇らされているということである。だが、このことは、多の中で原型が純粋に現われないのは、多には別のものがあるからだ、ということを示唆している。多の中にあるこの他者は、それ自体決して無ではなくて存在である。つまり一以外ノモノドモ τἆλλα τοῦ ἑνός である。(10) 形相は一つだけであり、他にはいっさいないというのではなくて、一つの形相があるべきなら、他の形相もなければならず、それも多としてのみならず、個々の現象に混入しているすべての規定性としてなければならないのである。しかし存在とは、イデアたることである。こうして『ピレボス』では、一つの形相を設定するということに含意されている問題、つまり、いかにして一が同時に多でありうるか、という問題は、事物の不確定な多性を顧慮しながら討論し続けられるのではなくて、弁証家は差異を見ることを学ばねばならぬということ、すなわち、一においては区別される多様な統一的諸観点そのものを取り出すことを学ばねばならぬということが討論されてゆく。しかし、それは、多がイデアの多性であることを意味する。文字の組織や調和のとれた音程の組織という古典的な諸例が指示しているのは、分有の問題を生産的なものに変えるという、数《アリトモス》がなすような仕事なのである。数によって不確定なものを確定すること、無限者ト一トノ中間ニアルモノ μεταξὺ τοῦ ἀπείρου τε καὶ τοῦ ἑνός (16e1) を固定することが弁証法本来の意味であると言われる。すなわちヨリ多イトカヨリ少ナイ、マタ激シクトカユルヤカニト言ワレルヨウナモノノ場所ニ、一定量トカ適度トイウモノノ生起ヲ許ス ἐάσαντε αὐτό τε καὶ τὸ μέτριον ἐν τῇ τοῦ μᾶλλον καὶ ἧττον καὶ σφόδρα καὶ ἠρέμα ἕδρᾳ ἐγγενέσθαι (24d) 〔原文仮定法〕ことなのである。

分有《メテクシス》の問題が『パルメニデス』や『ピレボス』で初めて極度に尖鋭化されるために、多くの事物による一つのイデアの分有が、もろもろのイデアの相互分有に変わる、ということはもちろん相変わらず正しい。けれども『パイドン』で形相の仮説に認容される論証の成果は、すでにこうした解決を含意している。そこで示されるのは、魂が共在するのは常に生命であって、決して死ではないこと、二は常に「偶数」と共在するのであって、決して「奇数」とではないこと、温かさが共在するのは常に火であって、決して雪ではない、ということである。『ピレボス』におけると同じく『パルメニデス』においても、いつでも最初は、多による一つのイデアの分有という「古くからの」分有《メテクシス》問題が救いがたい弁証法へと展開されるのであるが、それは次いでイデア相互の新たな分有を解決として出現させるためなのである。後者が初めて認識の、またロゴスの何たるかを理解させてくれる。

もちろんそのことを正当に評価するためには、ヘーゲルとフィヒテの体系的思想の根底にあり、しかもプラトン後期対話篇に対するナトルプ以後の新カント派的解釈を支配している先入見、イデアの相互分有によって個体化の問題は解釈されるはずだとする先入見から解放されねばならない。このような意味でニコライ・ハルトマンは下降分有《メテクシス》の理論を展開したのであり、(11) さらに不可分ナ形相 ἄτομον εἶδος という問題が独断的な障壁であることに気づかずにはいられなかったのである。この問題が、そうした障壁なることを認識し、克服したのは、プロチノスを嚆矢とする。だが、そうした場合に忘却されているのは、古代の学問が、まず第一に経験科学ではなくて数学、つまり純粋な本質認識であることなのである。「分有《メテクシス》の問題は、したがって解決されるのではなくて、別のものに変えられるのであり、変容したものとして解決される」と私は一九三一年に『プラトンの弁証法的倫理学』七八頁に書いた。今なら私はこう付言するだろう。この解決は数《アリトモス》－構造を含意しており、またその構成要素は二つの原理としてアリストテレス報告にのみ姿を現わすのではなくて、『ピレボス』の四つの類の背後にもあるのだ、と。

『ピレボス』の四つの類ないしは誓約は、明らかにイデアの全領域から任意に選ばれたのではなくて、イデアの規定性一般を制約するものである。もし私がその当時[12]、『ピレボス』では限定という類と被限定という類との区別がいかに錯綜しているかを指摘しえたとすれば、今日私はこのような区別にこそプラトンの思索の最も重要な成果が認められるべきだと付け加えるであろう。限定と無限定というピタゴラスのカテゴリーは、プラトン以前の思惟では区別されることなく、ともに数学的規定とみなされると同時に存在者の規定とも見られていた。限定というものは、それが限定している被限定者とは別物だということは、数と量の如き形成物が、それらの規定するものとは異なる在り様をしているということが見抜かれて初めて獲得される洞察なのであって、『国家』や『テアイテトス』からして知られるように、それはプラトンの思索の偉大な成果なのである。ピタゴラスの数《アリトモ》論《ロギー》の根底にあった素朴な存在確認が、ここでは数と量から成る観念的な秩序と、それによって把握され、規定される現象の世界とに分離して現われる。今や初めて限定と無限定との混成物が、限定するものたちの観念的世界と並んで、独自の存在方式を表示しうる。そのように分離して現われたもろもろの存在秩序に、原因《アイティア》－思弁によって存在論的根拠を付与すること、それこそが『ピレボス』の意図であったと思われる。この意図の幅広く成就されていることは、やがて『ティマイオス』で判明する。「われわれのもとでは」工人の有限な行為で証示されるもの、すなわち「精神的」秩序の成立は、あらゆる現世の秩序を凌駕する宇宙の秩序にとっても同じく或る「精神的」原因がなければならぬとする逆の推論をもっともなものたらしめる。『ピレボス』が「われわれのもとで」の火の存在の如き混成存在と純粋な存在（火）とを区別する場合、彼は同時に経験界の実在を観念的な宇宙の秩序と結合している。プラトンがここで説明する諸表象は、観念的なものと感覚的なものとの間に橋渡しできない裂目《ヒアートゥス》があるかのような偽りの見せかけをきっぱりと放逐するであろう。これらの表象が意味しているのは、しかし、決してイデア説からの離反ではなくて、それを理論的に解釈する試みであり、別の解決策さえ知られている試みであって、アレクサンドロスの報告してくれるように、エウドクソスのイデア説とは著しく親しい試みなのである。とはいえ、それによって私はすでに間接的伝承をめざして、対話篇の言表を越え出ている。私の考えでは、このように着手することが、それと結合している一切の危険のもとでは、方法上要求されるのである。プラトンの思索を事に即して理解するには、明確に語られていなくて、彼の対話篇が示唆するにすぎないものをもともに引用することを断念はできない。だからといって、そこにあるものをできるだけ正確に理解しようとする要求が制限されることにはならない――それはますます充足可能な要求となる。

II

プラトンの諸対話篇から推測されるものを、アカデメイアにおける彼の思想のより先への発展を顧慮しながら解釈することが方法上要求されていると思う。プラトンの口頭の教説を可能なものの限界内で再構成する場合、彼自身に帰しうるものと、彼の弟子、ことにスペウシッポス、クセノクラテスやアリストテレスがそこから展開したものとを区別することは、なるほど文献学の重要な課題ではある。けれども、こうした発展自体をプラトンの教説の内容によって判りやすくする、という別の課題も結局は拒めないものであって、或る種の優位さえ有する課題なのである。アリストテレスの『デ・アニマ』証言（404 b 16―27）[13]に関するコンラート・ガイザーの入念な考量を通じて、世界霊魂を数論的に解釈するための証人として、ここではクセノクラテスではなくて、プラトン自身が引用されているという帰結に導かれるとき、また、この理由からすれば、プラトンの口頭の教説をあえて推論することが許されるとするとき、それでもなお、みずから運動する数（frg. 60. Heinze）というクセノクラテスの教説が、『ティマイオス』を通して洩れ光る教説の明るみの中でいかに理解されるか、という高次の問題は残るのである。なぜなら、みずから運動する数という教説が『ティマイオス』の世界霊魂に遡るということは、きわめて明白であるから。神秘的な光彩を放つ『ティマイオス』の教説の中で初めてみずから解明することのできるこの問題の動機は、しかしながら、より古い起源のものなのである。それは、アナクサゴラスに伝承されているようなヌース論を指し示す。そこではヌースは運動の原因であると同時に一切の多様な形態を区別し、それらを原初の混沌から分離する原因である。ちょうど、区別されたものの差異を理解する「精神」もまた認識しかつ干渉するように。アリストテレスにおいてもなお、区別と運動とによる二重化（区別スル κρίνειν と動ク κινεῖν『デ・アニマ』A III, 411 a4）が、プシュケーの本質を形成している。すでにアナクサゴラスのヌース論に含意されていた二つの機能とそれらの内的連関の理解とのこうした結合は、プラトンのプシュケー論を解釈するための鍵である。[14]

クセノクラテスが世界霊魂、というよりもむしろみずから運動する数《アリトモス》で意味しているものは、このような背景において見られねばならない。数では、多性が無比の一性へと集約されている限り、数《アリトモス》が謎にみちた形成物なること、このことはユークリッドにおけると同様、プラトンでも見られる数多クノ単一体 *πλῆθος μονάδων* という不定数の周知の定義をすでに基礎づけている。一たちからなる充溢は同時に多の一性なのである。不定数が含意しているのは、したがって、数とは展開された多性であって、完結しないものの中へと進行するのではあるけれども、どの特定の不定数においても、或る一性へと集約されている多性であるということである。さて、算えながら通り抜けられるような非連続の数列が、それ自体として、またその算えるという過程から抽象されたものとして考えられる場合、不定数は、算えられる一たちが算える者を通りすぎることと考えられている。ここにおいてわれわれは、プラトンに従えば星空のものなる運動《キネーシス》‐構造を正確に手中にする。神々の最大の贈物である天空の秩序は人間に数の認識を与えてくれた(15)。それこそ『ピレボス』(16c)の語る真のプロメテウスの火なのである。それはクセノクラテスの魂の定義の意味について、われわれの蒙を啓いてもくれる。「魂」とは天空の運動である、というよりもむしろ天空の運動の中に展開され、繰り返し自分自身と結合する数列であると同時に時間でもある。

ここからしてプラトンの『ティマイオス』における世界霊魂の意味を逆推理できる。古代ギリシアの伝統の中でまず考えられているように、魂が生の本質を表明するということからわれわれは出発する。だが、そこで与えられているのは何か。まず第一には、魂が可視的な身体と区別されて、不可視なものであること、これである。それは、たとえば『パイドン』の教説にとっては、自明のこととして前提されている。魂にほかならぬこの不可視のものによって、生けるものは本質という可視的な統一性と結合する。分散している多様な肉体的なものを結合するのが魂であるからには、それが消滅すれば肉体的なものは崩壊し始める。けれども、それと同時に第二に与えられるのは、魂が肉体的なものを透して四方八方に拡散しているということ——少なくとも、すべての肉体的なものを覆う巨大な感覚的な皮膚が魂に直属するという意味では——である。なぜなら、魂とは受容するものをその五感すべてによって魂に通報する、まさに当のものなのだから。したがって、『テアイテトス』(182 d) においては感官の助けで認識するという魂概念が、認識を存在者の出会い、つまり同じものが同じもの、ないしは同じでないものと出会うこと、と考えていた古い教説と対照をなす。あらゆる方向への拡散が魂の本性に属するのは明白である。われわれの人間学的洞察からしても、動物の本質が植物の本質と区別されるのは、少なくとも感官が刺戟において経験するものを、このように例外なく逆に報知することによってなのである。その限りでは、万物を包括する拡がりという『ティマイオス』の世界霊魂描写は決して奇異なものではない。

魂はみずから動くものである、ということも同じく説明を要しない。なぜなら、明らかにこのことによって生ける肉体は、もはや魂を吹きこまれることなく死の内に留まる物体から区別されるのだから。「魂」を運動 κίνησις の原理 ἀρχή と思わせるのは、このような古くからの説得的な観察であり、これによって生けるものは生なきものや死せるものと区別される。プラトンが魂を自然《ピュシス》の本質と呼ぶ理由 (Legg. 892 c) は、そこからして明らかである。というのも、自然をその明白な秩序において形成するもの、すなわち、自然はいかに変化しても自分自身を保持し、維持するということ、これは魂をもつあらゆる存在者、有機体に妥当するからである。有機体がより高度に発展すると、魂のこうした規定は、すべての存在者が存在の循環に内的に織りこまれているものであることを示す。

それは、そこからして『ティマイオス』の世界霊魂の意味がより精細に規定されることになる要点なのである。なぜなら、魂は肉体「より以前」のものだとする一般的な主張以上の何ものにも固執しないとしても、『ティマイオス』解釈にとっては、すでに方向が示されたことになるであろうから。万有という感覚的所与の背後には目に見えない支配の秩序、たとえば天空の数学や音楽があって全体を分節していること、また、万有の運動全体がこの秩序にもとづいていることは、『ティマイオス』では、魂が四方八方へ拡がり、すべてを包み、貫通する、とされて明瞭に表現されている。

ところで、プラトンが世界霊魂の本質を混合 μῖξις 概念で解釈するということは、『ティマイオス』の全叙述にとって構成的な意味をもつ。魂を成り立たせるもの、それは混合物なのである。そのことは『ピレボス』や『政治家』に精通している者にとっては、決して意外なことではない。混合とは、もろもろの基本的モデルの混合であって、プラトンはこれに従って存在を考えている。尺度で測られたもの、あるいは数で確定されたものさえもが、『ピレボス』では、「限定と無限定との混合である」といわれる。同じ基本的モデルは、「存在」、「同」、「異」が、世界霊魂の要素、その三成分と呼ばれる場合、ここにもある。[16] それはこの上なく奇妙に聞える。というのも、それらは論理的概念、ロゴスの本質を表明する概念なのだから。或るものを、それ自身と同一と考えると同時にそれを他のものとは区別すること、それはどんな考えにもつきものである。同と異とは存在し、認識されるものすべての内に共存する。

いかなる言表も、一般に同と異との組み合わせにおいてのみ可能である。言表では、それ自体としては自分自身と同一なものが、別の或るものと結合されるのであるが、他に対するこうした異によって、それ自身の同を失なうことはない。このようにして存在とこれら論理的諸要素との混合が、隠喩によってではあっても、ロゴスの構造としてよく理解できる。

けれども真の問題は、宇宙の運動秩序もまた、人間の目に示されるように、こうした混合によって叙述されるという点にある。同と異との諸領域がともに織りこまれている有名な「十字形」〔Xの字形、『ティマイオス』36b参照〕は、何かまったく現実的なものであるはずである。それはわれわれの思考や話に由来するのでもなければ、それらの中にあるのでもなくて、万象そのものの運動秩序を映している。それが表わすのは、黄道、すなわち、太陽の循環に対する地球の運動の傾きである。この傾きの意味は、ギリシア人によって、明らかに早くから認められていた。地球上の潮の干満や多様な諸状態はこれにもとづいているのであって、アリストテレスの述べているように、それは四季のリズムを惹き起こすかぎりにおいて、生成消滅の原因なのである。

『ティマイオス』で、魂は同と異との組み合わせにおいて成り立つのであり、これがみずから運動する万物の真の本質であると述べられるとき、想い起こされるのは、『法律』から知られるような一般的な運動論の背景である。そこで描かれるのは、自分の軸のまわりを回転するコマの静止したなりの運動方式であり、まったく同に規定されているように見える運動方式であるために、この立っているコマには、もはや一般にいかなる異も見られず、運動自体に含まれている異すら認められない[17]。これに対し、『ティマイオス』が描くような万象の運動は、傾きが編みこまれているおかげで、そうはならないで、運動や多彩きわまる異がそこに認められうる。

プラトンが魂と呼ぶ、存在者の恒常と変化との目に見えぬ基礎は、いまや同時に認識する魂でもなければならない。このことは、以下のような『ティマイオス』の魂論で、はっきりとわれわれに要求されている。すなわち、存在と同と異との相互混入というものは、それが同へと方向づけられる場合には、洞察や学問といった知識形態に至り、異へと方向づけられる場合には、思いなしや確信 *δόξαι καὶ πίστεις* または知覚(『ティマイオス』37b)といった知識形態に至る、という魂論で。これは、同と異とが「認識」に対すると同様、「存在」に対しても同じ基礎的な意味をもつということを含意する。問題は、存在に含まれる区別されたものと魂の遂行する区別の働きとの両者が、いかにして一致するか、ということになろう。

『ティマイオス』の叙述は、天体運動の不変の秩序がわれわれの属する宇宙の中にありながら、それにもかかわらず、われわれの世界を動かす多様な現象と出来事をいかにして実現するのかを明らかにしてくれる。もろもろの星座が、いかに絶え間なく移ろおうとも、規則的に繰返し回帰するがゆえに、恒星の運行秩序の複雑な数学的組織を世界の真の本質と考えるのはもっともなことなのである。このような仕方でいたるところに現前しているもの、生命の遍在が生物の有機的状態を貫通するように、万有を貫通するものが「プシュケー」という同じ言葉で呼ばれることには、またそれなりに自明の理がある。というのも生けるものの存在、つまり、生けるものの有機的な全機能の持続としてのその自己運動の統一性は、明らかに、その存在に生命を与えている、このような目に見えないものにこそもとづいているからである。生けるものの循環と天体のそれとは同じ運動形式をもっており、同じ根拠を指し示す。

しかしそこからはいかにして、単に動かすものたるにとどまらず認識するものでもあるという魂の別の規定に至るのか。このことをプラトンのロゴス説の背景から把握することが重要である。ふたたびアナクサゴラスの予見に導かれて、われわれは「異」の本質を分析しなければならない。異は、或るものと或るものとが区別されることによる。しかし、つねにこのような区別は、区別されていないもの自体の内にはない異から現われでることを意味する。それは、存在過程の如きもの、たとえば、ヘラクレイトスが一種の発酵酒について語っているように、[18]成分に分かれる液体を分解することと考えられるものである。われわれは、その過程を別の面からも述べることができる。現われ出た異は、いつでも同時に際立たせられた異でもある。異から現われ出るということは、区別のあるものたちがあるがままのものとして現われ出るようにと、互いに際立たせ合うということである。したがって、分離とはいつでも同時に区別であって、区別のあるものたちを区別している或るものを含意する。区別されているものは認識されているものだ、ということもできる。

プラトンが一性と多性、同と異との構造連関の分析で追求するもの、彼の思想全体を支えているもの、それはこのような自明の理であると私には思える。異とは可能的な諸関係である。それらをあるがままに際立たせること――適正な関節で切り裂かれる獣の肉片のように――が認識、すなわち、プラトン弁証法の本質を成す。そのように際立たせられたものが真なのである。それどころか認識とは、それ自体がそのように引き立たせられたものの現存に他ならない。ここからわかるのは、認識活動がいかなる意味でともに含まれているかということである。つねに別のものや別の区別があって、これらは、こうした仕方で際立たせられるもの、つまり、その隠されてないこと ἀλήθεια という点でまとめられるものであるかぎり、それらを認める認識もまたそのつど別のものなのである。そのようにして『ティマイオス』の教説は、同と異の領域を顧慮することによって精確な意味を獲得する。認識は認識されるものの現成として生じる。この現成は動きに満ちた出来事である。それは存在者の局面、存在者の提示するもろもろの光景《アンジヒテン》を変えると同時に、人間の魂が、多様な観点から存在者に語りかけて、みずから形成する諸見解《アンジヒテン》をも変えるのである。

ところで、このような仕方で認識するものである魂の特色をプラトンはいかなる概念的手段で把えうるのか、と自問する場合、そうするために彼は不定数に本来のモデル機能を容認している、とすることがもっとも理にかなっていると思われる。それについてはアリストテレスがその時間分析において、いかにして時間を算えられた運動数と定義するか、また、そこでついでに示唆しながら、時間に他ならぬ算えられた多様な運動が魂を指示するであろうということをいかに付言するかを想い出しさえすればよい（『自然学』IV 14, 233 a 21 ff）。プラトンは、基本的には『パイドン』で、すでにイデアと魂との関係を同じ基盤に据えつけていた。われわれにもまた、イデアと数との連関はすでに早くからともに現前するものと思えたのである。というのも、われわれは『大ヒッピアス』を例として、プラトンがどのようにして数の神秘を感取しているかを見たのだから。だからといって、もちろんこうした初期対話篇（それは明らかに――その真正なることを前提して――そのグループでは、最も晩いものである）の背後にもすでに、間接的伝承によればプラトンの説いていたとされる一と不定の二という原理からの数の産出が成立していた、ということにはなるまい。けれども、プラトンが認識とロゴスとを分析するさいに、みずからその前に立たされていることに気づいたもの、永続的な謎と存在論的な苦境に対する最初の予備的解釈がここにはっきりと現われている。一者を分有してはいても生成消滅する多様な感覚的諸現象に対立して、一者たるイデアこそ真の存在者であるとする説は、それでもなお、真の認識の何たるかを理解しやすくするには不充分である。イデアをこのように顧慮することは、端的に言って一切の認識の予備条件にして前提なのである。そこでは諸現象が共通の形相《エイドス》に包摂される、というよりもむしろ、諸現象がその形相の一般性と同一視されることになろう。それこそイデアを受容することの意味なのである。とはいえ、プラトンは一つのイデアへの諸現象の関係が、分有、共有《コイノニア》、共在《シュヌウシア》、臨在《パルウシア》、混合《ミクシス》、結合《シュンプロケー》などというような概念のうち、いずれに従って考えられるべきかは明らかに問題にしていない。彼の本来の問題はそこにはなくて、いかにしてわれわれの思考では、そもそも一が多でありえ、また多が一でありうるか、にある。或る事柄について言表されるものは、その事柄とは異なりながらも、なおそれに応わしいものでなければならない。或る事柄が真に何であるかは、その事柄のあらゆる現象にも応わしくなければならない。とはいえ、それらの現象はことごとく当の事柄とは異なっていなければならない。プラトンはその謎を数という例で説明する。数は、いずれもそれ自体は一であるところの一たちから成るにもかかわらず、数自身はそのつど集められた一たちという数なのだから、多ではなくて、特定のいくつかであり、集められた多の一性であって、双方デハ二ツデアルガ、オノオノデハ一ツデアル ἀμφότερα δύο, ἑκάτερον δὲ ἕν（『テアイテトス』185 ab）。すべてロゴスは、それ自体いかに謎めいていようとも、こうした形式的構造をもつ。

　プラトンの文書の例がその事情を解明してくれる。われわれは文字、シラブル、語、命題を有する。その場合、語の意味と文字の意味を粗雑に区別するだけでもう充分なのである。どの文字もそれだけで意味しているものを、それが他のものとともに一語を作るときには、もはや意味しない。なぜなら、語のもつ意味はそれを成り立たせている文字のもろもろの意味の総計ではなく、一にして全体としての意味なのだから。ところで、この図式は、プラトンのよくするように、弁証法と話の本質に応用できるのであり、また、『ピレボス』が強調して説明するように、一と多の問題の正しい解決の中にこそあらゆる技術《テクネー》の、とはいえあらかじめ精通しているという意味でのあらゆる現実的知識の秘密がある。どのロゴスにも見解の一性があって、これはロゴスの内にまとめられている語ないし概念の多性から生じる。

　大量のインクが注ぎこまれた例、「テアイテトスは飛ぶ」というような『ソピステス』に示されている例は、結局、命題の本質を不定数というモデルで考える場合にのみ解明されうる。脈絡からすれば、ここではもろもろのイデアの不調和が扱われねばならぬことになる。したがって「テアイテトス」の名前に含意されているのは、人間という共通のイデアであり、これが飛行というイデアを排除するものであるため、その命題で主張される事態の趣旨の一性が、文法的には名詞と動詞を組み合わせて形成されるのだけれども、誤まった主張たらざるをえない。両イデアは並存できない。逆に或る主張の正しさと結合している条件は、ともに言表されるイデアは相容れるものであり、したがって共存できる、というものである——たとえこのような条件が、たとえば知覚判断の場合、言表の真なるための条件としては、不充分であるほかないとしても。[19] 数のモデル機能に対応するのは、アリストテレスの論理学や範疇論の基礎となる判断の述語的構造が、このような例文ではまったく考慮されない、ということである。ここでは、付加規定が述語として帰属させられる基体《ヒュポケイメノン》は、先在のものとして際立たせられていない。プラトンではロゴスの本質は、むしろともに-そこに-あるものとして、一つのイデアの別のイデアとの共-存としか考えられていない。二つの分離されたイデアの二性は、それらを総括することによって言表される事態の一性を形成する。そのことは、事柄において結合されているものがロゴスにおいてもともに考えうる場合にのみ真でありうる知覚判断に対しても妥当する。しかし、本質言表、すなわち、定義的命題が問題とされる場合、まったく明らかなのは、もろもろの類-種-規定の「編み細工」が、そうした言表にとって本質的なものだ、ということである。

定義は、プラトンでは、二分割法《ディアイレシス》の手続きを通して獲得される。シュテンツェルが数十年前にすでに知っていたように、そこでは、数の主導的なモデル機能が間接的に確認されている。なぜなら、どの分割法も二分法なのだから(『ピレボス』では、明らかに、より明確で合理的な諸体系と関連して、三分法も言及されている)。定義的ロゴスはプラトンによって、分割法を貫通する諸規定の総計として、それゆえにまた多性の集合として形成されるのであるが、この集合自体はまさに特定の事柄の統一的な本質を形成するものなのである。こうして数の果たす役割の何たるかは、定義において明らかになるのだけれども、それは定義が分割という手続きで産出されるからこそである。互いに調和し合うこと、それどころかさらに、あらゆる類規定が究極的な共通の規定と必然的に調和し合うこと、それが事柄の統一的な本質を形成する。ということは、しかしながら、存在ノロゴス λόγος οὐσίας が、あらゆる連続的な本質規定を集めた不定数であって、そのようなものとして数‐構造をもつということである。

イデア数論に関する間接的伝承が、プラトンの対話篇で想起される数のモデル機能といかにして一致するかということは、上述のことからして、大筋は明らかにされたと思われる。数とロゴスとの間には、一般的な構造上の対応がある。またイデア数論の内容的な詳細に関する報告の不明瞭さは、次のような思考を辿れば、説明できるとも思える。われわれは、ロゴスの真の問題点はそれが自分とは異なる諸要素ないし加数から合成される見解の統一性たるところにある、ということから出発する。ところで、ロゴスは周知の如く、数学用語でもあって、その場合には「関係」を意味する。ロゴス概念に含まれる関係の意味を指摘したテプリッツは、その場合、『ソピステス』251a の箇所から出発したのであるが、そこでは、存在と非‐存在との正しい概念の追究は、明らかにそれらの相互関係を越えてゆく途上でのみ続行されねばならない。実際、それは同と異の概念の中にあるような、ロゴスにおける両者の内的なもつれ合いであって、存在を解明するロゴスの力はこれにもとづく。それこそエレアの異国人が与えようとした教説なのである。この教説は、しかしながら数構造を含んでいる。私は『テアイテトス』185ab を指摘する。そこでは、思惟の内で純粋に自分自身とかかわり合う魂 (185 e, 187 a) によって、存在と非‐存在、相似性と非相似性、同と異に並んで、存在者の数構造もまた挙げられている。サラニ一ツトカソノ他ノ数 ἔτι δὲ ἕν τε καί τὸν ἄλλον ἀριθμόν (185 d) と。それによって暗示されているのは、或る二つのものが、いずれも単に一にすぎないのに、合わさると二であるという、かの数の謎めいた特性である (185 b2)。

けれども、それだけのことではない。関係に妥当するのは、その諸要素がそのつど同じ関係を保ちさえするなら、その数値は、そのときどきの諸要素に左右されないということである。諸関係に関与する分肢は異なっても、同一の関係はありうる。関係それ自体には秀れた普遍性がある。このことは、プラトンのイデア数論の内容的規定について、われわれの経験するところがいかにわずかであり、矛盾するものであるかを考える場合、銘記されねばならない。点、線、面、立体という次元系列による数学の構築は、ガイザーが見事になしとげたものであるが、それはイデアとその形象化という、より一般的な数関係を個別的に仕上げるものであるにすぎまい。同一のイデア数の形象化が、たとえば『デ・アニマ』-証言によれば、精神《ヌース》、学知《エピステーメ》、臆見《ドクサ》、知覚《アイステーシス》といった認識方式の系列のような、明らかに別の諸系列をあらかじめ形象化しうるのである。[20]

したがって、アリストテレスやその他の間接的資料が、どの数はどのイデアに関係させられているかについて、何ら正確な報告をしてなく、またアリストテレスが公然と立派な根拠、精密な数の対応をさえも、どうでもよいものとして説明せざるをえないとしても、不正確な伝承に依存すべきではあるまい（『形而上学』1090 b 24）。アリストテレスによって強調された一〇までの制限（『形而上学』1084 a 12）は、同じ方向を指し示す。これは単にピタゴラス的なもの（一〇の三角数《テトラクテュス》）なのではない。数形成がいかに先へ進もうとも、その最初の系列がそのまま繰り返されるということは、十進法の体系にとって、実際に確かなことなのである。まさにそのゆえに、不定数が存在秩序とイデア秩序の原型として現われるのであり、しかも明らかに、このような原型以上のものであろうとはしないのである。イデアと数との関係の不確かさは事実に、すなわち、人間の認識の状態にもとづいている。この認識は一望ノウチニ uno intuito すべての存在秩序とイデア秩序を把握しえずして、つねにイデアたちの分散《ディスクルスス》の中でのみ、制限された秩序の諸系列を発見しうるのであるが、それも結局は、そうした秩序を事実の直観という統一性の中に逆戻りさせるためなのである。これは数を算える場合とまったく同じである。

イデア認識と数の産出との類比はさらに、非完結性が明らかに認識におけるイデアたちの分散にだけではなく、数を算えて数列を産みだすことにも属するという仕方で明らかにされうる。両者は一と不定の二という原理による産出である。弁証法の非完結性は、アリストテレスの語る原理論で制約しつくされるのでもなければ、独断論にとって代わられるのでもない。それどころか、それが無限に継続できるものなることを明らかにすることが、特に決定的な点なのであり、数の産出を論じるさいに、プラトンの問題とした点なのである。算えることが「無限に」進行するにもかかわらず、どの数も特定の数であるということが、二 δυάς と一 ἕν とを同じ方式に関与せしめている。シュテンツェル、ベッカー、その他の者の企ててきた数の二分割法的な産出を別のより包括的な意味で演繹しようとするあらゆる試みは、恣意的な構成の中で行き詰まっていると思われる。そもそも、二分割法的な産出を統一的に組織するという課題が問題なのではなくて、一と二性という原理が一切の数の系列を産出しうるということが問題なのだ、と私は考える（それが、あらゆる話をも可能にするように）。数の全系列は、奇数と同じく偶数の系列も、そのように――厳密な二分割法によるものでないとしても――表象できる。有名なアリストテレスの一節では、第一ノ数ドモヲノゾイテ ἔξω τῶν πρώτων によって、一と二に原理の性格を与える、それら数の特殊な地位が指示されえたのである。[21]

もしプラトンの教説の中に、何らの確たる演繹体系をも求めえないで、反対に彼の不定の二の説が、まさにこのような体系の非完結性を基礎づけるのだとすれば、プラトンのイデア思想は、納得のゆく仕方で弁証法の無限性を帰結するような或る一般的な関係の理論として現われる。その理論の基盤は、ロゴスがつねに、イデアの別のイデアとの共在を要求するところにあろう。個別的なイデアそのものを顧慮することは、まだ何らの認識をも意味しない。イデアは、別のイデアに関連して「定位」されるときに、初めて或るものとして現われる。この解釈学的な「として」の構成的な意味を指示したのは、ハイデガーである。アリストアレスは『形而上学』㊤10

で、これにまったく照応する帰結、すなわち、もろもろの単純な本質（ἁπλᾶ, ἀσύνθετα）は、いかなる誤謬も許容しないばかりか、思惟においてのみ、それらに出会えたり、出会えなかったり（θιγεῖν）するという帰結を引きだした。今や明らかなのは、どのイデアも、それが特に一緒に言表されるようなイデアとでないかぎり、他のイデアたちとさえ共存できないということである。そのことはアリストテレスの述語構造の分析からすれば、或る対象に関する言表が多様な、しかも範疇的にも多様な観点からなされうるということである。そのつど言表されたものは、それが言表するものにおいて、選ばれた観点によって際立たせられ、この言表によって、いわば意識にまで高められる。関係はそのように高められたものとしてのみ、真に現存するのであり、思念や認識に現われているものの明瞭さで際立たせられる。プラトンは諸対話篇で偽《プセウドス》の問題に片をつけることは実際にはできないだろう、とするのは、このような普遍的な関係理論の一帰結だと思われる。なぜなら、偽《プセウドス》は、或るものを別の何かだと語ることにではなくて、或るものをそれではないものだと語ることにあるのだから。『ソピステス』で指示されている異に含まれる非‐存在の存在は、形式的な予備条件を表わすにすぎない。イデアたちの存在は、それらがまさに存在と「非存在」とのもつれ合いの内にあるとしても、ロゴスの中でのイデアの自己提示にして現存なのである。偽装の、したがってまた偽《プセウドス》の存在論的根拠は、まだそこには含まれていない。とはいえ、そこにはイデアたちと、それら相互間の無限のもつれ合いとの領域そのものが、非存在という固有の契機、すなわち、人間の思惟の本質的な不完全さをもつということが含まれている。

かくして、或る事柄の本質規定にとっては、その事柄の多様な由来史が可能なものとして現われるということ、これは二分割法にも妥当する。もちろんこのことは、承認された共通のもの、つまり類の選択がまったく任意になされるということを意味するのではない。異論のある対象が派生し始めるのは、この選択からしてではあるけれども。また、一義的な分類体系が確立していて、それを通じて定義が指示されるというのでもない。すべて実りある会話が、そこに始まらねばならぬ基本的な合意は、きわめて多様な様相を呈しうる。分類の視点をどのように選んでみても、そこには何らかの予断が含まれている。またプラトンの会話の運びは、わざとらしい誤謬の提案が同意をみるということで、しばしば秘められた誤解をあばく。それについては、プラトンの諸対話篇、ことに『ソピステス』と『政治家』が多くの証言を提供しているが、そこにはきわめて喜劇的な機知が挿入されている。善についてのプラトンの講義は、弁証法的分散《ディスクルスス》が本質的には完成できないものであることをも考慮に入れていたのではなかったか。もしプラトンが、一と不定の二という二つの原理から派生するものを、それによって規定しようとしているのならば、そこには明らかに無規定性の契機がともに考えられているのである。そのことは、これら規定する諸契機の一つが、まさに無規定性であるということの意味だと思われる。関係の体系にしても、実際、それ自体で存在できるようなそれぞれの関係は、際立たせられ－措定されたものの明確さへと移されえても、すべての関係が同時に措定されかつ現前することは、原則的にありえないような性質の体系も可能である。プラトンが、ライプニッツの中心のモナド流に、イデアたちの領域を存在するもの、すなわち、真に存在しうるものすべての現前している神的精神に関係づけた、などということはまずない。そのことは私にとっては、多彩に演じられる彼の対話篇の諸言表からと同じく、彼のいわゆる原理論からも由来するように思われる。プラトンは探究する人間の有限性を、精知せる神に対する人間の距離から考えているのであり、そこに彼の宗教的感覚とともに彼の弁証法的核心がある。しかしながら、一切の現世の存在者と同じく人間の認識と思考にも付きまとう不完全性は、つねに開けたものへと向けられている人間の認識の道の偉大さを貶めるものではない。

プラトンがそのように考えていたことを証言するものは数多い。かくして『ピレボス』では、無限定《アペイロン》という原因が、明らかに次のような意味で、人間の生を成就すべく参与している。すなわち、この成就は決して絶対的なものではなくて、失敗の危険にさらされているのであり、しかも無自覚にして鈍麻せる牡蠣の生へ至るまでの転落を強いられねばならぬという意味で。無節度なものをつねに節度で限定することが、人間の生に課せられていると思われる。『ティマイオス』の精神的世界構築において「必然性」の果たす役割は、私には同じ方向を指示していると思える。この必然性は現実存在の担保であり、秩序は反対に抗して貫徹されるべきだという、まさにこのことによって、イデアたちを模写した存在秩序に帰属する担保なのである。ところで、プラトンが無限定《アペイロン》というピタゴラス的概念を越え出て、「二」の中にこの概念の新しい範疇的な枠組みを見ているとすれば、彼は単に別の語を用いているのではなくて、ロゴス λόγος とは結局何であるかをよりよく把握しているのである。この二によって彼は、感覚的諸現象と同じくイデアたちや数の英知界を、それに照応する壮大な秩序に対する人間の認識の構造と結合する。なぜならこの二は、その無規定性にもかかわらず、一切の異にとってと同じく一切の区別にとっての原理であり、つまりは、存在の規定性をともに形成するものだからである。プラトンの原理論について報告してくれる間接的伝承は、彼の著作の背後に隠れていて、その弁証法に関するわれわれの諸表象を顛倒させることのできるような独断論を証言するものではない――それはむしろ、あらゆる人間の認識の制約性を言い表わし、確認するものであって、その認識の最高の可能性が哲学 φιλοσοφία たるにとどまり、知恵 σοφία とは呼ばれえぬことを是認するものなのである。

* 初刷は、Idee und Zahl, Studien zur platonischen Philosophie, Sitz. ber. Heidelberger Akademie der Wissenschaften, philos.-hist. Klasse, 1968, vorgelegt von H.-G. Gadamer und W. Schadewaldt, S. 9—30.

(1) „*Platos dialektische Ethik*" (1931). 現在、一九六八年の新版が出ている。

(2) Konrad Gaiser, „*Protreptik und Paränese in den Dialogen Platons.*" (1955).

(3) Julius Stenzel, „*Studien zur Entwicklung der platonischen Dialektik von Sokrates zu Aristoteles.*" (1917). この書には、‚Arete und Diairesis' という特色ある副題があり、そこに提起されている発展の仮説を表明している。

(4) ‚Quellen und Studien *zur* Geschichte der Mathematik, Astronomie und Physik,' Abt. B, 1934, Band 3, Heft 1.

(5) Bei Simpl. in Aristot. *Phys.* 453 f.

(6) ‚Subjektivität und Metaphysik,' Festschrift für W. Cramer (1966), S. 128—143.

(7) そこには、新プラトン派の統一《アインハイツ》思想《デンケン》はまったくない。同じ方向を指し示すデントの最近の論稿は、一者という概念が『法律』の内容的問題性において、いかにして検証されうるかを示すことによって、『法律』を引き入れている。Eugen Dönt, ‚Platons Spätphilosophie und die Akademie,' 1967. (JB. der Österreichischen Akademie der Wissenschaften, 251. Bd., 3. Abh.)

(7a) 私は真正問題には触れない。この対話篇がプラトンのものでないとすれば、明らかにそれは彼の弟子の一人のもので、その人は、私がこの原典だけからではなく推定するものを、まさに示そうとしたのである。

(8) 『ソピステス』225 e で、異 ἕτερον は「すべてのものを」貫通し、各々のものは、それに固有の本性によって、異「である」のではなくて、異 θάτερον というイデアの分有によってそうであるのだ、と言われているとすれば、各々のものは、この異‐存在 ἕτερον-Sein が幾つかの形相《エイドス》として視野に入ってくることによって異であるのではなくて、逆に、そのつどの異は、異‐存在を反省的に顧ることでは、視野に入ってこないのである。

(9) さらには、この証言が年代学的問題に対して意味するものは何か。数の謎がプラトンお気に入りのテーマなことは、当時周知のことであったため、アッティカの劇場では、この喜劇の一節のあてこすりは、人びとに理解されえた、ということではあるまいか。そして、いまの『ヒッピアス』や『パイドン』の周知の箇所におけるような、文学的なあてこすりが、それを有名にしたのだ、と実際には考えるべきなのか。むしろ、逆にプラトンが彼の読者層に、すでによく知られている何ものかをあてこすったのではあるまいか。

(10) 『パルメニデス』157b. その方向転換は、この反‐一のイデア的性格をほのめかしている。この性格は 158c で、

形相ノ異ナル本性 *τὴν ἑτέραν φύσιν τοῦ εἴδους* と言われる場合、すなわち、或る形相《エイドス》自体において、それ自身の存在に依存しながらも、それ自体無限定性であるこの異は、みずから互いに限定し合う（*ὅ δὴ πέρας παρέσχε πρὸς ἄλληλα*）と言われる場合に、まったく明らかになる。

(11) *„Platos Logik des Seins“* (1909). ナトルプは、*„Platos Ideenlehre“* (1921) 第二版で、はっきりとこれを指示している。

(12) *„Platos dialektische Ethik“* (1931[1]), §5, S. 103—113.

(13) ストバイオスにおける模写、Gaiser, Fragment 67 VIII をも参照せよ。

(14) クラマー記念論文集の拙稿、ことに一三八頁以下参照。

(15) 『ティマイオス』39 b,『エピノミス』976 e ff.

(16) 『ティマイオス』37 ab.

(17) 『ソピステス』256 b もまた、この「静止したなりの」運動をほのめかしている。

(18) fr. 125 (*Diels*).

(19) 結局、いまなお、ローレンツとミッテルシュトラースの諸研究 (Archiv für Geschichte der Philosophie, 1966) やプラウスの研究 (*„Platon und der logische Eleatismus,“* 1967) で論議されているその諸難点は、私の見るところ、そのようにして解消される。ここでは、主語と動詞との文法的な区別に応じて成立した判断理論は、一切、前提されてはならない。最近パツィッヒの提供した「テアイテトスは飛ぶ」という不合理な例の説明に私は納得できない (Neue Sammlung 8, 1, S. 54.)。知覚判断の不当性を強調するには、ありえないケースの構成による以上によいやり方はない、とでもいうようだ。反対に、飛ぶ人間は、ありえないケースの例としては、伝統的なものと思える。*Gorgias* bei Sext. adv. Math. VII, 79. カムラーは、(*„Platons Selbstkritik im Sophistes,“* S. 26) 正当にも、こう語っている。プラトンは、事実上偽なる言表を指示するだけでは、ソフィストたちの誤まりをあまりにも不充分にしか証明しなかったことになろう、ちょうどアキレスとカメの詭弁が、実際に競争でアキレスにカメを追い抜かせてみても、解決されないであろうようにと。

(20)　『デ・アニマ』I, 2, 404 b 13—30 の報告は、均質一様ニ ὁμοίως 互いを際立たせ合っている、その二つの部分で、『ティマイオス』を指示する。動物ソレ自体 αὐτὸ τὸ ζῷον は——世界霊魂の一表現に他ならぬものではあるまいか——『ティマイオス』でも、肉体と混交されている。ただし、ここでは、三つの次元が数えあげられてはいるが。同様にして魂の認識行為は、そこでは同の仲間と異の仲間とに関連して、細分化されるけれども、前者では、二つの二重グループがあり、後者では、一から四までが算えられる。このような報告は——『国家』の線分の比喩に従えば——非プラトン的という疑いをかけてもよいものだろうか。

(21)　第一ノモノドモノ πρώτων に対しては、なるほど、数ドモノ ἀριθμῶν が補足さるべきである。けれども、その場合には、諸原理に当たるプラトンの用語、つまり第一ノモノドモ πρῶτα が、アリストテレス-報告に影響を残しているだろう。いずれにせよ、意味されているのはこのようなことであって、アレクサンドロスの考えたような奇数とか、今日、往々にしてそう解釈されるような素数とかではないように思える。素数の技術的な意味に関わる表現の近代的解釈は、二分割法的な数の産出という誤った問題提起を通して、初めて生じてきたのである（『形而上学』A6, 987 b 34)。

二　ニコラウス・クザーヌスと現代の哲学*

ニコラウス・クザーヌスはわれわれの歴史的意識の遅い発見である。ドイツのロマン主義に端を発する伝統への自覚的な回帰によって、われわれが自分たちの哲学的伝統を哲学的に叙述し摂取するという今日まで達せられなかった模範を教えられたのは、大規模な歴史哲学講義を展開したヘーゲルに負うところ大である――しかしクザーヌスについてヘーゲルはまだ何も知らないし、シュライエルマッヒェルも同じである。たしかに彼らに続いて間もなく、シュライエルマッヒェルの弟子、ハインリヒ・リッターが、はじめて、ニコラウスまでもとり込むことになった、かの歴史的意識の伸展の端緒を開くのである。しかし過ぎ去った声音は、現在の問いかけが過去に向けられるときに、まさにはじめて現実に聞き取られるものである。[1]一九世紀の歴史学的関心がニコラウスによって見て取ったものは、彼がわれわれの世紀に活気のある思弁的関心を喚起したそのものでは決してなかった。それでありながら一九世紀は、とにかく思弁的な哲学を嫌い、自然と歴史に赫々たる伸展を続ける経験科学に取り組んだのである。そのために哲学的な思想に対してもこの世紀の課題が提起されたのである。それはただすべての思弁的な概念虚構をおごそかに誓絶するところに、つまり「カントにかえれ」という断固たる合言葉の中に見られたのである。オットー・リープマンのように、彼は六〇歳になってそれを主張し、また特にマールブルク学派の創設者であるヘルマン・コーヘンは、それを好んで取り上げ完成したのである。このようにしてはじめてクザーヌスに真の哲学的、問題史的な関心を示したのは、新カント主義であった。この関心はしかし近代の自然科学の成立と哲学的基礎づけに向けられたのであった。新カント主義は、その原理と範型が微積分的方法を完成したのと同じように、(2)運動を思惟によって生産することにあると見たのである。すでに一八八三年に次のように書いているところからみると、コーヘンはここに含まれる課題に気付いていたのである。すなわち「無限なるものへの神学的関心が、学問のルネッサンスのこうした基礎概念にどのように結びつくか、その結果ニコラウス・クザーヌスとジョルダーノ・ブルーノにおいて、無限小についての論議がいかに促進されるかを証明することは、重要でしかも魅惑的な研究の主題となるであろう」と。

彼自身の関心である「学問のルネッサンス」の意に適ったものは、ある別のもの、つまり「神学的」な関心であったこともコーヘンは明確に見ていたのである。しかし同時に彼の提起した課題が始めから、神学的な関心連関の中で近代を用意し、その無意識的な先取りを探索すること、そして新カント主義の前史を、たとえプラトンまでとはいわなくとも、とにかく中世の始めにまでさかのぼらせるという徴候を示したという事実は、何一つ変わらないのである。こうした課題は、次にE・カッシラーの明敏さと驚くべき学識によって輝かしい解明を見たのである。それにもかかわらず、今日われわれにはクザーヌスの新カント主義的な姿が一面的なものと映るのは、われわれが別の哲学的な関心を示しているからである。

なるほど、近代の学問を基礎づけた偉大な発見や決断と、クザーヌスとの結びつきは、たしかにコペルニクスの宇宙論や、リオナルドやガリレイの機械論を根拠にしたのである。ニコラウスが宇宙における地球の中心的位置の表象を解明した方法と、とりわけ地球とあらゆる天体との同質性についての彼の教説は、実際新しい天文学と物理学を精神的に準備するものであった。それにもかかわらずそういったものは、ここでは驚嘆すべき方法で全容を一変し、形而上学を自立せしめる学問的意向にそった神学的な形而上学の諸命題であった。自然の認識ではなく、神の認識のためにニコラウスは、認識とその条件と更にその限界を熟考したのである。あらゆる認識は測量にもとづいており、すべての測量は尺度と測られるものとの対比であると彼が定義づけるとき、彼はそれによって無限なるもの、神聖なるものが端的に比較し得ないことを強調しようとしているのであり、他方、比較―測定による有限な認識の領域で、すべての規定性がよって立つその対立者を、coincidentia oppositorum つまり反対者の一致の原理によって止揚しようとするのである。それは否定神学の古き原理であって、プラトン的な混入物としてのアレオパゴスの裁判人をへて、スコラ的な学問の組織の中に一貫してある原理である。それがここでは新しい弁証法的尖鋭化に高められているのである。

このことはしかし近代の学問精神にはまったくよそよそしく見えるのである。近代の学問がやむなく同意しうる極限は、スピノザの「神即自然 Deus sive natura」であるが、しかしそれは、自然の自然性がその厳格な因果―合理的な決定性にもとづくという基盤に立ってである。それに対して無限者に関するニコラウス神学の明晰な帰結は、たとえ自然が無限な神の創造であっても、自然はたえず不充分ニ impraecise のみ認識されうるものである。そしてそれは単に人間精神が有限であり、その認識がはるかに遠く及ばないからだけでなく、感覚的に見える事象の存在がそれ自体不完全なもの、つまりうつろい、たえず変わるからでもある。こうした根本的な確信は、われわれがニコラウスの中に読みとる、かの刺激的な命題のすべての背景を成しているものである。つまり地球ガ動イテイルトイウコトハ明白デアル manifestum est terram moveri. とか、地球ハ球体的ナモノヘ傾キツツアッテモ球状デハナイ terra est non sphaerica, licet tendat ad sphaereicitatem さらにダカラ地球ハ優レタ天体デアル est igitur terra stella nobilis という、こういった命題は、コペルニクスやG・ブルーノの身分を証し示した命題である。もし可視的な事象が不正確なものであるならば、人間経験は、限りない進歩を許す現実へ接近することでしかありえないし、また経験が完全なるものについて根本的に無知であることを容認すればするほど、それだけ進歩は大きいものになるであろう。これは実際、斬新なるものが用意されている点である。クザーヌスは、事象の真理を構成しているモノ性 quiditas が、その純粋さに到達することは不可能であると教えている。これはまさに近代の学問理念の光のもとで基礎的な意味をもつ命題である。これによってとりわけ古典的な認識理論の基盤は見捨てられたのである。認識の経緯はもはや種 species を人間の精神へ受容するということではない。何故ならばあらゆる感性的な存在にふさわしい複写の性格は、決して極端に似ていないものを含んではいないからである。認識は事象の存在へ更にますます接近するようにさせうるものである——認識には十全なものと不十全なものの間の存在論的な裂孔を架橋することはできないのである。これは本質的にプラトンの動機であって、すでにプラトンの『パルメニデス』において追究されながらアポリアに突き当ったものである。実はそのアポリアにより、神々のもとでの学とわれわれのもとでの学とが存在することになったのである。クザーヌスは、こうしたプラトン的な動機を決定的に重視することによって、彼の意図していなかった仕方ではあるが、「近代的」なのである。すなわち彼は、アリストテレス主義の独断的な物理学に動揺を与えている限りで、近代の学問体系がよって立つ規制的な土台を単に築いているだけではない、彼は独断的な存在論に由来する障害を破砕し、しかも同時に一つの断念を、つまりそれに基づけば自然に対して新しい勝利が打ち立てられるはずだという断念を用意しているのである。ガリレイは、自分が事象の「実体に」ついては何も知らないこと、それには感情 affezzioni によって満足しなければならないということに気づいていた。もしクザーヌスが、われわれの認識のことごとくは単に推測すること、coniecturari であって、したがって経験したり、教えたり、測定したり、考量したりする道を開拓することであると教えるならば、それは近代的な学問の基礎づけに対する新カント派的な関心にそうことができたであろう。

実際しかし、生成と変化の世界を、プラトンがなしたように、クザーヌスの説く真の存在の世界から裁分することを尖鋭化すれば、同時に近代の学問に対する全き隔たりが明らかになるのである。このことは、クザーヌスの数学をみれば、特にはっきりと示されることである。この数学は、まったくプラトン的な精神によって無限なるものへ上昇して行く手だてとして素晴らしいものである。クザーヌスが反対ノ一致 coincidentia oppositorum を持ち出している多数の変様《ヴァリエイション》は、同時に彼が数学的な対象世界へ無限なるものを持ち込むための、神学的な意図で成立しているのである。有限な類比によって啓示真理を巧みにかわすことは、アウグスチヌスの『三位一体論』以来キリスト教的哲学の思考手法であった。数学的な類比の適用もまたきわめて長いこと用いられて来たのであった。それにもかかわらずそれは、クザーヌスがこうした古い手法の使用に与える新しい方向である。とりわけ、後になって、彼が『無知ノ知 docta ignorantia』の第一部で提示した象徴的‐数学的な研究 investigatio をさらに発展させるとき、彼は同時に数学内の完成を促すことになるのである。数学的思惟の本来的な完成として、彼はいたるところで経過的思考を身につけ、そしてこうした方法で持続すなわち連続体の精神的直観を導きいれる――つまり連続体を計算によって処理するという理念に先だって。この直観は、対立するものの間で揺れる感性的世界が分節されるあらゆる区別や裁量を背後から支える真理として存在し、そして経験の進歩が無限なものであるという、一種の存在論的保証を提供するのである。

クザーヌスがここだけでなくいたるところで従っている「無知ノ知 docta ignorantia」の啓発的な思想は、もちろん、ガリレイをして数学的な法則性が本来の現実であると思い込むにいたらしめ、しかも「純粋な事例」という非現実性に関して、たとえそれが不純であっても現実的なものとして現象するものは、相関的な法則性の無限な構造の中で根本的に法則的な純粋な事例と考えるにいたらしめたその鋭い抽象能力とは遠くかけはなれたものである。それにもかかわらず純粋なものと不純なもの、統一と多様、自己性と他者性といったものの内的な帰属関係なしに、クザーヌスは事象を心に描くことはないのである。なるほど似ていることは似ていないことであり、模写は他者性である。すべて有限なものは不完全であって、多少であり、相対的なものである。しかし不精確にさらされた無限な世界 universum のかの出現が、われわれが創造者と呼ぶ神の真にして永遠なる無限性に由来することは、単に理解できない不可思議であるだけではない、つまり神の恵みの中に起源があり、人間の理性には存在者の偶然と見えるような不可思議なものではない――それは有限なるものの無限なるものからの出現として、人間精神の中には自己に対応するものを、そして人間の精神から生ずる数学の中には自己の質物をもっているのである。限界を設定し対立を思考するわれわれの悟性の合理性をこえて、区別のない-唯一の一者においてあらゆる対象の符合を知的に直観するところまで上昇することは、なるほど存在者の異なった諸形態の単なる模倣や省察をことごとく凌駕してはいる。生得の観念（notiones）というものは存在しない。しかし、まちがいなく具体的判断 iudicium concreatum は存在するのである。判断する精神の統一には、充満する多様によって説明されるものが、組み合わされて存在しているのである。人間的精神は「創造的」である。これはとりわけ、精神の能力に、つまり数学的対象の合理的世界である数や幾何学的な図形などの世界を構成し、思惟によってそのすべてを理解する精神の能力に、ふさわしいものである。しかしまた人為的なものを作り出すということは人間のあらゆる芸術と技能にもあてはまる。芸術は自然を模倣するだけのものではない。芸術はその構想に従って新しいものを構成し、人間精神と人間の手に可能なものを展開することである。自然の事象はそれ自身いうまでもなく、その点古代ギリシア・ローマ人は正しかったのであるが――無限な、神的理性の理念によって構成され、したがって人間精神にとってただ受け容れられ、しかも推測というし方で測定されなければならない。

しかしながら、機械的に作為されたものの領域を自然なものの上にますます広く及ぼし、その結果われわれが作ることのできるすべてのものを理解するということはたやすいのではないか――もちろん、カント的な認識批判でさえ踏み越えなかった限界を生命の観念に発見するという目的ならば。何故ならばその認識批判は、グランタムのニュートンにも不可能なものだと宣告したからである。かくして一九世紀の後半にクザーヌスの思索の中にカントを再発見することは、カントの意味での学問的哲学の理念の神学的な先取りとしてまた用意として現われえたものをことごとく強調し、強調しすぎたのである。

第一次世界大戦後、こうした徴候のもとにあったクザーヌス研究が、新しく受け入れられE・カッシラーの新研究、ヨアヒム・リッターや他のものたちの研究、その中でヴァンステェンベルグの仕事のような大規模な歴史的考察も出現するに及んで、新カント主義は、伝統となっていた哲学的共鳴を、もはや文句なしに決定するものではなかった。これまでに哲学的思想をカントからフィヒテ、シェリング、シュライエルマッヒェルさらにヘーゲルへ導いた内的必然性は、ちょうど当時キェルケゴールとK・マルクスが、観念論に対して行なっていた批判的なアンチテーゼと同じような事態を、われわれの世紀においてもくり返しているのである。今世紀の二〇年代末に、ハイデルベルグでは大きな批判的な刊行の計画が成って、エルンスト・ホフマンが、この仕事を提議した彼の弟子レイムント・クリバンスキーとともに、ハイデルベルグの学術アカデミーが引き受けた刊行の最初の諸巻に着手したとき、偉大な思想家像は別の角度から補なわれなければならなかった、そしてそれはわれわれがそう見ているように、われわれの訂正を迫ってさえいるのである。それはいまや新しい関心と新しい方向を打ち出している形而上学の歴史の内部に占める彼の位置である。もはやカントの先駆者ではなく、ライプニッツとスピノザをこえてドイツ観念論の哲学的思弁と、汎神論に隣りあわせたゲーテの世界観とをみのらせた匿名の作用量であるとして、E・ホフマンがクザーヌスを紹介したのは一九四〇年であった。

もし私が正しく見ているならば、とりわけクザーヌスが答えを探し求めた三つの形而上学的問題は、今日われわれがそれに密接にかかわっている汎神論‐問題、精神の神似像性、そして言葉としての存在の問題である。

こうした問題の第一のものは、すでにE・ホフマンが明瞭に解明し終ったものである。そしてさらに新しい研究は――私はとりわけヨーゼフ・コッホとヘルバルト・ワッケルザップの名を挙げるが――より広大な解明のために決定的な寄与をなした、特にマイスター・エックハルトにおける汎神論‐問題との連関における貢献は大であった。エックハルト神学のキリスト教的正当性を異論の余地のない方法で確めるという課題は、今日あたかもクザーヌスによって引き受けられたかのように見えるのである。彼は「全テハ全テノモノノ中ニ omnia in omnibus」を擁護する。彼は創造者の純真な意味として「神ガスベテデアル deum omnia esse」を擁護する、それにもかかわらず、まったくあいまいさを残さず創造者と被創造物との区別を際立ててみせるのである。これこそまさに教会の特別な配慮であった。それはまたしかし、スピノザ主義という突き刺さるせりふと一緒に投げかけられた大きな嫌疑であったし、フィヒテ以来、ドイツ観念論をその起源であるキリスト教的伝統と対決せしめるなまなましい緊張でもあった。汎神論への自由主義的傾倒が新カント的な観念論と同じくあらたな批判を挑発しはじめたとき、E・ホフマンはクザーヌス説にある分有 Methexis なるプラトン的な思想、すなわち participatio の観念を強調し、このような仕方で個体の概念に対してと同じく、無限なるものを有限なるものにおいて象徴的に表出する概念に対して概念的に明確な表現を与えたのである。実際それは、ライプニッツの単子論の近傍にたちかえることなのである。つまりライプニッツの単子論は、形而上学的点すなわち視点 point de vue から全体を開示するという原理によって、精神の自発性のなかに存在の本質を見る思弁的な観念論の基盤を形成しているのである。汎神論への配慮によって、そのさいE・ホフマンは特徴のある仕方で、観念論の運動がヘーゲルでなくシェリングとシュライエルマッヒェルにおいて絶頂に達するとしたのである。

しかしながらこの問題には同時に第二の問題が、すなわち人間精神の神似像性の問題がかかわっている。ここでわれわれは、実際まったく近代的な存在《ヴェーゼン》の始点に立つのである。ただ中心的展望を、つまりヨーロッパの絵画がわれわれの時代の敷居のところにまで足跡を残してくれた時代の偉大な発見を、想起してほしい。それは造形芸術の単なる発見以上のものである。それは思索のあり方を証言するものである。立脚地の思想、つまり有限で交替し交換可能な立脚地の思想が、個別的な一個の思想の中へ一つのまったく新しい意義を据えているのである。個別的なものは普遍的なものを補足する概念となるのである。時折の景観、事物を示す絵は、なるほどつねに時折の場所にのみ依存しているし、その限りで全体なるもの、真なるものではないが、すべての立脚地は同時にすべての景観を含んでいる。したがってそれは一つの宇宙である。宇宙の真の存在は景観の中にただ単に現われるだけでなく、宇宙はその景観において成立するのである。クザーヌスは、きわめて機知に富む方法ですでに忘れ去られたヴァイデンの絵によって、つまりこの絵はあらゆる可能な視点から描かれたものの眺めが一点に向かっているように見えることから決定的なものになったのであるが――、神的なるものの無限な統一性が、神的なものにかかわるものの無限な多様性の中で、同一のものとして出現する様を例示しているのである。立脚地の本質は、そこから見うるものがその立脚地に連関しているということにある限り、絵が(しかし単なる模写でない)

存在の規定となるのである。このことはしかし見る者が見ることによって自己自身に出会うことを含んでいる。あらゆる景観のしたがって、あらゆる絵の本来的あり方は精神の自己邂逅なのである。こういったすべては近代の主観主義の先取りではないし、西欧の神学的－形而上学的伝統の終末に、世界観の権力闘争をひき起こすにいたった立場のかの相対性の先取りでもないのである。おそらくここでは主体すなわち自我は、相対的なものの関係構造へ接合されており、そして相対的なるものをこえて主体が高揚することは、すなわち自我の根底からその世界像を構成するという自我に許されている創造的力 vis creativa は、自我を神にするのではなしに、自我がイエス・キリストにおける神的な受肉から理解されるように導くのである。クザーヌスの人間学はキリスト論である。

というのはクザーヌスはキリスト教的思想家である。ギリシア哲学の思想可能性の中で彼自身も活動しているのであるが、彼は生涯ギリシア哲学には無限なる神と神の啓示による真理という点に関して取り除きがたい障壁があるという確固たる意識をもちつづけているのである。これは現代哲学の関心がクザーヌス解釈のいまだ完全には解決されていない課題を提起する第三の点であると私は考える。言葉を聞くということが——しかもただ単に可視的ないし精神的な形態を見ることではない——哲学的な思索に今日その地平を提供しているのである。あるときは旧約の研究が、あるときはフェルディナント・エーブナーやフリードリヒ・ゴーガルテンやマルティン・ブーバーのような人びとが、またあるときは解釈学や言葉の神学の問題が、またハイデガーによって深く追究された事物的存在を意味しない存在の意義への問いが、こうした問題圏を成立せしめる徴候を示していたのである。クザーヌス自身はそうした問題の輪のただ中にいる。よく知られているように、彼はスコラ学の中心的問題に対して、プラトン主義者とアリストテレス主義者との間にある問題に対して、さらに加えてアリストテレス主義の内部へ持ちこまれた普遍者の存在の仕方をめぐる闘争に対して、徹底した批判的立場を占取しているのである。古代の哲学者たちはひっくるめて、言葉すなわち語《ヴオルト》の本質を正しく理解しなかったし、したがって創造の本質をも正しく理解しなかったと彼は言う。というのは、言葉 das verbum は創造する言葉 das verbum creans であって、古代ギリシア・ローマ人の「世界霊魂」のような、あらゆる存在形式や可能性の単なる寄せ集めではなくして、意志によって創造する言葉だからである。古代ギリシア・ローマ人は、世界成立を結局必然性の展開としてしか考えなかったのである、——これは彼らの克服できなかった障壁であって、それだけにますます彼らはまたアナクサゴラス以来世界基底の「精神性」を力説したのかもしれない。

クザーヌスは彼なりに、展開 explicatio と包摂 complicatio という彼の概念によって、ギリシアのロゴス－概念を包みこんだ宇宙論的な魔力を実際に打ち砕いたかどうかは疑わしい。彼がたとえ精神を一つに包み込むこと、精神を多様なるものへ繰り展げることに創造的な意味を賦与したとしても、また意志 voluntas というローマ的な概念が、旧約的な創造神やその人格的統一に対してふさわしい規定であることを認めたとしても、あたかも精神的な選択能力すなわち prohairesis というギリシア的概念から可能であるかのように——クザーヌスは、神の意志や神の行為の不可解さへ単に逃げ込むだけではギリシアの形而上学のもつ不適当さを逃れられないのではないか。

クザーヌスが活動している概念の世界が、ギリシア哲学のスコラ的な翻訳であるというのは正しい。しかしアリストテレス的に変形された最盛期のスコラ学によっても、彼の概念的な可能性が消耗されはしない。彼は独自の仕方で言葉 verbum のキリスト教的な真理の思索のために、プラトン的・新プラトン的な伝統を利用することを心得ている。われわれは、新プラトン主義の哲学が流出の体系であることを知っている、そしてたとえそれがまれにしか見られないプロチノスの描く霊魂のドラマであるとしても、——流出の思想は古典的な哲学に対してその思想をきわ立て、ギリシア的思惟の宇宙論的な魔力を打破しうる証言に適した存在論的支点を内蔵しているのである。それをクザーヌスは見たのである。理性やプシケーをこえて自然へ流れ下る一者から存在が出現するというかの教説によれば、さらに自己の高次の由来を想起する霊魂によって存在の解釈の転換を経験するためには、存在は、古典的、パルメニデス的・プラトン的な現在すなわち現前の思想の意味で理解されてはいないのである。こうした出現は、つまり進み行くものが何物かを置き去って行く一つの進行、すなわち運動の過程ではなく、出現するものが、いわばある裂け目を、すなわち存在の減少を別のものに代ってひき起こすのである。おそらく流出は、存在へあらわれ、放出するものが、そのさいに減少しないという意味である。源泉というもの（始原ト源泉 *ἀρχὴ καὶ πηγή*）は、純粋な溢出、純粋な増加という生成である。それはしたがって、もし無からの生成と呼べるならば、ギリシア的な否定の見地から考えられた創造という生成の単なる形式的な記述ではないのである。創造スル creare ことの、つまり創造的なるものの存在論的な構造は別のものである。それは言葉の本質として説明されるものである。というのは、言葉が存在するあるものを使いつくすことなく、それを変形することもなく、またそれを新しい型へ注ぎ込むこともしないで、何ものかを出現せしめ、存在にたち帰えらすというのは、まさに言葉の奇蹟だからである。「創造的」という表現も、むしろ単に創造するとか創造する能力があるということを意味するのではなくして、存在状態を標示するものである。しかしその表現には、存在状態はそれとしては既に存在ではなく、存在者の貯えでもなく、ある能力 Können 換言すれば現存しない存在——しかもなお無在でもないという、こうした意味があるのである。とにかくここでは展開 explicatio と包摂 complicatio なる概念によっては不完全にしか表現されていないあるものが考えられているのであって、クザーヌスは自らそれに気づいているのである。彼は純粋ナ行為 actus purus という伝統的な表現を好まなかった。つまりその行為ではすべての力動、すべての潜在力が、純粋な現われかたをすると消失してしまったのである。——彼は存在のなかに可能ナルモノ das posse だけを探索しているのである。彼はそれにあてて能在 possest という大胆な造語、つまり能力と存在の総体的な包括をあえて行なっている。そして考察の頂上で、彼には結局能力そのもの posse ipsum が考察の頂きとして、つまり全存在の無限にして無制約の条件として現われるのである。全存在のうちにそれぞれの能力を認めるということは、人間精神の偉大なる可能性である。人間の精神は intelligentia である。自己自身の内を読みとること（intus legere）、自らを存在能力としてみることであるが、しかし同時にそれは存在者そのものに、同一の自己を‐存在に‐保持すること、つまり能力を認めるのである。

このようにしてここでは、近代の初頭に新しい生活感情のパストから一つの存在論的な真理が、明るみへ引き出されたのである。この真理は、存在のあらゆる変化を最後には製作可能なものに限定することによって、近代の極端な尖鋭化をも凌駕しているのである。というのは、あらゆる能力の起源はなし能う‐存在であって、それは存在するあらゆるもの、すなわち神と神の創造物においても人間の創造的自由においても同じものだからである。

われわれが偉大なるクザーヌスの思索が、今世紀の問題提起によって解釈されるのを見たとき、われわれの回顧するまなざしに生じたものは観点の交替であった。新しい観点が抬頭するであろう。われわれと彼とを隔てる五〇〇年間をこえて対話が進行中である。多様なこうした諸解釈のすべては彼自身のうちにある。彼は、移り行く時代にあって唯一にして真なるものをわれわれに保証してくれたヨーロッパ思想の偉大な古典作家たちの仲間入りをしたのである。

＊　本論文の最初の発表は、*Folia humanistica Ciencias, Artes, Letras*, 1964, Nr. 23 である。

（1）　クザーヌスの関心をかすめた近代精神の最初の風が、クザーヌス的な思惟の本来的な核心に達しなかったことは、見誤まられてはならない。

（2）　こうした展望のもとで待ちかまえていた危険な時代錯誤は、マールブルク学派の創立者には充分に知られていた。

三　ヘルダーと歴史的世界*

われわれは、産業‐技術の上で発展した世界の新しい合理的な秩序形態が、伝統と歴史的な意識に飽いた古きヨーロッパを一つの平均文化の中に埋没せしめている時期に生存しているのである。この文化が自己のヨーロッパ的な素姓を否定しえないとしても、それにもかかわらず自己の正当性を保証するのは、その合理的経済的な実効性以外のいかなるものでもないのである。こうした伸展する世界文化を顧慮するとき、われわれは最も多く植民地主義の結末を話題にするのであるが、しかしそれがまさに植民地主義によって発展した今日の技術的・経済的な管理装置の覆いとして、種々雑多な土着の生活形態のうえに拡げられている文明形態であって、これは歴史の弁証法なのである。今遊星征服をかり立てているものは、発展と同じく破壊を進めることであろう。そしてこのことは単にいわゆる発展途上国にだけでなく、まさにこうした世界文明の正真の母胎であるヨーロッパにもあてはまることである。つまり歴史的に生成されたものがますます排除され、あらゆる歴史的な遺産に訣別をする技術的・実用主義的な意識が抬頭して来ている限りのヨーロッパ世界であれば例外ではない。

こうした時点で、ヘルダーの一七七四年に著わした初期の歴史主義の宣言は、圧倒的な勝利をおさめた事態の根源を、その始源から究明するという意識ではもはや読めないのである。むしろこの原典は、こうした歴史主義の始源が、今日明確になりはじめた歴史主義の限界をいくらかすでにのぞかせているのではないかという猜疑の目で見られているのである。こうした「歴史主義」とはそもそも何であるのか。われわれが歴史家フリードリッヒ・マイネッケによるならば、発展 Entwicklung と個性 Individualität という二つの基本思想こそは、歴史主義の銘をうって、つねに変わらない人間本性の自然法的な前提に対して力を発揮するものである。(1) しかしこうした書換えは、ヘルダーが心に描いているものの十全な内容をまったく確実に包括してはいない。とはいえこの書換えは、彼のルター的歴史神学の本来的中心をあらゆる時代が神に直接するということにあるとしたランケにあてはまる。もしマイネッケが、「伝統に対する批判的な敵意」が歴史主義によって達成されたという理由で、歴史主義の完成をランケの中に見ているならば、マイネッケはたしかにそれによって、彼がランケの歴史主義をその真の基盤に据えて把えているというよりは、むしろ正しい歴史学的態度の普遍的な要因の的を射ていると言えるのである。歴史学的態度は、ランケの最も若い時に繰返し新たに強調されていたように、(2) 彼にあっても歴史理論の根底に横わっているものである。それ以上に多くの点でこのことはヘルダーにあてはまる。もしマイネッケが、ヘルダーにおいて、彼が繰返し摂理の「計画」を待ちうけていたという理由から「過剰の超越」を指摘するなら、彼は明らかに不適当な基準をあてはめているのである。

われわれはしたがって、アカデミックな歴史主義‐提題の範疇を無視しなければならないであろう。そしてむしろこの小著がその表現の力強さと力動性によっておのずから志向しているところから出発するのがよかろう。この小著からは意志の張りが語りかけ、そこには論争好きな鋭さがみなぎっている。このためにヘルダーの言葉は、ロマン主義的・歴史学的な一九世紀の言葉とはおよそかけ離れたものになっている。その言葉を一八世紀の可能性から理解することが必要である。小著の題名である「今ひとつの哲学云々……」というのはたしかに皮肉な調子を漂わせている。ヘルダーはそれによって、嚇々たる啓蒙の誇らしげな進歩意識のなかで、過去のすべてを自己の現在の完全さに関係せしめてしまう歴史の哲学に対して挑戦しつつ接近するのである。しかし彼はこの小著を自分でもその世紀の多くの貢献の中の一つの貢献と呼んでいる。それがいかに目だって場ちがいの貢献であろうとも、さらにひどく苦々しい諷刺が啓蒙主義の理性の誇りに向けて投げかけられていようとも、人類の教化のためにこの小著も貢献していると言うべきである。人類の教化とはしかし、そのものの中では現在の自覚がともに居合わすようなあるものを言うのである。人間性がどのように形成されたかは、同時に人間であるものを意味するのである。その限りでこの小著の精神は、決して光に満ちた過去へのロマン主義的な逆行ではなく、また啓蒙の理念の端的な批判でもなく、未来に寄与することにある。「だからもし一度、われわれの時世のより高貴な部分でさえ静かに黙して貢献をおしまなかった幼芽が、一挙に萌え出るとしたら——私のまなざしはどんなにか幸福な時代へ我れを忘れて迷い込むであろう！」

こうした意味でヘルダーは、後に彼の『イデーン』の序論で、この小作品とその書名とを出しゃばらない謙虚さの表現であると注釈した。これはもちろんたしかにまったく当っているといえるものではない。というのは問題は、挑発的な闘いの書にあるのであって、そこでは皮肉と諷刺を手びかえず、さらに同時代人であるイゼリンやヴォルテールがしたのとは別の意味で、歴史の哲学を書くという公然たる課題を提示しているからである。つまりイゼリン(3)については、啓蒙の進歩をきわめて厳格な基準にしたために、古代ギリシア・ローマの時代は笑止千万な迷信と冷笑的な司祭的欺瞞の時代としてしか現われなかったと言うのである。またヴォルテール(4)については、人間的事象の全体に対して機知に富む懐疑の態度をとったというのである。ヘルダー独自の貢献は、彼がこの二人に対して両極端を避けているという意味でのみ控え目なものである。つまり一方では時代の高所にいると思う厚かましさを、他方では人間の歴史のあゆみに結びつけられたすべての期待の意地悪い解体を避けるという意味で。彼の貢献は、得失をそれらが過去のいかなる時期においても、また同じようにこの現在という時点においても、検算されうるようにほどよく考量することに甘んずることである。

ある意味では歴史の正義は時代に即していた。それは、一八世紀の初期に成立していた、かの有名な古きものと新しきものの争い querelle des anciens et des modernes の影響の名残りであった。古代の古典作家に到達可能か不可能かをめぐる論争において、美学的な論争問題が扱かわれているとしても、その決着はなお深く近代の歴史的な自覚を基礎づけ、限定することにまで影響を及ぼすのである。(5) この点についてヘルダーの小著はもちろん明確な手がかりを提示してはいない。すなわち彼のうちにはキリスト教的な自覚が深く根をはっているので、こうした論争ないしその論争の解決は、彼にとって歴史学的な懐疑論のなかにはあり得なかったのである。古代ギリシアをあらゆる真善美の規範とする試みも彼を承服させ得なかったのである。しかし時代や民族や文化の相違を見抜く彼の敏感な洞察力も、たとえ啓蒙主義の進歩図式に対する彼の批判が、大がかりで変革的なものであり得たとしても、同じように彼をしてますます相対主義的な歴史主義の手中に追いこむことはできなかったのである。もしわれわれが完成された歴史主義という問題関心からヘルダーの小著を評価するならば、それを公正に判断しているとはいえない。そうすれば、後期の『イデーン』における小著の評論や、それにもまして『人間性書簡』の主旨は、あたかも啓蒙的な思想過程への逆戻りであるかのような誤った外見が生じるのである。

それがどんなに誤っているかを見るのは容易である。何故ならば今日われわれは、ヘルダーの思想によって影響されないではいない発展の、すなわち、近代の国民国家の成立を招来するにいたった一つの発展の終点に立っているからである。しかもわれわれは、ドイツのロマン主義や文明と文化を対立させる独断によって決定的となった、中部ヨーロッパのかの異状展開の終点に立っているのである。こうした文明と文化の対立に関する独断は、主知主義的で審美的なフランス文化に対するヘルダーの批判から喚起されえたものである。時代意識に徐々に明確になるような仕方で、われわれ自身の時代は、一八世紀という時代と密接に結びつき、やがて一八世紀の諸理念とヘルダーとの絆を、ロマン主義的な契機を開示し先取りしているのと同じように、或る新しい光の中に出現せしめているのである。われわれは次のような問いを自ら提出しなければならないであろう。すなわち完成された歴史主義の時代を彼において認めた「超越のいまだ克服されない残余」は、逆に、その概念の全体を支える自然と歴史の総覧のためには本質的でないのかどうかと。

われわれには二つの確固たる拠り所がある、つまりそこから見るとき、まとまった論文というよりむしろ噴火のような激しい爆発を示している一七七四年の宣言の主導的な思想が、より詳細に規定されるのである。その第一は、一七六九年の自伝的な『旅行記』*Reisejournal* に見出される「人間精神の歴史」という注目すべき構想であり、第二は、ワイマール時代の円熟した時代にこうした若々しい計画が実行されていることである。すなわち一七八四年には、『人類の歴史哲学の理念』*Ideen zur Philosophie der Geschichte der Menscheit* の第一巻が出版されたのである。もしこうした二つの分水嶺から当面の小著の位置を決めようと計画すれば、一九〇〇年代の歴史主義の先取りというこの小品の刺激的な様相が失せてしまうであろう。――つまりこの小著はそのとき、新カント主義の歴史哲学から構成されている問題史の一系列に組み込まれることをそもそも免れるのである。この小著はおそらく最も遠いものへ達する精神の記録として、つまり自然と歴史の対立を見渡す精神の記録として残されているのである。

われわれは『旅行記』(1769) からはじめよう。人間精神に関するこの書物の理念は、ここでどのようにして芽ばえているのであろうか。その最初の開花はさしあたり小著において、そして熟した結実は『Ideen』となったのである。最深のところで動く魂は、初期の人生の成功が独創的な青年に課していたあらゆるくびきや刻印から脱出して、精神の生命の制約と狭まりとを自ら認容するのである。彼のために、海と限りない広さと元素の自然状態を照らし出す鏡に面して、ヘルダーは「実在と行為に注目する」という新しい出発を自ら呼び求めるのである。彼の中でまき起こるすべてのもの、すなわち人類を前進させ、その現在の形態を形成するにいたった民族の流れの幻影、形式化しつつ幻想を養う航海の力、離別にかすみ行く、あたかも大きな革新の始まる朝焼に立つように、彼に帰郷をうながす東方の故郷、この「いなか」で「最初の人情に通ずる者」になるという希望——これらすべてによって、彼は同時に真の人類《フマニテート》教化の学校と人間的、キリスト教的な教養のための書を夢みて、自らピョートル大帝の典型に因んでリヴォニヤの改革者を夢想したのである。多感な精神の、本源的なことばの天才の、しかも前進しようとする強い意志の神感《エントウシアスム》は、何事の中でも燃え上がるのである。この天才には、キリスト教の教えが人間と精神文化の理想を保証しているのである。——驚くべき人間、人生の驚くべき計画である。小さなビュッケブルクにおける彼の出現が、どんなにか刺激的で不釣合いに作用したにちがいないかが想像される。またこうした卓抜な若々しい出現が、いかに一人のキリスト教的世界人と一人の世界人的なキリスト者との、また説教者と学者との中間に決定しがたい中位を保持したかが想像される。

世界の教化という普遍史の、つまり「時代と民族における」人間精神そのものの歴史の理念を展開することによって、彼は次のように宣言するのである。「ニュートンに匹敵するようなものがこうした仕事には必要なのだ！」と。この言葉は一つの合言葉である。彼がこれによって自ら要請している偉大な模範は、彼の創造的な直観からはすでにまったく疎遠となったより後期の書物においても、決して現われなかった歴史的世界の自然主義的な暴力による支配ではないのであって、むしろ彼にとってニュートンが、「抽象的な影絵」ではなしに実在を真実に「注視」し経験するという模範である。ニュートンの学問の数学的な方法理念に彼が夢中になったのではなくて、彼に生々しい影響力を与えているものは、自然の偉大なる統一であって、ニュートンはこれを彼の地球物理学と天体物理学を総括することによって実現したのである。

われわれは今日そう容易に神感《エントウシアスムス》なる概念を理解することはないのである。こうした概念によって新しい宇宙の構築としてのニュートンの作品は、アリストテレスに色づけられたスコラの天動説瓦解の後に、称讃を得たし、その作品の捲き起した共鳴は大きかったのである。それがヘルダーの記述に余韻を残している。それはあらゆる事物の整然とした平衡の新しい受容であって、いまや人間精神に対してもそれは新しい確実性を告知しているのである。全体的な精神の場所はなるほどもはやすべてのものの中心を占めてはいない。しかし精神そのものは、いまや全体という大きな均衡が、自然と人間の歴史の行程を規定するあらゆる力のこうした交互作用を感触する場所である。その交互作用は生命の固有な中心から全体を体験する生命感情であり、遠近の作用力である。つまりこれはニュートンの遠隔作用力や当時の生物学の素晴しい発見とから確認されたのであって、同時代人であり、新しい物理学の証人でもあるシュヴァーベンの一敬虔主義者エーティンガーは、この確認を生命と精神の理念の力強い融合として絶えず謳い上げたのである。(6)

ヘルダーの限りない感受能力は、必ずしも概念的な明晰さに達してはいないが、ニュートンの意味を充分に深く理解したのである。ニュートンが同一の引力の作用として多様な現象を説明することを教え、ありのままに記述された経験を仮定的に解明することをすべて避けたように、ヘルダーは人間の生命の真の実在を事実として経験し学び取ることを願ったのである。彼は、書物からの知識をふんだんに注ぎこまれた読書人のように見えたが、彼の願いは「事柄にみたされていることであって、言葉の知識に満たされ」であることではなかった。「私は幾分真理からあやまって遠く離れてしまった。……私は仮説、抽象、そして夢の国の中にさまよっている」、と自分について語る彼は、「書物も道具も用いないで自然から哲学する」道を習得しようとする。ニュートンのような書を読むときでさえ、彼は遙かかなたの大洋上で船上のマストのもとに坐して読みたいのである。――言うなれば、彼の全存在がいきいきと出会った具体的な認識によって、「しかも電気の火花を波の揺れから雷光に導き、そして水圧を空気と風の圧力にまで高め、更に舟の動きを水にとりまかれている舟から、天体の形態と運動にまで及んで論究し、そして、これまでのところ私には何も判っていないのであるから、私自身ですべてを知るまでは、私はこうした追求をやめない」というのである。こうした新しい知への意欲を、彼は「自分自身から知ること」と呼ぶが、これは力と生命のある活動を経験するという新しい誠実さを意味するのである。それはこれまでの彼の臆測的な知識の徹底した否定を含んでいる。浜辺を後にするというますます遠く無限に拡がる地平線に開かれた海への船出は、彼にとっては動的なる経験から新しい思考方法を開く出立である。

　動的な地平で考えることが、まさに実在を解明することになると彼は認識している。一つの構想の中ではそれは、「汝の抽象の基礎低音《バス》のみをみている哲学者よ、汝は世界を見ているか。全体の調和を一体どう見ているのか。汝は正しい場所に立っているのか」という問いかけを意味しているのである。更に彼は次のように自問するのである。「私はいつ、私の学んだすべてのものを、私の中で解体し、私自身で思索し学び信じるものを、私が発見するまでになるであろうか」と。説教師であり教育者であるヘルダーにとっては徳の概念でさえ、抽象的な名辞として疑わしいものである。なぜならそれに「われわれをなれっこにしてしまっている」からである。「人間的な生命と至福以外に徳と言えるものは何もない。どのような所与も行為であり、他のすべては蔭であり、推論である。」文学批評家ヘルダーは、すでに最初から驚くべき感受性に恵まれた思索家、歴史学的な感情移入の名手であった。かくして彼はレッシングとは違って、たとえばホメロスのなかに「力の続く限り全体的な力を感じ取り」たかったのである。いまやしかしこうした彼の天才的な能力は、普遍的な課題としての新しい思考方法の自覚に達するのである。実在によって考えるヘルダーの新しい思考方法の出発は、彼が歴史的世界へ参入することである。彼は、歴史的な自己分別、自己本来の生命と彼の最も本来的な経験とから湧き上って来る新しい力の発見によって、それを自分自身のうちに実現するのである。「いかなる歩みも、歴史も、経験も無駄なものはない。私はすべてのものを自分の制御のもとにおけば、何ものも消え去りはしないし、何ものもみのりなきものはない。すべては私を更に遠くへ連れ去ってくれる挺子となる。」

かくしてヘルダーは、生活史的経験から「時代と民族において」経験されなければならない世界史の経験に導かれるのである。彼の力は、「類比によって発見する」、つまり類比において思惟するという一つの新しい感受性の展開である。したがって彼は自分の航海の諸経験に思い当り、そしてどのような歴史的な時期もそれに固有な、異なった地平をもっているように、こうした生々しい経験において彼は、これまで彼の教養の偏見のために蔽われていた歴史的時代の正しさを認識するのである。こうして、たとえば彼は以前のあらゆる時代の専制政治に潜む必然性を、大きな航海での同船という運命共同体によって捉えているのである。すなわち海洋民族の信仰能力や御伽噺の楽しみを、古代人の神話の理解のための鍵として捉えているのである。蒙を啓かれた時代の、教養への素朴な誇りは、ヘルダーがこのように類比的に見ることを学び得てからはなくなっている。魚にとって本来的な海の世界でさえ、彼にとっては、魚をそのありのままの要素から考えるきっかけとなっている。そしてその結果彼の生活している現在の要素の限界と条件が注視されることになる。こうした思索の最初のみのりは、しかし

「人類は人類のあらゆる時代にそれぞれあり方は異っても、全体としては幸せ」だということである。――こうした検証によってヘルダーは、単に啓蒙主義だけでなく、その反対派であるルソー主義をも克服し、進歩を偽装している「抽象的な影絵」という主知主義だけでなく、また感情の反乱をも克服しているのである。つまり彼は歴史学的感覚の発見者となるのである。歴史学の心《ジン》はしかし力への感覚である。ヘルダーは時間の偏見を透して、あらゆる生起の中でつねに同一である人間の心の力に注目するのである。「人間はつねに人間のままである。」これの言わんとすることは、今日の洗練され、啓蒙された人間なら身につけている徳と幸せについての、また自由や神についての表象は、歴史を理解するための重宝な物差ではないというのである。「われわれは力を求め、量るが、おそらく太陽のあらゆる光とともにも変幻する力の抽象物や諸結果の影絵を求め、量るのではない。」

かくしてヘルダーは人類の初期、つまり族長時代を支配している生活形態を認識する。つまりこの時代はもちろん一八世紀の華奢で無気力化された感受性の尺度をあてて量れば、専制政治や迷信の時代のように見えるが、実際、また「まさに幼年時代の健康な精神を息づいている」のである。そしてこのようにしてヘルダーは、一般的な生命の法則として妥当するものを歴史の理解のために、結実させているのである。すなわち青年、壮年そして老年をへて、同じあり方でしかも同じ必然的な形態で、生命の全体が現われて来るというのである。こうした生命の年齢に従った成長の法則は、いわば族長時代が「静寂にして永遠な模範の力」のもとで決定されたことを教えるのである。権威によって学ぶということは、人類の幼い宗教感情がそうであるように、人類の幼年時代にとってふさわしいことである。「われわれの理神論はここでは三歳の老人のようなものであろう。」

ヘルダーは年齢の図式のうちに歴史理解の像《すがた》以上のものを見ているのである。彼は、時代をある他の時代の尺度によって測らないように――そしてそれが自分自身の現在であれ――すべきことを知っている。このようにして彼は歴史の第一の根本性格として、どのような歴史の時代や民族もそれぞれの人間の年齢と同じく、「その幸福の中心が自己自身のうちにある」ということを発見しているのである。時代ないし民族をそれらの幸せによって比較しようとすることが倒錯であること（これは当時好んでなされた流儀であったが）を洞察している。彼は自分が身をおいているその固有な現在の誤まった思いあがりを知っている。自分自身の現在を「あらゆる時代や民族の神髄であると思うこと」は誤まれる、非歴史的な（しかも非現実的な）抽象である。「後の時代の開化された人間の欲していることは、彼が単にすべてを聴取するものたらんとするばかりでなく、自分自身があらゆる調子の究極的な終結音であり、過去のすべてを映す鏡、すべての場面《シーン》における組立て目標の代表者であろうとしているのである！――こましゃくれた小僧が口汚なくののしっている。」彼の時代のこうした愚かしさに直面して、ヘルダーは歴史の本質を発見するのである。彼は歴史が単なる理念連関ではないことを看て取っている。「理念はもともと理念しか生まない」――ここでは進歩的な明るさが発見されるかもしれない。しかしヘルダーが求めている「あらゆる歴史の果汁と果実」は、彼の世紀の理性の理想の中にはないのである。「心、暖かさ、血、人間、生命！」――これはまさにこの世紀が欠いている歴史の核である。「あらゆるものに支配が及び、あらゆる他の性向や精神の力を自分にあわせて型どり、まったくどうでもよいような行動さえも自分にあわせて色づける精神の全本性は――これらを共に感ずるためには、言葉によって答えるのではなく、時代を遡り、世界のあらゆる方位へ入り込んで、すべてのものの中に全歴史を自覚することが必要である。」したがって時代と民族が息づく全ての要素が、その時々に問題になるのである。それはしかし、決定的な洞察である。つまり歴史は時代と民族において国家的・個人的なものにただ撒き散らされているだけである。これは歴史の問題に次のような哲学的重みを賦与するのである。つまり歴史には、人類の完成という直線的な前進はあらかじめ存在しないのである

（少なくともヘルダーが限定的に附加しているように、「せせこましい学校的意味」では存在しない）。歴史の意義が現代ないし見通しのつく未来の、分別のある目的の中に限られないときにのみ、歴史自体は運命の巨大な持続する鎖として、あらゆる部分の中に歴史本来の意義をもつのである。

第二に歴史が成り行き《フォルゲ》であるということが歴史の本質に属する。すなわち歴史におけるどのような「極大」も倒壊するということ、歴史はいかなる持続、「いかなる自然的永遠」も所有しえないということである。これを要求することは、「時間の本質を否定し、そして有限なる全自然を破壊すること」以外の何ものも意味しないであろう。こうした洞察によって、しかし好ましい民族という理念も倒壊し、しかもヘルダーはそれによって擬古的なギリシア像の批判者になるのである。ヴィンケルマンに反して、彼はエジプト文化の固有な権利を認めている。ヴィンケルマンに反してこよなく愛好しているにもかかわらず、彼はギリシア的なものの限界を認識している。こうした人類の最も美しき青春といえども歴史の法則に屈服するものである。あらゆる進歩は同時に喪失である。「人類には一度たりとも完全性が許されることはない。前へ進むことによって、絶えずそれから離れ去らねばならないのである。」しかも民族と時代を通してこうした前進、歴史のこうした運命にみちた進歩を単に偏らずに見守るだけでなく、そこに神の歩みを確知すること、換言すれば、しかし神の歩みを力や作用として探知しようとすることこそ、ヘルダーが自ら提起している課題である。このようにして彼は次のように見ているのである。（しかもそこに『生に対する歴史の利害』に関するニーチェの第二の反時代的考察からわれわれには周知の洞察を知り、しかも先取りしているのである）。つまりどのような生命にも閉じられた地平がある。その結果、私は人間的なまなざしのこうした「程よさによって（これは過去の異質なよそよそしさに対して〈無感情、冷淡、そして盲目〉を生み出すことになる）私を支える中心で満足を与えられるのである。」偏見のなさに誇りをもっているヘルダーの時代においては、ヘルダーは幸せをもたらすという偏見の力を知っている。何故ならば偏見は「民族をその中心に圧縮する」からである。その際ヘルダーは、少しも後期歴史主義の自己満足に陥らないために、彼はたしかに広い展望の長所、つまり自己の現在の立場が、あたかもその人間という大木の最も細く最も高い大枝や小枝の上には必ず開けるような展望の長所を知っている。がしかしこうした洗練の中にひそむ弱点も隠しきれないのである。しかし彼は、生を促がすこうした時代の偏見によって歴史的な考察の尺度を得ることが、歴史家の課題と見ているのである。

第三に時代の固有な尺度を発見しても、それはしかし歴史全体の意義を問うことを閉め出しはしない。歴史哲学のこうした形而上学の基本問題に対するヘルダーの発言は、外見上激しい変遷を経ているのである。ビュッケベルク論文には世界歴史の意義が、ただ予感にみちた確実性のように取り扱われているが、この確実性は彼岸における神の計画によらなければ保証されるものではない。その計画を認識しようとすることは、人間的、断片的なわれわれの現存在の及び得ないことである。われわれ自身の生命の断片は、幾時代を経ても神の歩みの偉大さには匹敵しないのである。しかし「まさに私が地上の一点に制約されていること、私のまなざしの幻惑、私の目的の打ち損じ、私の性向と情熱の迷い、私の力をただ一日の、一年の、一国家の、一時代の全体にのみ屈することーーこれこそまさに私にとっては、私が無であり、全体がすべてであることを保証するものである！」このようにヘルダーは、歴史過程の割り切れなさから直接全体としてのその秩序を推量するのである。われわれが「混乱の迷宮」として表象しているものは、実際「神の宮殿」である。ただ歴史における個々の目的を探索し、あるいは歴史の過程で個人の幸せを要求する問いかけを進めるだけで、全体には神のより大きな計画がはたらいていることを見て見ぬふりするのは許されないのである。歴史の意義は、個々の、利己的な競演者にはまったく隠されているが（というのは彼は自分の情念のとりこになっているから）、それにもかかわらず「押し進む」中で告知されるのである。なるほどわれわれが「経過全体を平静に待ち通して」、神の計画を完全に認識するというほどの大へんな傍観者でありうるということはなかろう。ただそれを実行するのは、こうした偉大なるものへの前進を絶えず確実なものにしておく歴史の哲学だけである。しかしわれわれの洞察がこうした制約をもつにもかかわらず、歴史は「調和したあるもので」あり続けるのである。

後に『イデーン』の中では異なった主張がなされているように思えるが、ただ強調の置きかたが異なっているだけである。ところでヘルダーは自然の類比の手をかりて人間史の迷宮に敢えて入り込もうとするのである。もし『イデーン』の第一五部から、たとえそれが紆余曲折し、逆転するものであれ、世界歴史においてはすべてが人間性の発展過程、つまり理性と公義の発展過程を目指して努力していることを読みとるならば、さらにヘルダーが歴史叙述そのものをこうした人間性の尺度によって方向づけはじめ、その結果世界史の偉大な正義を、最後には自分の視野に取り込もうとするのを認めるならば、彼自身しかもそれに対して最後まできっぱりと抗争した啓蒙主義の摂理信仰のなかへ逆戻りしたと考えたくもなろう。なるほど今でもなお各個に究極目的というようなものは考えられない、つまり教師くさい神や歴史はない、というのが彼の合言葉である。今でもなお彼は歴史を自然的な諸力の作用領野として見ようとする。世界史は「妖精の歴史」ではない。しかしこのことに対して、彼が熱情的に宣言する人間性の信仰は矛盾するように見える。

ただ人間性という、いわゆる世界史の目標である人間性のみがヘルダーにおいては、意義がある。それは歴史の本質へ向う彼の洞察と矛盾しないし、また神の歴史計画の彼岸性を説く主張に近いものである。われわれはここで次のように自問するだけでよい。もし偉大なもの、全体なるものへ向う進行以外の何ものも歴史において保証されないと言うならば、歴史の認識しうる意義とは何であるのか。歴史的な現実は、その時どのようなものとして経験されるのか。明らかに力として、そしてもろもろの力の接合としてである。ところでしかし人間性というヘルダーの概念も抽象的な理想概念ではなくして、力の概念であることが明らかである。彼が力の概念、つまり有機的な力の概念を歴史の世界へ応用したところに、哲学史におけるヘルダーの位置は決定されるのである。

力の概念はしかしヘルダーによって偶然に歴史や歴史の存在論的な位置づけの規定に応用されているのではない。力の概念の歴史に目を向けることは、これによって力の概念がその本来的な起源に遡って考えられていることをおそらく教えているのであろう。力動の概念は、自然に関するストア派や新プラトン派の教説に媒介されて、近代の力の概念の根拠になっているものであり、したがってそれは本質的な仕方で人間学的に考えられているのである。単にその言葉が根源的にこうした領域のものであるというのではない。換言すれば生物体の、そしてとりわけ人間の、諸能力によって用いられるというだけではない。人が力を知るというのは、おそらく力なるものを経験する仕方にあるのである。——つまり現われ出る力が経験するところの抵抗の中で、しかも抵抗としてである。何故ならば力は、もろもろの力がかかわり合うときにのみ、力として現われるのだというのが力の本質的な規定だからである。力はそれにもかかわらず、ただせき止められるものとしてのみ経験されるのであり、しかも外化によって完全に使い果てることのない力として経験されるのである。したがって力の経験には、つまり力を知ることには、可能性を探知すること、すなわち未来の空間、つまり作用と表現の変域を計画立案する意識的な自発性が属するのである。ヘーゲルがみごとに表現した力の概念的弁証法は、つまり誘発し、外化しせき止め、自己内へはね返し、そして最後に諸力の共演という展開をするが、これは純粋に人間学的な根源的世界を踏破するのである。とりわけ諸力の共演という概念は根源的には感知された俊敏さの経験である。もちろんこのようにして、自由にふるまう活動、たとえば諸感覚や四肢の活動は、それ自身では単なる一つの共演の相であって、そこでは精神のこうした全体が見えないような小さなものの共演者なのである。誘発するという概念と誘発-されるという概念、自己保持と自己外化という概念は、自分自身をこえて存在の普遍的な体制の中へ向って共演するのである。

このように力についての感知された起源は、自然秩序の領域にも、また個々の意識を超えて、その力の共演に関係する歴史の領域にも拡大されるの。である自然と歴史を綜合的に見るこうしたヘルダーの見方の背後には、延長スルモノ res extensa と思惟スルモノ res cogitans というデカルト的な対立の背後に問いかける存在論的な問題があるからである。ヘルダーはしたがって、力の概念をデカルトの運動論の中へ導入し、自己の形而上学的構想の基盤とした偉大なライプニッツの衣鉢をつぐのである。ヘルダーがこうした継承やこうした意図のもとで発展させた力動的な汎神論は——その最も重大な結果はスピノザ解釈である——その際ライプニッツ的な理念の深層には及ばないといえるのである。しかし彼が証明している歴史的な諸力の具体的な意義は、概念的には不充分な彼の歴史の哲学への試みに対して、それにもかかわらず新しい世界史的な真理の衝撃を与えるのである。

歴史的現実はもろもろの力の活動なのである。もしヘルダーが、世界史は諸民族のもとにある神の歩みであるというならば、それは、したがって神ないし全能が国家的・個人的な力の作用において現われるのであって、見透された計画の内に現われるのではないというのである。つまり、その計画は、諸民族と時代のうちにただ神の救済の目的のための手段を、永遠なものにせよあるいは時間的なものにせよ、一つの至福という目的のための手段を見るのである。いかなる時代も単なる手段ではない、すべての時代は目的である。「受容、運動、行動は、たとえ目的なく継続しているとはいえ（何が人間という舞台で永遠なる目的なのか）」、——それが歴史の現実である。「どのような力！　どのような作用！　身を養うのは心であって頭ではない。」そしてすでにビュッケブルク論文において力の概念は、人間本性（人文性《フマニタス》）に関する証言との動かしえない連関において聞き取れるのである。至福に関してヘルダーは、こうした連関で次のように言っている。「人間本性は絶対的な至福を入れる容器ではない。それはしかしできる限り多くの至福をいたるところで引き寄せる」と。したがって力としての人間のこうした能力と、至福つまり力の楽しみとの間に釣合いが成立するのである。どの個人も「力によって全体から距離をとり、そしてそれぞれの至福の感情によってのみこうした力の尺度にも従うのである。」この釣合いの中に歴史における現実が示されているのであって、外部に措定された救済の目的に対する関係の中にではない。こうした歴史的な力の概念を、ヘルダーは徳と至福の進歩を問う啓蒙主義的問いかけに対立させているのである。

それはワイマール的な概念が『イデーン』に接続する場所である。その概念は自然の類比の手引きに従う、しかもその手引きの中には人間性の概念を導く手がかりがあるのである。人間性が、いわばあらゆる時代の尺度となるところでも、なおこの概念は歴史の自然な創造力の表現となっているのである。「歴史は現にあるものの学問であって、運命の秘められた意図にしたがっていわば良くありうるものについての学問ではない。」またヘルダーは世界史の数千年をすでに渉猟した後で、「歴史のあらゆる大きな現象にあってわれわれの注目を集めた原則とは何であるのかを問う。——地上で起こりうるものは、われわれの地上のどこでも必ず起こるという原則である」と。こうした法則は地球史と人間史を包括しているのである。それは数学的に形式化できるような「自然法則」ではない。——それは自然そのものの、つまり自然の有機的な形成力の法則である。さらにこのようにしてヘルダーは次のように言う。「全人間史は、時と所に従って人間のもろもろの力や行為や衝動の純粋な自然史である」と。人間らしさ、つまり人間性は抽象的な理想ではなく（それは理性と公義にかなう理想として説明されるとはいえ)、人間本性の総体、言い換えれば自己自身を達成する力である。人間性は、自己の外にあると想定された人間的自然の目的ではなく、人間性そのものであるような人間的自然の目的である。まさにこれは「一種の人間性として形成されるべき」人間の自然である。「自分のまわりに自由な活動の輪をつくる」自己活動的な自然が人間の本質《ヴェーゼン》である。自然のあらゆる生物《ヴェーゼン》が生というそれ自身の要素をもっているように、人間は自らその中で活動的に行為しつつ自己を拡大して行く無限な要素をもっているのである——世界史の要素である。

人間性はヘルダーによれば人間史の持続状態として示される。彼はしたがって、われわれが一八世紀に機械的自然の領域で実証しようと計画した経済的—目的論的な原理のあり方を引合いに出すのである。彼は自らかつて次のように書いている。「われらの時代のライプニッツであるランベルトは、持続状態の極大の理論を数学的・物理学的・形而上学的な公式として編成した」と。ヘルダーはしたがって、こうした「持続状態」という言葉で機械論的な自然秩序からみて明らかなことを、人間の歴史の中に読み取るのである。人間性は「人間の種族の本質がよって立つ」自然法則となるのである。人間性はしたがって、「支配者の恣意による」のでもなく、また「伝統の説得力によって」もいない、人間性は理想形成の成果ではなくして、人間的・歴史的な現存在が持続する自然的条件である。つまり人間性は「理性と公義」である。この二つのことはしかし同一の自然法則にもとづいているのである。つまりこの法則からはわれわれの生命《ヴェーゼン》の存立(たとえば眠りと目覚めの交替におけるように生ずる)も、すなわちもろもろの力の周期的な静けさと秩序に対する関係にもとづいているのである。両者は事象の持続的な調和を考えている。しかもこうしたもろもろの力の調和こそ、現存在の完全な享受が潜む唯一のところである。

このようにしていきいきとした人間の力とその幸福に対する釣合いの原初経験には、ビュッケブルク論文でも論及されているが、これはいきいきとした力の自然体系としての人間の概念にまで展開するのである。ヘルダーは彼なりにニュートンの呼びかけによって選ばれた合言葉に忠実であった。ニュートンの法則は、「あたかも物体の重さと運動を、量と空間と時間に従って分配する天上のアトラステーアに」、つまり世界史の全体に支配する秩序に対応しているのである。

いまやヘルダーは、歴史の意義を問うことに対して、単なる神の計画の彼岸性を証明するのとは異なった他の回答を与えることができる、つまり彼は歴史の中に人間性の伝播と促進をみているのである。人間性はしかしまさに歴史のうちにある。何故ならばまったく多様な民族の個性には、つまりその無限に多様な受容性や思想や衝動には、それにもかかわらず統一への欲求があるからである。「人間性とは（私は常に繰り返したい）悟性、公義、善なるもの、人間の感情を言うのである。」そしてすでに『旅行記』において、終末論的な歴史意識と有機体的な歴史意識との間の特徴ある意味の揺れを示して、次のように言ったのである。「大きなテーマがある、つまり人間種族はそのすべてが生起するまでは消え去りはしないであろう」と。理性と公義は、それが人間的秩序の持続条件そのものである故に、歴史の中に残続するものとして充分に証明されなければならない。たとえ人類の発見や文明の成果の進歩が、その進歩にともなって濫用と荒廃の可能性が同時に促進されるために、問題になるとしても——ヘルダーはこうしたきびしい歴史の現実を自ら隠蔽しなかった——、依然として彼は、理性の善をかたく信じているので、善が個別的な問題のあらゆる解決においてきわめて多様な仕方で実証されても、彼は「事象の無限性において」さえも理性の有益性を信じる訳にはいかなかったのである。彼の確信はしたがって徳による人間の倫理的な進歩の確信ではない。彼は、自然の活動的な力を徳の抽象性の下位においている点で、自己とルソーに忠実である。しかし自然そのものについては、たとえ自然が「自然の作用の途方もない力を妨げないとしても、なおすべての事象は法則に制約され、対立する作用は他の一方を抑え、最後には有益なものだけが長く残る」ということがあてはまるのである。

こうした歴史への信頼は、神の歴史計画の思慮ある実行にもとづいて建てられたものではなくして、歴史における神を信ずるという信仰なのである。何故ならばこの信仰は、自然のうちに神の知恵が実証されているのを見出すからである。歴史の哲学はこの信仰に奉仕するのである——したがって神の計画を人間によって判読するのに役立つのではなく、歴史的に偉大なるあらゆるもの、美しいすべてのものの有為転変への懐疑に、人間史と自然の統一の洞察を通して出会うために奉仕するのである。歴史のうちに認識された理性ではなくして、理性的なるものの持続性を確信することがヘルダーの歴史信仰である。彼の要求は、歴史を理解するというヘーゲルの要求とは異なる。換言すれば「即自的に」すでにおかれてあるものの発展として、歴史の連続の必然性を洞察するという要求ではない。彼の信仰は、おそらく全体としてはわれわれに識られえないものを甘受しようとする。つまり歴史の無限なるものをそれにもかかわらず計画的に作られた神的なるものとして、各々が自分の場所として生きなければならない神的なものとして、受け取ろうと指向しているのである。歴史の哲学は彼にとって、ヘーゲルのように歴史信仰を学問に高めることではなくて、歴史の懐疑をただ一掃することであり、歴史信仰を学問によって支えること、特に人間史をより大きな、しかも信仰の秩序において得心のゆく地質時代史の全体の中に位置づけることによって支えることである。栄枯盛衰のくりかえす人間の歴史が示す混迷せる絵巻に、ヘルダーは異議を申し立てているのではない。にもかかわらずこの絵巻によって彼も、ヘーゲルが後に方法的に仕上げた、歴史の前進における敵対《アンタゴニスムス》の原理を理解するのである。しかしながらこうした原理が、ヘーゲルでは歴史に必然の歩みを与えているのに対し、ヘルダーの歴史像においてはこの原理は、むしろ前進という「希望にみちた真理」を、事実が拒否するときでも、仮定することができるという道しるべである。

ヘルダー自身は彼の歴史信仰をギリシア的な概念によって形式化した。つまり復讐の女神ネメシスの、すなわち「あらゆる人間の運命を極めて正しく見透し、敏速に統御する女神」アドラステアの支配として。ヘロドトスは彼にとってはしたがって真の歴史記述者の原像であり真の歴史哲学者である。何故ならばヘロドトスは人間の思いあがりを調整し、贖罪することにおいて、したがって「比量する女神」の支配において歴史の法則を賞揚するからである。

ところで理性的なものが長い間赫々たる勝利をおさめていることをも啓蒙主義の偏見と考えることができよう。特に人間の歴史のもつ人間性と平和の進歩への確信は、ヘルダーの編集者であるヨハネス・ミューラーがこれを「この博愛家の夢」と呼んでいるように、すでにヘルダーの死後ただちに偉大なナポレオン時代のために「惨めにも中断されたのである。」しかるにミューラーは、「しかしドラマの結末はわれわれの目前でつけられたのではない」と附け加えている。実際、理性と公義の勝利の確信は、慰めのように、苦悩する人間の一部分にのみ居合わせることができるのではなく、歴史の「英雄たち」といえども彼らの計画と固い決意のためにはこうした確信に彼らの正当性を索めるであろう。とにかくヘルダーの歴史思想において画期的なことは、彼の確信が神の彼岸的な救済の意志を信じて、あらゆるものを神のはかり知れない恵みに任せたのではなくして、内的な必然性に、人間と歴史の「本性」に、そのいきいきとした諸力の自然体系に、足場を置いていたことである。このために彼の神学的・形而上学的な根本確信が色褪せても、彼の歴史哲学的な遺言は生き残ったのである。かくしてヘルダーが言語の成立のあらゆる超自然的な理論を拒絶したとき、彼は言語についての本来的な学問の開祖者となったように、また彼は彼の歴史の哲学によって普遍史への、特に文化史への道を開いたのであった。彼はこのようにして、しかし、同時に訪れ来る時代の政治的意志と思想に対しても重大な刺激を与えたのであった。もちろん若い舟人が、ピョートル大帝の改革の力強い反響のもとに立って、自らも一人の政治的な改革者であると考えたときに夢みたような直接的な方途をとったのではない。

国家論者としても、彼はもちろん何ら新しい言葉や特有な刻印のある一言も語らなかった。この点で彼は彼の時代とその時代の感嘆すべき偉大な手本であるモンテスキューの学徒にすぎなかった。政治史においても、国家論の歴史におけると同じように、したがって彼は基本的にはほとんど地歩を占めていない。国家は彼にとっては、息苦しい非情さと感嘆すべき人為性が結びついているという一七、一八世紀に特有な、かの言葉の意味で機械である。また国家は一般的な生活と幸福ということから考えれば、国家機械を維持し、秩序づけることの意義によりは、はるかに国家機械の危険に満たされているのである。諸国家は人工的で生命の偽装をしたもの、互いに不死を請け合っているトロイヤの馬（国政術や条約や同盟を産出することによると考えられている）である。――にもかかわらず「国家性格がなければ国家には生命はない」し、国政術は「生命のない物体としての民族や人間を問題にする」からである。「国家がわれわれに与えることのできるものは、人為工具であるが、残念なことに国家は、われわれにとってははるかに本質的な或るものをわれわれ自身から奪うのである。」

ヘルダーは、なるほどモンテスキューのように、活力ある公共心によって生命を与えられたギリシアの諸国家を感嘆の目で見ている。「しかもこのようにしてギリシアの共和国の時代は、人間が人間によって統治されるという重要な事件によって、人間精神の成年への第一歩が画された時であった。」逆に彼は、モンテスキューと共に後期ローマの歴史に胎動しつつある最も荒削りな専制政治を看て取っている。それは最近二世紀のドイツ史の上に重くのしかかっている宿命的なローマの評価である。しかし彼は必ずしも国家の愛好家ではない。それと同時に彼はただ単に、国家機械によって脅やかされている個人の自由な幸福に心を留めているのではないし、また第一にそれに注目しているのでもない。彼は、モンテスキューのように、諸制度の形態論の冷い学問性に身を隠している政治的な国家理想をもっているのでもない。彼は歴史的《ヒストーリッシュ》に見る。このように彼は、モンテスキューと共に生き残った支配形態が、身の毛のよだつ革命的破局にいたるまで堅持されるという危険を知っている。彼は、とりわけモンテスキューと共に「民族の発生的な精神と性格」の全体を、民族の歴史の果実として、しかも殆んど不壊の、自然そのままに持続する或るものとしてさえ見ているのである。しかしまさにこの故に彼は法律の死んだ文字に基づいた制度論、たとえばよくあるように理想的な立法によって国家を形成するという妄念に対する反対者である。彼は歴史的に見る。つまり「あらゆる時代と民族にとって、こうした理想的な法といったものは、こうした法典を自分の衣服として取り入れるべき民族にぴったりのものではないであろう。」「その民族の血管と臓に栄養を送り、その栄養が民族の心臓を強化し、民族の脊髄と四肢をさわやかにするという課題の外に何があろうか！」

こうした課題の認識には、しかし国家の本質に関するヘルダーの直接の主張をさらに出て行くように命ずる洞察がある。ナントにおける『旅行記』著述時代以来のモンテスキューの読書メモをわれわれはもっているのであるが、それには、彼がこれまでの読書人、文学批評家としての自分の人生から解放されて、新しい心根を得たと告白したその考え方が、国家の本質と課題をある新しい光のもとでどのように見ているかを明らかにしている。法の精神に関するモンテスキューの試論は、なるほどその意図からして、「あらゆる統治のあり方について述べるという哲学的な試み」であり……そしてそのようにして「全体的な統治のあり方の本質を把捉」しようという試みである。がしかし彼の「論述」には真の普遍性が欠けている。成文化された法律のかわりに、つまり諸民族のその生活様式と習慣の研究が欠けている。「彼はあまりにも人間らしくなかったし、あまりにも自然のままの哲学者ではなかった。」「民族教化の書は、生きた例証、習慣、教育で始まり、ひからびた法の影絵のところで終っている！」

民族教化の書――彼の人生計画の大胆な書出しのいたるところでヘルダーは、教化と形成への課題と可能性を国家の領域においてさえも見ているのである。自然の法を「私は私の迷宮の暗闇の案内としたいのである。つまり国家にとって法は、国家に妥当し、有効で、幸福をもたらし、国家目標を達成するように作られるべきである。」――したがって法律とはヨーロッパの現代の法とは異なった法である。何故ならば「われわれの国家の法はただ弱々しく命じ、しかも幸せをもたらしはしない。つまり法は不幸を形成しないことに満足しているからである。」自然のこのような導きの糸によって、ヘルダーは彼の時代の政治学と国家論に新しい尺度を提示する。つまり「法の本質にきわめて自然であるような法は、かの法則（すなわち機械的な自然の法則）が物体に対してあるように、この国家をば根本的に形成し、保持するものである。これが真の立法である。」

そしてこのようにしてヘルダーの新しい歴史的現実経験からは、国家の精神によるいきいきした憲法の指導理念が生じるのである。これはまた、政治生活と国家理論の領域でも、ヘルダーがきわめて広い影響力を及ぼした点である。彼の時代の絶対主義的な国家でさえなお全うしていた、秩序と組織化の課題に対して彼が盲目であったために、彼は国家の領域で新しい根本的な力の予言者となっているのである。つまりこの力が民族であるということ。彼はこうした現実を先ずはじめに歌曲にあらわれる民族の声によって聞きとる。彼は母国語の、みごもり育成する力を識っている。彼は要するに血や天候や風土などの自然的な条件に混然となって、歴史を造り出す力を感知しているのである。民族の生命において成長した、また、成長するものに対する彼の観念は、法の本質を伝承と慣習から把えようとする歴史法学派の試みに生き続けている。ヘルダー自身はまた、歴史的に成長したものに対するロマン主義的な過大評価にとらわれず、まさに歴史的な行為にも造形力を誤認することはないのである。かくして若きヘルダーは次のように書いている。「すべては自己自身から形成されるという人たちの抗議に対して、然り、しかし逆もある。ここでは国王が流れを主導しなければならない。」課題は、ここで創造者となり、神が世界を知るように自己の人民を知っている国王を要求することである。すなわちその人民を、法律がその本性であり、その本性がこうした法律を生み出すように形成することである……。

このようにしてヘルダーにサヴィニーの法理論の先駆を見ることは明らかに誤りであった。それにもかかわらずまた、ヘルダーなしにドイツ・ロマン主義は考えられないであろう。そして彼の影響はひそかに深部へ及んでいたのである。したがって彼は同時にまた歴史法学派の対蹠者の、つまりヘーゲルの先駆者でもある。民族精神というヘーゲルの概念にもヘルダーは生きつづけている。そして最後に、ヘルダーがヨーロッパの東部や南東部に対してもっていた影響力、つまりこのために彼が小国民国家の自己意識を目ざますことに奉仕したその力を想起するならば――私は『イデーン』の有名なスラヴの章を思い出す――いまや明らかなことは、ヘルダーがこれによって近代の政治的な生命の一要素を認識し、それを自覚していたことである。彼には――絶対主義の時代には――依然として国政術によって生命の強引な歪曲を防ぐ必要があったように思えたであろう。革命の時代、すなわちわれわれの生きている市民的、また社会主義的な革命の時代は、前戦の位置を変化せしめた。なかでも一九世紀のロマン主義的・国民国家的な原理が重要さを徐々に失なったのである。しかし「歴史主義」のこうした宣言は、ヘルダーがそれを書いたとき、単に完全な未来を約束しているだけではなかった。――それは、あらゆるものを変え、平均化してしまうわれわれの現代においても、その正しさを変えていないのである。それは不易なもの、生成したものを、すなわち人間の「教養」を忘却しないように教えているからである。

* J. G. Herder, *Auch eine Philosophie der Geschichte zur Bildung der Menschheit*, Suhrkamp Verlag, Frankfurt / M. 1967, S. 146 ff. 上記版の後がき。

(1) Friedrich Meinecke, *Die Entstehung des Historismus*, München und Berlin 1936

(2) Karl Hinrichs, *Ranke und die Geschichtstheologie der Goethe-Zeit*, Göttingen, Frankfurt, Berlin 1954.

(3) Isaak Iselin, *Philosophische Mutmaßungen über die Geschichte der Menschheit*. 1764

(4) Voltaire, *Siècle de Louis XIV*, *Essai sur les moeurs et l'esprit des nations et sur les principaux faits de l'histoire depuis Charlemagne jusqu'à Louis XIII*. *Siècle de Louis XV*, *Œuvres*, Basel 1784. Bd. 16—22. を参照。

(5) Charles Perrault, *Parallèle des Anciens et des Modernes*. H. R. Jauß の序文がある。München Allach 1965.

(6) Fr. Chr. Oetinger, *Inquisitio in sensum communem et rationem*. H. G. Gadamer の序文がついている。Faksimile-Neudruck der Ausgabe Tübingen 1753, Stuttgart 1964. 前掲書 S. 89 ff. *Oetinger als Philosoph* を参照のこと。

四　ヘーゲルと歴史的精神*

私は諸兄に当大学の哲学教師として自己を紹介するにあたって、私が何を研究対象にしているというべきか、私の特殊な研究領域である古典哲学という対象、実は私は哲学とその歴史の全体がおのずからそこから明らかになると考えている、この対象を研究しているというべきか、あるいは一般的な意識にわかりやすい対象を研究していると紹介すべきか、といった問いの前に私が立たされているのを知ったとき、私におのずから生じた課題は、ヘーゲルとその歴史的精神について語るということである。というのは今日こうした課題提起の形式で表明され、しかもそこに伏在する問いかけほど、哲学に関する一般的意識や一般的知識にとって近いものはほかに何もありえないからである。哲学研究が、過去の哲学の諸形態に対する哲学の見方の後退について、特にギリシア哲学のそれについて申し開きをしようとしても、しかし百年来哲学研究の意識にとって以前よりさらに明らかになっているものは一つもないのである。ヘーゲルと歴史的精神といえば、これは哲学的・歴史学的研究の勝手な個別対象ではないが、また現代の哲学にとって哲学史の特に躍動的な一章でもない——それは存在と哲学一般の可能性への問いかけである、つまりこうした対象の方からわれわれをいきいきと捉える問いかけである。哲学的な意識に現にある問いかけは、このとき以来同時に歴史的な意識となったのである。それはしかしヘーゲル以来ということなのである。精神が自己について知るということ、精神が歴史的であるということ、つまりあらゆる現在が未来の前にあるように、精神が自己の時間に捉えられ、支えのないまま衰え行くということは、精神を自由の故におびやかしている、知るということである。哲学することが永遠なるものを認識することであれば、歴史的な意識という重みのためにこうした真理への問いかけそのものも疲れ果てるように見える。

　哲学的な意識のこうした自己破壊的な転換の由源を、爛熟した精神の疲弊せる力に帰し、忘却という取り戻された潔白によってもちこたえようとする試みは可能であろう。自己自身に逆らうこうした哲学の転向のみが、自己の存在を主張できる事実の厳しさを証明したのである。こうした転向は二重の方向で明らかになった。一つは哲学そのものにおける歴史主義の勝利というかたちで、つまり真理の概念が疑わしくなり、相対主義に失権したようにみえたのである。それに対して哲学の内部では、哲学史的研究が優先的地位を獲得したのである。いや、それどころか哲学史的研究が、たえず哲学そのものを一般的な歴史的学問の一科目へ解消するよう迫ったのである。とりわけしかしこのことは、それ以来学問と人生の華麗《ケーラックリッヒ》なる先導者たることを止めてしまった哲学の退位を示している。まさにここにおいて、哲学自身が歴史的現実の全体の中で忘れ去られた現存在の先頭に立ちはじめたという、哲学のこうした自己脅迫を単に忘却しようとする意志の無力が証明されたのである。ルドルフ・ハイムがすでに一八五七年に確証しえたように、ヘーゲルの哲学は「一般に承認された最後の偉大な体系を作ったのである。」それ以来、哲学はもはや世界史的な規模と価値をもった真理論としては存在せず、繰返し登場する諸精神（カント主義の後にヘーゲル主義などと呼ばれている）のアカデミックな陰の世界としてか、あるいは新しい意味でキェルケゴールやニーチェのような、世間をあっと言わせる例外的実存としてしか存在しないのである。

　かくして哲学的研究はその歴史性の問題をもはや回避することはできないのである。そしていまやこの研究が、哲学のこうした自己の危殆を意識して営まれるときにのみ、哲学の歴史もその研究にとって哲学的な努力の対象となるのである。哲学的研究は、学問のためにも人生のためにも、哲学のこうした問いかけそのものの真理以外に、もはやどのような真理も用意しないのである。ヘーゲルこそ、しかしこうした哲学の唯一のしかも究極的な真理が全体的真理であること、あるいはより正しくは、それが全体的真理となり真理のすべてとなりうることを教示することができるのである。したがってこうした意味でわれわれがヘーゲルと歴史的精神を論題にするのは、（わずかな時間の許すかぎり）哲学史の領野に固有な仕事の哲学的な意味を問いかけることを意識してのことである。

ヘーゲルは——これが彼の最も重要な個性を成し、しかもわれわれの問いかけにとって決定的な重要性を彼に与えるものであるが——哲学の歴史的な基礎づけを計画したのである。がしかしそれはヘーゲルの時代以来通例になっていた、しかも先学の批判的な叙述を通して、自己の哲学への歴史的序章を書くという、すでにアリストテレスによって用いられた方法によってではなしに、哲学の歴史と体系化の完全な遂行という方途によってである。ヘーゲルはこうした課題をまさに新しい学問の理念としてかかげたのである。『精神現象学』はこうした新しい学問、つまり「知の生成の学」である。こうしたきわめて深い意味のあるヘーゲルの作品には、哲学的な知とその歴史の内的な意味総体の学問的表現が見出されるのである。「真なるものは全体である。しかし全体はその発展によって自己を完成する本質《ヴェーゼン》でしかない。」これはつまり歴史をもつということが、哲学的な知にとって、また一般に精神の真理にとって、単なる外見ではないと言う意味である。歴史を成し遂げた後にそれを忘却する必要はないのである——精神はそもそも精神が生成したもの、精神が自ら修得したものでしかないのである。たしかに現在の意識はそのつど真なるものを知っていると考えている。がしかしその意識は、こうした意識の真理も浅薄なものになってしまうのをたえず経験するにちがいない。意識の、自己自身についてのこうした経験の過程を、あらゆる有限なるものの不幸な運命と解するのではなく、完成への途上として、精神がそもそも精神であるためにたどり行く自己自身への道として理解すること、これが『現象学』の、つまりかの「精神の経験の体系」の成果なのである。精神の歴史性がヘーゲルの基本的な洞察であることは周知のことである。彼は、精神の歴史が精神の現象の本質に属すること、また精神の歴史的な現象のみが存在することを認識したのである。

こうした洞察から、ヘーゲルが哲学史研究の創設者になったということは容易に理解されるのであって、今日までのところ哲学に関する独創的な哲学的歴史の創始者となったと言っても許されるであろう。彼は哲学の歴史を一つの全体として、精神の自己自身への道と解しているのである。彼はそれをまさに世界史の最も内なるものと呼んでいる。「精神がこの内なるものをその歴史のうちに求めた」というこの「明晰な洞察」が哲学の歴史である。ヘーゲルはこうした目的のために有名なヴェルギリウスの詩の一節、tantae molis erat se ipsam cognoscere mentem（自己自身を知るためには精神はこのように大きな労苦を負うのである）を変えて、同時にアウグストゥスのローマの神秘的な歴史意識の重厚な、落ちついた矜持を、精神の歴史的な自己意識に転用するのである。

もしこのようにして現代の哲学する意識を、ヘーゲルにおけるまさにその意識のきわめて重要な関心事として再認したいならば、哲学の歴史的な基礎づけというこうしたヘーゲルの業績の承認に対して、一世紀間実際に示されたヘーゲル批判の抵抗が対置されるのである。哲学のこうした歴史的な洞察は歴史を哲学的・思弁的に抑えつけることに（自然科学的な真理の抑えつけについてはさておき）なったのではないか。ヘーゲルが弁証法として形式化したものは、精神の歴史性という真理であるべきなのか、つまり精神の形態にも、自然の形態にも、歴史のそれにも歴史の個性の権利を許さず、むしろ一つ一つをその対立によって最初から限定するという、かの概念化《ベグライフェン》の普遍的な図式であるべきなのか。ヘーゲルは歴史の本質を正当に評価しているのか。しかも彼は、本来の歴史性をすべて承認することから、自ら歴史を概念化し完結させるものとして出現するのではないか。

　実際、ヘーゲルは彼の思弁を通して歴史の経験に暴力を加えたのだというのが、依然として最も成功した反論である。というのは世界史を思索によって捉えるというヘーゲルの試みが、まさに経験的、歴史的な研究に対してさえも、どんなに成果を示したかが承認されなければならないからである。一世紀をへだててヘーゲルと歴史学派、つまり彼の時代にさえベルリンの学会へ一度としてヘーゲルを認容しなかった、この学派との間の古い敵対関係は、一般にはまったく取るに足らぬものに見える。真の歴史的な直観がヘーゲルにあってしばしば現われるように、ヘーゲルの精神にかくされた形而上学は、（私は世界史的理念に関する教説や、民族精神の理念などを想起している）同じようにしばしば歴史学派の偉大な研究者の内にも支配しているのである。

　しかしヘーゲルのかの概念的な歴史が、そもそも真の意味でなお歴史であるのかという問いは、ヘーゲルの業績にシェリングが単なる「否定哲学」として批判的な限定を加えて以来、たえず繰返し問いかけられて来たのであって、しかもそれには根拠があったのである。世界史の内容は、ヘーゲルによれば周知のごとく「自由の意識における進歩」、あるいは一般的に言うならば、「世界精神の理性的、必然的な歩み」である。しかし精神は「即自的に」自由である。しかも世界史の歩みが成立するのは、精神が自己を自由でもあると知ること、つまり単に「即自」的にではなく、「対自的に」も自由であると知るに到ったまさにそのときである。東方的世界、ギリシア・ローマ的世界、そしてキリスト教的・ゲルマン的世界の三段階の中にヘーゲルは、精神のこうした世界史的な歩みが実現されて行くのを見ている。東方においてはただ一人の自由なるものが（専制君主が）、ギリシアとローマでは少数のものが（他の者たちの、すなわち奴隷の犠牲において）自由であった、ゲルマンの時代には人間は自由人として、「精神性の本質を自覚し自ら感じ取って」いる。——真に印象深い歴史学的力の図式である。しかしもしわれわれが、ここでこうした図式の根底にある発展の概念をヘーゲルと共に十分考え、こうした熟慮の諸結果を発展させるならば、実際それでもなおそれが歴史と呼べるものであるのか、ということがわれわれには問題になるのである。発展とはそれ自体有機的な生命の一範疇である。発展するものは、すべてすでに萌芽として、ないしは蕾としてそれ自身に内在するものである。ヘーゲル自身次のように言っている。「発展の原理はさらに発展するものを含んでいる。つまり内的な規定は即自的に現にある前提を、自ら実在となるものを根底にもっているのである。」「かくして有機的な個体は自己を産出する。つまり有機的個体は即自的にあるものに向かって形成される。このように精神も、精神が自己自身をそれに向けて自己形成するものにすぎず、しかも精神は精神が即自的にあるものに向って自己形成するのである。」ヘーゲルはその際、有機的発展と精神的・歴史的発展の区別を間違いなく知っていたのである。彼は、発展はそれ自身として「有機的なものにおいては静かに現われて来るのに、精神においては、つまり一なるものでは、自己自身に対して頑強な、絶えざる戦いとなる」様子をくりかえし強調しているのである。

それにもかかわらずヘーゲルが有機的な発展をそのように好んで引用しているのは決して偶然ではない。すなわちヘーゲルがこうした発展に属するものと認定し、理解するように要求している必然性は、とにかく有機的な生命にはふさわしいものであるが、しかし行為と創造的な自由がたえず理解しがたいほどの斬新さをなし遂げることのできる場としての歴史にとってはふさわしいものではない。ヘーゲルにとってのこうした矛盾は、ヘーゲルが世界史における行為者の役割、つまり偉大なる個人の役割の特徴を描くときに、一般的に意識されるようになって来るのである。行為者は、彼にとっては周知の如く、世界精神の代弁者以上の何者でもないのであって、彼らは自分たちの意志と行動意欲の情熱に従うことによって、情熱を利用する狡猾な理性の目標を実現するのである。新しいものを創造する人間の創造的自由が、一つの幻想であることはこれによって明らかである。これもまた、たしかに次のような真の核心のある主張である。つまり関わりあっている現在の歴史的な自己解釈は、常に世界史の広場に報告されるのである。だれもそれを、自分自身が意図しているものとして、歴史に先立ってあらかじめ示すものはいないのである。しかしヘーゲルが事象を記述する世界史的な予見の立場では、ヘーゲル自身彼が自らを知っていると考えるものでなければならないのである。ヘーゲルは自分自身、実際上精神の非歴史的な可能性であって、彼は歴史の終局に立っているのである。ヘーゲルに対する批判は、したがって単に人間の創造的な自由を守護するだけでなく、ヘーゲルの好古的な（有機的生命の範疇のもとで歴史理解をまげてしまう）歴史解釈から、神の歴史的・創造的な自由をも護らなければならなかったのである。

ここにおいて再度まったく周知の問題、つまりこうしたヘーゲル批判のために哲学的に尖鋭化された、歴史の終末の問題が問われる。ヘーゲルが繰返し非難を受けたのは、彼が空想的な傲慢によって自らを精神の世界史的な自己回帰の完成として理解しなければならなかったことである。その後の時代には、したがって歴史の真の意味、あるいは、より正確に表現すれば、歴史における真の意味は、もはや何も残っていないだろうということである。同じようにしばしば人はヘーゲルのこうしたいわゆる思上がりを弁護し、しかもその際、その時代の地平をこえ出ていると考えられたあらゆる哲学を激しく嘲ったヘーゲル自身を引合いに出しえたのである。それにもかかわらずこうした議論はそれだけで《アン・ウント・フュール・ジッヒ》考えるとき特記すべきものである。ヘーゲルが企てた歴史を理解する《ベグライフェン》試みは、歴史を静置するにいたるのである。少なくともこうした歴史を包括する知は、行為のみが切り開くことのできる歴史的な可能性の世界から解き放されているようである。これこそ歴史の未来を捨ててしまったと考えられる一つの歴史である。

ここではこうしたヘーゲルの歴史把握に対する抵抗（これはすべてわれわれの抵抗でもある）と、普通の哲学的なヘーゲル批判との関連を明らかにすることは不可能である。ヘーゲルはすべての人びとを唆して抗争させずにはおかなかった。彼らはだれも、ヘーゲルのうちには、シェリングと結びつけては自由な行為の世界の論理化を、キェルケゴールと結びつけては実存する思索家の思弁的な消散を、政治的な自由主義者と結びつけては現にあるものの権力の認可を、プロテスタント的な正統と結びつけては汎神論的・キリスト教的な霊的認識を見たのである。しかし哲学の歴史性に身をさらしているのを知るわれわれにとっても、こうした思弁的な歴史の弁証法はやはり失望であるにちがいない。

それにもかかわらずこうした批判的なヘーゲル像は、そうこうするうちに批判的な解決そのものに帰着し始めるのである。しかもこれはヘーゲルにかけるわれわれの希望が新しく蘇生してもよい点である。すなわち三〇年来、われわれのヘーゲル認識は或る重要な方向に拡がって来たのである。ヴィルヘルム・ディルタイが一九〇五年に、ベルリン・アカデミーにおいて彼の『ヘーゲルの青年史』を公けにし、一九〇七年に、彼の学生であるノールがいわゆるヘーゲルの神学論文集を――これには後にさらにイエーナ時代の多数の手稿が附加された――出版したとき、徐々に新しいヘーゲル像が哲学的研究の意識に登場し始めたのである。青年ヘーゲルと完成期のヘーゲルとを離反させる誘惑さえあったのである。もちろん、それに関してヘーゲルを動かした本質的な関心事の統一と同一性を見誤まるならば、それは、学問に捧げた命と自ら名づけた、生命の内的統一の容易ならぬ軽視になるだろうと私は思う(1)。神学者ヘーゲルも民族の若き政治家、教育者ヘーゲルと同じく、ヘーゲル研究にとってはそれ自体驚くべきことではなかった。しかしそれにもかかわらず、われわれがヘーゲルをより青年らしくよりいきいきと考究せんがためには、こうした青年期の言葉の記録が必要であった。とりわけ『精神現象学』は、もし『論理学』、『エンチクロペディー』の整然たる弁証法的な体系やベルリン講義から出発しないで、カント・フィヒテ的な主観哲学をこえて、若きヘーゲルの試論が示す歴史的精神の新天地へ、とらわれないで進み行くことから始められるならば、みのりある読み方ができるのである。ヘーゲルの読者にも確認されていることは、彼自身が読者に、真なるものは全体なるもの、すなわちその発展を通して実現される本質であるということを教えたことである。もしみのり豊かにヘーゲルを理解しようとするならば、こうしたヘーゲルの本来的な洞察を真剣に受け取ることが重要になる。精神史によって哲学を基礎づけることは、学問が絶対的な立場で展開されるときには、跡形もなく消え失せるのである。『現象学』こそは絶対知のこうした生成の学であり、したがってそれは学問そのものである、しかも絶対知は知そのものでしかない。何故ならば、それはあったものであり、成ったものだからである。『論理学』は『現象学』を欠けば何ものでもない。

精神の世界史ないし少なくとも世界史の最も内的なるもの、つまり哲学の歴史を概念化するための道が開かれているのか、それとも閉ざされているのかが問題なのではなくて、精神であるもの、また精神はその活動的な生成からのみ自己を産出するということを理解することが問題なのである。そのことをわれわれが学び知ったあとで、はじめてそれはわれわれに『現象学』を教えることができるのである。精神の経験によって、つまり精神が断念し疎外する道程で、精神にはそもそもはじめてその内容が与えられるのであり、こうした精神の内容を持ちこたえることが、まさに精神なのである。精神は、そうしたことを形式的な反省によってなしえても、意識のあらゆる矛盾をまったくこえ出ることはないのである、何故ならば精神ができることはこうした矛盾を考えることだけだからである。このようにヘーゲルではたしかにこのことは成立するが、しかしそれは、精神が、したがって精神の思惟がヘーゲルにとって何であるかがすでに明らかなときにのみ、正当である。精神は自己の優越を、つまり宥和するというその無限な能力を既に知っていることによって精神なのではない——このことは自由主義時代のヘーゲル主義がくり返している誤解である。精神はそうではなくして、精神が対立者を経験するそのことによってのみ、たえず新しく無限な精神の力を獲得するのである。こうした経験がしかし、理論的理性の限界内では完成されるものではない。つまり行為においてはじめて——このことをヘーゲルの現象学は教えている——存在は開かれるのである。そしてヘーゲルはこのように存在と行為から得られた統一に——民族の精神としての道徳性の形態に——道徳的、宗教的、そして最後に哲学的意識にまで高められる精神の直接性を認識しているのである。

こうした精神の自己自身への運動と、同時に精神の歴史性をその具体的な実現性として把えるということを、ヘーゲルの青年期の作品はわれわれに教えているのである。つまり青年期の作品では、愛の精神において自分自身への大胆な、はじめての探蟹がなされて、彼の究極的な真理の全体がわれわれに示されるのである。

愛は、青年ヘーゲルではまず理性に類比されたものを意味している。「理性は自分があらゆる理性的存在の中で英知的な世界の同胞であると認識しているように」(それについてはヘーゲルは当時はなおカントと共に語ることを好んでいる)、愛は他の人間のうちに自己自身を見出すものである。愛するものは自分自身を忘却する、自分を自分の実存の外におくのであり、いわば他者のうちに生きるのである。——こうした早期の表現によって、ヘーゲルははじめて彼の本来の主題を掲げるのである。というのは理性と愛のこうした類比には、まさに二つのこと、つまり合意と同時に、離反も隠されているのである。愛の普遍性は理性の普遍性ではない。ヘーゲルはカソントではない。愛には我と汝が存在する、たとえ相互に献身的であろうとも。愛は我と汝の間のよそよそしさの克服である。そのよそよそしさは、しかしたえずそこに居合わせ、またそこに居合わせなければならないよそよそしさである。その故に愛は生動しうるものである。それに対して理性によっては、我と汝は交換しうる、互いに肩代りの可能なものとして同一者である。しかもさらに、まさにその故にこそ愛は抽象的な普遍性ではなく、具体的な普遍性である。つまりすべてが（理性的な存在として）あるところのものではなく、我と汝であるもの、しかもその結果それは我でも汝でもないものである——それは現われている神、すなわち共通の精神であって、我の知や汝の知より以上のものである。

　ところでそこにはすでに根本的にヘーゲルの全貌が現われている、たとえ哲学的な方法の証明を欠き、なお充分に発展していないとはいえ。青年期論文集の中のより後期の作品でもヘーゲルは、常に個別的な特殊問題を手がかりにはじめて思想を展開するのである。このようにして彼は愛の本質を罪という主題《テーマ》において充分に発展させ、しかもヨハネ―釈義では精神の概念をイエスの息子性と、あらゆるキリスト者の子供性に即して展開している。しかし彼の努力の全ては、彼が「実定性 Positivität」と呼んでいるものに対する明確な対立によって、徹底的に支配されているのである。つまり生命のない、硬直した、敵意のある所与として、生命あるものに対置されるという規定である。私は、ヘーゲルが後に精神と呼ぶもののこうした最期の展開を詳細に論述することはできない。私は、ヘーゲルの精神の概念に含まれるものが何であるかを先ず学び取るという課題が、明確にされるような一つのことを浮彫りにしたいのである。

　生命が運命と和解できるというのは、精神的・歴史的成就としての生命の根本規定である。生命の傷害はすべて、——ヘーゲルはこのことを犯罪と罰の入念な分析によって明らかにしているが——生ある有機体に可能であるように、癒すことのできるものである。生命への、つまり愛への回帰は――ヘーゲルはあるときには生命の普遍的な思いやり《フロイントリッヒカイト》への回帰という――免罪という教義上の問題に限られるものではない。それは端的に人間の生命の普遍的な基礎構造、ないしは、われわれが後期のヘーゲルとなら語ることが許されるであろう歴史的な精神の普遍的な基礎構造である。というのは歴史的精神は自己への回帰にのみあるからである。ヘーゲルはいまやこうした連関において、苦悩する無垢を嘆くことにはっきりと背を向けるのである。彼はあえて挑戦的な命題を提示する。「だれも無垢を苦悩したことはない。苦悩はすべて罪なのだ。」ヘーゲルはこのことから、悩みは決して他人の不正の受動的な受苦ではないと考える。他人の行為を受け入れたり、それに反撥したりする仕方によって、したがって自衛するかあるいは耐えるかによって、すべては自己の罪、つまり自己の運命になるのである。ヘーゲルが決して放棄することのなかった深い思想である。彼の後期の姿から彼を正しく顧慮しなかったのは、彼の解釈者たちのみである。「精神のいたでは、傷あとを残すことなく癒えるものである」というかの有名な言葉は『現象学』に由来するのである。このことはヘーゲルが彼の思想を飾りつけるのに用いた絵ではなく、ヘーゲルが精神の概念によって考えている内実が、こういう言い方によって、語られているのである。もし精神があらゆる矛盾を統一し、あるいは和解する全能の力として現われるならば、しかも自由への道が全然あずかり知らぬものをねばり強く、根気よくとり除く仕事の道ゆきであり、遂に精神が完全に自己自身と和解し、全現実が理性的なるもののうちに見出されるならば、それは命運の意図的な支配というかの思弁的な消散では決してないし、現存するものを政治的自由主義から禁忌された、無力な-精神によって肯定するということでもない。――自己自身との和解は、むしろ精神の生命《いのち》であって、精神をそもそも自由であらしめるものは、一時の要求からも自由であり、未来の強制からも自由である。ヘーゲルはここを深く見ぬいていた。つまり打ち克つことのできない病いこそ、報復を求める無力な者を病いに拘束しておく故に、自由を奪うものである。自分の命運を自分の運命として引き受けるものだけが、あらゆるものから自分自身を取り返すのである。限りなく自分を伝えることによって、したがって実際生命としての精神の性格が与えられるのである。無媒介のままで放置すること、何かを乗り越えないこと、あるものを克服できないこと、これは、キリスト教的、ユダヤ的な正統に対するヘーゲルの批判が関係する、かの同じ他者の肯定である。この肯定は精神の死である。これこそヘーゲルがここで汝における他者のたえざる超克としての愛と、運命を克服する精神の力とを同一のものと見た雄大な視野である。

こうした他者の克服だけが愛と精神を統一するものではない。愛は、引き離されたものがたえず「より大きく」なるような分離をことごとく止揚することである。ヘーゲル自身はシェイクスピアの『ロメオとジュリエット』から引用している。「私の与えることが多ければ、それだけ所有することも多いのだ。」しかしそのように自己自身において増大し、自己を理解し、そのようにたえず自己自身のより高い状態へ高まることが、歴史的精神の決定的な規定である。ヘーゲルは、精神のこうした存在を、自己自身の成長として同一なものの反復の形態である自然の存在から截然と区別するのである。

さらに神学的な問いとの連関で、ヨハネ伝の三位一体論を模倣して、ヘーゲルは結局、父と子の間に成立しているような愛の共同体の本質《ヴェーゼン》を、精神の精神に対する生きた関係として発展させているのである。この関係にはもはや客観性という裂け目は存在せず、どの部分をも全体としうるような全体が存在するのである。一方で始めて精神という言葉や概念が、先ずこうした愛の神秘の連関において現われてくるのである。しかしすでに他方では、ヘーゲルはすべての生きた民族主体のうちに精神の同じ現実を見ているのである。「客観的な精神」についての彼の論述は、自己を知る精神の主体性をこえて出るこうした精神的思想の形式化でしかないのである。

このようにしてしかし究極的なるものも明らかになる。我と汝を生命ある全体へ融解する愛の現象からの出口は、死せるものではなく自ら存在するものを、むしろそれ自身で耐えることである（たとえば特殊な所有物ではないし、いやそれどころか羞恥の痛みを欠いた肉体の特殊存在ですらないのである）。愛の生命を所与の実定《ポジティヴィ》性《テート》にこのように単に対立させるものは、こうした感情の親密性や思想の内面性から脱け出ることを要求するような、現実の力が問題になるや否や、不充分なものに見えるのである。しかるにヘーゲルはイエスのように、愛を説くのではない。彼はまさにキリスト教の精神とその運命に関する有名な研究の中で、愛はイエスがそれを告知し、彼の使徒たちに遺したとおりに、「たとえその精神がその使徒たちのうちに生きていようとも」、愛は自分自身に対する排他的な制約を、つまりあらゆる形式への逃避を招いたと述べたのである。「このようにあらゆる運命から遠ざかることがまさにその最も大きな運命である。」イエスのこの世の王国つまり国家への受動的な関係は、ヘーゲルにしたがえば、「自由の喪失、生命の制約」を意味しているのである。彼自身はそれに反して——古典古代へ目を向けることによって——愛においてまさに現実性をわがものとして霊化する力さえも見ているのである。それは、彼が言っているように、「自分に対抗するものから、他者というあらゆる性格を奪ってしまう力」である。精神の魔力は、否定的なるものに深く立ち入ることによって、否定的なものを存在へ転化するのであるが、思想による単なる和解の意味で現実性をこえて高まることでは決してない。つまり「観念性による、得るところのない生命の再生」ではない。ヘーゲルは、それを次のような命題によって明らかにしている。つまり死をもたらし、その死において自己を保持する生命のみが精神の生命である、と。これは決して隠喩《メタファー》ではなく、現象を説明するかの精神の経験の厳格な意味であり、内容である。先ず客観的な精神において、民族の精神としての人倫性の形態において、精神はその現存在を達成するのである。現存在を得ること、自己の意識のかたよりをこえて真の実在へ踏み込むこと、このことをまさにヘーゲルは愛の現象に即して示しているのであって、感情の閉鎖的親密性を示しているのではない。我と汝を凌駕して現実性をもつ愛は、精神の概念をその射程において考量することをわれわれに教えるのである。

かくして愛についての若いヘーゲルの神学的思弁から、われわれは独自な新しいものをなにも教えられてないことを、私は明確にしえたと思う。われわれはただその思弁に助けられて、ヘーゲルの精神の概念に、その精神が根底にもっている具体的で歴史的な内容を与えただけなのであるが、しかしわれわれは弁証法的な追加的完成という思弁的な安易さの故に、常にそれを失なう危険にさらされているのである。哲学史の他のどのような作品も、ヘーゲルの作品ほどにたえず実質喪失におびやかされているものはない。彼が思索的な経験を生み出した充実の状態に作品を保持することが、ヘーゲルをめぐるあらゆる哲学的な努力に課せられた仕事である。このようにヘーゲルの課題を――たとえ彼はそれを解決していないとはいえ――引き受けることは、まさに哲学の最も現代的な課題にとっても、みのり多いものとなるのであり、私はこのことを示唆しえたと思うのである。

私はしたがって結果を次のように綜括しよう。

先ず第一に、ヘーゲルは、問いの中の問いである哲学の歴史性への問いかけに対する答えを、なるほどわれわれに代って引き受けることはできないが、しかし彼は、精神の歴史性が精神固有の可能性を基礎づけるものであって、精神の自由をそれほどおびやかすものではないことを、われわれに教えているのである。

そして第二に、ヘーゲルの精神の概念は、彼の歴史経験から理解されなければならない。ところがそもそも精神とは何かをわれわれが学ぶには、若いヘーゲルが愛の概念において見ているものによらなければならない。

このことはしかし、歴史的精神が第一に他者性の克服によって規定されることを意味している。歴史的精神は他者を自分のものにする作業である。つまりその作業によって、対立するものは和解して統一される。歴史的精神は、第二に、その未来に対して自由になることによって規定される。自己の過去と融合した精神のみに、未来に対して自由なる資格が与えられる。

歴史的精神は、第三に民族の人倫的な実体に根をはり、充たされることによって規定される。民族、国家、共同体といった大きなテーマに関して、近代的な思惟の主観主義的傾向を克服するという試みのすべては、ヘーゲルと彼の愛の形而上学の洞察に近いものである。

もしわれわれがすべてのものに一貫した根本特徴を強調しようとするならば、それは自己自身との連続性を獲得するという根本特徴である。自己自身に結合することこそ、精神の存在である。精神はその歴史を明確に習得することにその内容があるのであるが、それはまさに精神が歴史を精神の未来と結びつけているからである。世界史ないし哲学史を絶対的な概念の高みから演繹することが、ヘーゲルのわれわれに残している生きた教説ではない。そうではなくそれは、全体と同じく個別的なるものの歴史的生命において、常に新しく提示されるところの課題、つまり生命の歴史に結びつこうとする課題である。自分自身とのこうした結びつきにおいてのみ、個別なるものは全体の中に自己の使命と、その使命を実現する力とをえるのであり、自己自身とのこうした結びつきにおいてのみ、歴史的な民族は、自己の名誉と自己の未来に対する勇気をもつのである。哲学はしかし真理への自由な問いかけを失なってしまっているし――そしてそれ以上にこうした問いかけに対する答えを受け取るような順応力をもなくしてしまっている――しかも哲学の歴史を仕上げる仕事を目指して転向する哲学は、その故に自己の大きな課題を決して見殺しにすることはなかったのである。つまり哲学は、歴史的な現存在が自己自身と結びつくことによって先ず哲学であり、しかしまさにその故に未来を形成することにおいて最後の哲学なのではない。

＊　一九三九年七月八日、Leipzig 大学での公開就任講義、最初の出版は、*Zeitschrift für die Gesamte Staatswissenschaft*, 100 Band, Heft 1/2, 1939, S. 25—37 である。

（1）　弁証法的方法の形成、ヘーゲルの関心を古代の概念言語へおきかえること、したがってとりわけヘーゲルの哲学にとって「論理」が何を意味するのかを考究するという厳粛な研究課題が、ここには含まれているということは、こうした本質的なヘーゲルの自己自身との一致の解明によって隠されてはならないのである。私はこうした課題に対する若干の論考をすぐあとに展開したいと思う。〔さしあたりヘーゲルの弁証法、Fünf hermeneutische Studien, 1971 を参照〕

五　現象学運動*

I

第一次世界大戦前のドイツで成立した現象学運動は、二〇世紀の哲学に優れた位置を占めている。現象学の創設者であるエドムント・フッサールは、彼が展開した方法によって、哲学を厳密な学にまで高めるための卓抜な方途を見出したのであった。この課題を目指して、彼のわき目もふらぬ没頭によってもたらされた学界への影響は大きかった。そして一九三三年以後、彼がユダヤの素姓の故に公けの意識から身を引かざるを得なかったその時でさえ、こうした運動は止むことなく続いて、第二次世界大戦後には真の再生をみることになった。フッサールの死は一九三八年であった。彼の広範にわたる著作上の遺稿は、フライブルクからレーヴェンに運ばれてあったが、それの破棄を救うために、継続的に刊行されており、この浩瀚な大シリーズはフッサールの思索に向けられる哲学的関心をつねに惹きつけている。

ところで何がこうした現象学運動を一般の関心に結びつけるかについて語ることは全く容易なことではない。というのはすべてに大仰な公開を避けるアカデミックな哲学の内部での学問傾向として、この運動は後に実存哲学が成功した程度には遂に一般の関心を高め得なかったからである。しかも現象学自体が思想上で別の運動と密接に結びついた時もあった。ちなみに一九世紀の伝記的研究が、ちょうどこの時代にその容貌をどのように一変させたかを想起してみよう。フリードリッヒ・グンドルフの『ゲーテ』やエルンスト・カントロヴィッツの『フリードリッヒ二世』のような書物は、同じ対象をあつかう一九世紀の作品とは似ても似つかないものであった。伝記的な個人研究、すなわち一九世紀終り頃の文献史的研究方法を性格づけていた源泉と影響を探り出すやり方は、ここに至って根底から克服されるのである。この研究の対象は、人とその作品を成立させている伝記的・史学的類の条件の偶然性にあるのではなく、創造的な諸力と精神的な生命力を志向するまなざしにのみ扉を開く、こうした偉大な精神的形姿の実質をなすものである。

現象学は同時代の哲学の思考習慣に対しては少なからず批判的であった。現象学は現象を話題にしようとした、すなわち証示しえないような構成はすべて回避し、哲学的な諸理論が当然顔で支配しているのを批判的に検証しようとするのである。このようにして現象学は、例えば、人間的・社会的な生命のあらゆる現象が唯一の原理から、一例をあげれば最大効用の原理や、あるいは快楽そのものの原理から導き出されるようなとき、それを偏見にみちた構成と考えるのである。現象学は、こうした理論に対していわば法や罰の観念とか、友情や愛の観念のような現象は、その意義をそれ自身のうちに持つのであり、効用とか快楽によっては理解されない、と主張するのである。現象学はしかし当時の、哲学の根本原理である認識論を支配した構造にとりわけ逆らうのである。もし認識‐理論的な設問が次のような問いに対して、つまりそれ本来の表象によって満たされた主体がどのようにして外界を認識し、外界の実在を確信しうるかに対して、解答を探し求めるならば、現象学的な批判は、こうした設問がいかに的はずれであるかを証明するのである。この批判の根本的な洞察によれば、意識は決して自己内に閉じられた領域ではない、つまり意識の表象を固有な内的世界に閉じこめるように閉じこめておく領域ではなくして、むしろ反対に意識は意識本来の本質－構造に従って常にきまって主題になるものである。自己意識の誤った優位は認識理論において主張されているところである。意識には対象の表象像は存在しない。表象像の事象そのものに対する妥当性を保証することによって、本来的な認識問題は解明されたのである。われわれが事象に関してもつ像は、多分どのような場合も、事象そのものがわれわれに意識される仕方である。それはかき乱された確実性という、すなわち思念の正しさを疑うという特別の場合であって、その場合はそもそも、私がある事柄について持っている像のみを事柄そのものから区別しなければならない。認識の現象学が考慮されなければならない。その現象学の典型は知覚である。ここでは、われわれの知覚は事象そのものを「肉体をもった所与性において」把えることが必要である。そこには根底にある刺激原因にもとづく一定の感覚刺激からの推論は存在しない。つまり様々な刺激作用を、われわれが事象《ディング》と呼ぶ原《ウア》－因の統一《ザッヘ》へと補足的に総括することはないのである――これらはすべて何ら現象に即しては証明されない構成である。認識は直観であって、直接的な知覚の場合を言うのである。すなわち知覚によって認識されたものに生写しの所与である。その所与は自己のうちにそれ本来の根拠をもっている。しかも知覚しうるものの領域の外に真の洞察が及ぶときはいつも、思念されたものは直観的な所与のうちに現われるということ以外には何も意味しないのである。「範疇的な」直観は存在する。フッサールはそれを次のように言っている、つまり思念されたものは考えるという志向性の実現として生じる、と。それは有名な「本質直観」の簡潔な記述的な意義である。この本質直観に対しては、しばしば無手法な俊敏さで論議がなされて来たのである。本質直観は秘伝の手続きとか、ある学派の方法－秘密ではなく、あらゆる構成的な理論に対して、認識は直観であるという単純な事実を再度樹立するのである。フッサールが一九一三年に彼の『イデーン』をもって世に傑出し、『現象学年報』の一連の冊子を公刊したとき――実はこの年報は彼の外に他のものたち、特にマックス・シェーラー、A・ペンダー、さらに後になってM・ハイデガーも加わって、こういった人たちが編集者として協同作業の結果うまれたのである——、編者たちがともどもに唱える研究意図について彼は次のように書いた。この研究の意図は、「直観の本来の源泉とそこからくみとるべき本質‐洞察とに立ち帰ることによってのみ、哲学の偉大な伝統は概念や問題に応じて評価されるべきあり、またこのような方途にもとづいてのみ諸概念は直観的に研ぎ澄まされ、諸問題は直観的な根拠にもとづいて新しく立てられ、その上で原理的にも解明されうるという共通な確信である」と。

こうした言葉には使命を負ったかすかな響きがあるし、また実際それはフッサールが実現した真の使命意識であった。彼はみずから軽卒な結合や明敏な構成のすべてを嫌悪し、些細なことで忍耐強く記述的な仕事をする師匠であり、教師であると自負していた。もし彼が大学の講義で、哲学をはじめる者にありがちな横柄な主張や論議に出会っていたならば、彼は好んで次のように言っただろう。「必ずしも大枚でなくてよいのです。諸君、小銭、小銭でよいのです」と。その独特な魅惑はこうした研究方式に由来したのである。それは一種の浄化、つまり誠実への回帰として、いたるところで次々に差し出される臆測、スローガン、雄叫びといった不可解なものから解放してくれたのである。

その際、その内容つまりこうした控え目な研究方式が実行に移された領野は、もっとも控え目なものであった。フッサールの古典的なテーマの一つは知覚事象の現象学であった。ここで彼は真に老大家の精確な筆致で、たとえば次のように展開している。すなわちわれわれはあらゆる事象について常にわれわれの方へ向けられた側面のみを見ること、そして事物のまわりを廻わることから生ずる観点‐交替のために、われわれが見るものは絶えず前面のみであって、決して背面ではないというこうした本質的関係は、何一つ変わることはありえないことを展開している。多くの現象学的分析はかように些細な問題であった。フッサールの有能な弟子の一人で、第一次世界大戦に倒れたゲッティンゲンの私講師アドルフ・ライナハによれば、一学期をついやしてとりあつかわれた問題が、郵便うけとは何かという問いだけであったと語っている。実際、フッサールは哲学の重大な古典的テーマについて語るとき、彼をとりまいて懸命に耳を傾ける青年の世界観的な要求を満足させうるような方法で行なうことは決してなかったのである。それでもなお――魅了するものがそこにはあったのである。私は、一九一九年というドイツ人の意識が混乱とそして新しい組織化に向った、大小さまざまな規模の討論好きなクラブが文字通りうごめいていたかの時代を思い出すのである。私は、物好きな・驚きあきれる学生として、若い研究者の仲間の討論に居合わせていたのであるが、そこでは現代の病状と危機に対処するあらゆる可能な薬が申し出されていたのを思い出す。そこに居合わす一人は社会主義的な結社に味方した。第二のものは、詩人シュテファン・ゲオルゲに人間の新しい共同体の創始者を認め、第三のものは、古典古代と人文主義に新しい構築の礎を据えようとした。第四のものは、ギールケの協同組合に新しい国家の構造の思想を見たのであった。そしてさらに第五番目のものが進み出て熱心に語った。「われわれの苦境を克服する唯一の薬は現象学である」と。ふり返ってみるいま、私は当時何も理解していなかったそのことを、いくらか正確に言うことができると信ずる。ヴィルヘルム二世時代のドイツ国家の崩壊と踵を合わせた教養意識の動揺によって、広範な方位喪失が流布したこと、こうした混乱の状態で最も野蛮な話が導入され、どんなにばかげた提言がなされたかをみて、現象学的な記述作業の厳格な訓育を経験した者であれば、実際おだてられて次のように発言したくなったのである。「忍耐と誠実によって新しい土台を敷設するという厳格な雑務こそ、新しい秩序を招来することができるのであって、そうした野蛮な手当り次第の途方もない企画にはおよそ関わることはできないであろう」と。

フッサールが彼の突き刺すような誠実さによって深めて行った本来の主導的な問いは、いかにして私は誠実な哲学者となりうるか、という問いかけであった。彼がそれによって考えていたことは、いかにして私は私の思索の一歩一歩を仕上げ、その結果、より確実な基盤にもとづいて更に次のより大きな歩みを生み出すことができるかということである。どのようにして私はあらゆる不当な予断をさけ、それによって最後には哲学においても厳格な学の理想を実現することができるのか。彼は、息子の一人を失なうという第一次世界大戦の打撃をうけて、自分の現象学的研究の進んだ詳論から、彼がくりかえし新しい疑念をもって検証し、正当化しようとした基盤へたえず回帰するのである。彼がまとまったものとして自分で出版したものはほとんどないし、そしてほとんど必ずと言ってよいほどそれはたんなる計画段階の素描であった。彼は、忍耐強い雑務を育てることにかけては、他のだれにも比べられないほど心得ていたことであるが、この雑務のために彼の生涯は、殆んど方法的反省のために費されて、文献的創作のために長くその力を十分に発揮できなかったのである。現象学的研究とは何であったかを表象させるものは、先ず第一に、そしてとりわけ第一次世界大戦前の時代から始まっている『内的な時間意識の現象学のための講義』である。第二の、彼の哲学的仕事が受けた深刻な打撃は、国家社会主義の擡頭によって経験したものであった。国家社会主義は彼の社会的な活動を強奪してしまったのである。それは、彼によればヤスパースやハイデガーの名によって規定された二〇年代の哲学的な発展と同じく、非合理的な潮流の氾濫として、つまり人間文化の合理性と哲学的な学問‐思想の厳格さを危険におとしいれるものと見なされたのである。

実際、哲学するモラルを革新すべき、かの本質認識の理念、つまりあらゆる学問的認識に先行し、認識のアプリオリな前提を含んでいなければならない、かの「意識」の測定しがたい領野の記述的分析には、現象学さえもそれを透過することのできなかった限界があったのかもしれない。あらゆる本質性についての完成された現象学的認識でさえ、この本質はモラルの領域では「価値」の王国でもある――現実的なものの現実性を、すなわち思惟する意識の現実性を、意識が形成する現実-経験を得るのと同じようにはうまく達成することはできないであろう。事実と本質を区別することが、個別科学から現象学の広大な研究領野を正当に区画し、方法的に自信のある研究として露呈することができたとしても、事実的なものの事実性、実際性、実存は、単に究極のもの、最も新しいもの、偶然的なもの、すなわち本質洞察によって内容的に規定され、その全規定性にしたがって、偶然的なものに包含されるものであるだけではなく、それはまた最初にあるもの、根底をなすもの、思索から離れ去らないもの、すなわちそれはすべて、本質洞察をそれなりに持っているものでもある。事実的、人間的な現存在がそのエイドス、すなわちその本質に従ってのみ、現象学的な研究の過程で解明されえたということ、しかしその現存在が、その一回性、有限性、歴史性の故に、実際はエイドスの例としては承認されえず、むしろそれ自身最も現実的なものとしてのみ承認されえたであろうということは、アポリアであり、根本的な問題である。こうしたアポリアにとりかかってフッサールは、また現象学的研究は、固有な被制約性、有限性、歴史性をことごとく経験しなければならなかった。

現象学者の仲間にあって、M・シェーラー自身はこのことをすでに知っていたのである。彼はあらゆる現実と学問に通じていたし、彼の力強い気性は、近代の人間、つまり個人、社会、国家、宗教にわたる生命の問題を情熱をもって考え抜いたのである。彼はフッサールと並んでまったく独自な、天才的な出現と言えよう、たとえ「すべてを検証しよう」とする彼の精神をはじめて訓練したものが、フッサールによって実を結んだ現象学的研究の手仕事の気風《エトス》であったとしてもである。彼は、自分の実質的な価値倫理学によって、現象学的研究の方向を基礎づけたのであった。その方向にそってはじめて、カトリック的な道徳哲学の伝統は、近代哲学の最も進歩した位置と溶融し、今日までそうした機能を果しているのである。彼にとって「本質直観」に関するフッサールの所説は、まさに彼の身体に刻み込まれたものであると言うべきである、少なくとも彼が、諸学の広域においてすなわち生理学や心理学、人類学や社会学、さらに歴史的な諸学の領域において、人間生命の本質的法則性に光を与えるべき洞察を可能にした透徹した直観力を身につけているかぎり。哲学的人間学は彼によって中心的な哲学的学問にまで高められたのであって、これは神観 Gotteslehre にまで影響を及ぼし、彼の安らぎのない思弁的精神を最後にはカトリック教会の束縛から解きはなつことになったのである。

第一次世界大戦後の激動期に、こうした超人的な活動力の注目すべき人物の思考冒険は、フライブルグ現象学派の静穏な研究の展開よりは少なからず影響を及ぼすことになった。彼は学問の最新の認識から包括的な綜合を追求したのであるが、同時に現象学を形而上学的な現実認識によって、精神と、精神の非現実化する本質注視の世界とを、すべての存在の自然的根拠である衝動という現実によって補完したのであった。シェーラーの業績は、特に知識社会学と哲学的人間学の業績は、本質と現実との連関を、主題にしたがって明晰にみのり豊かに描きえたのであった。しかし現実的なるものに関する哲学的な学によって現象学を単に補完するというだけでは、哲学的な意識を結局満足させることはできなかった。真理と現実の、精神と衝動の、精神の無力と現実的なるものの抗力の二元論は、彼が解決したというよりも、むしろ問題を提起したのである。かくしてハイデガーによって、またヤスパースの『実存哲学』を通して、生み出された哲学への徹底した傾注の機が熟したのである。

II

現象学運動は、大学の講堂の静寂と孤高の中で問題状況《ザッハネーエ》の新しい関係、前学問的な「生活世界」への新しい関心を基礎づけはしたが――「厳密学としての哲学」というこの運動の合言葉は、世間の世界観的要求を満足させることはできなかった。だから二回の大戦間の時期に、哲学的に最も強力な刻印を与えたのはいわゆる実存哲学であった。実存哲学の出発点には、同時代の新カント哲学の基盤になった学問の事実にそった方向づけを取り除くという無理があった。超越論的観念論の研究事情は、もはや第一次世界大戦の物量戦争によって打撃を受けた世代を満足させることはなかった。神学、精神病理学、社会学といった多くの領域で、自由主義的な教養意識の限界が明瞭になった。それはとりわけヘーゲル後の時期に、篤信の作家であり同時に思弁的観念論の批判者として活動したデンマークの哲学者キェルケゴールを顧って考えることであった。こうした顧慮によって新カント的観念論に対する哲学的批判の口火が点ぜられることになったのである。キェルケゴールはヘーゲルを激しくあてこすり、絶対なる教授は、実存することを忘却していると主張したのであった。「省察」、すなわちこれは相互に最も鋭く対立した思想さえも弁証法的に媒介するために、人間的実存からは絶対的決断という厳しさが除かれ、そして実存の有限性と時間性だけにふさわしい選択の無条件性と非撤回性が奪われてしまうと主張する。一九世紀の自由主義的神学に対する批判は、カール・バルトの有名な『ロマ書註解』によって、さらにフリードリッヒ・ゴーガルテンによって口火を切られ、そしてとりわけ汝の直接性と汝の我に対する人間的な要求の直接性を、自由主義的な文化世界とその自覚の方に向けたが、この批判と並んで、キェルケゴールの実存弁証法を自ら受け容れる哲学的反省が擡頭して来たのである。

K・ヤスパースは、彼の『世界観の心理学』で、哲学的思索のあらゆる形成形態に対して実存概念に新しい力点を賦与した最初の人であった。自由主義の時代の学問理念は、マックス・ウェーバーの巨大な研究者-人格を通して彼の眼前に手にとるように実現されたのである。M・ウェーバーがあらゆる世界観-契機やすべての価値づけを学問論から排除しようとしたときの厳格さは、しかし同時に彼が自ら自己の神を選ぶという必然性によって学問の限界を承認した厳格さであった。この厳格さはヤスパースに彼の哲学的課題の下絵を教示したのであった。重要なことは、ここできわめて模範的に、そしてほとんどドン・キホーテさながらに営まれた学問の自己限定が、単に非合理的な決定からだけではなく、思索の力からも、人の従うべき神々の選択にとりかかるという哲学の要求によって進められていることであった。換言すれば、一方では理性の明かるい光によっていると同時に、実存する人間にとって常に自由に選択できる可能性の中から選択するという実存的な責任によっているということである。それはほかならぬ限界状況なる概念であって、ヤスパースは哲学に新しい拘束力を強力に叩き込むためにこれを鋳造したのである。この概念は、限界状況とは各人が選択し決断しなければならないような、そうした人間生命の状況であって、決断にあたっては確実な知の学問によって導かれなくともよいという要求を満足するのである。これこそ決断や選択というこうした極端な状況を成立せしめずにはおかない本来の実存であって、しかもこうした限界状況を耐え抜く仕方が、たとえば彼が切迫する死に対してどのような態度をとるかが、まさに真に彼自身のものを外に現わし出す、すなわち外へ－立ツ ex-sistere せしめるものである。こうした実存的に－義務づけられた思索の光のもとでは、多くのものはどうでもよいものになり下がるが、しかし特に哲学、芸術、宗教によって自己自身へ投げ返された現存在を獲得する多くのものは、実存的に－義務づけられた厳粛な真理を得るのである。かくしてカール・ヤスパースの哲学は、精神の階梯である三書によって次のように構築されたのである。先ず世界の方向づけによって、哲学は学問を提供する、実存照明によって、哲学は限界状況において各個人のものとして生まれて来る、そして最後に形而上学において、超越の暗号は実存的に－義務づけられた仕方で個々のものに読みうるものとなるのである。

しかしなお、南西ドイツの新カント主義と並んで、ハイデルベルクにおいて大学の若者たちにますます大きな影響を与えるようになっていたヤスパースが、自己の哲学をひっさげて文筆の上で登場して来る以前にも、エドムント・フッサールの学生であるM・ハイデガーは、彼の師の偉大な現象学的技法の遺産と同時に高度な変革的な気質、すなわち哲学的な意識を一挙に急転回せしめ、そして広く社会に波及している教養観念論の批判と、支配的な哲学的伝統の破壊と徹底した問いかけの渦を巻きおこしていたのであった。彼の最初の完璧な主著『存在と時間』の第一巻は、遂に第二巻が現われないままで——なるほど彼の師の超越論的現象学に接合するという外的形式を保持してはいる。がしかし実際、ここで当時の全大学‐哲学が攻撃を加えられることになった激しさは、講堂の歩廊に消散してしまって、幾世代このかた一度も教授の情熱には見られなかったものであった。このとき大学の境界は突如としてもはや境壁ではなかった。ここにはモンテーニュ、パスカル、キェルケゴール、ショーペンハウアー、ニーチェといった偉大なモラリスト達の流儀の後裔であって、同時によく訓練され、最高の成果をひっさげた大学教師が立っていた。ここには一九世紀と共に決定的に破壊されてしまった哲学の学派の状態と世間の状態との間の隔絶は、終焉したように見えたし、実際『存在と時間』が投げかけた独創的な一石は、精神的風土の全体的な変化を予示したのである。この精神的風土の変化は、ほとんどすべての学問に重大な影響を及ぼしたし、また特にF・ニーチェが提起しているヨーロッパ的事件つまり、講壇哲学という名のショーペンハウアーのこうした罵詈には端的に通約できなかったとはいえ、このヨーロッパ的な事件を学問的な場所でくりかえし問題にし、深化したのである。

マルチン・ハイデガーがフライブルグとマールブルクで教授活動をしていた初期のかの時代に、彼の活動を目撃していたものは、当時の彼から学問的研究のあらゆる方向へ向かうきわめて強力な衝動が発散していたことを知っている。実存的な情熱は、彼においても、それどころか彼においてこそ、ヤスパースが頭角を現わした著作形態よりはさらに直接的であったから、より強力なものであった。つまりこれまでのあらゆるものが退屈に見えるような精神的な集中を発散していた。だれにも実際、ファン・ゴッホの絵のような激シサ Furioso を想起することができた。ゴッホの書簡は、当時発表されたのだが、若いハイデガーに深刻な印象を与え、実際転換期の生活感情をみごとに言い表わしたのであった。そしてちょうど五世紀のアテネにあって、若者たちが新しい弁証法、すなわちソフィスト的な、またソクラテス的な弁証法一色のもとで、権威、法則そして道徳の、これまでに生まれたすべての形態を、新しい徹底した問いの前に引き出した時、まさにそうであったろうように、ハイデガーの問いかけの徹底主義からも、ドイツの高等教育界で、あらゆる尺度を忘却せしめた一種の陶酔作用が生まれたのである。

今日数十年を隔てて、ハイデガーが提起した哲学的衝撃は、もはや同じように陶酔せしめるような活力をもってはいないが――いたるところに浸透し、深刻に影響を与えて、時には知らず識らずのうちに、時にはただ単に抵抗さえも喚起しているが、しかし今日あるすべてのものからそれをはずして考えることはできないのである。『存在と時間』が展開した哲学的な立場は、間違いなくキェルケゴールの実存概念から解釈されえたし、また事実そのように解釈したのである。かくして二〇年代及び三〇年初期に、ハイデガーとヤスパースはドイツの実存哲学の両代表者として認められるにいたったのである。ハイデガーの『存在と時間』やさらにそれ以上に彼の講義で、ヤスパースが訴える思惟と呼んだもののいくらかは成立していたのであり、それは実存を自己自身にとりかえすことを、すなわち実存が自己性を選択し「ヒト」への、つまり好奇心、雑談への頽落を断念するように訴えるのである。「不安を惹起する決断」において、「死への前進」において、現-存在は自分自身に対面するし、社会的な活動や、市民的な生活の教化－安定や、ジャーナリズムや政党政治の活動といったあらゆる隠蔽形式を凌駕したのである。

フッサールの現象学の方法－規律に完全に従うことによって、ハイデガーの哲学思索で実現されたものは、実際にも現象学的な研究計画の継続、細目にわたる仕上げというほどのものではなかった。はるか以前にさかのぼれば、それはプラグマティズムの契機であり、自己意識の主張に対するニーチェの批判の契機であり、またドストエフスキー的な宗教的徹底主義の契機であった。ドストエフスキーののろしは、当時赤いピーパー版の形で彼の机の上にも光を放ったものであって、それがハイデガーの思索によってその哲学的結実にまで駆り立てられたのであった。

判断とその基礎づけに関する教説、知覚の古典的分析、表現と意味の論理的区別、とりわけしかし持続ないしは久遠な価値の意味をすべて構成すべき、かの内的な時間意識の、無類に正確な、透徹した記述といった——これらすべては、純粋に理論的な根本意図から生じたフッサールの現象学的主題であった。そしてそれらは、ハイデガーの出発点からして、生活の実用的な経験や、用具としてあるものの実用的な意味に支配された知覚や、実存運動としてとらえられる現存在の時間性といったものからは、存在論的な裂け目によって区別されるものであった。こうした新しい評価の説明は『存在と時間』から手をつけられたのである。学問のうちに貯えられた真理を概念的に分析するだけでなく、自然的な世界意識のうちにある真理を分析することが、すでにフッサールの特別な功績であるというならば、ハイデガーによる日常性の超越論的分析は、現実生活の経験やどんな個人の生き方にも起こる内的決断を、更にまったく別の尺度で正当に評価したと言えよう。ハイデガーが大学での哲学研究の排他性を打ち破り、危機の時代に焦眉の急であった諸問題を、模範的な哲学の水準で概念的に展開する思弁的な力を所有していたということは、単にドイツに限らず全世界的にも巨大な事績というべきであった。

今日ハイデガーの後期の作品をみて、すでに『存在と時間』すら実存哲学を弁護するものではなく、ただ実存哲学の用語を用いて問題提起を編成しているにすぎないのを読みとるのは困難なことではない。ハイデガーの問題提起は、プラトンからニーチェにいたる大きな一連の最高級の哲学を結び合わせ、そして同時にこうした伝統の背後へ立ち帰って問いかけることを要求したのである。今日明らかなことは、現存在の本来性と非本来性の間の、隠されていないこと〔ことわり〕と隠すことの間の、真理と虚偽の間の、内的な離し難さが、ハイデガーの問いかけの独自な次元を示している点である。当時それに対してカプチン修道会の教説のスタイルとその誹謗の的中性は、もしハイデガーが不機嫌な憤怒から「ヒト」と「雑談」の世界を記述し、さらに「こうしたすべてのものは各々侮蔑的な意味がある」と付加したならば、それは単純には確かなものに見えはしなかったのである。非本来的なものを斥け、本来的なものを把えることが、彼の所論の精神であったということは、講壇上のハイデガーを照し出した実存的な厳粛さであったろう。かくして彼は意に反して一種の実存哲学者となったのである。それは後に、国家社会主義的な世界観の無秩序な非合理主義が、人びとの心を混乱させはじめたとき、ヤスパースが実存の概念を理性の概念の背後へ後退せしめ、いやそれどころか最も好んで「実存」という話し言葉を呼びもどそうとしたのに似ている。ハイデガーの思索がフランスのモラリストの伝統を通し、サルトル、カミュ、メルロー＝ポンティを通して受容されるとき、こうした影響はさらに強められ、したがってますますフッサールやヘーゲルも、ハイデガーの、フランスの思想へのこうした影響に溶け込んで行ったのである。今日こうした「決断の時代」という様式は、その魔力を失なってしまったが、現象学と実存哲学が新しい情熱を傾けて、自分自身の方へ引き寄せた西欧的思想の偉大な遺産を、ますます度を加える技術の時代とその反史学的な理想との趨勢の中で見守るという課題が残されているのである。

III

現象学運動の歴史を記述する時が到来したようである。一方でわれわれは、ドイツにおいて今世紀の最初の一〇年間を圧倒的に支配したこうした哲学の潮流に対して、明確な間隔を感ずるのである。他方でエドムント・フッサールの作品の全集は、問題の現代的な討議を広範囲に規定している重要な素材を開拓したのである。特にレーヴェンのフッサール－誌上で仕事が進行しているこの大きな課題は、フッサール哲学の現代的意味や特にフッサール哲学と今日の哲学的意識を支配している人物の関係を論じようとするものには、たえざる刺激である──そしてその人物としては、アングロサクソン系の形而上学－批判を度外視するならば、とりわけハイデガー──そしてヘーゲルである。ドイツにおいても、またフランス、イタリアにおいても、こうした論議は今日たけなわである。すでに行なわれた一連のコロキウムはその間にその文献的な記録を残した。したがって現象学に関してはただ歴史学的関心だけが問題だとは言えない。それにもかかわらず歴史を回想し、評価するためのきっかけはあったのである。というのは当時共通なもの、また共通なものとして受け容れられたものは、極めて多岐にわたった研究者を、それにもかかわらず同一方向へ導いたものであって、あらゆる思索の歩みを直観的に記述し、一目瞭然に明示する諸力を開発するものであったが、今日これは、現象学を証人として引合いに出す者たち、たとえばフランスの優れた作家たちには殆んど見出されないからである。(1) 確かに現象学の学派といったものは存在したのでなく、法の保護を受けず、相互の連帯によって成立した様々なグループの研究者が存在しただけである。(2)

さらにこうした連帯は強力な現実であったし、それはますます増大し、その結果ついにこうした人びとの共通な研究意識からは、特徴のある合言葉「事柄そのものへ Zu den Sachen selbst」が起ったのである。現象学の『年報』にはその文献的な詳論が掲載されたのである。現象学的研究方法を修得し、その物差を満たすことが、第二次世界大戦前もそれ以後も多くの人の目標となったのである。当時現象学的な仲間の埒外にいた研究者の間にさえ、現象学的に研究を進めるべく努力した優秀な頭脳が存在したのである。たとえば、ニコライ・ハルトマンが考えられよう。学ぶべく求められたものは、まさに哲学という手仕事の秘伝といったものであった。「フッサールについて」仕事をしたか、「ペンダーについて」「研究」したかということは、ある偉大な実験研究者について研究するか、あるいは偉大な医師のもとに徒弟奉公するかによって、異なった特別な免許を得るというのに似ていると言えよう。それにもかかわらず「何が現象学なのか」という問題は、こうした運動に責任を負うことのできる研究者ならば、だれもが間違いなく提出するものであり、同時に各人各様に答えうるものであった。

現象学の方法的見取図を記述するとき、自己本来の哲学の立場は終始かすかな光を通して現われるものである。かくしてまさに哲学では方法的技術を、つまりその使用やその哲学的結果に頼らないで学び取ることのできるような方法的技術を、切り離すことはまったく不可能である。現象学者はそれぞれ、現象学が本来何であるかに関して自分自身の考えを持っていた。ただ一つ確実なこととして妥当したのは、だれも現象学的な研究方法を書物から学ぶことはできないということである。生ノ声 vox viva がここでは新しい意味を獲ち得た。したがって現象学の文献的な作品は基本的にまさしく粗末なものである。二〇年間に一一巻の年報――そしてその他には研究雑誌に入れられるものはほとんどまったくないのである。つまりこうした研究誌は、当時、かなり荒廃していた。まして単に当時の要求のためだけでなく、真に学問的な哲学の稀有な目的の実現をも配慮すべき堅実な思想の手仕事という、新しい研究意識の影響のもとにあったものは言わずもがなである。

自己の特異な立場にもとづいて信憑性を要求することができた唯一の者は、現象学の創始者エドムント・フッサールであった。しかも彼はそれをなしえてもいる。シュピーゲルベルクは次のように説明している。フッサールが二〇年代の初めによく口にしたことは、「現象学にかかわるのは、私とハイデガーであって他にはだれもいない」ということであった。この言葉は、フッサールがそれによって当時の彼の支持者であるハイデガーの独創的な意図を誤解していたという限りでは、極めて幻想的であった――それにもかかわらずこうした言葉は外見の示すほどまったく空想的なものではなかった。それはむしろ、多くの現象学者が超越論的現象学への、またフッサールが構成的研究と呼んだ現象学のかの課題領域への、フッサールの発展に対して留保した事実を浮彫りにしている。多くの人びとには、この展開は新カント派の観念論への不可解な逆戻り以外のなにものでもないと思われたのである。

ゲッティンゲンのごく新しい仲間内でさえ、フッサールのこうした発展に対する反応は極めて拒絶的であった。そのためフッサールはフライブルクでは根本的にまったく新しいものから着手しなければならなかった。(3) ニコライ・ハルトマンが広範囲に従っていたM・シェーラーとモーリッツ・ガイガーは、なおさらフッサールの主観的なテーマ選択の偏向に危険な一面性を原則上認めたのである。かくしてM・ガイガーは一九一四年に、フッサールのいわゆる行動現象学を補うものとして、「対象現象学」を要請したのである。古くからの現象学者仲間からは、当時フッサールと同道するものはほとんどだれもいなかったというのが本当のところであった。フッサールが彼のやり方でそれを発表しても、不当ではなかった。

それに加えて起ったことは、当時哲学教師として活動していたフランツ・ブレンターノの他の弟子たち、グラーツの「対象理論」の創始者であるA・v・マイノング、プラーハのオスカー・クラウス(4)などが、部分的にはきわめてけわしい反目があるが、フッサールと共に生活したことである。確かに『論理学研究』のフッサールを承認することが、ブレンターノにどんなに近かったといっても、しかし彼の記述的心理学から「形相的」現象学への前進を——そしてまさに初めてその超越論的現象学へのより広範な展開を——誤った道として宣言することは、遺稿の一九五番目にパウル・フェルディナント・リンケによって発表された論文の教えるように、「現代哲学の衰頽現象」なのである。ハイデガーの『存在と時間』においてもなお繰り返されている合言葉「事柄そのものへ」だけは、あらゆる現象学の研究者の共通な雄叫びと見てよいであろう。しかしこうした合言葉こそ現象学的「実在論」の意味で解釈されえたのである。フッサールにはこのことを正しく評価することができないのである。この合言葉を客観への転向と解釈すること、さらに後期のフッサールの展開を主観への転向としてそれに対置することは、無理である。こうした視点のもとで、『論理学研究』はそもそもどのように理解されるべきか。『論理学研究』ではなるほど心理主義が反駁されてはいる。しかも同時に——フッサールの『算術の哲学 *Philos. d. Arithmetik*』に対するフレーゲの批判の意味で（*Zeitschrift für Philosophie und philosophische Kritik*, 1894）——論理的な諸対象の存在性質は、理念的な即自存在というあり方として実証されるのである。しかしこのことは、主観性へ後退しながらも、意識的生命という志向的な行為の分析を通して起こっているのである。このようにしての み、思念されたものと実在する心的体験との混同を、迷いと解することに成功するのである。その限りで現象学的研究は、客観と主観という対象を原理的に越え出て、行為と対象の相関を本来の大きな研究領野として含めたというフッサールの中心的主張は、こうした研究方法がたとえそこではまだ妥当な方法的自覚によって完成されていないとはいえ、すでに根本において『論理学研究』にあてはまるものである。マックス・シェーラーとアレクサンダー・ペンダーは、「事柄そのものへ」という合言葉を客観と主観の対立から解釈するならば、いずれにせよ誤れる見方に陥っている。二人にとっても多分こうした合言葉は、観念論からの「現実的な」離反ではなく、現象によってはうめ合わせのできない哲学的説明要求に役立つべきあらゆる理論的な構成に対抗することによって、優先的、第一義的に明確になるものである。こうした構成の範例は、たとえば感覚的な表象契機の機構のようなもの、ないしはいわゆる認識の模写説のようなものである。この説は、認識の難問を解き明かすために、意識に「おいて」知覚された事象の模写について語ったのである。あるいはさらにこれは、たとえば感情移入や愛のような、あらゆるより高度な精神的活動を根源的な実利主義ないし快楽主義に還元することでもある。これらすべてが、シェーラーやとくにフッサールにおけると同じようにペンダーにおいて、「事柄そのものへ」という合言葉のもとで否定的批判が見出したものであった。

彼らすべてにとってまた明らかなことは、志向的作用への回帰は、現象学の本質を成すかの「自己贈与」だけを一目瞭然生ぜしめうるだろうということである。「思念すること」なしには思念されたもののこのような「完成」はないのである。「事柄そのもの」は、超越的に存在措定された「客観的対象」ではなく、志向的な活動を完成するさいに経験された憶断そのものであって、これは「直接的に」しかも記号や象徴に置き代えないで、「観得」されるものである。シェーラーやペンダー、さらにガイガー、ライナハまでも、フッサールの現象学が新カント主義へ「観念論的に」凭れかかるという迷路に陥ったものとみたのはなるほど正しい。しかしながら自己所与性がすべてに対して、単に推論されたものだけでなく要請されたものに対しても、優位を保つのはまったく共通であった。

W・ジェイムスがブレンターノ学派のシュトゥンプやフッサールにとって、ほとんど盟友に等しく見えたのは草創時の現象学のこうした前衛的位置と結合してのことである。当時の心理学の理論的な基本概念に対するジェイムスの批判は、部分的には現象学と同じ反対者をもっていた。彼もまたたとえば認識の模写説と戦った――そしてそれは、彼の固持したあらゆる大脳神話に逆らうものであった。明らかに現象学的な最初の状況は、先ず第一にヒュームを引合いに出す同時代の実証主義に向けられ、第二にはじめて新カント主義の内部での独断的な立場に向けられたのであった。フッサールの現象学の理念は、アヴェナリウスやマッハの独断的な感覚主義とは異なって、真の実証主義であるという要求をかかげた。[5] ここに「還元」の概念もその起源がみられる。それは理論と形而上学的構成のすべてを拒否して、現象の所与性そのものへ回帰することを意味している。現象学的還元は、そのかぎりで「純粋」な現象の研究という目的で「判断中止《エポケー》」、すなわちあらゆる存在措定を止揚することに緊密に結びついているのである。しかしアングロサクソンの言語習慣から生じる連想を、還元という概念の場合には除外しなければならない、また現象を唯一の原理へ、たとえば一面的な自然主義ないし心理主義の様式で、単純化するという還元が考えられてはならないし、あるいはオッカムの剃刀のような、存在ハ増サレテハナラナイ Entia non sunt multiplicanda という根本原則が考えられてはならない。

現象学的還元はまったく別の或るものである。その目標は本来、ある原理の統一性に基づいて還元することにあるのではなくて、逆に自己所与である現象の全領域を偏見によらず推論することである。ハイデガーのもとで重要になった「同根源性」という概念は、よき古き現象学の遺産である。志向性の探究が、結局は意識をすべての意味賦与の最終的源泉としての超越論的主観性へ連れ戻し、そのことによって、構成研究という理念のもとに新カント的な観念論へのフッサールの接近をひき起こしているというのは、唯一の原理にもとづく還元ということに何ら関わりはないのである。われわれには、いかにして私は誠実な哲学者たるかというフッサールの問いを自分自身に投げかける必要はないが、超越論的な還元についてのフッサールの教説が、同時代の理論の中からの勝手な盗用ではなくして、体系的な一貫性によって、論拠を段階的に秩序づけて構築して行くという試みを通して、必然的に得られたことを承認しなければならない。フッサールが超越論的自我を導いた体系的な一貫性は、内容的に肯定される必要があるが、しかしそれはその内在的な必然性においても認識されなければならない。

フッサールの超越論的転向はしたがって、決して一種の一面性ではない。つまり転向が「現実的」特性によって柔らげられるという、たかだか公正のために承認されなければならないような一面性では断じてない。もしこうしたきっかけによって、たとえば素材《ヒュレ》的なデータの「受動的」構成が強調されるならば、それは滑稽そのものである。たとえ現実的な特性を探すとしても、その特性は「素材的なデータ」の構成分析にどのように含まれているというのか。これは、カントが自己矛盾に導いたもので、しかもフッサールとは何らかかわりのない、観念論というまったく陳腐な「形而上学的」な概念の基礎がおかれるときにのみ理解されうるのである。同じようにフッサールのたえずくすぶり続けている相互主観性の問題の討議が、次のような問いかけにもとづいて、すなわち観念論的な出発点に据えられた独我論を避けるのに、フッサールがどの程度「成功」しているかという問いにもとづいて、いわばライプニッツの単子論の意味が真面目に比較されるというのは、奇妙なことである。もし生活世界の概念が超越論的還元という理念の連関から理解されず、生活世界についての「新しい現象学」が、結局はなんら「素朴な」先取りもなしに、誤りにすなわち偏見にとらわれずに成就された超越論的現象学そのものにちがいないと誤認されるならば、後期フッサールの活潑な概念的創造である生活世界の概念にも、正しい通路は拓かれないのである。このことは、フッサールが終始執拗にカントを引合いに出して、超越論的哲学を初めて真に完成せしめるという彼自身の要求をみれば、完全に明証されるであろう。フッサールは徹底性と普遍性を強調して、実在論と観念論の対立についてのカントの解決を越える。その結果、くりかえし起こっているように、フッサールの観念論の内部にある実在論的な要素について語ることはもはやまったく意味がなくなる。

私がここで特記しなければならないのは、アドルノーがフッサールに加えた明敏な知識社会学的批判自体が（*Zur Metakritik der Erkenntnis-theorie,* 1956)、こうした手法で反対者を自ら正しい位置に立たせているということである。論理研究の「釣合いのとれたプラトニズム」は、もちろん直接性の弁証法によれば容易に解体されるが——ただフッサールはすでに一九〇七年以降最も根本的な仕方でそのことを心掛けていたのである。それによって初めてそもそも現象学的哲学なるものが存在するのである。アドルノーがそのことに留意していたなら、彼はフッサールが後に物象化の止揚に近づいていることに、それほど驚くことはなかったであろう（前掲書、S. 209)。

フィリップ・メルラン（*Royaumont* 384 ff.）が、もしフッサールの現象学を、実在論と観念論の対立の此岸におけるほどには、その彼岸においてはみとめていないならば、彼は確かにまったく正しい。こうした伝統的な問題対立を解明するために、現象学は何ら寄与しえないし、しようともしていないのである。しかしこの対立は結局は思弁的な観念論にも妥当しないのか。もしメルランが現象学を観念論に対置し、さらに閉じこもることの許されない現象学の限界を、思弁的な観念論から区別することで、現象学が観念論と実在論の問題に何ら寄与しないという点に認めるのならば、私としては彼に従うことはできない。私の考えでは、まさにそこには思弁的観念論から区別される何ものもないのである。なるほど観念論が意識の分析から、外的なものをともかく必要とせずに、その全内容を演繹するのは正しい。しかしそれもフッサールの現象学の構想にはあてはまらないのではないか。その構想が演繹の理想を知らないことはたしかである。彼の場合それは「構成」と呼ばれている。しかし彼は同じように決定的に観念論-実在論-対置の根底に横たわる認識論的な問題提起を否認したのではないか。彼は、超越論的反省への転向が、反省する意識の「世界所有」をすでに前提しており、しかもその認識論的な正当化を試みることが、超越論的態度から落ち出ることだと、判然と、強調しているのではないか。思弁的な同一哲学は、この点でフッサールにすぐれるものは何もないように私には思える。フッサールに対するハイデガーの批判も、何ら「実質的な」和らげにはならず、むしろ逆に超越論的な思索の一貫した遂行を、フッサールの現象学に前提している。そのため当然それを、まったく異なった方向を目指した存在論的反省の対象として批判するのである。存在と存在者との存在論的区別に関するハイデガーの存在論的反省と彼の教説は――このことはくりかえし強調されなければならない――形而上学において考えられた存在トシテノ存在 ens qua ens と偶有性トシテノ存在 ens qua accidens との区別を意味するのではなくして、形而上学にすでに前提されており、その根拠に横たわる存在の開示というまったく別の根本－次元を言うのである。ハイデガーはしかしこのようにして、フッサールのノエシスとノエマの相互関係の研究とまったく同じく、実在論と観念論の対立の彼岸にいるのである。もし現存在が世界－内－存在であるならば、それによって人間の現存在は人間学的に定義されるべきではなく、むしろ容易に明らかになったように、「人間における現存在」を存在論的に規定するという、まったく別の関心事が問題なのである。「存在」を目指したハイデガーの反省方向の完全な転換、いわゆる「Kehre」は、フッサールの超越論的反省概念に鍛えられてはいるが、『存在と時間』でもまだ完全には活動していなかった批判の間接的な結果に匹敵するほど強いハイデガーの立場の変化ではないのである。フッサールの超越論的転向に反対する者たち(6)は、フッサールでさえ形相的な存在論の理念を超越論的構成研究と「並んで」、たとえば形相的な心理学や生活世界の形相的存在論の構成研究と「並んで」、根本から完全に承認したということをあまり充分に注目しなかったかのように見える。もちろんこうした「並んで」は、彼の見るところでは、絶対的に厳格な妥当性をもたないものである。こうした形相的存在論が正当な研究課題であっても、それがその究極的な哲学的正当化を得るのは、超越論的還元を遂行することによってはじめて彼に可能になるのであって、したがってそれは超越論的現象学に従属しているのである。しかしこれはフッサールがたえず強調した超越論的現象学を、世俗的な学問の本質論へ転換する可能性を何ひとつ変えることはない。そもそも一つの平面にないものを鋭く対置させることは許されない。

「存在論的」な問題提起を、超越論的、現象学的な設問と「並んで」どのように考えるべきかは、R・インガルデンの功労のある研究『文学的芸術作品〔*Das literarische Kunstwerk*〕』1931, ^{2}1960 に見られる。もしわれわれがここで文学美学にとってある意味で古典的と呼ぶべき作品の特別な重要性を問題にするのでなく、フッサールの超越論的な自己把握と共に与えられた体系的な問いかけに対する彼の立場を問題にするのであれば、それはとにかくインガルデンがすでに第一版の序文で明らかにしている体系的な仕方での深い関心に、完全に対応するものである。事象の彼の観点は、ドイツ語でまず一九二九年のフッサール記念論文集への彼の寄稿を通してはじめて記録されている。この論文は、さらに一九五六年のクレーフェルトのコロキウムへの彼の寄稿を通してより完全なものにされている。『文学的芸術作品』は彼にとって哲学的な価値をもっている。すなわちその作品のうちには「純粋に志向的な対象」が見出されるのは否みえない。換言すればそれは、間接的な実在対応をまったく要求しないような対象である。指向的対象の存在のあり方は、心的な実在とも、理念的な即自存在とも考えられないものとなる。むしろその命題性格は、作品の同一性と相互主観性の——インガルデンが存在他律《ザインスヘテロノミー》と呼んでいる単なる疑似実在との間の、独自な未決定として成立すると考えられる。彼の研究はしたがって文学的芸術作品の存在論にふさわしいものである。

彼は、文学的作品の多層性（音、意味、図式的光景、説明された対象性）をその構造によって分析するとき、全幅的にフッサールに従っている。にもかかわらず体系的な意図は、明らかに直接フッサールの超越論的観念論を、特に彼の後期の草稿によって問題にしようとするのである。論理的な構造は、実在の外的世界と同じく（外的世界を志向的な対象として提示するあらゆる現象学的な観点にもかかわらず）、存在自律的であろうとする。文学的芸術作品だけは、単に現象学的であるだけではなく、存在論的にも組み立てられている故に、その作品には「純粋に志向的な対象性」が出現するのである。かくしてインガルデンは、フッサールの『形式的超越論的論理学』が『文学的芸術作品』の初版と同時に上梓されたとき、フッサールに対して芸術の疑似実在性に関する彼の研究を通して、実際一つの実在‐存在論の課題を押し進めようとしている。この課題は、ヘドウィク・コンラドーマルティウスも同じように提起したものであった。なるほどこの課題は――ポーランド語で書かれた一九四七―一九四八年のインガルデン後期のより大きな作品(7)が当面した課題で、「世界の実在をめぐる論争」を問題にしている――後のフッサールの念頭をかすめたように、超越論的還元の首尾一貫した遂行と本来不可分なものである（三三頁と註二三を参照）。しかしインガルデンの「純粋志向的対象」――その上、この対象にはさらに実在の対象も対応するが――に関する釈明は、「現象学的内在」の外に立つ彼の立場を現わしている。というのはフッサールにとっては超越論的・現象学的な問題提起を、存在論的設問へ「転換」することだけが、正当であると認められただろうから。かくしてインガルデンがクレーフェルトの寄稿で開陳している問いかけも、観念論問題のフッサール的「解決」に対して向けられたのである。フッサールが（『イデーンI』）「実在的なものは……絶対的な意味ではまったく存在しない……それには原理的には単に志向的でしかない或るものの本質性がある」、とインガルデンの九九頁からの引用として記すとき、インガルデンはそれを、彼が彼の側から文学的に表わされたものという特別な在り方として正当にも見なしているかの存在他律の意味で、理解しているのである。彼はしたがってフッサールの観念論を超越論的観念論としてではなく、（あらゆる断言をものともせず）形而上学的観念論として（前掲書 S. 197）理解している。——しかしこれは、私の思うに、誤っている。

IV

今日行なわれている真のフッサール - 討議は、別の問題層に、すなわちフッサールの現象学の後期の形成に、そして特に『危機』- 研究にかかわっている。この点に関してランドグレーベは、（A・グールヴィチの先例に従って）「生活世界」の所説に（挑発的な標題『デカルト主義からの訣別』を冠して(8)）力点をおいたのである。この力点は彼なりに問いかけの新しい論議を挑発しているのである(9)。

「生活世界」という言葉は同時代の意識に驚くべき反響を産み出している。一つの発言《ヴォルト》は常に一つの応答《アントヴォルト》である。この新しい言葉、生活世界は、何に対して応答しているのか。この言葉が一般的な言語意識に受け取られた応答を示している当の問いかけとは何か。

もしそのように問いかけられるとき、明らかに、『存在と時間』でハイデガーが公けにした現存在分析が、フッサールの思想にどのくらい影響を与えたか、あるいは逆に、フッサールの思想においてたてられた問題提起からどのように成長したのか、というまず考えられる問題がとりあつかわれているのである。なるほどフッサールの後期の論文、六〇歳台の著作の、ハイデガーの仕事に対する不動の関係は、フッサールがやむなく精神的な亡命を余儀なくされた時の出来事に対するのと同じ関係にあることは疑いない。しかしそれにもかかわらず新しい或る発言に目ざめるとき、意識された立場の前景より以上のものがつねに問題になっている。根気よく追跡され、多数に分化された実際的な関心は、いまだに言表されえず、しかもすでに長く真の表現を探し求めていたものであるが、なお個人の恣意的な概念的特性だけを言葉にしているにすぎないのである。実際、すでに長いこと、しかも特にフッサールの思想において探し尋ねられていたものが、このようにして「生活世界」という言葉のうちにも包含されているのである。

新しい概念の最初の特性を表面に出している「生活世界」というこの概念の対立概念は、疑いもなく「学問の世界」である。これはもちろんすでにフッサールの現象学的研究の最初の特徴ある応用であった。この使用によって、風靡する新カント主義に対するフッサールの問いかけは、認識の正当化という課題が、われわれの自然的な世界経験の全体ほどには、学問的認識の正当化を意図しなかったということをきわ立たせたのである。その課題には新カント主義は根本から関心を示さなかった。何故ならば新カント主義にとって学問は認識のモデルであったからである。無規定なものを漸進的に規定することによって、無限な課題という理念としての認識の対象が、あらゆる認識への途を提示したのであって、そのために認識は学問の事実であり、そうした事実の超越論的正当化だけが、新カント主義にとっては問題でありえたのである。

以上のことに対してフッサールの現象学の応用は、最初から新しい課題提起を意味していた。自然科学の数学的な形式主義のなかにその理想をおいている現実の構成的支配にかえて、直観すなわち知覚されたものそれ自身がそのまま与えられてあることは、フッサールにとって認識の理想であったのである。したがって彼にとっては、「率直に生きる」意識の「自然的構え」は、数学的な演繹の決定的な明証性と同じ程度に視野にあったのである。「自然的構え」による世界認識へ彼の関心を惹きつけるものは、もちろんそのつど遭遇する事実でもなければ、そういった事実そのものが知覚される事実上の成就でもなくして、もっぱらその本質存立における「現象」であり、意識行為という現象に対応する本質考察である。現象にとって結局問題なのは存在すると考えられているものの存在妥当を公認することであって、超越論的なものは、こうした公認が意識の構成的な能力に対する「反自然的な」反省にのみ見出されうるという、超越論的方法に拠っているのである。純粋な現象に限定することによって、つまりこうした形相的な還元によって、現象学的問いかけの次元がはじめて開かれたのである。というのはもちろん本質と存在を単に区別すること、また本質直観においてありのままに与えられたものを引証することだけでは、認識の要求が真に満たされることはなかったからである。証拠をあげることは、いかにそれが自然に成就されえたとしても、根本においてはフッサール自身がそれを（『危機』192）認めているように、お告げ信仰を公認することにすぎないのである。確実な認識に到達するためには、明らかにより広範な還元が必要である。つまり明確な直観に与えられたものの内部で、端的に無意味で、不可能であった無存在そのものを浮彫りにする還元が必要である。こうした意味で反論のできない証拠のみが、確実な認識の要求を満足させることができたし、こうした反論しえない証拠からのみ、論拠を構築する秩序が修得されえたのである。この秩序によれば、厳格な学としての哲学の要求は満足されたであろうと考えられる。こうしたより広範な還元を、フッサールはカント及び新カント主義にしたがって超越論的還元と呼んだが、これはワレ思惟ス ego cogito に究極的なよりどころがあったのであり、そのワレ思惟スから、構成を、換言すればいずれにせよすべての存在者の存在妥当の正当な導出を、可能にすべきものであった。

超越論的還元というこうした理念に関して、フッサールが同時にデカルトの範例に従っていることは、ながなが説明を加える必要はない。かくしてデカルトが、ワレ思惟ス ego cogito という確固タル基礎 fundamentum inconcussum によって究極的な確実性に達するために、あらゆるものを妥当なものと受け取ることを普遍的な懐疑的省察によって一時見合わせたように、現実性の一般的命題の止揚とフッサールの現象学の超越論的還元運動は、同じ仕方であらゆる意味賦与の起源である超越論的な原－自我への道を開いたのである。

デカルトの普遍的な懐疑的省察の理念ではなくその実行だけが、したがって、フッサールでは批判の対象となったのである。彼は、あらゆる懐疑に耐えているこの超越論的自我が、デカルトにあってはなお「小世界」、つまり一つの実体として考えられ、それに応じてあらゆる認識の基盤からあらゆる世界認識を正当化するこうした道が、実際には超越論的な意味導出とは理解されないとみる限り、懐疑的省察には真の徹底主義が欠けるのに気づいていたのである。もちろんこのことは、よく知られているように神の証明のための迂回路である。さらに言うならば、すばらしい表象所有、つまりデカルトでは数学に媒介された世界認識の確証を公認すべき我－意識というすばらしい表象所有のための迂回路である。これをフッサールは独断的なものと受け取っている。同じような仕方で、フッサールは後に統覚の先験的な綜合というカントの基本立場に批判を加え、先験的な悟性概念の演繹にひそむ不充分な徹底主義を非難したのであった。

こうした展望こそ、フッサールの一九一三年の『純粋現象学の構想（イデーン）』が、超越論的演繹と超越論的我の構成的な能力の普遍的な探究というデカルト的方途を、計画的に発展せしめたものである。それと同時に彼はマールブルクの新カント派に対して根底から広範な基盤を開示したのである。

こうした現象学的計画の実行に際して決定的な問題は、企てられた還元が実際徹底したものであるかどうかということであった。換言すれば、超越論的な原－我から意識が意味を成就する構造には、妥当性をもつすべてのものは、真に自己の超越論的な正当化に至ったのかどうか、あるいはこうした手続きによってもなお蔽われた信仰命題が気づかれないままそこに隠されているのか、したがってその正当化と確実性が疑わしくなるのかどうかということであった。フッサールは、現実性の存在措定の一般的止揚によって、つまり彼が諸学問の措定的《ポジチオナール》な意識に反して要求していたこの立場は、なるほど超越論的自我における究極的なもの、確固たるものを獲得したことをやがて知ったのである。しかしこうした究極の我は、根本においてある空虚なもの、つまりそこから何が始まるかをだれも正しく識らなかった或る空虚なるものである。特に彼は、少なくとも二つの気づかれていない前提が、こうした徹底した始点にも含まれていることを知っていた。つまりその第一の前提は、超越論的我は人間共同体の「われわれすべて」を自己のうちに含んでいること、また、現象学の超越論的自己把握は、いかなる仕方でも、そもそもいかにして超越論的自我 ego によって、我の固有な世界をこえて、汝とわれわれとの存在が構成されるのかという（相互主観性の問題）問いを明確に提出していないということである。そして第二に彼は、一般的な見合わせは、措定の中止がたえず志向的思念の明確な対象にのみかかわっている限り、しかし共同思念やあらゆるこうした思念を共有する匿名の含意にかかわりをもたない限り、現実措定には不充分であったことを知っていたのである。こうした含意はしかし、徹底的に遂行された超越論的還元にとっては宿命的なものとなっている。何故ならば学問の客観主義に対する批判は、正当化も構成的な証明もせずに生活世界の妥当を前提（VI 136）しているからである。かくしてフッサールは、結局はすべてがわれわれの全志向的な生命を包括する一つの普遍的な世界地平に結びつく諸々の地平論を形成することになったのである。

　フッサールが両方向で『イデーン』に取り入れたデカルト的な還元の立場を再審しようと計画し、こうした不充分さを避けえている自我《エゴ》の還元の他の方法を確かめる仕事にとりかかったのは、おそらくすでに二〇年代の初めであったろう。そこで彼は、ワレワレハ思惟ス nos cogitamus の全領野を通って一歩一歩進める還元によって、そこから超越論的自我に達するために、したがって超越論的心理学の道を進んで行ったのである。しかし一歩一歩の「判断中止《エポケー》」は満足なものでなく、「精神的な我」そのものがさらに普遍的な「判断中止《エポケー》」を受けなければならなかったのである。つまりこの中止を通れば、心理学的な客観主義のあらゆる偏見は無害にされると考えられたのである。とりわけしかし彼は、これまでのあらゆる超越論的反省の還元運動で、また素朴な存在信仰の客観性に対してこれまでになされたすべての批判で、さらにまたヒュームの懐疑的批判や、カントによる独断主義の批判的破壊においてさえ（デカルトの懐疑的省察におけるように）、普遍的な世界信仰そのものがそもそも問題にされなかったことを識っていた。問題は、存在すると主張されているこれないしあれの疑わしさだけであった。しかしまさにこうした懐疑こそ、世界信仰の普遍的な経験基盤をすでに前提していたのである。

かくしてフッサールは相変らず妥当するものとして、すなわち申し立てられた世界として機能する生活世界を特記することになった。つまりその構成は、これまで知られないままになっていた超越論的自我の課題となるといえる。彼は、こうした信仰の前提が必然的に蔽われたままであることを、史学的な熟慮によって正当化する術を心得ている。何故ならばこうした信仰の前提は、決してそれ自身同一のものでも、またはっきりと問題化されるものでもなく、普遍的な地平意識として匿名的な仕方で、あらゆる思念的な意識と一緒に歩むものだと考えるからである。

現象学の運動の真の歴史が示されるならば、こうした問題の連関は全体として明らかにされた筈である。それは、自明であるように、フランツ・ブレンターノによって始められていたにちがいない。そこでは——とにかくアリストテレスが正当に引証されて（*De an.* 425 b 12ff. und Met. XII. 9: *ἐν παρέργῳ*）、重大な違いが明らかにされるのである。すなわち「内的な知覚」と「内的な観察」との区別が明らかにされる。別な観点からすれば、必ずしもすべての意識が対象意識、いわば対象化する意識ではない。われわれがたとえばある音を耳にするとき、この音は対象的に意識される（「第一客体」）、それに反してわれわれが音を聞くそのことは、客体としては観察されないが、それにもかかわらず意識される。内的意識の共同所与性に関するこうした理論を、フッサールは本質的に精錬したのである。同時に彼は、ブレンターノの理論において記憶が占めていた方法的鍵となる立場を、意識の地平構造を証示することによって、特に過去志向的な〔retentional〕地平論によって克服したのである。意識の志向性なる概念、つまり意識流の構成という概念は、いやそれどころかさらに生活世界の概念ですら、意識のこうした地平構造を開陳するために役立つのである。

ハイデガー独自の努力さえも、意識と対象という頑固な対立をこのように現象学的に克服することをすでに前提している。彼がかつて——一九二四年マールブルクでのことと私は思うが、——モトノママノ行為 actus signatus と訓練サレタ行為 actus exercitus というスコラ的な区別を引合いに出したとき、それはわれわれには新しい合言葉のように響いたのである。学問における意識の客観化する態度と、それの遂行ということに対して、人間の態度や人間の世界経験には、哲学とかかわりをもつきわめて深奥にひそむ層が存在するということは、新カント主義に対するわれわれ自身の不満に符合したのである。しかし同時に「客観」‐存在でないような「存在」を考えるという存在論的な課題が提起されたということは、『存在と時間』でハイデガーが事物性の概念に対して批判を加えたことから、はじめて一般的な哲学的意識にまで高められたのであった。

まさに同じ問題連関が、実際上——それは史学的・生成的なものではない、つまり提唱者はだれで、後継者はだれであったか、フッサールであったのか、ハイデガーであったのかは未決定のままである(10)——生活世界についてのフッサールの教説と（これは『イデーンⅡ』(1920)(11)においてはじめてはっきりと示されたもの）、『存在と時間』の世界分析との間の近似現象の根底に横たわっているのである。

『存在と時間』においてももちろん、世界の世界性そのものが現存在のあらゆる世界経験の中に知られずに残留しており、現存在の固有な根本性格として、そうした現存在の実存的な構造契機として、特記されなければならないということが詳論されている。日常性についてのハイデガーの超越論的分析は、その点から見るならば、フッサールの現象学的問いかけの首尾一貫した運動の継続と見えるし、その分析の結果や現存在の特性の提示や、さらに時間性や歴史性という現存在の実存的な構造は、実際、超越論的現象学の計画の仕上げとして、現存在の有限性とともに与えられた具体的な地平にまで及ぶと解釈されたのである。ここからオスカー・ベッカーは『フッサール－記念論文集』1929, S. 39 で次のように述べた。

> 解釈学的な現象学の傾向は、（排他的ではないけれども）『イデーン』の超越論的・観念論的な根本的態度をより広範に具体化することを目指して進んでいるが、同時にそこではまだ規定されないでおかれた地平の多くが、より詳細に確定される。それは、とりわけ単に「心理学的」な主体の有限性だけではなく、また基本的・存在論的な観点における重要なあらゆる主観性の有限性も、その影響の大きいすべての結果である（死、歴史性、「責め存在」など）をもって確立されることのためにである。

ベッカーによればハイデガーは、彼が真に達成すべき超越論的還元のために必要とされる隠された志向性をフッサールが明示してくれることを、「存在への問いかけ」の遮蔽されているさま、つまり『存在と時間』がその解明にあたった存在問題の遮蔽性に適用した限りでは、まさにフッサールの現象学の問題提起への方法的な模倣を成し遂げたのである。

それにもかかわらずフッサールの『危機』に関する老年期の大作が研究されるならば、ハイデガーの注目すべき仕事が、もはやフッサールによって計画された方向で発展した仕事ではあるまい、という確信にフッサールが想到したことは、隠しえないことである。いやそれ以上に、ハイデガーの哲学が当時受けた大きな反響をみて、フッサールは容易ならぬ兆候を感じたのである。このことによって、どのような危険が同時代人の意識のうちに迫り来っているか、また彼本来の哲学的な課題提起がいかに容易に誤解されえたかを、フッサールは明瞭に知ったのである。すでに周囲の事態は意味深長である。すなわちただフランス語だけでしか出版されなかった論作の『デカルト的省察』から、現象学を基礎づける根拠のたしかな叙述を発展させるという永年の努力が行きづまったのである。『存在と時間』の成果によってフッサールは新しい意欲をかり立てられた。そのようにして――局面はもはやドイツではなく、ベルグラードに移っていたために――危機－論文が出現した。そこで起こったものは何か。生活世界の明確な主題化とは何を意味するのか、また超越論的現象学を、全体と解されたこれまでの哲学の客観主義に対立させる大規模な試みとは何を意味するのか。ところで資料が私に知られている範囲では、フッサールのこうした最後期の仕事に超越論的自我の基盤の「克服」や、またその限りでハイデガーの哲学的な努力への接近を、認識しようとするものたちの意見に、私は従うことはできないのである。一般に『危機』の七三章の附録 XXVIII として、一九三五年[12]の夏から印刷された断片が引合いに出される。この原典《テクスト》が危機－論文作成の一種の自伝的な動機づけを説明しているというのはまったく正しい。しかしこの動機づけの様子はどのように見えるのか。

　この動機づけは次のような文章で、つまり「学としての哲学、真の、そして厳密な、いやそれどころか、疑いを容れない厳密な学としての哲学――この夢はすでに消えた」で始まる。そしてさらに続いて、「哲学はいつか或るとき、存在者のすべてについての学であると信じ込んでしまった」――「しかし時間は過ぎ去ってしまった、これが一般に支配している確信である。強力で、しかもたえず増大する流れ、それはちょうど宗教的な無信仰のそれのように、学問性に見切りをつける哲学の一流派となって、ヨーロッパ人の間に溢れているのである。」

もしこうしたフッサールのことばが彼自身の考え方と解されるならば、それは誤解になる。実際、そのことばは彼から分かたれることなく、いやそれどころか彼によってまさに致命的な破滅として反駁された考え方を物語っている。それは厳密な学としての哲学のための彼の古い戦いである。この戦いによって彼は、したがって歴史主義に対して鋭い一線を画することになったし(1911)、いまではそれが彼の人生の終局において、一つの新しい段階に踏み入ったのである。すべてのものが「世界観」の問題になり、そして彼を新たな問題意識へと呼び出した絶対的なるものについての学問的真理が、不可能事であると考えるにいたっては、さらに危険である。「哲学は危難に直面している。つまり哲学の未来は危険に瀕している――このことが、哲学の現代的な課題への問いに対して、この時代に注目すべき意義を与えるべきでなかったのか。」〔Beilage XXVIII, S. 509〕それはしたがって史学的熟慮を必要としている。――これはフッサールが危難の認識から引き出している成果である。しかしこれは、哲学の大きな課題が真に終局に達し、単なる夢として認識されているという意味では決してない。まったく逆である。たしかに彼は、変化した状況のもとで、史学的な相対主義が一般的な意識に陥没して行くのに対して、次のように問いかけざるをえないのである。すなわち「いったいそれにはどのような意味があるのか、それは哲学的に自立する思想家を意味しなければならないのか。彼の仕事は失くなってしまうのか。」〔Beilage XXVIII, S. 512〕しかしいうまでもなく明らかに、こうした問いかけが否定されようとするのはまったく確かなのである。学問的哲学の理念が、彼によって排棄されるのではなく、何の配慮もなく無頓着にこうした学問的哲学の仕事を続けるというそのことが、明確な史学的正当化の手を省いているために、排棄されるのである。かくして危機－論文は、なるほど直線的な道をたどって、疑いを容れる余地のない厳密な学としての哲学の基盤を見出すというこれまでの確信には、或る変化を反映しており、しかも確かに生活世界の体系的な重視は、このように変化した意識と何れにせよ関連のあることである。しかしこうした変化はじつは目標にも影響を及ぼしているものなのか。フッサールは以下のように記している。

それ〔目標〕は、ここではそもそも危難の時代における人間にとってあるようなものである。つまり引き受けられた生活の課題の可能性のために、危難の時代にはまさにこうした課題をさしあたり中断しておいて、将来正常な生活を再度可能にしうるものをなすという意味である。それを達成して行くのに、一般的にはこうした全生活状況、したがって根本的な生活の課題は、もし最後にまったく無意味なものにならないならば、自ら姿を変えるに至るのである。〔Beilage XXVIII, S. 510〕

こうした一般的な命題はフッサールの特殊な状況に対してどのように適用されるべきか。生活状況の変化のためにフッサールさえも、反論のできない厳格な学として、哲学を基礎づけるのに必要な彼の根本的な生活課題を無意味ないものと思いこむようになると考えるのは、正しいことなのであろうか。危機－論文はこうした問いに対してどのような応答を与えるのか。

この論文を一つの全体として考えるならば、その構成法則は悪くとりようのないものである。必要なことは、真に根拠のしっかりした超越論的還元を実行することである。客観主義の歴史への大規模な回顧は、先ず第一に本来の現象学的計画の明晰な歴史的解明に役立つのである。それこそ現象学を通じて達せられた「認識課題の変遷」である。この変遷にとっては、もはやいかなる前提された経験基盤もないのである。人間の自然的な思索的生としての経験内容を限なく疑うところに経験の基盤があるという、かの普遍的な世界信仰も止揚され、しかも超越論的我のうちにその構成を見出さなければならない。その限りで現象学の方法は、あらゆる学問的な方法とは反対に、「無基盤の方法」、つまり「超越論的経験の方途」であって、経験論的な帰納ではない。何故ならばその方法は、自己の基盤をそのつど自分で創始しなければならないからである。フッサールの使用している歴史的な自己熟慮は、彼に対していまやこうした徹底した超越論的な思慮への発端が、支配的な客観主義のためにくりかえし自分の真の軌道からいかにしてそれたかを教えるのである。この方法は単にデカルト、ヒューム、カント、ドイツ観念論（フィヒテ）の最も広範に及ぶ思想家たちに妥当するばかりではない。それは、フッサールの目から見れば、ハイデガーの作品における世界観的な動機の流れの溢出にも明らかに妥当するわけである。危機－論文の構成的法則はもっとも明晰にそのことを教えている。超越論的自我 ego を徹底的に基礎づける試みには、「真の逆説」がくりかえし現われて来るのである。しかしこの逆説の解決も欠くことのできないものである。

「ところで自己誤解への誘惑がいかに大きいか、また結局のところ超越論的哲学の真の成功は、最後まで進められた自己熟慮の明快さにいかに依存しているかは、より進んだ考察によって明らかにされるであろう」、とフッサールは四二節の終りに書いている。そして実際、こうした熟慮をさらに継続することによって、還元の純粋な超越論的意味を自我《エゴ》へ引き留めておくという難事の中に、「逆説的な無分別さの浮上」が存立するのである。フッサールの答えはしたがって次のようになる。あらゆる存在妥当と意識妥当の源泉として作用すべきかの我が、我において始めて構成される世界の一分枝そのものであるというのは、結局は単なる見せかけの問題である。超越論的構えを「たえず誤解によって脅か」している自然な客観的な構え（183）の自明性という力が、そこで活動しているのである。超越論的自我は世界における一我ではない。それを認識し、真に捉えておくのは恐ろしく困難なことである。

このことは、相互主観性の問題が扱われるとき、重ねて明らかにされる。ふたたび次のように自問することができると思う。つまり汝とわれわれ、つまりそれ自身我でもあるわれわれが、どのようにして超越論的自我《エゴ》において構成されるのか。こうした困難がフッサールに負荷になればなるほど、その困難のためにしかし彼は、一瞬間といえども超越論的自我の方法的優先の保持を止めるわけにはいかないのである。私にとって疑いないと思えるのは、フッサールの目には、彼が古くから現象学の自己関係性に認めていた困難が問題になっていることである。換言すれば疑いを容れる余地のない明証さによって、哲学そのものを現象学的に基礎づけることが、こうした基礎づけそのものにも適用されなければならず、しかもそれはいまや彼の確信に従えば、ハイデガーの「事実性《ファクティツィテート》の解釈学」で宿命的な錯誤に迷い込んでしまったのである。危機-論文が示唆する史学的な自己熟慮の大きな背景は、こうした誤解の根拠を露呈することになろう。この限りでフッサールにとっては実際、全体的な生活状況と根本的な生活課題とは変化したのである。すなわち史学的な自己熟慮は欠くことのできないものとなる。この熟慮は批判の批判と不可分なものであり、超越論的還元はここにおいてのみ実現されうるのである。危機-論文は『存在と時間』に対する暗黙の応答の試みである。

　われわれは、生活世界の概念と、今この概念に認められた実質的意味とが、それに対して何をもたらすかを自問しよう。たとえ今彼の言葉に出会うことが、すなわち申し述べられた世界の普遍的な経験地平に必然的に判断中止を及ぼすことが、『イデーンI』の形而上学の古い問題であるとしても——そしてこうした超越論的還元はすべて構成の課題を含んでおり、したがって「生活世界についての純粋本質論」が存在しなければならない——それでもやはり生活世界のこうした本質構造の分析が、ここに至ってはじめて決定的に使用されるということ、つまりそれが歴史主義の諸問題の解明を可能にするということは疑いのないことである。生活世界自体の概念に含まれている相対性は、まさに一般的な世界地平がわれわれの現在の世界経験において現われるように、歴史的な認識において同じような仕方でわれわれに与えられ、あらゆる歴史的な個別認識に対してアプリオリに存在する多様な歴史的世界に登場してくるのである。超越論的自我《エゴ》の結末は、したがって可能な「世界の像」の全体を包含しているのである。そしてこの世界像の類型が構成研究の対象である[13]。

あらゆるこうした相対性はところで、歴史的になってしまった独自な生活世界の偏りでさえも、もしそのEidos つまり「生活世界」それ自身と、その変域の範囲が認識されるならば、その混迷させる重味を失なうのである。生活世界の分析の成果は、あいまいなものを残さず次のように説明される。すなわち「あらゆる点から見て明らかなことは、これまでの哲学の問題で何ら顧慮すべき有意義な問題は存在しないこと、そして超越論的現象学が、その道に従って達し得べくしてかつて達しえなかったような、いかなる注目すべき存在問題も、そもそも存在しないということである。」

もちろんさらにここでもう一点について問うてもよいであろう。すなわちフッサールの老年期の作品の特徴を示している歴史学的な自己熟慮による超越論的還元の浸透は、フッサールが、以前に彼の超越論的現象学の基礎を築くのに役立てた、自己成熟の基礎的な分析に適用するには及ばないのか。少なくとも、フッサールの歴史的な自己浸透を、ヘーゲルの絶対知の弁証法から区別する本質的な有限性が、明確になることが期待されるであろう。実際、フッサールが以前から心に留めていた思弁的観念論の防衛ということから直接的に導出されることは、生活世界の普遍性が単に普遍的な地平と考えられ、したがって十全で、疑う余地のない確証という理念は、ここでは最初から拒絶されなければならないということである。「絶対知」の「絶対的な」現在には、あらゆる過去が纏まるという考え方は、背理として証明されるのである。不確実な彼方にかすむ未来が単なる地平の無限として、流れゆく自我《エゴ》に算入されるように、同じことが彼方にかすんで行く過去にも妥当するのである。フッサールは断固としてこうした絶対的な歴史性の一貫性を描くのである。

彼は次のように書いている。

「無限なる理念という意味で、世界史は無限なるものへいわば投影され、事実的に妥当する世界表象の無限性を通して、たえず訂正されるものと考えられた世界という理念を意味するのである。」「それには、したがって総体として規定された現在からみれば、あらゆる過ぎ去った現在において訂正されるような無限な歴史的過去の理念が属している。……にもかかわらず無限なるものにおける未来とは何を意味するのか。当面する厳しい問題は、このように推測された世界には、それ自体で或る意義がありうるものなのか、その意義とはどのようなものなのかということである。」

この立場は、フッサールが彼の思想の進展の中で、世界の理念それ自体を、或る無限な意識の投影として否定し、まさに無限なる未来のために徹底した有限性を強調することが、いかに必要であるかを教えている。

こうしたフッサールの意図が危機‐論文を支配している歴史的な自己正当化への傾向と同じく、超越論的現象学の方法的な基盤を、つまり超越論的自我《エゴ》への還元を問題にしているかどうかが問われなければならない。こうした問いを重視するためには、後期のフッサールにおいて生命の概念が果している役割を想起するのがよい。この「生命」なる概念は、あたかも超越論的自我の我性に取って替わろうとするかのように見える。それにもかかわらずフッサールに従えば、「意識の生命」は――フッサールがいずれにせよナトルプから借りていると思われる[14]この表現からは、古い神秘的な言語層が聞きとれる――なんら超越論的自我から独立な層ではない。私は、彼が生活世界の問題性を説明するときにも、相互主観性の説明のときにも、フッサールが途中で彼の超越論的・デカルト的な出発点を修正したと考えるべき根拠を知らないのである。二つの問題領域がもっぱら示唆していることは、危機‐論文が、以前のことから詳しく語るという史学的な遡源によって、特に誘惑的な出発点をどのように基礎づけるか、つまりたえず更新される「逆説」ないしは諸困難をどのように基礎づけるかである。こうした諸困難が超越論的基礎づけの態度から落ち出るように唆かすのである。

相互主観性の問題に関して、超越論的自我の難関は結局は崩れるという[15]シュッツの仮説は、フィンクは賛成した（*Royaumont* 298）が、私の考えによればまったく論ずる要のないものである。それは、こうした逆戻りをフッサールがあらゆる努力によっていかにして防止しようとしたかを充分によく説明している。いわば『デカルト的省察』で展開されている相互主観性の理論と、危機‐論文での該当する部分との間に、フッサールの発展が認められると信ずるのは、私には単なる見せかけに思える。その結果彼は、他我 alter ego が超越論的感情移入によって構成されるという理論をこえたことになるだろう。主張出来る唯一のことは、フッサールが他我の、つまり汝‐経験の方法的な優位をはっきりさせたということである。――つまり存在者一般の超越の根本的経験に対してである。汝‐経験に比較して、いわゆる外的世界のすべての事象経験は二次的な超越経験であろう。しかしこのことは、論拠の構築秩序、つまり構成的仕事の積重ねが、超越論的自我のうちにその動かしがたい基礎をもつということを、何ら変更するものではない。危機‐論文においてはなるほど精神共同体の根源性が話題になっており、その根源性に通ずる超越論的心理学の道は、ワレワレハ思惟ス nos cogitamus の展開として、それに固有の権利をもつのである。しかし問題のこうした層は、フッサールに対してどうしてもふたたび原‐我におけるその超越論的基礎づけを要求する。したがって超越論的心理学の還元の道は、結局やはり「本来的な」生活世界に通ずるのである。

もしフィンクと共に（*Royaumont* 113）超越論的原‐我を説明し、しかも真に『デカルト的省察』の問題地平を一定の仕方で再度越えるような新しい次元を、相互主観性の問題のために酷使しても、その次元に自我《エゴ》と他我という複数の起源がある限り、このことは単なる見せかけでしかない。実際、相互主観性の構成に関する所説は、

『デカルト的省察』で提起されている超越論的感情移入によっているし、それと完全に一致しているのである。この所説は、客観的な世界とモナド的共同体の構成の歩みに、あらかじめ存在する（§50）最初の歩みとして、はっきり記されている。したがって私は、フッサールの思考作業の一貫性を考えるとき、もし——たとえばジャン・ヴァールが *Royaumont*（429）のコロキウムの成果を要約したときのように——フッサールにおいては相互にみのり豊かな緊張関係にある二つの傾向が、一方は超越論的自我を目指し、他方は生活世界を目指して相対立し、作用しあっていると言うのは、まったく正しくないと思うのである。このような緊張関係は実際には存在しないのである。

　フッサールの現象学が合流する本来開かれた問いは、したがって危機‐論文が教えているように、超越論的還元の過程を守るさいに生ずる「諸困難」の中にはない。こうした諸困難に対して、フッサールは徹底して勝利者であると信じている。生活世界の理論は、反対に超越論的還元を誤らないように決められている。問題がどこで開かれ、何が本来的な係争の対象を成しているかは、基本的な構成問題の層である。つまり原‐我そのもの、すなわち時間性の自己構成の問題の層である。

　「構成」の意義についていぜんとして係争されているのは、どのように説明されるのか。フィンクもラントグレーベも、フッサールの後期哲学にそれほど積極的に関与しなかったために、二人は実在論と観念論の前批判的、前超越論的な古い対立を前提する問題提起の歪みへ巻き込まれてしまった、と考えることも許されるのである。もしフッサールの現象学の実在的な側面を問題にし、いわばフッサールにおける素材《ヒュレ》的なデータの承認を指示するものがいるならば、彼はしかし明らかに虚空へ突き入ることになる。フッサールがバークリーの意味で観念論者でなかったということを、だれがいったい疑うのか。

このことはまさしく構成の概念に妥当することである。知覚事象に関して、産出の概念はその妥当意義の産出以外に何も意味しえないということを、一体だれが反論しようとするのか。これと同じことは、しかし、もしフッサールの超越論的意図を本気で受け取るならば、生活世界および他我の構成にも妥当するのである。構成とは、遂行された還元の後に来る再構築運動以外の何ものでもないのである。後者つまり再構築の運動が超越論的であるように、換言すれば真の否定を意味せず、ただ存在妥当の中止を意味するように、主観性の能力による構築も、またともかく或るものからの真の産出ではなく、意義として妥当すべき[16]あらゆるものを理解する道である。

フィンクは *Royaumont* の非常に興味あるフッサール－論文で、構成の概念がフッサールの操作的な概念に算えられること、そしてこうした操作的概念の本質には、こうした概念が決してそれ自身問題化されないということが属することを強調しているのである。このことはたしかに正当である。しかし私はすでに *Royaumont* でこうした確定を同時に超越論的言語の問題として承認するように強く迫ったのである。操作的であるというのは、やはり主題を追わない仕方で機能することを意味する。まさにそれは、しかし、言語的なものの機能のあり方である。とにかくもし言葉が「世界的な《ヴェルトハフト》」素姓のものであるならば、言葉の概念的な意味にはまだまだ曖昧性は生じないのである。構成の概念がフッサールの多くの他の概念のように、世間的に－周知の（「産出《プロドゥクチオン》」の）態度から超越論的態度へいかに転向しているとしても、その概念は決して産出を意味してはいない。

そもそもここで議論さるべきものは何か。R・インガルデンは『デカルト的省察』に対する彼の注記の中で、特に念入りに慎重そのものに、『デカルト的省察』の超越論的還元の問題性が形而上学的なものへ脱線しないように見守り、[17]そして古いゲッティンゲンの研究者達には、フッサールの超越論的転向に対する理解がまったく認められないのに自ら抵抗して、さらにフッサールの産出という概念に対しても、論理的な組立ての上から注目すべき反論を申し立てているのである。問題の核心は、もっぱら現在の源泉において時間性を自己構成することにある――したがってかの構成問題のもっとも深層にあるのである。つまりこの問題自体にとっては、超越論的自我およびの意識の流れ、そしてあらゆる構成能力の究極的な起源といったものは、生きた現在の流れが本来的な原現象として意識流の構成の根拠でもあるという意味で、なお超えられるというのである。実際「自己ｰ構成」が問題になっているここでのみ、構成が創造をも意味してはいないかどうかを問うことができるのである。

レーベン誌に収められているフッサールの研究草稿の完成は、明らかに長い目でみれば一つの課題である。単に日付け整理だけでなく、内容的な秩序づけも目下のところ暫定的にのみ可能なことであろう。

V

私がこのような問題の状況のもとで、「原現象的現在」の自己構成という異論のある問題にあえていくばくか発言することができたとすれば、ケルンのフッサール誌（ランドグレーベとオルクマン・シュルックにこの点で感謝しなければならない）を通じて重要な草稿Ｃ21のコピーが私に呈示されたからである。こうした草稿を整理することによって、フッサールの超越論的現象学をこえて思弁的・弁証法的な解釈の針路と限界が、折しもフィンクがきわめて印象深く報告したように、究明されているのである。

自己の存在意義を、価値の統一として成立せしめるであろう活動性については、ここではいかなる意味でも語りえないというのが、原階梯の特別なあり方であると思う。存在しているものは、おそらく超越論的意識流そのものであって、すべてのこうした活動において、すなわちあらゆる行ないつつある行為において「我」である。しかしそれもまた――なるほど受動的な仕方ではあるが――おのずから構成されているのである。明らかに流れや我についての問題にはまったく不当な先取が含まれている。このことから方法的に次のことが帰結する、つまり超越論的自我《エゴ》というこうした存在も、括弧に入れられ、構成されなければならないということである。かくしてはじめてわれわれは「本然の」現在に到達するのである。こうした原現象はどのように経験されるのか。言うまでもなく反省によってである。すなわちこの反省は、反省の対象となるものが自己と同じものであることを知っている。しかもこれはたえざる反復によって成立するのである。かくして反省は、時間それ自身ではないが、そこで時間の存在形態をもった連続的な意識流が構成されるのである。

　ここには問題がある。超越論的反省の単なる最終結果は、実際自我というかの原現象と考えられるのであろうか。最後のものは、そもそもかの原現象によってはじめて成立するのではないか（したがってこの意味では「創造」が前にあると言えるのである）。事実フッサールは次のように問い質している。すなわち原現象、時熟の根拠、すなわち原-我は、そもそも時間の形態であるのか、と。フッサールはそれを現在《ゲーゲンヴァルト》と呼ぶが、それは本然的な意味で、したがって現在には――超越論的自我《エゴ》と異なって――十全な自己所与性が承認されるべきである。彼は、そのことが背理ではないか、と問いかけている。すべて与えられたものはだれかに与えられているのではないか。したがってこれは、受けとられたものであって、与えられたものではない、と。しかし時間性の自己構成ということの最深の層においては、流れ行く現在の源泉が問題になっているのであるが、明らかにそこでは一つの自己関係性が仮定されなければならない。この自己関係性は、与えることと、与えられることないしは受けとられたものとの区別を含んでいるのではなく、一種の交互包括関係であって、それは構造的には、生命すなわちプラトンの自ラ動クモノ αὐτοκινοῦν にふさわしいものである。しかしまた古典的な自己自身ヲ思惟スル作用 νόησις νοήσεως の主張と能動スル知性 intellectus agens に関する教説が、ここでは確証されているのである。

絶えず流れているこうした原現在は同時に永遠ノ今 nunc stans であって、この今はその時間地平をそのつど共同構成するが、それを貫流するすべてに対して形式として作用するように構成するのである。存在するものは原変転である。しかし原変転はいかなる時間のうちにも存在しない。何故ならばこの変転は、先ずその変転においてはじめて成立するし、同時にそれは際限なく反復可能な反省において、形式の持続として構築されるからである。フッサールは、こうした反復構造の中ではまったく現象学的な研究方式の挫折を知らなかったし、また「思弁的な」継続を（いわばホールの研究のスタイルで）非現象学的なものとして拒斥したとしても、私は疑う余地がないと思う。逆に、反復する反省における原変転の所与性は、フッサールにとっては「超越論的還元」の実際的な成果である。そのために超越論的現象学の方法的基礎づけが、どうして両義的にならざるをえないのか私にはわからない。原生命は依然として原－我のままである。イポリットが *Royaumont* で提出した、フッサールには無－我の基層が存在するのかというきわめて的を射た問いかけに対して、v・ブレーダが正当にも次のように答えていた。「フッサールにとってこの解決は考えられないものである」(323, 333) と。

しかし現代のフッサール－議論を本質的に規定しているものは、超越論的観念論へのフッサールの発展に対して、素朴・実在論的批難と、基礎的・存在論的な批難との間の質的な相違が、充分に鋭く浮かび出ていないところにあると思える。(18) ランドグレーベは特に「基礎的・存在論的実在論」に関する最も誤解の多い表現の手助けをしてしまったように見える（ゼーボーム S. 151 ff）。たとい彼が、批判にさいして、超越論的意識の存在論的下位規定性に向けられたハイデガーの批判にどんなに従っていようとも。とにかく意識からは原理的に独立の存在を目ざす（ゼーボーム S. 155）「実在論的批判」が、問題状況を完全に逸しているということは、留意されなければならない。フッサールの危機－論文は、この点に関して超越論的反省の普遍性からはまったく何ものも取り去ることはできないという――知性ソノモノ以外ニハ nisi intellectus ipse――決定的な明晰さを達成しておくべきであった。

フッサールの超越論的哲学的一貫性の厳格性を後退させないとき、こうした事情ははじめて正当に評価されるのである。しかし、もし素材的要素や相互主観性の問題において、あるいはどこであれ、「実在論的な」動機を認めさせるならば、そのようになるのである。フッサールの偉大な生涯の研究成果はそのために見のがされたであろう。

かくしてフィンクと力を合わせて超越論的還元を最後までなしとげ、いわば自分自身の外に連れ出し、そしてこうした還元の本質的な不完結性の洞察から出発するという、フッサールの疲れを知らぬ努力は、非常に首尾一貫しているものである。

フィンクは、「原現在」における超越論的自我の自己構成の理論を、フッサールの超越論的な反省方途そのものに対する根本的な批判の出発点としている。そのために彼は、ヘーゲルや外的反省についての彼の批判に助けを求めて、現象学に敵意をもつ仲間である弁証法によって、いわば現象学を補完しているのである。しかし彼には――ハイデガーを後継することによって――絶対知なる概念に含まれる「存在の絶対的な英知性」は承認されないままである。かくして彼は、ただちにハイデガーに従い、同時に真理と非真理、覆いをとることと隠すことの内的な相互転向性をフッサールに適用するのである。あらゆる主題化には必ずつきまとう本質的な「翳り」によって、「構成的な現象学」のフッサール的な試みが、結局は不可能にされるだろうと考えている。フッサールにおける構成概念の完全な未解決性は、こうした翳りの例そのものであると言える。

しかし実際、フッサールが超越論的基礎づけという境界問題に「座礁」したことによって、はじめて新しい衝撃が与えられたのだろうか。ハイデガーの「事実性の解釈学」（こうした衝撃に対する応答である）は、実際こうした超越論的境界問題に対する唯一の応答にすぎないのか。その結果別の応答として、ヘーゲルの同一哲学、彼の外的反省の批判、さらに「本質」における「存在」の彼の弁証法的な止揚も、同時にこれに加え入れることができるだろうか。

　実際、これこそおそらく早くから自然に兆候があらわれており、しかもハイデガー独自の努力を証明する基本的な内容上の相違である。先ず知覚の本質をめぐる執拗な争いがある。ハイデガーが用具性の優位に関して説いていることは（また実用的な動機であるシェーラーの受容によっても同じように認められたものである）、フッサールの構成的な現象学で組織された志向性の上部構造の秩序と基礎秩序のすべてに矛盾するものである。フッサールが計画した前述語的経験への後退は、述語構造から解放されているとは思われない（『経験と判断』S. 62と§15は、ハイデガーに決定的に対立して、「純粋な」知覚を基盤とする基礎秩序に固持している）。ハイデガーがフッサールの基礎秩序において、結局は構成的な現象学の全理念にかかわりをもつ存在論的な偏見が有効であると見ているのであれば、ハイデガーは正しくないのか。たしかに、「存在のいかなる意義もそれ自体構成的な分析によって証明可能なものでなければならない」と彼が言うとき、その方法でフッサールはうまく切り抜けることができる。たとえ「現存在」が問題である場合でも、形相 *Eidos* である「現存在」だけが問題になりうるのである。すべての構成問題は、まさに時間性の自己構成において、「原現象的現在」というかの究極的な境界層において、つまりフッサールによれば、普通存在として構成されているあらゆるものと同じ意味で、「存在」ではないかの境界層において、生ずるものと考えられるのである。しかしハイデガーは、更にそれ以上に、「現存在の〈成存《ヴェーゼン》〉はその実存のうちにある」（『存在と時間』四二頁）と考える。——こうしたハイデガーの命題は、実存の脱我を強調するだけでなく、「成存」という意味で、現存在の存在の仕方を問うことによって与えられる変転をも強調しているのである。現存在の形相《エイドス》-性格を引合いに出すだけでは不充分なのである。

さらに第二に、原現象的現在の概念のうちにある絶対的な自己現前は、存在のあらゆる意義を、つまり「歴史性」によって考えられている意義をもすでに確定しているのである。つまり歴史性の本質は、なるほど「無限な課題である人間性へ生成するなかで、有限なる人間性が出成《エントヴェルデン》する歴史である」(VI 325)。がしかしフッサールの現象学の概念にとっては、こうした歴史には目標 Telos があり、その認識がまさに現象学的な自覚の意義を成すということは自明である。たとえフッサールがこうした課題の「無限性」を認識し、しかもその限りでヘーゲルの絶対知を拒斥していようとも、目的論ははっきりと残存しているのである(直ちにここから、哲学的な神学の諸要素をフッサールにおいて枚挙することができる。すなわち神は、「存在論的な唯一性をみずからに抱えている」ロゴスとしての神である)(19)。それは形而上学の歴史からよく知られた帰結である。この結果から、フッサールの全設問を支配している存在概念は、形而上学のそれであることが確認される。究極的な層である時間性の自己構成の層も、自ラ動クモノ αὐτοκινοῦν ないし自己自身ヲ思惟スル作用 νόησις νοήσεως のように、こうした地平に留まるのである。

私は、ここで発露と隠蔽との相互浸入に関するハイデガーの所説に訴える可能性を知らない。というのは「真理の対向性」についてのハイデガーの所説は、超越論的哲学的な反省方向にはまったく存在しないからである。それは、したがって自らの証明書を、超越論的自我の基盤としての原現在の自己構成という逆説のうちには決してもっていないのである。むしろ真理は露わに発かれることであり、存在は居合わせるものの居合わせであると考えることが、形而上学の本質であって、このこと自身からさらにフッサールの超越論的な問いが規定されるのである。これに対してハイデガーは、存在を存在者として考えるこうした経験には、どのような遮蔽が必然的に結びついているかを認識していた。すなわち存在者がすべて露わに発かれてあることを、存在者としてはじめて可能にするそのものの遮蔽を知っていた。そしてしたがってそれを彼は存在論的な相違と呼んだのである。かくして彼にとって真理の根源的な意義として、発露と隠蔽との相互浸入が出てきたのである。存在が単なる居合わせであるばかりでなく、「明かり《リヒトゥング》」そのものであるように、存在は「存在問いかけ」の根源的な次元で判明するものである。この問題に関しては、ずっと以前にすでに決着がついているので、したがってそれはもはや問題になりえないのである。つまり真理は生起として立てられているのである。

ところでハイデガーの問いの方向を、いわば弁証法的な方途に基づく時間性の自己構成というフッサールの問題に連結しようと試みても、それが連続するとは私には考えられない。しかしそのようになるとすれば（フィンクとともに）、「有限性」が単に総体的な対象化の限界を意味し、その限界が、それなりに（同一哲学と共に）対象化しえない全体を前提しているときである。このようにして存在論的には、対象化の意図はまさに固持されているのである。固いものだけを液化し、固着するものだけを引き裂くことのできるのが、弁証法の本質である。この弁証法はエレア派の発明である。ハイデガーが考えようとしている、隠蔽と発露、居合わせることと不在との相互浸入は、このような意味で「弁証法的な」ものではないし、「本然的な現在」と「絶対的な真理」との境界経験とは考えられず、むしろそれ自身存在であり、真理であると考えられるのである。存在忘却は世界忘却ではない。

もしこのことが正当であるならば、フッサールの超越論的現象学に対する哲学的課題は、「現象学的内在」を弁証法的に克服することにではなく、現象学的な研究態度とのたえざる対決によって成立するのである。同じようにその場合、しかしハイデガーの問いの方向といえども弁証法的な継続を許さず、むしろ現象学的な証明の理想にたえず還帰することを要求するのである。――たとえ「究極的基礎づけ」の理念、したがって体系的な構成研究の理念が、その存在論的な偏見に座礁してしまったとしてもである。言語習慣に根をはっている基礎的存在論なる概念は、ハイデガーの方途とその結論を端的に標示している。これからただちにわれわれは、フッサールによって試みられた「超越論的還元」と張り合おうとした、哲学の基礎づけないし究極的基礎づけの、もう一つの形式に想到するのである。あたかも「根拠の命題」や基礎づけの理念そのものが問題になり、またハイデガーの『存在と時間』についての超越論的自己理解が、まさに時間から存在を基礎づけるという課題には不充分なものとして証明されたかのようにである（*Humanismusbrief, S. 17*）。

あらゆる存在経験の土台としての有限性を厳格に受け取るためにぜひ必要なことは、存在経験があらゆる弁証法的な補完を拒否することであると私は思う。たしかに有限性は思惟の内々《プリヴァート》の規定であり、それ自体無限を前提しているということ、たとえば「現象学的な内在」がその対立物である超越を前提していることも、あるいは歴史が（別のあり方で）自然を前提しているといったことも「分明な」ことである。だれがこれを否定しようか。しかし私は思うに、われわれはカントを通して、こうした「分明な」思考方法がわれわれという有限な存在に可能な認識を伝えることはできないということを、はじめて学んだのである。可能な経験とそれによる証明を頼りにすることは、あらゆる縛られた思索の精髄であることを止めないのである。

こうした証明の基盤は、しかし真の普遍性をもつもの、これをもしそのように言うことが許されるならば、有限な仕方で無限なものである。言葉は、われわれの思索のあらゆる途がその普遍性を頼りにするものである。

かくして最後に言葉が問題の中心に登場して来るのである。フッサールにとってこの問題は、（ギリシアの存在論やイギリスの経験論にとってと同じように）思惟の誘惑であった。ベルグソンにとって、それは生命の流れを蔽っている「言葉の氷」であったし、ヘーゲルにとってさえロゴスの完全態であるよりはむしろ前成態であった。現象学ではフッサールでもシェーラーでも、ほんのわずかな程度にしか言葉の問題が考察されていないのは驚くべきことである。

　フッサールが言葉にいかなる問題領野も認めなかったかのように言うのではない。それにもかかわらず言語的な形成が世界経験の図式化であるということは、どうしても出て来ることである。そして現象学の記述的な手仕事で用いられている話し方や慣用句の探捜は、まさしく重大な実用的役割を果しているのである――いずれにせよ今日のアングロサクソン的な分析に輻合する点であって、これについてはさらに問題にされなければならない。フッサールの志向的な諸性能の上部構造の秩序が――「生活世界」を構築している匿名の志向性を完全に取り除いてみると――言葉を同時に包括していることは当然である。言葉は彼にとって「より高度な段階の」能力である。しかしワレワレニトッテ先ナルモノ πρότερον πρὸς ἡμᾶς すなわち言葉であるものは、かくしてただいわば中心はずれにのみ記述されたのである。[20]

　このことも、現象学的な研究課題についての彼の構想の限界を明確に示している、と私には思えてならない。その限界を認識するということはすでに、それを超えて進み行くことを意味している。

　かくして現象学的な伝統の立場から、はじめてハイデガーが（彼も激しくというほどではないが）、そして彼に続いてハンス・リップスが、今日の哲学の問題境位を浮き彫りにしている言葉の中心的位置をかち得たのである――しかもこのことは、現象学やハイデガーのような超越論的哲学の継承地においてだけでなく、アングロサクソン的なプラグマティズムと実証主義のなかにも顕著にみられるものである。

したがって超越論的現象学の伝統と、アングロサクソン的な実証主義の伝統との間にあるような対立した伝統から道が拓かれた注目すべき輻合現象に対して、最後にさらに若干の注目を払ってもらいたいのである。[21] すでにW・ジェイムスは、思念することと話すことの連関（「言葉の裂け目」）から、リンスホーテンが（前掲書 S. 92 ff.）みごとに示しているように、積極的な側面を取り出したのである。しかしズールカンプ版の刊行によって、ますますわれわれに鳥瞰しうるようになったルードヴィッヒ・ヴィトゲンシュタインの生涯に亘る業績によってはじめて、それは――先ず英国において――その独自な成果を産んだのである。ヴィトゲンシュタインにおいては、言葉の問題は最初から中心におかれている。それにもかかわらず、それは彼においてさえも、彼の思想上の成熟を経てはじめて完全に哲学的な普遍性をかち得ているのである。

彼が最初に力を傾注したのは、哲学の諸問題を言葉による魔法として、消し去るという論理的な言語批判の試みであった。こうした試みを、ヴィトゲンシュタインは一九二一年の『論理哲学論考』で展開したのである。他方彼は、基本命題についての新しい実証主義的な理論を首尾一貫した論理的な記号体系によって（『論考』5. 475）、「すべてを包括し、世界を映写する論理」（5. 511）にまで発展させようと試みたのである。「あらゆる論理の誤りを回避する」（5.4731）言語というものは、形式的に創設された記号言語としては可能のようである――その際、彼がこうしたやり方で「われわれの人生問題」を解決すると考えていなかったという意味では、ヴィトゲンシュタインは、たしかに実証主義者ではなかった。「とにかく言表しえないものが存在する。このことからそれが神秘的なものであることは明らかである。」（6. 522）しかしそれは、彼の極端な唯名論の神秘的な裏側でしかなかった。――ところで今日われわれに明らかなように、フッサールとウィーン学派との間でどちらが真の実証主義かを決める論争は、両者に有利なように進行しているといえるであろう。現象学の内部でハイデガーの存在論的批判が生じたのと同じ方向において、ウィーン学派の言語批判の内部ではヴィトゲンシュタインの自己批判が活動したのである。殆んどまれにしか名前をあげないヴィトゲンシュタインのめずらしい決疑論的《カズイシュティシュ》な述べ方は、——『論考』ではフレーゲとラッセルが、『哲学探究』(414, 431, 470, 531) では時にW・ジェイムスがあった——直接的に現象学の問題境位へ適用することを困難にしている。しかしフッサールの心理主義批判が、ヴィトゲンシュタインの言語批判によっても請け出されたということは明らかであるが（「思念することは体験ではない」(529)し、「意味は言葉を聞いたりあるいは口に出すさいの体験ではない」(492))。ヴィトゲンシュタインがフッサールの超越論的還元とは何の関わりもないし、たとえはっきりと名指してはいなくとも、意味の「理想的な統一」についての彼の理論を、はっきりと批判しているというのも同じように明らかである。しかし本当に驚くべきことは、ヴィトゲンシュタインの自己批判は、われわれがそれを現象学的な発展から知っているのと同じ方向をとっているということである。

『論理哲学論考』では（そしてドイツ語版で初めて公けにされて保存された日記では）、表象する主体は迷信として仮面をはがされるが、行為する主体にとってはまことに都合のよいものである。「主体は世界に属するのではない、それは世界の境界である」(5. 632, 641)、いわば世界の前提である。このことはすべてまったくぼんやりしていて、ショーペンハウアー的に聞えるのである。ヴィトゲンシュタインがどのようにして観念論から独我論をこえて実在論へ到達しようとしていたかは（15. 10. 1916 の日記メモを参照）さらに不明である。

こうした陳腐に聞える事柄は、後期の作品にはもはやまったく見出されない。そこでは言語はその実質的な有限性において中心問題になるのである。「真理は命題-真理ではない」というハイデガーの以前の感銘深い論述には、彼が了解という「実存的なもの」（とその対象）を論理学や客観的学の土台とはまったく別の基盤に入植させたとき、ヴィトゲンシュタインの『哲学探究』は、彼の死（1951）の直前に出版の用意ができていたものであったが、その研究方法に従って「論理的言語」の理想をともあれ根本的に批判し、実際それによって完全に唯名論的な言語批判の前提を動揺させたのである。現在でもなお言語批判は、言葉による思惟の魔力から逃がれようとしている。しかしヴィトゲンシュタインは、そのようにして彼の『論理哲学論考』がかつて目標にして努力したその言葉の論理的理想化が、言語そのものの本質に矛盾することを認識したのである。いまや彼は、われわれの言葉のあらゆる命題は「その命題のままで秩序があること、換言すればわれわれは理想を手に入れようと努力しているのではない」（339）、ということを見抜いているのである。概念が曖昧で不確定のために、その利用がほとんど妨げられることはないから、むしろ反対に、言葉はそもそも一義的に獲得されて、一義的な概念からそもそも成立しえたものかどうかが問われうるのである。

　言葉の「本質」は表層に位置するのではない、つまり言葉は「命題の論理」をいわば地図上に作成しようとするのではない。ヴィトゲンシュタインは、言葉とは何であるか（338）と問う。換言すれば言葉が本当に生きて動いているとき、言葉は実際何であるのか。ヴィトゲンシュタインの指導的概念は、さしあたり言語ゲームという概念である。遊び《ゲーム》を遊ぶことに、言語の使用に、日常茶飯の交際に、それが含まれているように、すべては秩序づけられている。あらゆる命題を「命題自体」ないし判断形式へ還元するならば、誤った具象化を、たとえば命令と服従におけるような、あるいは叫びやその理解（302）におけるような、要するに言葉の生活形式において演じられているその時々の言語ゲームへ持ち込んでしまうであろう。よくわかるように言われたことは受け入れられる必要がある。子供達の遊びもまさにそのようなものであって、いくらか知ったかぶりをして子供たちの遊びの約束の背後にたち戻って行ってはならないのである。子供達の遊びのように、言葉の遊びもまた不充分であるかあるいは変り易い規則（333）であることがわかっているのである。ある物が——視たり聴いたりによって——明らかになるその時々の「相」、つまりわれわれが単語を一定の意味で「聞く」（453）仕方は、子供の遊びのなかで事柄が構成されて遊びの機能をするように、きわめて直接的なものである。

　したがって重要なことは、たえず言葉の生きた使用を自分の身に引き受けること、そして言葉によって魔術をかけられた「諸問題」をさけることである。その限りで言語批判の旧来の傾向は貫徹されているのである。しかしこの傾向は、そのつど遊んでいる言葉それ自体を意味するのではなく、言語的な空転を意味しているのである。さらに言い換えれば、ある言語遊び《ゲーム》から他の言語遊び《ゲーム》へ、たとえば物理学の言語遊び《ゲーム》から心理学の言語遊び《ゲーム》へ移行される[22]誤まった転用である。特に心理学の思考習慣で当面する「内的な経緯」の誤まれる具象化は、『哲学探究』で無数に変形させながら追跡されているのである。ここには現象学的批判との一定の調和が認識されるし、ウィーンのF・ブレンターノの遺産が、ヴィトゲンシュタインにも及んでいるかもしれないことに考え及ぶであろう。すでにブレンターノにおいて、上に強調したように、われわれは対象化による観察の批判を見出したのである。

　それにもかかわらず新しいヴィトゲンシュタイン的企ての射程は、経験論的心理学の非教義化をはるかに越えて遠くに及んでいるのである。

　ヴィトゲンシュタインは、自ら最後に次のことを指摘している。「数学にはわれわれの心理学研究に完全に対比されるような研究が可能である」（544）——論理計算というような研究ではない[23]。それは明らかに数学の基盤の諸問題を「取りあつかう」ものであろう——「病気に対するように」（393）いわば哲学的な数学者たちが注目したような「数学的な事実の客観性と実在性」の問題である。こういったことは——もちろんそれほど治療的・浄化作用面に力点がおかれてはいないが——現象学的な立場からもまた言われることであろう、オスカー・ベッカーの「数学的実在」(*Jahrbuch f. Phänomenologie* Bd. VIII) の分析を参照。そしておよそ後期のフッサールや彼の生活世界への関心やあるいはまたハイデガーの日常的現存在の分析に対して、次の命題ほど近似のものがあろうか。すなわち「われわれにとって最も重要な事象の諸相は、それが単純であり日常的であるが故に蔽われている。(それはたえず目の前にあるが故に、かえって気付かれないのである。) その研究の本来の基盤は人間の注目を引きつけないのである」。(346)

こうしたことはすべて、もちろん批判の対象における単なる輻合現象であって、本来の肯定的な志向における輻合現象ではない。ヴィトゲンシュタインにとっては、おそらく「肯定的な志向」それ自体最も疑わしい概念であっただろう。後期ヴィトゲンシュタインの場合でも依然として文法の単なる非神話化が問題である——ニーチェが想起されるのである。論理的な理想語といったものは、それ自身神話的な想定に支配されたものとして証明されるが故に、もはやまったく目標ではないのである。あたかも対象が存在するということになると、その対象は何と命名されるべきかが熟考される——「幽玄な事象」(309) というべきではないか。「唯名論者たちは、あらゆる言語を『名詞』と解釈し、したがってその使用をありのままに記述しないという誤りをおかしている。」他方で『論理哲学論考』ではさらに積極的に、原要素は単に記号化されるだけでよいということが求められたのに対し、ここではなるほどプラトンの『テアイテトス』の特徴のある箇所が引用されている。それによれば文字と発音、すなわちことば《レーデ》の真の原子となるものは、定義不可能なものとなっている。しかしなおここでヴィトゲンシュタインはその後に重大な Aber「しかし」を続けている。しかもアウグスチヌスの唯名論的な言語論が、彼の自己批判の批判的出発点として直接彼に役立つのである。『テアイテトス』から引用された理論のプラトン的批判から、換言すればプラトンの弁証法から、彼はいくばくも学びえなかったのかどうかという問いが迫って来るのである。

この問いに答えずに、ヴィトゲンシュタインは彼の言語遊び《ゲーム》を通して、言葉の使用に関する完全な明快さを獲ち得ようとした。その結果それを使用すれば「哲学的な諸問題は完全に消解するはずである。」(347) 目指すところはしたがって同じものであった。つまり「意味のない」単語ないし記号（『論考』6.53）を選び出して捨てることにある。ヴィトゲンシュタインが、いまや唯名論的な偏見なしに、ただこの目的を追究するのは、彼が言葉の「使用」を受け入れて言葉が働かず、「からまわりし」(347)、「休業している」(309) ときに起こる錯誤だけに光をあてることを要求するときである。一例をあげれば、「私は他人が考えていることを知ることはできても、私が考えていることを知ることはできない。〈私は君が何を考えているか知っている〉と言うのは正しい。しかし〈私は私が考えていることを知っている〉というのは誤りである」(534) というようなものである。

哲学はしたがって言語批判、つまり「言語論」としては、哲学の自己批判であるが、また自分でいためた傷を自分で癒すことだとも言えるであろう。これはすでに『論理哲学論考』(6.53, 6.54) がその自己止揚であることを宣言したのとよく似ている。哲学の仕事を、また言語論の仕事をも少なからず否定的に規定することが、やはり避けられてはならないことではないか。結局のところ言語の「使用」ないし「応用」という概念は、「活動性」ないし「生活形式」としての言葉について、その立場からヴィトゲンシュタインと共に語るとき、治療を必要とするものなのか。しばしばこのようなことがヴィトゲンシュタイン自身から聞かれる声である。たとえば (389)「言葉を通して了解させるということには、単に定義における一致だけでなく、(このことはめったに聞かれないことかも知れないが) 判断における一致が帰属するのである。」言葉の土台は、多分それにもかかわらずあらゆる哲学的な悟性の欠如にとっての単なる還元領野であるだけでなく、ときおりの解釈の全体、つまりプラトンやアリストテレスの時代から今日まで、たえず新しい、単に受け入れられるだけでなく、最後まで考え抜かれようとするそのつどの解釈の全体そのものである。ここでフッサールの超越論的・現象学的還元が――まったくの反省的観念論であるにもかかわらず――ヴィトゲンシュタインの自己還元よりもより偏見の少ないものであるように私は思う。必要なことはわれわれがいまもなお、そしてたえず「言葉への途次に」のみあることを、両者が相互に容認し合うことなのである。

* 全体としては未公刊である。最初の二章は紹介風の性格のラジオ講演にさかのぼる。他の部分は *Philos. Rdsch.* 1963 S. 1—45 掲載の論文である。

(1) O. Becker のかの現象学的心情 Gesinnung の叙述を参照。 Lebendiger Realismus (*Thyssen-Festschrift* 1962)

(2) これを Herbert Spiegelberg は現象学への彼の歴史的序論「The phenomenological Movement」(*Phänomenologica* 5 u. 6, 1960) で正当に認識した。そもそもこうした二巻にわたる研究は、ある過去の事柄についての知識を与える信頼しうる情報として、根本的で誠実な研究方法として、完全に承認されている。著者はミュンヘンの研究者たち、特にアレクサンダー・ペンダーには近い関係にあった。そして彼の像がそこから同時に規定されるのは、事態の自然と言うべきである。そのため私は彼の多くの強調点に対して重要な異論をもっているが、しかし私は彼に対し、*Philosophische Rundschau* Bd. 11, H. 1, の私の論文で、まちがって重ねがさね誤りをしてしまった。というのは私はたとえば「事柄そのものへ」という合言葉に関し、また「現象学的還元」に関して批判的な報告を、彼自身の考えと思いちがえてしまったからである。

(3) なお、*Royaumont* のこうした van Breda によって代表された、あまりにも概略的な主張に対するインガルデンの鋭い抗議を参照 (*Royaumont*, S. 329 f.)。

(4) たとえば彼の今日決定的に時代錯誤的に作用している Brentano の *Philosophische Bibliothek* にある Psychologie vom empirischen Standpunkt への序論を参照のこと (F. Meiner, Neudruck 1955)。

(5) Husserl und Mach: H. Lübbe の寄稿, *Wissenschaft und Philosophie*, *W. Szilasi zum 70. Geburtstag*, 1960,

S. 161—184 を参照。

（6）フッサールの百回生誕日に公刊された記念版（*Phänomenologica* 4, 1959）で Hedwig Conrad-Martius によってなされた興味ある寄稿を参照。

（7）ところでドイツ語版は *Der Streit um die Existenz der Welt*, 1964, 1965。ここでインガルデンは、彼の設問を形而上学的な設問として、はっきりと超越論的・構成的なフッサールの設問に対して境界を引いている。

（8）*Philos. Rundschau* IX, 133—177.

（9）「生活世界」の問題性についての次の考察は、すでに一九六〇年一一月ケルンで、一九六一年六月、ベルリンで講義されていた。現在では、*Dis Wissenschaft von der Lebenswelt*, unten S. 190—201. を参照。

（10）結局こうした問いはそもそも逆になっている。つまり『存在と時間』（S. 38）のハイデガーの注によれば、フッサールの側からは手稿の「自由な」譲渡が言明されている。こうしたフッサールの態度は、もしフッサール自身が当時自己自身のものと、自分とハイデガーの間の授、受の視点とをそもそも分けて評価することを不相応なものと思っていなかったとしたなら、考えられないことであったろう。

（11）*Husserliana* IV, S. 372 ff (Beilage XIII).

（12）このようにして最後に Landgrebe, *Phil. Rdsch.*, 9. Jahr., Heft 2/3 S. 157. しかし H. Spiegelberg (S. 77 Anm. 2) が問題の Text を正しく理解して、すなわち「彼は時間について激しいアイロニーで語っていた。それは彼自身についてではない」といったことは特筆に値することである。

（13）フッサールからレヴィーブリュール（bei Spiegelberg, S. 161 f）への書簡を参照。しかし、もしひとがこうした手紙のために上述の所説を単に神秘的・魔術的な「世界」にのみ、そしてむしろあらゆる「外的な」世界に対してではなく、そしてとりわけ歴史的な諸世界に関係させるならば、誤りとなるであろう。

（14）*Einleitung in die Psychologie* (1886). 第一版から。

（15）*Philosophische Rundschau* V. S. 105 f. ところでM・チューニッセンは、さらに張りつめた体系的な分析によって「他者」（Berlin 1965）の問題をあらゆる方向から考究した。彼の分析は、超越論的現象学の「孤独」から、哲学が

「他者」そのものにおいて難破するところを明らかにしている——原理的なものを目指した超越論的・現象学的な内在の否定であって、これは内在的なフッサール‐解釈が欲してはいないものである。

(16) 私は *Royaumont* で、すでに構成の語義はこの方向を指示していることを指摘した。構成することは生産することを意味するのでなく、組織すること、仕上げることを意味するのであって、したがってまたカントが構成的 konstitutiv と規制的 regulativ とを区別する場合にもそうである。たしかにこうした確定はまったく素朴な現象学的な立場から形式化されたものである。存在と妥当する意義の区別は——フィンクが正当にも言っているように——現象学的な内在の領野では厳密にはまったく意義をもたなかったのである。しかしもし構成という異論のある概念を、それが真の創造の概念をも含んでいるという理由から、フィンクがくりかえし強調するように、あいまいであると言うならば、その時こうした素朴‐実在論的な概念を自分で基礎づけており、しかも私見によれば、*Husserl-Text* による検証が脱落しているといわなければならない。

(17) 四頁注記を参照。論理的組成という「産出」に対する疑念は——別な言い方をすれば、いわば「文学的芸術作品」(前記一八頁参照)のようなこうした「存在他律的な」組成と異なって、産出の「理念的な即自‐存在」に固持することは——フッサールの超越論的な観念論が観念論から不可分であるということをたしかに現わしている。このことに対しては、彼が(*Lit. Kunstwerk*^{2} XIII)「形式と超越論的な論理学」(S. 230)で、フッサールが問いかけている「ひどく注意深い問い」を、超越論的な還元というフッサールの首尾一貫した遂行によって処理ずみのものと考えていることが対応している(またKrefeld, S. 190 ff. に明示されているのも参照せよ)。

(18) このことは、さらになおまたフッサールが彼の超越論的現象学の考えを遂行するのに用いた一貫性のよりすぐれた防御にもいくらか妥当するのである。それはトマス・ゼーボームが “Die Bedingungen der Möglichkeit der Transzendental-Philosophie. Edmund Husserls transzendental-phänomenologischer Ansatz”. (Abh. z. *Phil. Psych. Päd.* 24, 1962) として発表したものである。

(19) H. Hohl, *Lebenswelt und Geschichte*, S. 85.

(20) ローマン・インガルデンが *Das literarische Kunstwerk* において与えている重要な分析は、なるほど徹底的に芸術作品の言語的な著作をとりあつかっているが、しかし「理想的な、存在自律的に実在する概念」の立場から、概念の意義の単なる（部分的な）現実化としてである（*Lit Kunstwerk* § 16 と § 66)。著者の本来的な関心は「理想的な概念の実在」にかかわっている。ただ彼がそのように信じていることは——文学的な芸術作品においても学問的な作品においてと同じように（§ 60）——総体的な主体化からの救助に関してである。言語性はしたがって第二義的な現象のままで残されている。

(21) H. Lübbe: ",Sprachspiele' und ,Geschichten', Neopositivismus und phänomenologie im Spätstadium," *Kantstudien* 52 (1960/61), S. 220—243. をも参照。

(22) 多くの哲学的な迷誤が誤まれる転用に起因することは、アリストテレスがすでに認識していたことである。Top. 139 b. 32 ff.

(23) Alexander Israel Wittenberg, *Denken in Begriffen*, 1957 はこうした方向での一つの試論を提示している。

六　生活世界の学*

「生活世界」というテーマの場合、後期フッサールの学説のうち最も多く検討されている部門が重要であるとはいえ、何が新らしい道を切り開くことができるのか、そしてただ現象学一般のプログラム的に明らかにされた解説なるもののみが問題となっているのはどの程度なのか、ということを繰返し吟味することが必要であるようにみえる。というのは自己訂正と自己反復とが区別しがたく往き来するということが、フッサールの思惟に独特の様式の一部をなしているからである。かくしてフッサールによる元々の現象学的出発の単なる記述なるものと、明瞭で自己批判的な更新との間で、この概念の導入は様々な色合いを呈することになる。この更新は無限に手に入れようと試みられた、厳密な学としての哲学の目標に、どっちみち到達していないものの、最後には到達可能であるとして、はっきりとしたものとされるはずのものである。同様にフッサールの自己解釈さえも、当てになる手引きなるものとはまったく別物である。というのはこれさえも、常に更新される自己批判と、目的論的な自己解釈、それは『算術の哲学』でさえ現象学的構造探究の前形体であると主張するものであるが、そうした目的論的な自己解釈との間を、揺れ動くからなのである。彼に対して為された、シェーラーとハイデッガーによる尤もな批判的異議に対してさえも彼は屈せず、彼らが「超越論的還元」のことを了解していなかったということだけを対抗させている。このことは彼の自己理解上の唯一の確固たる点である。生活世界という学説さえもここから、すなわちフッサールが自らの哲学上の同時代者に対して発する一般的な歎きという背景にのっとって、みることが方法的に要求されているように私には思える。

支配的であった新カント主義や実証主義に対抗したフッサールの思惟の独自性、つまり単に学から出発せず、哲学の課題を諸学の内に寄託された経験に制限しないということを、一つの極めて広い意味での「生活世界」という新たな言葉ははじめから言い表わしているということが、他方で認められるべきである。したがって、フッサールの後期の著作にあって「生活世界」というこの概念の拡張は、超越論的還元の道をフッサールにつき従うということとはまったく別のことを目論んでいる人びと、否、生活世界というその標語そのものに「デカルト主義からの転向」というものをみる人々、そして少なくとも社会的・歴史的世界を、一つの現象学的人間学という意味で自立的に押し進めなければならないという仕方で分析することを、そのことを通して正当化しようとする人びとによってさえ、取り上げられ要求されるということが、再び了解されうるところとなる。

このことは、フッサールが「生活世界の存在論」〔『ヨーロッパ諸学の危機と超越論的現象学』§ 51 フッセリアーナ Bd. VI〕という課題を徹底して正当なものとして――たとえ超越論的還元という彼独自の道がそれに対して事象的優位を有することになる、第二義的探求課題なるものとしてであっても――承認する以上、正当でないというわけにはいかない。事実、学的経験の世界の背後を目指して、知覚等々のごとき端的に現象的な諸々の所与性へと遡源し、そうした諸々の所与性の妥当要求を学に対して正当と認めることは、フッサール現象学のテーマにとどまらない――この「生活世界」がそれ固有の現象的正当性を妥当とすることもまた、根本的に是認されなければならない。というのは所与性の在り方、あるいはそれに関連して根源的な所与性の在り方の全領域なるものが事実、このテーマ領域を呈示し、この所与性の在り方を「それの背後に」ある科学的世界認識の構造というもの、すなわち真に客観的な世界の存在論へと方向づけられてしまう、その理由は自然の客観的な学はあらゆる認識可能なものを包括するということなのだが、ということで無視することは、明らかに正当ではないからである。「現象学者」にとって、所与性にかんするいかなる独断的な先入見も存在することが許されないだろうということは、『算術の哲学』においてシンボリックな数の実例でフッサールがすでに獲得していた最初の重要な洞察だった——さもなければ例えば無限数、その概念からして決して現実的に産出されることにはなりえない無限数が、どうして数学的に定義され尽くされた一つの意味を有することができるようになるのだろうか。このように生活世界の所与性もそれ自身において志向的分析の対象とされ、それの現象性格において「構成的に」基礎づけられるべきであり、そして「物理学」の世界に還元されるべきではないということになる。

　そうした分析が志向的対象と志向的作用との相関関係に従わなければならないということ、そして志向からその時々に志向されたものの「意味」を規定しなければならないということは、「意識の生」〔『危機』§42〕すなわち志向的体験の流れが生活世界の諸々の所与性に対しても——そして学的経験の客観に対してだけでは決してない——接近と提示の道を提供するということを、必然的に含意している。その限りでフッサールの第一歩は前々から、経験の対象の構成を学の事実という意味で理解する新カント主義の課題設定を、乗り越えていっている。

　否、相関関係の探究は、数学的自然科学の客観主義を基礎にしている世界の存在論なるものがいかに「素朴」であるかということを、暴露することさえできる。その存在論はすなわち、それ自身の内に含意されている理念化への決定的な問いを見誤り、そのためにフッサールが言っているように宙に舞うことになる。しかし生活世界の妥当思念《ゲルトゥングスマイヌンゲン》はそれなりに理念化を呈示し、その限りでそれの構造に参与しながらも観察されない志向的な諸作用を保有している。志向的諸作用をただそれ自体としてテーマとするだけではなく、特にその流れる時間性においてあらゆる客観妥当一般を構築するところの意識の包括的な現象学というものを仕上げることが、すでに『論理学研究』における相関関係の探究のプログラムだった。その限りフッサールが現象学的探究の最深の層、すなわち内的意識の自己構成を取り扱っているとき——周知の通り、時間なるものに遡及する超越論的現象学〔『内的時間意識の現象学』一九〇五年〕の仕上げに先立つ諸研究において——生活世界の問題性も、まったく自明のことだが、すでに視野の内に入っている。

しかしながら超越論的還元の哲学的根本企画が、フッサールの探究を一つの体系的で哲学的なプログラムに従属させ、『厳密な学としての哲学』が究極的に根拠づける反証不可能な明証性から構築されるべきだとしてからは、超越論的還元探究は一つの問題状況、それにおいて「生活世界」という問い自身が焦眉のこととなる——そしてそのことによって「生活世界」という言葉も概念的に刻印されることになる——そうした問題状況に通じていた。周知の通りフッサールは彼の『イデーン』において、超越論的主観性の探究から生まれた新しい学問様式を、一つの真の超越論的観念論という意味で解釈し、そのさい普遍的で方法的な懐疑の途上にあるエゴ－コギトの反証不可能な明証性のデカルト的獲得に、拠っていた。さてこのフッサール的デカルト主義はたしかにデカルトの実際の衝動からはるかに隔っていたし、このことをフッサールは適切に意識していた。特にデカルトの普遍的な世界懐疑は、あらゆる知を新たな哲学的明証性の上に体系的に基礎づけるのに役立つのではなく、「客観的世界」の本来的認識としての数学的自然科学を正当と認めることに役立つはずだということは、彼には明瞭なことだった。このように普遍的懐疑に対して持ちこたえるデカルトのエゴ、この確固タル基礎 fundamentum inconcussum もまた、あの「超越論的エゴ」、フッサールが自らの諸明証の秩序をその上に構築し、それにもとづいて哲学を純粋現象学として遂行しようと試みた、「超越論的エゴ」ではまったくなかった——あらゆる問題視の後にもなお依然として存在した（そしてそれからしてまったく別の、すなわち神学的な道をとって世界認識が正当と認められることになった）「切れ端の世界《エントヘン・ヴェルト》」〔『デカルト的省察』§17〕が残っていた。それにもかかわらずフッサールがデカルトの懐疑考察によることから獲得したものはとりわけ、あらゆる世界妥当の宙吊りの徹底性と普遍性である。このように彼はあらゆる客観定立を、たとえそれが数学の如き形相的な学のそれであろうと、「括弧に入れる」超越論的「エポケー」という、一つの包括的な学説を展開することになった。現象、すなわち所与性の諸々の在り方それ自身は、学の要求によって煩わされることなく、現象学的構造探究において立証されなくてはならない。

超越論的現象学の巨大な活動分野、それの完全な方法的自律性が『イデーン』において開示されたその活動分野は、真実あらゆるものを包括しなければならないものであった。現象学は、超越論的還元の方法的厳密さを通して、それ以外のあらゆる哲学上の立場や世界観を翻って問い返した。そしてフッサールは、彼の超越論的主観性分析から、後に来る立場についての問いにかんして何らかの決定が期待されていると、あるいは例えば感覚経験の内にある「ヒュレー的データ」の学説〔『イデーンI』§81〕にあっては「実在論的な」諸要素が彼に認められるとされていると思ったときには、自分は絶えず誤解されていると感じていた——そして私はそれを正当であると考えている。それに劣らずはっきりと彼は現象学と心理学の混同に対して抗議をしていた。というのは現実的諸科学はすべて現象学的哲学の埒外に留まらなくてはならなかったからであるし、端的にこの哲学から形相的な「新様式の諸学」としてそれらの正当性を取り戻すことができたからなのである。しかし諸学に一つの新しい、明らかにされ、いかなる危機によっても震撼され得ない基礎を賦与するということが、一貫して超越論的現象学の要求の内にはあった。超越論的主観の内に哲学を基礎づけることをもって、それより断然あらゆる哲学的諸問題が自らの解決を原理的に見出さなければならなかった、そうした一つの基礎が達成された。

　もちろんフッサールは、超越論的な態度を確固として乱されずに保持することの困難を、極めて大きなものとみなしていたし、新たな基礎づけの徹底性に向けて為される彼の敵手の逆戻りあるいは無理解を批難するだけではなく、そのような逆戻りの危険一般を理解できるものとして承認していた。かくして彼は自らの現象学的研究において厭くことなく、とりわけ相互主観性という困難な問題を論じている〔『イデーンI』§24にすでにみられる〕。とは言うものの彼の方策は結局まったく一義的である。すなわち端的に超越論的主観性という地盤に立って超越論的「独我論」という徹底した孤独から、それなりに「我」である他の諸主観の経験としての「我々」、まさしくそうした「我々」もまた厳密に超越論的に正当と認められる、というものなのだ〔『デカルト的省察』V省察〕。たしかに、相互主観性の問題は、フッサールの学派においてその後一つの悩みの種として通用して来たし、この問題に直面して超越論的な立場という枠の突破が繰返し求められているが、それがフッサール自身のためだとさえ主張されていた。しかしながらこうしたことは、フッサールによればすべて偽りの仮象なるものである。相互主観性の問題は、ただ超越論的自我やそれの構成的行為によってのみ解かれうるのであり、他者は超越論的感情移入によってのみ一つの「私の如き存在」として了解されうるところとなる。一つの延長のある物体的事物という単なる知覚対象に、理念的な把握形式なるものによってはじめて他我《アルター・エゴ》の資格が与えられるということは、まことに不思議なことである。その外にフッサールは、相互主観性の問題がデカルトの懐疑の道への彼の依存にさいして、返りみられることの余りにも少な過ぎることをも承認したし、そこから彼に向けられている諸々の反対に数多くの研究を捧げて来た。しかし哲学を厳密な学として彼が基礎づけることにとって、いかなる危険もここにおいて脅かすことはないということは、彼にはまったく確実なことのようにみえた。

同じことが今や生活世界の問題にも当て嵌る。とはいえ後期の彼自身の著作において、この問題は相互主観性のそれ以上に落着する見込みはない。ここでその問題とはいかなるものだったのだろうか。フッサールは二重の仕方でそれをみていた。すなわち一方では『イデーン』において彼によって遂行された超越論的還元の自己批判という形式でであるが、しかし生活世界の問題が独特の仕方で超越論的基礎づけと絡み合っているといった形式ででもある。たしかにここにおいても結局は、この絡み合いが解かれうるということ、そして還元の途が異論から独立して遂行されない場合、ただその場合にだけ解かれ得ない結び目として現象するということに、彼はしっかりと支えられている。――しかし生活世界の問題から、この遂行に特別の諸困難が生じて来るということを、彼は次第次第に承認するようになった。ここから、歴史的世界との対決もまた繰返し彼に勧められることになったのである。彼が非反省的・素朴な自然主義なるものの危険と並んで「世界観哲学」の危険をみたということは、もちろんすでに一九一一年のロゴス－論文〔『厳密な学としての哲学』〕における彼の哲学のプログラムの始めにあってそうだったのであるが、このことは彼にとって、紛糾している相対主義とその結果における「懐疑と倦怠」に対する火急の精神的決断を求めるせっかちな欲求ということを、意味していた。第一次世界大戦の過酷な諸々の震撼は――フッサール自身にとって彼自身の子息の喪失だけでなく、ハプスブルグ的専政制による国家統合の解消、それは彼のモラビアの郷里を襲ったのであるが、そうした解消も――彼の上にもその影響をたしかに及ぼした。それは、ほとんど時期を同じくして観念論の瓦解、弁証法神学、そしてシェーラー、ヤスパース、ハイデガーの抬頭ということにおいて同じような仕方で、表現されるに至ったものである。根本的には簡素で悪意のない彼の人格性の深い真摯さは、その当時そしてそれ以後ずうっと、どのようにしたら自分は誠意ある哲学者となれるのだろうかという問いに、自身が支配されたままになるようにさせることになった。哲学者というものは彼にとっては、自己思索家、自らの思想と確信のすべてに対して――学の領域を越えて（フッサールは数学者だった）――究極的な弁明を与えることを自ら試みた人、彼にとって制御されない証明不可能ないずれの確信も、自らの内的信頼の喪失の如くに自己自身に映るような人のことを、意味していた。歴史主義の人々と歴史主義に内在する懐疑主義とは、彼を不安にすることを止めにしなかったということと、彼が最終的に生活世界の解明において一つの究極的明晰さへの道が、そして未来の人類を根本的に作り変える一つの新らたな誠実さと賢明への道が開かれるのをみたということとは、最後の自己正当化のこの努力と関連していた。

まず最初に彼は、彼自身が厳密な学としての哲学の構築において――そしてこのことは彼にとって超越論的還元の遂行においてということを意味していた――冒した自身の怠慢というもの（この怠慢は、世界観的要求が思惟の学的冷静さの堤防から新たに溢れ出るぞと脅したこと、まさにそのことにおいて報復するようにみえた）を認識した。彼は――『イデーン』において――あらゆる存在定立、すなわち世界におけるあらゆる認識客体の「括弧入れ」をもって非‐客観的なもの、すなわち純粋主観性とその反証不可能な確実性の分野に到達したと信じたし、現実の一般定立《ゲネラルテーシス》の止揚による世界内のあらゆる客観の括弧入れにもかかわらず、世界信仰そのもの、すなわちあらゆる現実定立に先行する「世界」の地平志向性が、一緒に止揚されなかったことには気付いていなかった――このことは、超越論的主観性からいずれかの客観妥当を構築しようと企てた構造探究において、制御されない偏見や明示されない妥当性が忍び込むことができたということ以外には何も意味していない。還元の道を導き、そしてそれにさいして究極的に一つの小さな怠慢、この怠慢は実際に運命的な意味をもちえたのだが、そうした怠慢を発見したものは、絶対的正確さや厳密さへの愚かな欲求なるものでないことは真実だった。というのはその内で生活が予め与えられた自明性をもって生きられていく、そして決して自らは対象とならない「生活世界」、そうした「生活世界」の問題は一度認識されてしまうと、その哲学者にとって一つの根本的な問題であることが明らかになるからなのである。だがしかし超越論的な思索を為す者として彼自身は、完全な自明性をもってこの世界地平によって取り囲まれているのだ。しかるに民族学あるいは歴史学の探究分野への視線なるものは、諸々の時間、空間が最高に多様な種類の生活諸世界、それらにおいて最高に多様な事物が疑いのない諸々の自明なこととして妥当するそうした生活諸世界を生むということを、教える。

この事態に対しても、客観的な事実を確定し、諸法則性を取り出し、このようにして諸事物をだれにも制御可能で利用できるものたらしめる学の道が、一見したところ唯一「真なるもの」とみえる。——ところでこの道は、純粋な生活世界そのものには決してふさわしくない、むしろ数学的に記述可能な「世界」なるものに対して一つの特殊的な理念化を呈示するところの、まったく別種の思うままに定立された諸目的のためのものである。その限りでエポケーによるこの学的事実認識の妥当の「括弧入れ」は前々から、純粋な自己所与性という一つの新らしい生活世界的次元、まさしくそれの露呈を意味している——しかし「今や、われわれはここにおいてそれでは何があらゆるときにだれにでも確認可能なものとして、学的に要求されうるだろうかということで迷ってしまう。」〔『ヨーロッパ諸学の危機と先験的現象学』フッセリアーナ VI, S. 142〕と、フッサールは『危機』の内で記している。この「今」とは、当然のことながら、第一のエポケーの後の今のことではなく、「生活諸世界」とそれらの経過の多様性とがあらゆる学的客観性以前に認識されている「今」のことを意味している。こうした意味合いでそのものとしては何も端的に新らしいものではなかった生活世界の「基礎的妥当《ボーデンゲルトゥング》」〔『危機』フッセリアーナ VI, S. 150〜151〕の主題的理解は、だが、新らしい問いへの突破ということを内々に含んでいる。生活世界の主観・相対性は明らかにその一般的構造を目指して分析されうる、すなわち生活世界的アプリオリ、しかも普遍的なものとしてのそれが露呈されうるのだ。このアプリオリは伝統的な客観主義的形而上学や諸科学の「客観的アプリオリ」〔『危機』§36 フッセリアーナ VI, S. 143〕ではなく、この「客観的アプリオリ」自身を基礎づけなければならないそれである。というのも生活世界的アプリオリは「基礎的妥当」として客観的アプリオリ、否、論理学に対してさえも、前提となっているからである。

もちろん超越論的還元の「新たな」道のわれわれの所有している唯一筋の通った叙述である危機・論文で、フッサールがこの「新たな」道〔『危機』§43,『デカルトの道とは区別された還元への新たな道の特徴』フッセリアーナ VI, S. 156 以下〕を記述しているさまを今読むと、たとえ違った衣服を纏っていても、新たに現われているものが何と『イデーン』において周知の古き探究諸課題と諸々の洞察であることかということに気付いて、びっくりする。生活世界のアプリオリの分析とそのアプリオリの方法的根拠づけとは、まさしく超越論的エポケーのまったく周知の分析そのものである立場変更《アインシュテルングスエンデルング》なるものを意味している。（ついでに、§38 の表題、この表題がだれに由来するにせよ、ここでは「生活世界を主題たらしめる二つの根本的方法」が展開されず、生活世界的地平の主題的妥当に対し、生活世界的地平の主題が一つの普遍的関心方向を通じて展開されるといった具合に、その表題が誤っていることが書き止められるだろう。）現在顕著となり、デカルト的な道の一歩一歩の懐疑、あるいは「段階的《グレイデッド・》還元《リダクション》」という昔の叙述の場合と異なって来たことは、言うまでもなく転換の全体は一撃で結果しなければならないものであるということである。というのは妥当の一歩一歩の括弧入れはいずれも、普遍的基礎をただ違った仕方で占拠するだろうが、それの妥当を揚棄したりはしないからである。生活世界的な基礎的妥当の主題化ないし括弧入れが、「諸体験」の自律的領域の超越論的探究にとって、一つの新たな契機をつけ加えることは真実であるが、それは交代する世界諸地平をもったまさしく多様な生活世界の一般的構造が視野に入って来るかぎりか、あらゆる形式の「生活世界」において自己を貫徹するものは「生活世界」という形相であると言うこともできるような場合にかぎって、そうなのだ。生活世界への道はしかしながら、還元の「新たな」道なるものであるというだけではなく、一つの重要な洞察でもあるが、それが洞察であるのは還元がここでもまた行きつく超越論的自我が今や、さもなくば解きがたい縺れを解消するものであるということが証明されるかぎりにおいてである。その縺れは、生活世界の普遍的地平は必然性を伴なって超越論的主観性をも包括しているということの内に、存している。だが超越論的主観性はその主観的・相対的構造において自らを公示しているではないか。それはすなわち本質的に単独なものである世界、つまり「唯一の」世界にはまり込んで生きるということは、今や決して一義的なものとしては明らかにされず、可変的に多くの所与の様式を包括しているということなのである。「唯一の」世界は、一般に自身では与えられることはなく、対象の極《ゲーゲンシュタントポール》以外の何物でもない。すなわち生活世界的な経験が絶えず先へ先へと進展することや開示することにあって、この極-方向化は機能し続ける。極方向化自身のエポケー、すなわち意識的主題化は、こうした仕方で主観・客観の超越論的相関関係を開示する。

そのとき何と不思議な含蓄を帯びてすべてがこの相関関係の内に潜んでいることか。この世界-構成的な主観性、それはそれ自身世界に嵌め込まれているのだが、そうした主観性とはいかなるものなのだろうか。その時々に「世界」が妥当するものは、「我々人間」である〔『危機』フッセリアーナ VI, § 54 a S. 186〕——しかしながらこのことはいかなることを意味しているのだろうか。「我々人間」は、「一個の我」である私がそれに含まれるところの多くの「我」なのだろうか。相互主観的な世界経験というこの次元はたしかに、構造分析において解明され得るものでなくてはならない。人は、例えば「知人」というものはいかなるものであるかという所与の様式を、研究することができる。「知人」の内には何とすべてが含意され、生活世界の地平共通性が前提されていることか、すなわち「知人」は他者にとって「そこに」あり、他者がそれにとって「そこ」にあるといった具合に、知人の「サークル」として、このサークルはそれの拡大化や、身近な知人と疎遠な知人、友と敵への内的成層化という開いた可能性を有するのだが、そうした知人のサークルとして前提されている。加えてそうしたサークルには、それなりの規範とルールをもった「社会《ゲゼルシャフト》」、人はその内にあって知り合っているが、知人のサークルとは別物である、そうした「社会」の無名の地平が存在する。――そのような相互主観的経験において具体化されるものが唯一の世界自身である。すなわちこれが「唯一の」世界であって、数学的に記述可能なアプリオリの「客観的な」世界なるものがそれなのではない。

　さてこうしたことすべてを洞察しても、そして――私がそうであるように――どのそのような我も自由な決断によってエポケーの立場変更を遂行するということ、そしてこの超越論的な相関関係・アプリオリを研究する可能性を有するということ――したがって超越論的主観性は超越論的社会化《フェアゲマインシャフトゥング》を捨てたり、求めたりするということ――を洞察しても、われわれは縺れから抜け出してはいない。世界‐構成的な主観性は、それが構成的なそうした諸主観性の数多性なるものであろうとも、それ自身このようにして構成された世界に所属し、したがってコンゴのニグロあるいは中国の農民〔『危機』フッセリアーナ VI, S. 141〕をフッサール教授から区別する、特殊的で主観・相対的な諸々の地平的特質すべてを自身で活動させることになる。生活世界の地平所与性の止揚不可能な特殊化が、どのようにして「学」なるものを可能にすることになるのだろうか。

　危機‐論文のテクストにつき従うと、そこで与えられている答えは新らしくも問題的でもないようにみえる――その内で世界信仰が構成される超越論的に働く主観性、すなわちこのエゴは自ら構成され、世界の内で出会われる我、そうした我は夢の世界、子供たちの世界、歴史的世界、生と死の諸問題、性の問題といったその世界経験のすべてを有するのだが、そうした我と混同されてはならない。「エゴ」は他の我がそれと並んで存在する「一個の我」として、世界の内に存在するとして志向されるのではなく、その絶対的反論不可能性において――しかしその唯一無二の哲学的孤独においてさえもただ単に働く、そして究極的に働くエゴなのである。その限りで危機‐論文のテクストは究極的に一義的なものである。

ところで論文のテクストはここでは唯一無二の原典なのではない――そしてこの原典は、議論が登場して来る諸々の困難のために繰返し思想の流れを淀ませてしまうかぎり、極めて不明瞭である。この（完全な完結にまで熟していない）テクストと並んで、本来的にフッサールにとっていかなることが問題であり、何が彼を落ち着かせないのか、ということについて正しい像をはじめて与える一連の論文と覚え書きとがある。しかし危機‐論文の構想自身もまた次のことを確証する。すなわち生活諸世界の主観的・相対的な変転の多様を承認することが、フッサールを歴史的研究、彼がほとんど弁解的にそれらの諸研究が不可避的になっていると言っている、その歴史的研究へと導いて行っているということを。

彼自身がこの観点の下に提出するものは、ガリレイ物理学から学の「客観主義」を導出するということである〔『危機』の第二部〕。ガリレイ物理学はそれ独自の問題性と理念化を自身ではなおまったく違った仕方で意識していたのだが。フッサールはデカルト、ヒューム、そしてカントを、超越論的現象学の究極の建設そして特に「生活世界」の究極の建設という尺度の下で論ずる、理念型的で発生的な構成なるものを与えている。「生活世界」の「見逼し」、そしてカントや新カント派における超越論的思想の徹底性の欠如は、学的経験のこのように構成された概念の狭隘さに責任を負わねばならないということが容認される――しかしこの論文の内で展開されている生活世界の現象学において、実際に歴史的自己解明というこの道が示されることになるのだろうか。とはいうもののこうしたことは全然そのようには聞えて来ない。そこにおいて「生活世界」という形相が「あらゆる考えられうる諸可能性、それらは地平のうちに閉じ込められる、あるいは地平は自己自身の展開としてそれらの内へ解消されうるものとなる、そうした諸可能性の全体性を顧りみる」といった具合に記述されると、その点に「生活世界の理念化という問題」が潜んでいることになる（『危機』S. 499）。しかしながらこのことは、フッサールがそれの用意をとちってしまった歴史的研究の道を指し示すだろうか。その時々に現在的として妥当する世界なるものの様式を解釈し、結局世界を「一つの具体的で際限のない歴史性において」思惟することを、これらの生活世界の諸地平への突入はまず第一に避けることができないということが、容認される（S. 500）。しかしそのことがそこでは「あらゆる可能的な諸世界は、われわれに妥当するものの変様のことである」〔『危機』フッセリアーナVI, S. 501〕とすると、そして「唯一の」世界が無限の理念という意味でただ「一つの熄むことなく流れながら妥当するもの」〔同 S. 501〕として構築されるとすれば、このことは生活世界は「理念」としてであれ、どのようにしても「世界自身」ではなく、「世界自身」絶えざる流れにおいてひっきりなしに為される訂正を通して構築されるということ、そして「生活世界自身」は「客観的な学」という意味での「学」から身を引き離すということをたしかに意味している。この客観的学の妥当地平の無批判的承認こそがまさしく誤謬であり、それはこの「理念」を担っている生活世界からのみ「了解」されるのだが、そうした「生活世界」は、この世界の流動する地平の滑走や失走にもかかわらず原理的に言って直観的に与えられる——ところが学の世界は、例えば数列の如く、本質的に自身で与えられえない一つの論理的基礎のシンボル的所与性を一層多く有している（S. 130）——。このように生活世界は無規定的に開かれた諸地平を有する有限で主観的・相対的な世界という一般的構造を有しているが、この構造の妥当的意味は、自身の有限的な生活世界と——ギリシア人以来の——歴史的記憶のまったく決定された諸変様からの離脱において、そして「学」の客観的な世界・アプリオリの克服において、解明されるかもしれない。

しかしながら、生活世界のアプリオリも、変様といじくり回しによるあっぱれな現象学的な流儀で、その形相に近ずきうるものとなるのではないか、と疑うことができるのではないだろうか（S. 383 参照）——フッサールが一九三六年に起草した危機‐論文の内のガリレイ分析の歴史学的道の自己解釈、まさしくそれもまた自身の生活世界からの離脱を端的に永遠の真理 aeterna veritas への通路として論じている（S. 385）。そしてエゴの——純粋な遂行‐我としての——超越論的意味の断固とした確保なるものは、考えられうるすべての我に生活世界が妥当し続けることから結果する諸々の逆説を、解くことができるということはまったく確実だというのである。論文のテキストはこのことを充分にはっきりと観覧に供している。

とはいうもののギリシア人以来指導理念として人類を規定している「客観的な」学に反対しての離脱は、決して恣意的なそれではなく、われわれ自身の生活世界の内部における一要素、まさにその一要素である。この要素にかんする素朴な独断論も、この要素の由来や妥当限界の歴史的解明を通じて「了解」されうるところとなり、かくして諸学にまつわりついている諸偏見が無害なものとされることになる。若きフッサールが自ら信奉を告白し、迷うことなく固持していた厳密な学は、もちろん学であるが、新しい様式の学である。すなわちそれは、立場変更を通じて、とはいえ学的世界認識の理念からというよりは生活世界的な生存《ダヒンレーベン》の状況知から獲得されるただ可能的にすぎない普遍的弁明と自己思索である。その限り彼もまた示唆しているように、フッサールの生涯の課題は、彼が哲学的思惟の独自の生活世界的諸前提について為される歴史的自己解明の道という新たな道をとるとき、その意味合いで変転したということは正しい。この新たな道とは危機‐論文のことである。しかしこの新たな道が昔の目標、すなわち超越論的エゴ（そしてエゴとしてのそれの自己構成）の内にそれの確実な根拠を有する超越論的現象学という、昔の目標にすら通じているということについては、いかなる疑いも成立しえない。これがはじめて「厳密な学」である――それは学の由来という意味でではなく、「自己自身を、自らの全体的で今までの存在、それはそこからして未来的として予め規定される存在であるが、そうした存在において知るよういいなる」、したがって究極的な「絶対的な自己認識」として知るようになるという、「新たな生活意志」という意味においてである（S. 473）。こうしたことはすべて真実古い調子である。生活世界は「それ独自の柔軟性、相対性」において一つの普遍的な学のテーマとなり得る――もちろん歴史学的な哲学や学問という意味での一つの普遍的理論という意味合いでそうなのではないが（S. 462）。

ところで危機‐論文の付録と危機‐論文に対して計画された序言とにおいて、生活世界のアプリオリの一般的発見と、このアプリオリの歴史性を越えてこの「超越論的還元という新たな道」〔『危機』フッセリアーナ VI, S. 435〕を歴史的思索と結合することへとフッサールを導いて行ったものが、外的で現代史的な諸条件であったということ、このことは充分明瞭に表現されている。危機‐論文は時代精神とそれに内在的な歴史学的懐疑主義とに対抗するという目的にとっての手段である。シェーラーやハイデガーの名前があげられているし（S. 472）、充分な反省が歴史学的諸研究の正しい使用に捧げられている。しかしその結果はここにおいてもまた、フッサールの思惟のとる他のすべての道に拠る場合と決して変りえない。これらの思惟の道とは、超越論的現象学を、哲学のすべての歴史を意味賦与的に最終的に設立するものとして、そしてこのことの「究極的根拠づけ」を超越論的エゴにおいてすることを確信させるというものである。このことはたしかにフッサールの眼には単なる理論的課題では決してない。

自己思索は各人についての知や、「自ら意識して現象学によって導かれる」ことの内に存する「普遍的実践」において完結する（S. 503）。

実際にそうだろうか。このことは現代の生活と現代の文明の諸問題にとっての解決だろうか。このようにして実践的・政治的判断と学の無名的妥当の間の増大する亀裂は、懸橋されることになるのだろうか。現象学は「生活世界」の内での人間の諸々の道を、「生活世界」の内であらゆる人間的活動を担い、規定するはずの「実践的知」と、堂々とした厳密な学——超越論的現象学の上に基礎づけられる「新たな様式の」学——との間の錯綜した諸関係を見通すことで、自分自身で自らの独自の正当化を見出す哲学者たちにすべての人がつき従うことによってのみ、導き、規定することができるのだろうか。フッサールの生涯に亘る省察の究極的な目標である、誠意ある哲学者になるということは、生活世界を根拠づける現実と超越論的エゴの内に究極的に基礎づけることとの相互錯綜を洞察することによって到達されうる、と彼にはみえるのかもしれない。哲学者であろうとする人は、自らの先入見のすべてと彼にとって自明的なもののすべてについて弁明しなければならないし、彼の有する「生活の場所」はこの、つまり彼の特別の行為によって規定されている。

私がかかわっていることは、フッサール自身によって現象学の自己関係性の問題として、反省されるところとなっている。それは「新たな様式の」学なるものと実践というものの以前呈示された疑わしさの内に巻き込まれる。真実ハイデガーが主観性と客観性の概念において為した存在論的批判が、超克しがたく新カント主義につきまとっていたそしてひとり新カント主義にだけつきまとわっているわけではない幻想を、発見するための哲学をはじめてわれわれに与えた。どの「学」も——いかなる様式のでも常に——一つの「普遍的実践」の諸決断を担うことができると思うとき、その幻想が存在することになる。ハイデガーの問いが、たとえ一つのまったく別の方向を目指し、それなりに諸学に対する哲学のかかわりを危険な仕方で麻痺させたとしても、このこと、すなわちアリストテレスの「賢慮 Phronesis」(一)と、プラトンの善についての知に向けられたアリストテレスの批判とによって含意されていた「知の在り方」、それは実践哲学 philosophia practica として自らの正当性を失なうまで、つまり一八世紀に入るまで支配していたのだが、そうした「知の在り方」が今や新たに基礎づけられえたということは、彼の批判のおかげなのである。われわれの諸々の実践的決断に責任をとる知を学の適用以外のものではないと考えるということは――更に極めて多くの学がわれわれの行動知のすべてに入り込んでくることがたとえあったとしても――誤解というものである。「生活世界」というテーマはそこからして、フッサールの超越論的な思惟方法の枠を吹き飛ばす一つの革命的な爆発力を有している。ここで顕著なことは、理論と実践の綜合なるものではなく、そしてここで特色づけられている新たな様式の学なるものでもなく、学の独占・要求の先行的で実践・政治的な限定であり、哲学自身の「学問性」にかかわる一つの新たな批判意識なのである。フッサールの場合にはすでに『プロレゴメーナ』〔『論理学研究』の第一巻は『純粋論理学のためのプロレゴメーナ』の副題を有する〕において、学の適用の概念にはっきりとした両義性が纏いついている。学を適用することが、人が為すことのできることのすべてを学の助けを借りて、いかに為すべきなのだろうかという問題以外のいかなる問題でもないということになると、それはわれわれが人間としてわれわれの社会に対し、そしてわれわれの未来を前にした責任において用いる適用ではない。というのは学そのものは、われわれの為すことのできることをわれわれが為すことを決して妨げることはないだろうからである。しかしながら人類の未来は、われわれがわれわれの出来ることに対して自己を正当化できるかという理性的な問いを持ち出すことを、望んでいる。この意味で新らしい種類の生活世界的実践という、フッサールの理念の内にある人倫的衝動に対し私は同調したいと思うが、しかしそれに対してわれわれの実践・政治的人間存在という意味で、真正の共通感覚 sensus communis（二）という古き衝動を並べたいと思う。

＊　この論文は一九六九年春ウォータールー（カナダ）における現象学会議で英語で講演された。それはすでに一五〇頁以下に印刷された論文 ,Die phänomenologische Bewegung‘ のための一種の『追研究』を示し、今まで印刷されていない。

訳者註

（一）　賢慮《プロネーシス》についてアリストテレスは『ニコマコス倫理学』の第六巻第五章で論じているが、第六巻全体は賢慮との関係で論じられている。賢慮は学問、技術、直観、知恵と区別される。彼自身の言葉を借りれば、「賢慮ある人の特徴と一般に考えられているのは、自分にとって善いもの、役に立つものについてただしく思案をめぐらしうることであり、それも特殊なこと、たとえば、健康のため、または、力の強さのためにどのようなことが役に立つかについてではなく、良い生活のために一般的に言ってどのようなことが役に立つかということについてただしく思案をめぐらしうることである」（一一四〇a二三～二六）（岩波版アリストテレス全集、加藤信朗訳）ということになる。

（二）・この概念について、特にその史的展開について、ガダマーは『真理と方法』で詳しく論じている。七頁以下。

解説

Hans-Georg Gadamer（一九〇〇年マールブルクに生まれる）は、戦後のドイツの哲学・思想界に主導的潮流を形成している新しい解釈学的哲学者として注目すべき存在である。単にドイツに限らず海外の思想的潮流がおびただしく翻訳紹介されるなかで、ガダマーはどうしてかわが国ではいまだ本格的な紹介の緒についていない。戦後においてドイツの哲学思想がわが国に相次いで紹介されるなかでガダマーがその中に数えられなかったのは、多分いわば日本的流行の偏りのためであるかも知れない。しかし今日ガダマーの解釈学的業績に対する世界的な高い評価とそれが諸々の学問分野へ与えている影響は不動のものになっている。

I　解釈学的哲学の位置づけ

ガダマーの哲学が第二次大戦後から今日までのドイツ哲学に与えた影響は深くかつ広範に及ぶものである。今日すでに七〇歳の後半という高齢を迎えるガダマーは今世紀の激動する世界、とりわけドイツを中心として生じたヨーロッパの二つのカタストローフを体験し、哲学し生き抜いたものの一人である。先ず注意されるべきは、彼の哲学の説得力の強さもまたその限界もガダマーがドイツの運命と共に生き、哲学したそのことに無関係ではないということである。戦後のドイツの哲学はその理論と実践との関わりを激しい緊張において問題化しなければならなかった。

さらに哲学が今日の高度に技術化された社会の将来の方位と構想を問わざるを得ないとするならば、「おそらく今日いかなる哲学も——外見的には全く政治にかかわりをもたないような哲学も——社会的な意味Bedeutungづけを引き受けているのである。」ガダマーの哲学はこうした重層的な問題の境位に身をおいている。つまり彼の解釈学の立場は、Hermeneuein なるギリシア語の語源が示しているように、さらにそれが神々と人間との媒介者としてのHermesに遡ることから想像されるように、古きもの、すでに喪失したものと現実のわれわれとの媒介を、つまりその間に連続を成立せしめようとする立場である。後にふれるように、ガダマーは人間の文化・文明の通訳をするそのことの中に人間的な世界経験そのものの拡大を見たのである。つまり解釈学は哲学なのである。


現代の世界が共有する危機意識、カタストローフの体験によって、われわれは否定され、踏みにじられ、切り裂かれた伝統への回帰を模索することになった。伝統への回帰ということが人類の生命であるとするならば、踏みにじられ切り裂かれた過去をその故に放棄することはできない。技術化された社会の将来の方位と構想を立てるという哲学に課せられた今日の問題は、伝統への回帰の試みと不可分なものである。ギリシア哲学の文献学的な研究から始まり、「未来の構想」(Die Planung der Zukunft) を思索するガダマーの深く広い研究活動の領野は、現代の哲学的課題を引き受ける解釈学の立場によって統括されている。この解釈学の立場の中には、今日の哲学は、あるいはより正確には今日の哲学の生気を失なった硬直化は、実践的な哲学の確立なしには克服されないのだという確信が同時に含まれている。

解釈学は戦後におけるドイツ哲学の三主流の一つをなしている。この三つの流れの由って来るところは、過去のドイツ哲学の輝かしい栄光が、いまや哲学の崩壊過程の道を進行しつつあるということの自覚にあると見ることもできよう。つまり解釈学と新実証主義 Neopositivismus と新マルクス主義 Neomarxismus は、それぞれに哲学の崩壊に対して哲学の自律性を主張しようとする新しい潮流である。ドイツの大学における哲学のいわば旱魃は、それ自体克服されなければならない問題であった。その大きな特徴は、先ず哲学が個別科学との結びつきを喪失しているという事実、このことはプラトンにおいても、アリストテレスにおいても、また哲学が「諸学の女王」であった中世においても考えられなかったことである。今日では個々の学問の専門化が進んでいるために、哲学はもはやその学問過程を全体として反省することが困難になっている。このことはしたがって哲学が自己に固有な対象を失なったことを意味するのである。哲学の対象喪失はドイツでは更に学問の組織化の次元でも強力に進められている。哲学が果すべく期待されていた指導性は、いくつかの総合的な研究所によって遂行され、旧態依然たる哲学は大学に残った。そしてこれは哲学を致命的な硬直化に導くことになったのである。

こうした硬直化は近代の哲学が自ら歩んだ道である。デカルト的な主体と客体の区別の方向は、カントによって学的な問いと実践的‐哲学的な問いとの原理的な区別へ決定的に発展した。そして支配的になったのは自然科学的な方法である。このような哲学と科学の分裂を導き、その間に深い亀裂を見たのは近代のことである。この亀裂は哲学と政治との分裂でもある。しかしそれでもなお哲学が蘇生するのは、この分裂した二つの世界に必然的な連関をつけうること、すなわち実践的な哲学の成立をまたなければならない。こうした根源的要求が戦後におけるドイツの哲学の三つの主流、つまり解釈学、新実証主義、新マルクス主義に一貫しているものであろう。

新実証主義ないし批判的合理主義を唱導する指導者には、Hans Albert があり、この方向は国外にはいるが Karl Popper によって定位されているものである。新マルクス主義に属するもの、あるいは批判的理論家と称されるものには、Horkheimer, Adorno, Marcuse, Habermas の名があげられよう。これに対して解釈学的哲学の流れの方向は、先ず Heidegger の実存的存在論（Existentialontologie）によって定位されたもので、それには Gadamer, Picht, Weizsäcker, Jaspers などが属すると言うことができる。本書の著者である Gadamer はこのようなドイツの哲学の流れの中に位置するものと言うことができる。彼自身もくりかえし述べているように、彼の解釈学は、もとよりシュライエルマッヒェルそしてディルタイの依鉢を継ぐものであることは言うまでもないが、戦後のドイツにおける問題的背景を考えるとき、決して単なる伝統的な解釈学の枠内に留まるものでないことが容易に予想される。

Ⅱ　伝統への回帰

以上のようにガダマーの哲学は新マルクス主義、新実証主義と並んで戦後の三つの哲学的主流を形成した新しい解釈学を先導したのである。むしろ保守的とも言うべきガダマーの解釈学が、戦後のドイツの哲学思想界において新鮮な魅力を保持し、時代の哲学的要求に応えた秘密は、どこに潜んでいるのであろうか。

まずガダマーの哲学はたえず時代の哲学的要求との緊張関係を持続していると言えよう。戦後のドイツが抱えた歴史的課題を引き受け、しかもそれに耐えうる実践的要求を一方に受け止めながら、同時に哲学的真理要求にも十分に応えようとするところに成立した解釈学的哲学がガダマーの哲学である。この哲学は現代の学問の危機を哲学的課題として引き受けようとするところにそのエトスがあると言えるであろう。解釈学は単なる哲学的手段、解釈の方法と解されるべきものではない。むしろ彼の解釈学をシュライエルマッヒェルやディルタイのそれと明確に区別するものは、ガダマーが新しい局面に立って哲学的課題を引き受けているからであると考えられる。

つまりこの解釈学は伝統への回帰でありながら、同時にそのことが未来からの問いかけに対する応答を用意しようとするのである。彼の哲学の出発点にかくされている哲学的動因は単に個人的なものではなく、偶然と深くかかわり合いながらも学問の展開の歴史的な必然性を表現しているのである。

彼自身の語るところであるが、彼は有名なアルカロイドの研究者を父としていた。自由主義的な時代にあって、この時代の徳目である有為、業績、責任感、エネルギーそして勤勉を身をもって実現した彼の父にとって、息子ガダマーを、やはり有為な自然研究者に育てあげることが夢であった。しかし第一次世界大戦の終結という時代の転換期を画定する世代の断絶は、ガダマー父子の間にも人生の理想に対する鋭い批判的な対立を生じたのである。父のすすめをガダマーは聞き容れることができなかった。技術がすべてを成し能うと考えるような近代科学に支えられた文明に対するガダマーの懐疑と、自然科学的な研究方法に対する彼の不信は、この頃に溯源している。そしてそれが今でも彼の哲学には明確に残留しているのである。

彼を哲学へかりたて、そして今もなおかりたてている動因は、伝承であり、伝統であり、過去と歴史を解釈することであった。トーマス・マンが『非政治的人間の考察』において伝承の弁明をしているそのことによって、彼はこれに導かれたと言っている。伝承と伝統に出会うことがたえず彼の哲学の羅針儀であったと言えよう。

彼は一九二二年、彼の故郷であるマールブルクでP. Natorpのもとで博士論文を書いたが、同時にマールブルク学派の解体と新カント主義からの転向を体験する。そして一九二三年フライブルクにおいてハイデガーと出会うのである。彼はマールブルクではK・レーヴィト、G・クリューガーと共にハイデガーの弟子として同席したのである。そしてそれ以後保守的なハイデガー学派の一人になった。しかし彼にとって、ハイデガーは彼を圧しつぶすかもしれない漂石でもあった。このような意味でハイデガーは彼の意識を占有していた。ガダマーがP.

Friedlaender のもとで古典言語学の研究に打ちこんだのもこれに関わりがある。しかしH・クーンの客観的評価によれば、ガダマーとハイデガーは実際同道者（Weggefährten）であったと言われる。クーンはこの二人の師弟関係について次のように言う。「真に学ぶ能力は、自分の師に対する自由として示されるものだ」と。ガダマーの古典研究はまさにそのような自由を示すものであった。

フイレボスのプラトン的対話の研究ではガダマーは、哲学の原典の哲学的解釈の一つの模範を提示したと評価され、彼のギリシア哲学の理解に対する豊かな貢献は、文献的な多くの研究と哲学的な問いかけの徹底性を結び合わせるものであったと言われる。ガダマーの古典研究はそれ自体として評価されるべきものであった。彼の六〇歳生誕記念論文集は、とりわけ彼のギリシア思想の解釈者としての業績のためにささげられている。彼は古典研究を通して、ドイツのヘレニズム研究者そして人文学者の仲間に数えられるのである。

伝承と伝統への回帰は彼の哲学の動因であった。批判的ないし変革的でさえもある精神の運動としての問いかけは、なお生き続けようとする伝統の原理にされるものである。つまり伝統はその成立根拠を問いかけられることによって新しい生命を獲得するのである。「あらゆる文化には、またドイツの文化にも作用しつづける或る保存の力がある、そしてそれがなければ哲学さえも存在しえないような力が、さもなくば哲学の火も消えさるような力が。」（クーン）この力はギリシア語では Mnemosyne（学芸を司る神々の母）と言えよう。しかもこれはギリシア的には Paideia つまりドイツ語で Bildung 教養と呼ばれるものと密接に結びついている。クーンはこうした前置きをしながら、ガダマーの仕事は、精神によって織りなされたもの、この偉大なる遺産を、保存しようとする愛によって精神のうちに現在的に想起し生々と保持すること、それを修得もできれば、自由に伝達もできるようにしたところにある、と言っている。「哲学的教養の伝統を任されている者として、支配的な技術の時代に増長する無教養 Apaideusie に抵抗するのは、われわれにとってふさわしいことであろう」とクーンはいう。ガダマーにとっては親しき友人であり、『Philosophische Rundschau』の共同編集者でもあるクーンのこの指摘は、ガダマーの哲学のかくされた意図を表現しているといえる。

Ⅲ　ガダマーの解釈学——偏見の哲学

ガダマーの解釈学は以上に述べたような基本的な態度に支えられているが、同時に戦後における解釈学の高い標準を示す作品は、ガダマーの *Wahrheit und Methode*『真理と方法』である。「哲学的解釈学」という副題をもったこの浩瀚な著作は、戦後のドイツの思想界に広範な影響を与えたものである。ところでわれわれがここに訳出した *Kleine Schriften* I〜III も彼の解釈学の主著である『真理と方法』の基調を様々な角度から伝えるものである。すなわちあるときは解釈学的立場を補足し、あるいはその背景を語り、またあるときはその立場からの展開を試みている小論集である。その意味でこの小論集は、『真理と方法』において充分に語られなかったものを語ろうとする断片集であると言える。

それではガダマーの言う解釈学 Hermeneutik とはどのようなものであるのか。ギリシア語の "hermeneuein" は翻訳する、通訳する、解釈するという意味であり、神々と人間との仲介神としてのギリシア神話における Hermes にさかのぼる。そして Hermeneutik なる言葉は、はじめシュライエルマッヒェルやディルタイにとっては限定された意味で、つまり原典の解釈術を指していたが、ガダマーはそれを発展させることによって、原典の解釈を示すモデルは、実はわれわれの世界経験そのもののモデルであると考えるにいたった。

われわれがプラトンの対話篇を理解しようとするとき、それに自然科学的な比量的方法は通用しない。少なくともあらゆるものにはそれぞれに固有なそれにふさわしい理解方法があると考えられる。さらに二五〇〇年も以前の、今日では死語となったギリシア語で書かれたものを理解しようとするとき、ただそれを説明、解明するだけでなく、積極的に「歴史的な理解」を避けることはできない。つまりそのとき、解釈者に課せられる仕事は、単にその作品のおかれている歴史的状況を把握するだけでなく、なによりも先ず解釈者自身を縛りつけている偏見に気づかなければならないし、しかもその偏見が彼の解釈にどんなに強い影響を与えるものかを知らなければならない。このようにして先ず解釈者がいかにも中立的で、客観的な判断をしているという外見は崩れ去るのである。

ガダマーの哲学は「偏見の哲学」と言われる。それは彼が偏見に積極的な意味を、つまり彼によれば「pro-duktiv《産出的》」と呼ばれている意味を発見しているからである。偏見は常に真理を偽るというだけではない、もし偏見が解釈者の中で解明されるならば、それは真理の扉を開くことができると考えている。しかし同時に新しい偏見を生み出すことになり、真に理解しようとするものは、いわば「解釈学的な循環」をおかすことになる。したがって解釈者と原典《テクスト》との間には絶えざる対話が続けられなければならない。われわれはあらかじめある一つの判定をもって原典にあたる。しかしそこでその偏見に気づき、それを批判的に克服しようとする、こうしたテクストと解釈者との絶えざる対話によって、実は真理が明らかになる。ここでは全世界が"Text"と解されるのである。

このことから予想されるように、ガダマーは真理と方法が対立し、排他的でそれぞれ独自の領域をもつものとは考えない。彼の分析の出発点は精神諸科学にあった。何故ならばそれは芸術や文化のような学問の外にある諸経験を問題にすることができるからである。そもそもそこでは方法と学問が問題になってはいないのである。しがってガダマーにとって哲学は諸科学の中の一つではない。またその中の最高なるものでもない。哲学的真理と科学的真理の間には原理的な区別がある。科学的な方法は哲学的な真理を保証するものではないと考える。

解釈学者ガダマーにとって科学が真理の普遍的な担い手であるかどうかが問題になる。「方法」という概念によって特徴づけられる西欧の学問史に対するハイデガーの批判をガダマーも肯定する。「methodos」とは道に従うことである。科学の理想は認識の道を意識して、つまりその道を追進することが、常に可能なことであるという意識によってなっている。ここからガダマーは確実性と真理の間に重大な区別を据える。認識の基準になるような尺度は、真理ではなくて確実性なのである。何故ならばそれは追認することができるというだけであるから。それに対して真理は、ガダマーにとって一義的に学問的な判断によって確定することのできるものではない。

（この点に関しては Weizsäcker も Picht も Bloch も Jaspers も同じ。）

「存在するすべてのものが科学の対象であることは不可能である。」「哲学は個別科学の専門化に対して総括的な枠を提示するであろうという要求は、科学的な Dilettantismus である。」しかし「労働と支配という現実的な諸要因が解釈学的問題提起の枠外になければならないというのも背理である。何故ならば存在するすべてのものは言語の鏡に写し投げられるものだからである。」ガダマーにおいて言語の問題は、解釈し了解するという哲学の中心に位置するものである。真理は言語においてのみ表現されるものである。言語は近代人の普遍的な世界関係 Weltverhalten の特質を示すものである。つまり言語は「存在者の支配の道具」である、それは丁度科学が支配知を生み出しているようにである。それでは科学の確実性とは異なった真理とはどのように理解されるのか。ガダマーは言語と真理の関わりを強調するのである。

「あらゆる表現の動因である究極的な論理的形式は言語である」というのがガダマーの主張である。「問いかけには初めがない、何故ならばどのような問いかけもそれ自身応答でもあるからである。」こうした対話的思惟は、ガダマーが基本的にソクラテスに与することを表現している。本来「解釈学は die Kunst der Verständigung 一致をえる術である」。プラトンの弁論術は、単に専門家の限られた専門知に対してだけでなく、学問の最高の軌範である数学に対してさえ対話を導入するという術であった。たとえ数学の支配の中には真の存在と最高善に対する究極的な〈dialektisch〉な問いかけが向けられているという奪うことのできない前提があることを彼が知っていてもである。

ヨーロッパ世界における一七世紀以来の近代科学は、地球全体を包み込む技術文明の拡散をもたらした。しかし今世紀にいたってこの事態は多くの成果を収めつつも、われわれの科学的進歩意識と社会的・政治的意識の間の緊張をますます尖鋭化するにいたっている。この対立は古くしてなお新しい、つまり本質的な紛糾なのである。

ガダマーの哲学的解釈学の了解し理解せしめるという根本的要求は、この本質的な抗争の事態にかかわらんとするものであって、了解し理解させるということは、更に原典に対する方法的に訓練された態度といったものではなく、人間の社会的生命がつまりその究極的な形態が、対話的共同体であるような生命としてそれが成就する形態なのである。ここに解釈学的経験の普遍性が認められるが、ガダマー自身も認めるように(ハバマスの批判に対して)、ここには根源的に異論の生ずる余地があるのである。

Ⅳ　非政治的哲学者ガダマー

自らの理論を非政治的と呼びながら、恵まれた政治家でありうる哲学者がいるとすれば、ガダマーはそのような哲学者であると言える。ここで政治家と言う意味は、戦後におけるドイツの哲学的生命を政治的な幾多の困難から救った実力者であるということであろう。彼は保守的なハイデガー門下の一研究者として、ハイデルベルクで七〇歳の誕生日に名誉教授を得たのであるが、第二次大戦終了後は占領下においてロシヤ人とさえ和する資質をもっていた。戦中遂に国家社会主義的組織に帰属することを拒みえたということから、戦後のライプチヒ大学の学長やその他の要職の任を哲学者の政治的能力を疑う世間の予想に反して完遂したことは、ドイツではよく知られていることである。クーンは「あなたは学問的生命の多くの分野で世間知らずの哲学者という寓話的虚構をあばいてくれた」と称えている。

ガダマーが政治にかかわったのは上述のように学術行政を通してであった。しかし決して政治家としてではなく、非政治的な哲学者としてであった。彼は政治とのかかわりの場で自己の哲学的解釈学に生命を与える試みをしているのである。ガダマーにとって伝承に耳を傾けること、伝統の中に立つことがほかならぬ真理の道であった。「伝統に対するいかなる批判でさえも、結局は真の伝統に結びつくという目的に役立つものである。」こうした伝統のうちに、現在の方位を見るというガダマーの立場は、それ自体政治であり伝統を保守する政治学である。とにかく彼は偏見を解明しようとする。偽れる偏見から生産的な偏見を分離しようとする。しかし当然のことながら偏見の質について判定を下す批判的法廷はどこにあるというのか。

「それは人間のまじわりの心 sensus communis である」という。「極めて危機的な世界の瞬間において学識専門家を信じこむことは、この世界から決断能力と健康な判断を消散させてしまうという危険を呼び出すことになる。」健康な判断は、それを条件づけている力関係や利害関係を分析することなしに、一個人の哲学者に頼って得られるものではない。彼はいわゆる「学識経験者」と称され、自他共に認めて政治にかかわるという専門家的立場の無自覚が生みだす今日の誤りを見抜いている。専門家自身が利益代表者にならざるをえないという状況は、専門家が根源的に偏見から解放されることがないということである。かくしてガダマーは、近代的な学問が確立した真理概念そのものに、あるいはそういった真理概念に対する無批判的肯定そのものに批判の目を向けるのである。近代世界の形成において決定的役割を果した学問は、宗教と政治に対して何をなしうるのか、という近代の学問の本来の意味を問う身構え、換言すれば学問そのものの危機の自覚がガダマーには一貫して認められるのである。「手段の支配は学問の目的への問いかけをどうでもよいものにした」と言い、また「増大する存在忘却」という表現には、人間は学問の意味を問うべきであるという彼の深い意図が潜んでいる。

新しくなっているのは学問の進歩ではなく、その利用だけである。こうした学問の利用が技術主義の蔓延を生み、自ら管理社会をもたらし、遂には人間の自由の余地を狭めているのであると彼は考える。こうした学問の自己喪失の現代的状況の打開策は、創ることではなく、方向をさぐること、与えられているものに従うことである。ここに伝統に回帰するガダマーの立場がある。過ぎ去ったものは、変わらないものであり、おそらく唯一の可能な現実となるからである。

クーンはガダマーの生誕六〇歳を祝う記念論文集の序文で、ガダマーを称えて「われわれの世代であなたほど多くの学生の師であり、さらに教師の教師になったものが他にいただろうか」と言っているように、ガダマーはマールブルクの私講師から教授（außerplanmäßiger Professor）として一九三四年に推薦され、それからライプチヒ（一九三九、Ordinarius）、フランクフルト（一九四七）最後にK・ヤスパースの後任として一九四九年にハイデルベルクで教えるという教授活動の過程で、多くのすぐれた研究者を育てている。その中には現在のドイツにおける重要な教授の地位を占めている弟子が多い。ハイデルベルクの Henrich、ハムブルクの Wiehl、マールブルクの Wieland、チュービンゲンの Schulz 等の名をあげることができる。他方よく知られているようにフランクフルト学派を形成した Horkheimer や Adorno を、アメリカからフランクフルトに呼びもどしたのはガダマーであったし、彼に対決することになったハバマスを、まだ大学の教授資格をもたないのにハイデルベルクの教授に推挙しようとしたのもガダマーであった。さらにまた時折ハイデルベルクにいる自分の弟子や学生たちとの対話的な課外授業にフライブルクからハイデルベルクにやって来ていたハイデガーが、彼の国家社会主義的な過去にもかかわらず、ハイデルベルクの学術アカデミーに案内されたのもガダマーによってであった。実はマールブルクの時代には、ナチの大学教官盟約との対立のためにガダマーとハイデガーとの関係は途切れたのであったが。

「教師の教師」とクーンが称讃するこうしたガダマーの業績は、まさにガダマーの哲学そのものの結果なのである。ガダマーの解釈学的立場は、単に観想の立場ではなく、実践的性格を基底にした実践の理論のそれであると言えるのである。ガダマーの哲学が今日のドイツのみならず、ヨーロッパの思想界に深い影響力をもっているのはこうしたガダマーの哲学の性格に根差すものと考える。

注記　この解説にあたっては、ドイツ紙 'Zeit', Freitag, den 3. April 1970 に掲載の Claus Grossner によるガダマー紹介に負っている。この記事を提供して下さった友人西脇常記君の御親切に感謝したい。

Helmut Kuhn の引用については、*Die Gegenwart der Griechen im Neueren Denker, Festschrift für Hans-Georg Gadamer zum 60. Geburtstag*, J. C. B. Mohr Tübingen 1960 の彼の 'Einleitung' を参照。

ガダマーの解釈学については、最近友人、高橋輝暁君の論文「ガダマーの解釈学」『文明』一六号、東海大学文明研究所刊、一九七六・一がある。*Wahrheit und Methode* に従ってガダマーの解釈学の視点が紹介されている。

ガダマーの著作活動については、彼の *Kleine Schriften* III 1972 の巻末に附された Bibliographie によって詳しく知ることができる。

（斎　藤　　博）

訳者あとがき

ここに訳出されたものは、H. G. Gadamer, *Kleine Schriften* I, II (1967), III (1972), J. C. B. Mohr, Tübingen から選んだ論文を一冊に纒めたものである。第一、二巻から第三巻が出版されるまでの間に五年間の隔りがある。著者も第三巻の「はしがき」でことわっているように、第一、二巻と第三巻との間にはいくらか性格の相違がある。前二巻が大著『真理と方法』に附随した諸研究であったり、予備的な研究であったり、補完的な発展的研究であったりするのに対して、第三巻はむしろいまだ書かれざる書の断片とも言うべき研究である。

しかし私たちはこれらを一冊に纒めて、そこにガダマーの哲学の歩みを紹介しようとした。いずれにせよこうした諸論文の核を成すものは『真理と方法』であったと言えよう。真理の概念をめぐって多面的・重層的に歩みを進めるガダマーの思索の跡を、ディルタイ以来の伝統的な解釈学の系譜の新しい解釈学的展開として、しかも今日の哲学的な大きな潮流の一つとして紹介し、いくらかでも一般的注目を喚起することが出来れば幸いである。ガダマーの哲学がさらに本格的に紹介され、消化されて行くことは、第二次大戦後のドイツにおける哲学の流れの全体的な理解のためにも欠くことの出来ないものであると確信する。

各論文の担当訳者は次の通りである。

'Über die Ursprünglichkeit der Philosophie' (I), 'Was ist Wahrheit?' (I), 'Mensch und Sprache' (I),

'Platons ungeschriebene Dialektik' (III) が円井治、'Ästethik und Hermeneutik' (II), 'Dichten und Deuten' (II), 'Kunst und Nachahmung' (II), 'Hölderlin und das Zukünftige' (II), 'Rainer Maria Rilkes Deutung des Daseins' (II), 'Bild und Gebärde' (II), 'Vom Verstummen des Bildes' (II), 'Die Wissenschaft von der Lebenswelt' (III) が近藤重明、'Rhetorik, Hermeneutik und Ideologiekritik' (I), 'Über die Möglichkeit einer philosophen Ethik (I), 'Goethe und die Philosophie' (II), 'Nicolaus Cusanus und die Philosophie der Gegenwart' (III), 'Herder und geschichtliche Welt' (III), 'Hegel und der geschichtliche Geist' (III), 'Die phänomenologische Bewegung' (III) が斎藤博〔( )内のローマ数字は原典巻数を示す〕。

本書の翻訳出版にあたっては、同僚の廣川洋一氏の一方ならぬ御尽力をいただいた。さらにテクストの古典文献からの引用についても同氏の御教示をいただいた。ここで同氏の御親切に心から感謝の意を表します。なおその他多くの先輩同僚の諸氏から頂戴した御教示に対し、また本書の出版のために深い御理解を示して下さった未来社の皆様に心からの御礼を申し上げます。

哲学・芸術・言語——真理と方法のための小論集

1977年12月25日　初版　第1刷発行
2001年 5 月25日　復刊　第1刷発行
2010年 4 月30日　復刊　第2刷発行

定価(本体 7500円+税)

著　者　H-G・ガダマー

　　　　斎　藤　　博
訳　者　近　藤　重　明
　　　　玉　井　　治

発行者　西　谷　能　英

発行所　株式会社 未　來　社
〒112-0002　東京都文京区石川3-7-2
電話 03-3814-5521(代)　振替 00170-3-87385
http://www.miraisha.co.jp/ E-mail:info@miraisha.co.jp

本文印刷 = スキルプリネット／装本印刷 = ミサトメディアミックス／製本 = ブロケード

ISBN978-4-624-01041-6　C0010

ガーダマー 中村史朗訳　ガーダマー自伝　三五〇〇円

ハーバーマス 奥山次良他訳　認識と関心　五八〇〇円

ハーバーマス 細谷・山田訳　〔第2版〕公共性の構造転換　三八〇〇円

ハーバーマス 河上・平井他訳　コミュニケイション的行為の理論　（上中下各）四八〇〇円

ハーバーマス 小牧・村上訳　哲学的・政治的プロフィール　（上下各）三五〇〇円

ハーバーマス 細谷貞雄訳　理論と実践——社会哲学論集　四八〇〇円

レーヴィット 杉田・岡崎訳　ハイデッガー　一六〇〇円

（価格は税別）